本成果受到中国人民大学 2018 年度"中央高校建设世界一流大学（学科）和特色发展引导专项资金"支持。

Supported by 2018 fund for building world-class universities (disciplines) of Renmin University of China.

人大哲学文丛

第二辑

The Transmutation of
Self-identity in the
History of Modern Philosophy

自我同一问题之现代哲学史嬗变

张文喜 / 著

中国社会科学出版社

图书在版编目(CIP)数据

自我同一问题之现代哲学史嬗变 / 张文喜著 . —北京：中国社会科学出版社，2020.6

（人大哲学文丛）

ISBN 978-7-5203-5527-8

Ⅰ.①自… Ⅱ.①张… Ⅲ.①哲学史—西方国家—现代 Ⅳ.①B505

中国版本图书馆 CIP 数据核字（2019）第 247852 号

出 版 人	赵剑英
责任编辑	伊 岚
责任校对	张爱华
责任印制	张雪娇

出　　版	中国社会科学出版社
社　　址	北京鼓楼西大街甲 158 号
邮　　编	100720
网　　址	http://www.csspw.cn
发 行 部	010-84083685
门 市 部	010-84029450
经　　销	新华书店及其他书店
印刷装订	北京市十月印刷有限公司
版　　次	2020 年 6 月第 1 版
印　　次	2020 年 6 月第 1 次印刷
开　　本	660×960　1/16
印　　张	26.5
插　　页	2
字　　数	368 千字
定　　价	158.00 元

凡购买中国社会科学出版社图书，如有质量问题请与本社营销中心联系调换
电话：010-84083683
版权所有　侵权必究

中国人民大学哲学文丛编委会

编委会主任：郝立新
编委会顾问：陈先达　张立文　刘大椿　郭　湛
编委会成员（以姓氏笔画为序）：
　　　　　　马俊峰　王宇洁　王伯鲁　牛宏宝
　　　　　　刘晓力　刘敬鲁　李秋零　李　萍
　　　　　　张文喜　张风雷　张志伟　罗安宪
　　　　　　段忠桥　姚新中　徐　飞　曹　刚
　　　　　　曹　峰　焦国成　雷思温　臧峰宇

总　序

中国人民大学哲学院创办于 1956 年，它的前身可追溯至 1937 年创建的陕北公学的哲学教育。1950 年中国人民大学命名组建了马列主义基础教研室哲学组，被誉为新中国哲学教育的"工作母机"。中国人民大学哲学院是国内哲学院系中规模最大、学科配备齐全、人才培养体系完善的哲学院系，是国家文科基础学科（哲学）人才培养和科学研究的重要基地，也是中国人民大学"双一流"建设的重点单位。人大哲学院为新中国哲学发展和哲学思想研究的进步做出了不可磨灭的贡献，始终站在哲学发展的前沿。

人大哲学院拥有年龄梯队完整、学科齐全、实力出众的学术共同体。在人大哲学院的发展历程中，一代代学者兢兢业业，勤勉求实，贡献了一大批精品学术著作和科研成果，它们不但在学术界赢得了极高的声誉，同时也获得了积极的社会反响，成绩有目共睹。

近年来，随着哲学院人才队伍的充实完善与学科建设水平的逐步提升，优秀的学术新著不断涌现，并期待着与学界和读者见面。为展现人大哲学院近年来在各个专业方向中取得的丰硕成果，哲学院策划了这套《中国人民大学哲学文丛》，借助中国社会科学出版社这一优秀的学术出版平台，以丛书的形式陆续出版这些优秀的学术新著。

《文丛》所收录的著作都经过了严格的学术审查和遴选。作者们来自哲学院的各个研究方向，并以中青年学者为创作主体。

他们既有各相关领域颇具影响力的专家和学者，同时也有正在崭露头角的学界新秀。这些著作集中反映了人大哲学院的研究传统、学术实力和前沿进展。

哲学作为一门重要的人文基础学科，不但对人类永恒的经典思想问题进行着深入研究，同时也一直积极而热烈地回应着国家发展与时代变迁所提出的新问题、新挑战。当前，中国社会的发展日新月异，这既为中国学术思想的推进提供了难得的机遇，也为此提出了诸多新的理论问题。而与国际学术界交流与合作的日趋深入，则为中国学术的发展与进步贡献了有益的参照和经验。人大哲学院不但始终坚持对经典哲学著作和哲学问题的持续研究和推进，并积极展开与国际学术界的对话与合作，与此同时也保持着对中国社会现实的关注和思考。因此，我们一方面需要坚守已有的研究传统，另一方面还要对新的思想问题和社会形势贡献自己的回答。鉴于此，《文丛》所收录的作品既有传统的哲学史研究，以及与对经典著作的整理与诠释工作，同时也有结合当前中国社会状况而进行的理论研究与前沿探索。相信《文丛》的出版不但能够全面展现人大哲学院的最新学术研究成果，同时也有助于推进中国哲学研究的发展与进步。

《文丛》的出版受到了中国人民大学中央高校建设世界一流大学（学科）和特色发展引导专项资金支持，在此深表感谢。

中国人民大学哲学文丛编委会
2019 年 3 月 1 日

目 录

导言 超越自我解释的困境 …………………………… （1）
卷一 自我 ……………………………………………… （12）
　一 追根寻源，解构自我 ……………………………… （12）
　二 自由，自我的幻象 ………………………………… （22）
　三 自我与主体间性理论 ……………………………… （37）
　四 自我论证的进路 …………………………………… （52）
　五 先验自我、指号学和实践 ………………………… （63）
　六 良知与良心 ………………………………………… （78）
　七 文化基质与自我 …………………………………… （90）
　八 认识自我与改变自我 ……………………………… （101）
卷二 他者 ……………………………………………… （111）
　一 他心知哲学问题 …………………………………… （111）
　二 主体间性和哲学的启示 …………………………… （122）
　三 马克思与消解主体 ………………………………… （135）
　四 人的社会性的通道 ………………………………… （149）
　五 "此在"与沉思之思 ……………………………… （156）
　六 存在论的暴力 ……………………………………… （167）
　七 自我认同观与现时代 ……………………………… （182）
　八 反自我同一的哲学思想 …………………………… （195）
卷三 人 ………………………………………………… （209）

- 一 古希腊的理性人学 …………………………（209）
- 二 人的本质的解释 ……………………………（221）
- 三 个人与黑格尔的现代性哲学反思 …………（230）
- 四 人的需要与价值原则 ………………………（242）
- 五 马克思与个人的真实存在 …………………（250）
- 六 自由主义之形而上"自我观" ……………（262）
- 七 政治哲学与个人 ……………………………（277）
- 八 反黑格尔派的群众史观 ……………………（291）
- 九 人的目的、意志与社会运动 ………………（314）

卷四 人的发展 …………………………………（323）
- 一 人的全面发展问题的逻辑 …………………（323）
- 二 教育与人的全面发展 ………………………（333）
- 三 人及其全面发展的二重路向 ………………（343）
- 四 人的全面发展之主客体关系 ………………（355）
- 五 人的全面发展问题的方法论 ………………（366）

结束语 哲学家的能力 …………………………（378）

参考文献 …………………………………………（400）

后记 ………………………………………………（416）

导言　超越自我解释的困境

现（近）代伊始的西方哲学形成了主客二分式的"自我"解释学的传统，这一传统对"自我"的认识势所必然会导致自我认识循环的困境。马克思对人的自由及其社会本质的规定，为走出自我性的圈子和自我认识循环的困境提供了最为有益的启示。

1

自我、自我认识、自我解释问题是西方近现代哲学的标志性内涵。黑格尔在他的《哲学史讲演录》中指出，近代哲学是由笛卡尔创始的。在笛卡尔那里第一次出现了一种哲学的沉思。他把自我意识解释为哲学的原则，以区别于中世纪哲学。就前笛卡尔的整个哲学而言，"自我"以及"自我认识"并不是一个明了的论题。比如，希腊哲学诸多流派的重点并不在于形成并教授某种自我认识的"理论"。

那么，近代意义上的个体自我意识是在怎样的社会历史条件下脱颖而出的？对此，布肯哈特在《意大利文艺复兴时期的文化》中所提出的观点，已经得到人们的广泛认可。在这部被马克思称为"精神世界壮丽日出的画卷"的鸿篇巨制中，布肯哈特指出："在中世纪，人类意识的两方面——内心自省和外界观察都一样——一直是在一层共同的纱幕之下，处于睡眠或者半醒状态。这层纱幕是由信仰、幻想和幼稚的偏见织成的，透过它向外看，世界和历史都罩上了一层奇怪的色彩。人类只是作为一个种族、民族、党派或社团的一员，只是通过某些一般的范畴而意识到自己。在意大利，这层纱幕最先烟消云散，对于国家和这个世界上的一切事物作客观的处理和考虑成为可能的了。同时，主观方面也相应地强调表现了它自己；人成为精神的个体，并且也这样来认识自己。"①

这不是说发现了一个哲学的假设，而是说古老的宗教修行传统在笛卡尔那里引发了怀疑。因为关于自我幻觉的问题原本肇端于宗教改革。从某种意义上讲，自我的研究性质上是在宗教修行技术和哲学的边界划定：我身上是否存在着我所不认识的他人，我没有意识到这个他人，但我却清楚知道他的存在？随之，当文艺复兴和启蒙运动特别强调个人应从一切限制人、监督人和约束人的机构桎梏中，从社会的和别的人的羁绊中，从宗教、哲学和意识形态的牢狱中解放出来时，人们的目光无疑地由普遍转向个别、由共同体或共同本质转向个人、自我。这里，对人的发现，无疑是达到"人"的真正道路。正如恩格斯敏锐地意识到的：我们必须从"我"，"从经验的、肉体的个人出发，……简言之，如果要使我们的思想，尤其是要使我们的'人'成为某种真实的东西，我们就必须从经验主义和唯物主义出发；我们必须从个别物中引伸出普遍物，而不要从本身中或者象黑格尔那样从虚无中去引伸"。②

但是，这里应该进一步加以解决的问题是，如何科学地理解和规定这一个人，或者自我？

近代哲学由于其科学思维方式的限制，总是以主客二分的思维模式去把握自我、认识自我。把自我当作与外物、与他人彼此外在、互相对立的实体。康德认为笛卡尔的"我思故我在"中

---

① ［瑞士］雅各布·布肯哈特：《意大利文艺复兴时期的文化》，何新译，商务印书馆1988年版，第125页。

② 《马克思恩格斯全集》第二十七卷，人民出版社1972年版，第12页。

的"我在"就是把"我"当作实体性的存在。康德断言，实体是认识的对象，而进行认识的"我"根本不能作为被认识的对象。例如，当我说"地球是行星"时，这个判断中的"地球"虽然是判断中的主语（主体），或判断中的"实际主语"，但这个主语（主体）是被认识的对象，而判断总有一个下判断的主体，或者是判断的"逻辑主语"，这个主语（主体）就是自我。当然，在这个例子中，这个认识主体在进行认识活动时是隐而不显的。或者说，自我不应是被认识的对象，而只能是进行认识的主体。在这种情况下，比如在"太初有道，道就是神"这种判断形式的情况下，再继续运用主—谓判断形式来表达某些深邃的义理内容（与后现代主义者主张"语言几乎是一种任意的能指"不同，这里，"道"与"神"之间不可分割），就是不可能的。因为它会造成对被表达者自身含义的褫夺。这一观点可以说早在怀疑论者塞克斯都·恩披里克那里便得到探讨。塞克斯都认为：任何精神的把握始终都意味着，一个认识者把握住一个认识的对象。据此便可以知道，一方面，简单的东西是不可能把握自身的，因为它只能或是被规定为认识者，或是被规定为被认识者，而不能同时被规定为是这两者；另一方面，复合的东西也无法把握自身，因为在它之中认识着的那个部分虽然可以认识其他部分，但却不能认识自己，因为这个部分自己重又可以是简单的或复合的，这样，整个情况或是会导致前一种不可能性，或是会导致无限的回退。而从方法上看，如果我们试图在概念上把握和规定"自我"时，我们就会落入到一种典型的循环定义之中：被定义的东西恰恰包含在定义本身之中。循环论证在这里具体是指：在对"自我"认识（行为）的定义中必须运用"自我"认识（对象）的概念。例如，当我说"我意识到我"时，这句话中后面的那个我是被认识、被意识的对象，是客体，前一个我是进行认识活动、意识活动的主体，它不是被认识的对象，而且永远不是、也不可能是被认识、被意识的对象，因为一旦它成为被认识、被意识的对象，则仍然有一个对它进行认识的主体在它后面，这个主体真可说是"瞻之在前，忽焉在后"，我们永远不可能把握它——认识它，只要你把它放在面前加以把握——认识，它就成了客体，而作为认识主体的它就隐而不显了。① 对这个永远在逃避我们的认识而又主持着我们的认识活动的主体的把握所形成的困境，实际上，从笛卡尔开始，一直到20世纪末，都对哲学思维的建构或者解构发挥着现实的作用。在这种作用中，主体似乎分成了两个阵营，他组织了一个政治、历史、法律诸种纷争的场景。历史上人们曾一次次地宣告它被消解，却又一次次或隐或显地将它重新提出讨论。

西方现当代哲学由于不满意主客二分的传统思维方式而兴起的一股类似中国"天人合一"以及哲学与诗学相结合的思潮，对自我的空灵性的把握，以及把自我看成是非实体性的东西，强调自我的超越性，从而为论证自我的自由本质迈进了一大步。现象学、分析哲学都努力去寻求一个非现代的思想起点。在20世纪的西方哲学中，海德格尔占有一个比较特殊的地位，海德格尔关于人（自我）的独特性的说法实际上恰恰摧毁了人与世界之间的观念分别和主客区别。② 在海德格尔看来，人生在世与他物在世的不同之处在于：所有的东西，或者说整个世界能对人展示自己，而人或"此在"并无实体性，人只是一个"无"。海德格尔的这些思想颇为接近禅宗的梵我合一世界观。禅宗所体验到的一种不受形、名拘范的纯意识或"真我"，不是西方近代哲学中讲的"主体"，因为并无客体能与真我对峙。总括地说，我们可以把禅宗的真我界定为这么几个等号："真我" = 超越主客二分式的、不可认识而又主持着认识的、非实体性的我 = "无我" = "空"（"无"）= 有无相互转化的整体。禅宗以神秘的直觉主义为特征的非理性

---

① 倪梁康：《前笛卡尔的"自识"概念——"主体"自识问题在古希腊、罗马和中世纪的起源与发展》，《南京大学学报》（哲学·人文·社会科学版）1999年第2期。

② 张祥龙：《朝向事情本身——现象学导论七讲》，团结出版社2003年版，第205—276页。

思维方式，直觉地把握了整个宇宙，包括自然、人类社会和人的精神意识领域的普遍联系，禅宗所说的"空"实际上是指宇宙间的万物不是各自独立不依的，都不过是相互依存、相互转化、永远流变的过程。很显然，禅宗的"真我"已不能归结为一个对象。我——成为对象，就不复为我。在这里，禅宗打破了物、我截然为二的分界，往往直觉地把握了客观世界各种现象之间的辩证联系，沟通了理性思维和感性思维的某些通道。但是，禅宗毕竟缺少对"真我"的社会本质的了解，缺少理性的分析、逻辑的推断和实践的检验，仍然是一种神秘主义的思维方式，更何况这种直觉的悟性过程对于今天的人们来说仍处于"黑箱"状态。因此，禅宗思维方式也许不能最终走出对"自我"的认识循环的困境，它也无法现实地说明"自我"，就像近代形而上学无法用主客二分的思维方式把握现实的"自我"一样。

2

马克思通过对"现实的个人"（自我）这一范畴的科学规定，克服了那种主客分立的"自我"观。主客分立的"自我"观的要义就在于将"自我"与他人、他物彼此外在、相互对立，将"自我"看成是一个对象。马克思在《1844年经济学哲学手稿》中把作为人的本质规定为"自由活动"，并在《德意志意识形态》中，批判了施蒂纳把一般抽象同现实具体、把"人的本质"以及国家、社会、民族、集体、家庭等"普遍物"同个体自我割裂、把个体自我与非我相对立的形而上学独断论。马克思特别着意对施蒂纳的方法论进行批判，他指出，施蒂纳在个人与社会的关系上所运用的一个主要逻辑公式是：（1）我不是非我；（2）非我就是异于我的东西，就是异物；（3）非我对我的关系就是异化的关系。[①] 通过这一公式，施蒂纳就把诸如社会、国家等任何一种客体或关系都说成是与"我"即个人相异的东西，

[①] 《马克思恩格斯全集》第三卷，人民出版社1960年版，第316页。

说成是个人的异化,将"社会"视为毁灭"我"的"独自性"的敌人和谋害者。在这一公式的小前提中已经先验地包含了其逻辑结论。因此,从中可以看出,施氏所做的,仅仅是把一切现实的关系以及现实的个人都预先宣布为异化的,变成关于异化的抽象词句。通过这一批判,马克思指明,施蒂纳并未能揭示出真正现实的个人,反而又再度重复了"一般人"的抽象:施蒂纳的"这个'我',历史虚构的终结,不是男女结合而生的'肉体的'我,……是纯粹思想上的存在"①。

马克思依据经验观察的方法,从可以用经验确证的感性事实出发探讨问题。首先肯定,整个宇宙,包括自然、人类社会和人的精神意识领域是一个普遍联系之网。宇宙间任一事物,任何一个现象,都是网上的交叉点,每一个交叉点都同宇宙间其他交叉点有着或近或远、或直接或间接的联系,人也是这样一个交叉点,只不过人这个交叉点与物这个交叉点不同,人能意识到"自我",即具有自我意识,并能超越"自我"。人与物也有相同的方面,即人或物,每一个交叉点都不是独立不依的,交叉点的存在完全依赖于它和别的交叉点的联系和关系,即"一个人的发展取决于和他直接或间接进行交往的其他一切人的发展",人交往的社会圈子越大,也就是经济关系越复杂,则个体、自我之间的相互依赖的程度越大。用齐美尔的话说,个体自我实际上是处在多个社会圈子的交叉点上,"个体所属的不同圈子的数量,是文化的尺度之一"。在现代世界,个体在一生中,随着自我的发展,介入越来越多的不同社会圈子,从家庭到国家,还有各种工作和休闲的群体,但是,人的自我意识却人为地割断了"自我"这个交叉点和别的交叉点(他人和他物)的联系,于是自我与他人、他物分裂为两个彼此外在、相互对立的客体,即主体与客体,这样看待自我,自我总是不自由的,表面上有主体性,但归根结底,它总是受外物的限制,受他人的限制。这种自我观

---

① 《马克思恩格斯全集》第三卷,人民出版社1960年版,第266—267页。

念在我们的日常生活中，似乎很难说它有什么不当。但哲学是要超越日常的主客二分的思维方式的。当人超越主客二分，超越自我意识时，人就能发现（悟到）真正的自我，发现自己原来不是独立不依的实体，发现自我与他人、他物有着千丝万缕的联系；倘若割断了我与他人、他物的联系，哪里还有我？甚至割断了前一瞬间之我与此一瞬间之我的历史联系，也没有我。因为，整个宇宙是一个联系之网，且是一个不断转化、不断流变的整体，也就意味着没有永恒不变之我，自我联系于宇宙整体中，意味着它是变动不居的。

当然，"自我"又是有个体性的，这是因为，尽管每个交叉点囊括整个宇宙之网，但各个交叉点与其他交叉点的联系和关系又是各不相同、各式各样的。每一个"自我"虽然都是同一个宇宙之网的整体，但彼此之间又有各自的个性和独特性。个体性融合在整体性之中，每个"自我"即是整体，整体即是每一个"自我"。这就是为什么"自我"既有我性又超出我性而为宇宙整体的道理。还用齐美尔的话说，群体的扩展会导致个体性的发展，而个体要素的分化，也是群体扩展的必要条件。齐美尔看到，不仅分化，即使我与他人形成差异，而且，我与他人相似，也是不可忽视的人性要求。同样，在马克思那里，单纯的人的独特性、自我性的发展是毫无价值可言的，在事实上也不可能实现。不仅如此，按个性发展的趋势，人们之间的独特性又是与其间的共同性呈同步发展状态：人越有个性，个性越发展，就越有集体性和共性。正因为如此，我与他人、他物才融为一体，又能同时保持我自己的独特性和自由。不仅人是社会等共同体的一部分，而且社会等共同体作为相关成分也是人的重要部分；自我不仅是"我们"的一个"成分"，"我们"也是自我的必不可少的成分。

我们平常总以为"自我"决定着我的思想言行。我们不是在不断地区别——例如"我的思想"与我曾阅读到或者人们转告我的思想吗？我们不是不断地区别——例如"我的意愿"与我所"顺从"并作为做人的意愿出现于我眼前的意愿吗?其实,这里的"自我"还只是主客二分式中的我。主客二分式的"自我"只在一定程度上是自由不依的,是他自己的思想、言行的决定者。但从更大的范围和更全面地看,却另有更高本原的最终决定者,这就是真正的自我——整个宇宙的动态的联系的交叉点。我说的话表面上完全出自我这个狭小的"自我",实际上是宇宙的联系之网的整体在通过我说话,通过我这个交叉点表达它自己。这就是说,人"最先"更多地生活于他者之中而不是自我本身之中,更多地生活于共体而不是自我的个体之中。自我是一个他者也许只是一个理论假设,肯定不是经验论的事实。然而,按照马克思的看法,个体自我虽然在任何情况下总是从自己出发的,但由于在一定意义上他们的存在并不是"唯一的",由于他们的需要、本性以及他们求得满足的方式必然把他们联系起来,所以,他们必然会发生相互关系。因而,逻辑的必然要求是,我们应将自我是一个他者作为我们这个时代的存在论的承诺、伦理学立场和实践的出发点。只要地球上还存在"社群",我们就总可以发现,一种超越个人之一切利益和主体伦理及其意愿的价值,赋予了群体生活以基本形式;对这些"形式"的任何破坏,无论个人自我的主观意愿如何,亦不论个人自我是否因此更幸福还是更不幸,个人自我都将受到惩罚或被革除社群生活。[①]如果要在我们的生存和历史实践中也阐明这一观点,那么,我们就不仅应肯定"我发展自身"的要求和责任,而且也应肯定我(们)对他人、对后代乃至宇宙中一切事物的责任。人类命运共同体实乃人类存在之历史性。以上是一些关于本书的一般论述。

现在,我接下来对本书的结构进行大体的介绍。

本书一共分四卷。卷一的任务是从笛卡尔、休谟、康德、胡塞尔等西方现代自我解释的形而上学角度阐明现代西方主体哲学

[①] [德] 马克思·舍勒:《资本主义的未来》,曹卫东等译,北京师范大学出版社 2014 年版,第 204—214 页。

的源流。由于现代主体谱系学分析在国内的整个哲学研究中最为忽视的一个思想资源——马克思哲学的选项，因此，我着力凸显马克思的实践哲学与海德格尔等人的思想勾连。这些梳理的指向在于：揭示现代西方自我意识及其文化的发展方向。目的在于突破现代西方自我座架，并接受不同文化之互生共存的可能性。在中国文化中，同时代的哲学家不太注重西方主体那样的认识条件这样的问题。譬如，王阳明的"格物致知"，但好像没有人从费希特、康德的"知识论"意义上加以比较。我们对现代西方主体的带有谱系性质的研究旨在澄明文化中"生成的"人的认识条件。研究中国人的自我产生的条件当然在本书中尚未完全展开，那种按照他自己的观点把他提升到高于同时代人的思想水平的知识究竟是什么，甚至迄今为止我们尚未能够深究给它的名称是否合法的问题。

第二卷的任务是从他者的角度来探讨自我同一问题。也许在现代不同哲学都在执着坚持它们所认同的东西，在形而上学意义上，将人视为客观时间或物理学时间中现成的存在，同时又从意识出发来理解人的时候，现代哲学的另一些涌动却是一以贯之地与主体性哲学决裂。关于这一决裂的事中或事后讨论见于主体间性哲学概念的凸显，围绕他心知问题与存在论之他人问题展开。"我就是他者"这一主张为这些哲学运动提供观念动力，并将之引向对主体性和意识哲学的激情挑战。在某种恐怕还需厘清的意义上，马克思在"他者"问题上对于现代哲学的启示绝不仅仅止于马克思对于人的社会关系的理解，我们有必要从深处揭示马克思哲学的"他者"和现代哲学所说的"他者"之不同。

第三卷从揭示自我或个人自身的真相的角度即否定意义上进一步探讨自我同一问题。让一个理性的人承认自己是自满自足的，这是一个非常古老的程序。在现代知识论之前的古希腊"知识"当中，所有人都坚信用感觉、欲望或身体来解释人和承认感觉、欲望或身体是不相容的。希腊哲学家由"知识"演绎出人的种种二重性。譬如，在古希腊人将人及其生活二重化中，就能够找到可称为主体真相揭示法的许多例子。不过，根据福柯的理解，在古希腊，个人既是认识主体，又是意志主体，或者认识和意志合二为一。但从将"认识自我"变成为理论之后，一个新的时代开始了。比如说，现代理性主义昭告说，如果能够向理性的人指出，他们的感性、生物性和自由、理性毫无关系，那么压迫就解除了。因此，现代哲学的自我同一问题可以被看作逐渐把自我对象化的一个片段。但我还是把它视为更加广泛地思考这种我之对象化实践，思考一个教条的出发点，这个出发点在整个西方哲学中通常是被作为预设接受的，那就是为了人的解放，人们需要尽可能地追问人是什么？弄清楚人是谁？这问题要尽可能确切的话，还需要展示被统治阶级利用在经验自我或先验自我区分当中的"逻各斯"资源能力，以及尽可能地向他人（阶级）表述自己思想和感情的能力（用今天的话说，就是话语霸权的能力）。费尔巴哈、黑格尔、施蒂纳和马克思的论述不过是现代社会中，在个体性、私独性与集团性、公共性（话语）之间发展起来的错综复杂关系的众多例子中的几个例子。我想，在马克思所处的时代，哲学都由主体哲学主导。马克思之独辟蹊径在于，洞穿主体的核心特征是和生产方式相联系的。对我们来说，当哲学的自我同一问题开始和马克思相关，它就只能以马克思的方式即使用人类（"人们"）来说明生产的方式前进。

　　第四卷是全书的结尾，也是前述三卷讨论结果的"应用"。面对主体性哲学重要性不再那么清晰，似乎应该由现实的个人来给他的生存选择提供意义或出路。今天，有两个一直被掩盖的理论现象再也不能忽视了。第一个，就是自我解释学未能建立在一门知识学之上，自我解释这个问题的重要性当然是由康德的影响——在我国，人们一般知道他的"三大批判"，但对于康德来说，自我、主体或人的解释核心还和未来形而上学有关；第二个，就是这一意义的哲学也反常地未能考虑人的能力形成的世界历史因素。众所周知，马克思著述中的关键概念与19世纪无产阶级形成的哲学出路相关，其中的思想形态被我们宣称为超越主体哲学，这当然就是马克思能够建构一种关于客观性或关于意义理论的表现。马克思哲学表现为人的全面发展的理论话语，它通过现实的人、具体的人、普通的人而取代精神哲学中抽象的人。今天，有一点应该是清楚的，就是马克思哲学作为人的解放理论本身就有一个理论和实践的指向问题：通过把我们引至现代哲学自我概念的历史来研究主体的时间性和实践性，马克思试图用被我们称为"人的全面发展"的理论来消解主体哲学。如果没有做到这一点，那就无法在马克思所谓"作为历史科学的历史唯物主义"的本质特性上达到确然的了解。

卷一　自我

一　追根寻源，解构自我

福柯曾言，西方文化中的人类学、人本主义或人道主义运动，在于从自我开始，从其作为一种主观经验的体验出发去发现、去寻找某种东西，而这种东西可以普遍地充当人类的客观认识的基础。但在福柯那里，这一点恰恰成了摧毁整个传统大厦的新发现。由此可能会回头看到，在休谟的时代，人格同一性或自我同一性问题作为一个重大的哲学和伦理学问题，一直被人们谈论不休的场景。从伦理学上来说，这个问题实际上就是如何看待自我、如何看待人的问题。我想，休谟对此问题的解答比同时代的人要彻底得多，但也离问题的时代性解决更远得多。今天，在我们这个关注自我和主体间关系的时代，重温休谟的自我学说，有助于将自我问题引向一个全新的向度，不仅在于知道为何肯定自我，而且在于我们的生存和历史中实践地阐明自我。

1

谈论自我，有如谈论人的鼻子。鼻子是什么想必无须定义，人人有鼻子，正像人人有自我。也就是说，人们可以从生物学和医学或美学从事鼻子或自我的谈论。但是，人们应该如何谈论哲学的"自我"呢？显然，自我或自我认同不能诉诸自然主义和经验常识来解决，但这个问题最初的提法，却确实与常识及日常生活有关。或许人们可以说,"什么是自我"是一个有些可笑的问题,而且我也绝不会想到这问题;能够提出并回答这个问题的,也许只有那些"聪明人"。对于任何一个这种或类似的问题,我的本能反应是:为什么会提出这样的问题,而人们往往也是通过环顾四周和打量他人而看到自己和其余的一切的,所以西方形而上学以"看"为出发点倒是很自然的。格思里讨论巴门尼德时曾指出:"看"是希腊"思"的主要思想意象。"思"是一个纯抽象的活动,为了把捉它,历史上的哲人们用过各种基本隐喻。柏拉图的"太阳喻"和"洞喻"都是"看"之思想意象控制之下的比喻。他借此来建构与描写他的"相论":存在之相(idea)本质上是真正的存在者,现实世界是其影子。用时间比喻,相是永远那么存在,不像现实世界中分有相的事物晃动于在与不在之间。唯有相(实在者)才能被理智清晰地"注视"。流变于存在与不存在之间的此世界,因实在性含量少,则看不清楚。这样,柏拉图就将真理的发生置于相——理型之轭下。相决定获悉的程度。这就为日后以表象和理论的方式解释存在铺平了道路。这里缺少的只是一个看和意识到看的主体。只要人们自我反思地思考眼前现象,而将一个主体规定为它的所有者,哲学主体化这一步就算完成了。我们知道,正是笛卡尔哲学由本体论转向了认识论,使自我成了哲学探讨的主题,从而完成了这一步。人们说,这一步使哲学成为"从头开始的科学"。

笛卡尔试图通过对自我本性的揭示,为形而上学奠定基础。他将"我思故我在"当作绝对自明的,从而是他所研求的哲学的第一条原理。当一个人思时,他知道他自己在思。这里的"思"包括感知、判断、想象、推论甚至做梦等一切意识行为,而"我"并非肉体之"我",而是思维者之"我",是独立自存的精神性实体——心灵,其本质就是思想或意识行为的主体。"我思想,所以我存在",这是确定无疑的。但笛卡尔进一步追问道:无疑能"多久"?如果我作为自我只是思维的存在物,那么它的确定性与思维、意识是一样的,每当我说"我存在",或在思想中领会这一句子，我思的真理就被确定了。但我一停止思我，我就不再意识到我和我存在。问题在于，只有思维才是我存在的标志，只有思维才是划分我与非我的界碑，而"我生命的时间"本质上是不连续的。因此，我绝对的确定性只是存在于瞬间的闪现中，转瞬即逝。我必须在后来的瞬间重新开始我的自我意识，重新把握我的存在，越过虚无的断裂重新找到我。但是，如果我在每个瞬间又完全消失了，如果我在我已成碎片的时间延续中不能保持起码的自我同一性、自我固定性，我能认出自己、重新认同我吗？我闪现的断断续续的片刻决非我自己。在笛卡尔这里，正是时间使自我的直接呈现产生了问题，如果我无论是在我的过去，还是在我的将来都不能将我成就为我自己，我在现时现刻（它只有通过我的过去和将来才有意义）对自己的再把握也会受到损害。

实际上，在现代哲学内部来看，笛卡尔的我思所缺的是人格，即康德定义的"不同时间中我的同一性意识"。按照通常的理解，自我的同一性是建立在记忆基础上的。洛克、休谟等人都坚持这种观点。笛卡尔则不同意将记忆的意识作为人格或自我同一性的标准。因为，记忆具有或然性，如果记忆发生错误又只以自己意识为参照的话，这错误甚至无法发现。记忆不依赖时间，相反，时间有赖于记忆，我们可以在记忆中确定对象的时间而自身却处于时间之外。因此，笛卡尔指出，自我的同一性并不是通过时间表现出来的，相反，时间要从自我的同一性中得到说明。人们之所以在日常生活中体验到自我的同一性，是因为自我处于不断的生成中。鉴于此，笛卡尔主张求助于上帝的担保去理解自我同一性，自我依赖上帝，上帝保持自我。但这种保持是在创造中的保持，因为"保持就是不断地再造"。"因此，我非常清楚地认识到，一切知识的可靠性和真实性都取决于对于真实的上帝这个唯一的认识，因而在我认识上帝以前，我是不能完满知道其他任何事物的。而现在我既然认识了上帝，我就有办法取得关于无穷无尽的事物的完满知识。"①

在笛卡尔那里，正是时间动摇了我思的确定性，使我不能将我作为我存在的基础，我思无法不逸出自己去寻找自己外在的可靠性根据，这是现代主体性哲学的普遍遭遇：主体要给自己奠定一个确实可靠的基础，但其可靠性却一直动摇不定。面对如此困难，要重新予以主体形而上学的尊严，似乎只要将我思从时间中解放出来，宣布自我的无时间性就可以了。当休谟的怀疑论对传统的因果观和时间观进行挑战时，其初衷有两个：一是反对宗教神学和理性形而上学；二是真正树立人的主体性，与此相应，休谟更多地强调自我的感性方面。休谟显然认识到，在他之前的一切试图树立理性主体性的努力之所以失败，就在于对人性本身的探究是不彻底的；而他的"彻底"探究表明，人性的根本不是他的理性，而是他的感性、情感，理性归根结底只是感性、情感派生的。休谟力图从人心只能停留在感觉经验（知觉）的范围内这一自己的哲学前提出发，论证自我同一性问题是个伪问题，以此对笛卡尔为代表的实体性自我观进行批判。

我们知道，在笛卡尔那里，自我与思想的关系体现了实体与属性的关系，因此，我们在自觉到思想这种属性时，必定知道自我这个实体的存在。休谟从极端经验主义的立场对此批评说，我们只能知觉到事物性质的不断的流迁，而根本知觉不到各种性质的背后还有什么被称为实体的支撑者。实体观念只是人们出于方便上的需要而捏造出来的。自我实体观念同样也是虚构的。首先，心灵或自我是一连串变化不定而又前后相继的知觉，或用休谟自己的话说，是"处于永远流动和运动之中的知觉的集合体或一束知觉"。知觉本身独来独往，并不需要其他东西来支撑它的存在。其次，心灵或自我只是一个舞台，各种知觉在这个舞台上接续不断地出现，演出了一幕又一幕互不相干的戏剧。因此，

---

① ［法］笛卡尔：《第一哲学沉思集》，庞景仁译，商务印书馆1986年版，第74—75页。

人对自身的知觉总是具体的、特殊的和个别的，喜怒哀乐、七情六欲，无不是一个片断、一个片断地接踵而至，从来不会全部同时存在（出现）。在同一时间内，心灵或自我不可能是单纯的，在不同的时间内也没有同一性。

按照休谟的想法，因为我们所说的同一性是指一个东西在不同时间里能保持前后的一致性和恒常性（时间上的前后联系），而在休谟看来，联系是不真实的。既然"联系"观念是虚构的，那么，以事件的前后联系为基础的同一性也就不可能存在，进而断言自我是同一的也就是毫无意义的。休谟确信，那些认为我们每一刹那都意识到所谓我们的自我并确信自我同一性的人实际上无法找到为这种自我观念辩护的经验依据，心灵或自我没有能力始终维持同一不变，哪怕只有一刹那。

比起洛克等人，休谟在诉诸经验去说明自我同一性这个问题上要干脆得多，也彻底得多，但是，如果真像休谟那样，把关于自我同一性的问题，只看作"语法上的难题"①，而关于此的一切争论都只是一些无谓的空话的话，那么，在现实中我们就找不到统一一个人的东西了。这样一来，不仅不可能产生以自我概念为基础的关于外部世界的确实性知识，而且，今天的自我也无法保证明天的自我是同一个自我，他人也无法确认今天的我是否真是昨天的我。主体间的一切正常交往也就无从谈起。社会根本上无以契约成为一个团体。

也许有鉴于此，休谟提出了两种同一性的划分，即思想方面的人格同一性，也可称为想像②的人格同一性和情感的人格同一性。休谟认定传统所谓理性实体、自我人格同一性，实乃人心感觉的"自然倾向""想像的虚构"，它在认识论上得不到更多的

---

① ［英］休谟：《人性论》，关文运译，商务印书馆 1980 年版，第 293、283、292 页。

② 作者所用资料中为"想像"，为保证"原汁原味"，本书这部分依作者的资料为准。——编者注。

证明。由此感觉想像的虚构，休谟很容易过渡到人性的情感意志方面——感性知觉中本来就包括苦、乐、欲望、厌恶之类情感、意志的东西，也就是说，作为认识论意义上的人格同一性的否证，确证了人格同一性只具有感性情感的意义。所以，休谟认为，"我们必须区别思想或想像的人格同一性和情感或我们对自身的关切方面的人格同一性"①。这情感方面的人格同一性，"使我们的那些远隔的知觉互相影响，并且使我们在现时对过去的或将来的苦乐发生一种关切之感"②。在休谟那里，自我或人格同一性尽管得不到认识论的证明，却并不妨碍它仍旧是人类情感意志和道德生活的关切之所系。

休谟在认识论中否认"自我"而在情感道德中又承认之，这似乎是个矛盾。但是休谟的两个"自我"具有不同的意义。当代有研究者已论述过休谟的这两个"自我"及他的知性与情感关系具有康德式的由认识论转向道德实践的重大意义。这里无须赘述。而有必要指出的是，这位著名的不可知论者对道德在人性中所居地位显然更看重些，换言之，即使是休谟，其哲学所求之"是"也同样在其哲学所好之"好"的笼罩下。似乎休谟自责自己所犯的是"是"与"应该"分割的错误。

2

无论如何，从卢梭、休谟到康德的西方哲学史的重大转折，明显的特征是人学——人本主义已被明确确立为哲学的核心主题。可以说，自我解释学囊括了现代人本主义、人类学、伦理学。这一主题得以确立的基础是人的情感、意志和道德实践即人之首先作为道德主体的确认，而实现这一步的不可或缺的武器便是休谟的怀疑论。休谟哲学宣告的是认知在可能的真理性上的危

---

① ［英］休谟：《人性论》，关文运译，商务印书馆1980年版，第293、283、292页。

② 同上。

机。由知觉经验的势头引出的不可知论就是人无力"根据理性来捍卫理性",因为人的理解的基础并不是在于人的理性的力量,相反,人的理解的基础乃是经验。以马克思的观点判断,休谟对人性探索的感觉经验方向应该说是正确的。

休谟固然执着于感觉经验,他有意识地尽量把感觉主义、情感主义、经验主义贯彻到底,然而由于他在方法论上不自觉地执着于知性分析,执着于感性与理性的外在对立,坚持"形式的或知性的同一",这就把人的一切丰富多彩的具体内容变成了单一的知觉,他在对人的一切认识中抽象出了"感觉的强弱"这一种属性,又用同样的方法从复杂的人性中抽象出趋利避害的本能性刺激—反应活动,结果是从人本主义的初衷跌落到自然主义的泥坑。因而在休谟那里,人之作为道德实践的主体的确认并不就等于人的主体性——人的现实能动的主体性——的实现。在真正确立人的现实能动的主体性道路上,休谟却在做解构近代主体概念的形而上学基础的工作。这具体表现在以下两个方面:

其一,如前所述,休谟把自我还原为川流不息的知觉,实在的人性只是一束穿梭表演、毫无常性、无法把握的知觉和观念。甚至在具体情感生活意义的人格同一性方面,那也只是心灵的习惯性推移,所以这种由情感和道德生活的需要而做的假设同样没有任何确定性和可靠性。在此,我们看到休谟极为强调世界的不确定性。由于休谟认为道德的基础是感觉,是一种涉及自我与世界关系的幸福感(与美感不同,一般认为,"美"所引起的幸福感需要超越"自我")。而自我与世界的关系是多变的,这就决定了道德感的不稳定性。休谟的幸福理论告诉我们,人的幸福有三个来源:其一,个人对幸福的知觉。其二,个人品质和气质上的优点。其三,个人占有的财产。所有三个幸福的来源当中,个人财产是可以被剥夺的,是可以转移到他人、为他人带来幸福的。因此休谟说,社会动乱的最大根源在于人们互相争夺财产的无限欲望。一个文明社会必须对这种天然的欲望加以制约。依靠道德是不可能达到这种制约的。如果道德是哈奇森所理解的"恻隐之心"

（推己及人的道德），那么在变动不居的世界上，人我关系的多变使人们难以建立足以维系社会的强大的对他人的同情心。因此，休谟的结论是，在充满不确定性的世界上，一个相对稳定的社会必须建立一种相对稳定的财产权利关系，而这种关系不能依赖任何意义上的道德，它只能是超越个人联系和道德感觉的某种秩序。休谟于是提出：必定有着一种超越个人理性而且不以变动不居的道德情感为转移的规则或秩序——制度性的东西，成为人类社会稳定的基础。休谟的此一观点，尽管谈不上什么主体或主体性，但是就建构今天市场经济新秩序而言，此一观念无疑不仅属于休谟时代的精神体现，而且应该把它视为现代人类睿智的表现。

其二，如上所述，在休谟那里，人并非是主体，这就内在地包含了人的情感意志活动并不体现主体性。休谟认为，自我、情感、意志都是同等的印象和观念，其中最原始的就是苦乐祸福的感觉印象，其他一切情感道德方面的印象和观念，包括"自我"之作为情感意志的主体或对象，归根结底是由这种原始的苦乐感觉派生的。人的情感是不由自主地随着苦乐感觉的变化而变幻无常，而且人的意志活动也只服从眼前经验的快乐和功利而毫无自由。所谓理性对意志的指导作用，是帮助意志认识到它的行动是否可以达到它要实现的（解除某种痛苦的）目标和帮助意志计算出达到目的的最佳手段和方法。而休谟赞同洛克所论的，使我们行动起来的是"意志"，而不是理性。一个完全幸福的人绝不会有什么"意志"，即要改变现状的冲动。休谟的这一切想法都说明人并不是自己社会的主人，他只能像物那样服从"自然必然性"——苦乐祸福的感觉。至此，休谟方便地说，理性是激情的奴隶，不过，按休谟自己的思路，我们方便地补充一句：激情（及由此决定的人的意志）则是自然的奴隶。可见，休谟的自我学说，原初地是从"我"，从经验的、肉体的个人这一正确起点出发的，但是休谟的狭隘的经验主义立场，则使他无法像马克思、恩格斯那样理解从经验的"我"出发，不是为了陷在里面，而是为了从这里上升到"人"。这里问题的关键就是对感觉经验做正确的理解，感觉经验原本地应该是人的感性实践活动。如果从感性实践活动去考察自我，那么就不能像休谟那样只是从自我本身来考察自我，而是应从社会的角度、实践哲学（经济哲学、社会哲学、法哲学等等）的角度来考察自我。"我"恰恰是因为世上不止一人才有其意义，"我"就在于差异和规定。没有任何差异的"我"，只是一个空洞的代名词。这就必须超越幽闭式的"我"。这种对自我的超越把握可以引出一个含义丰富的结论："我是一个他者。"海德格尔对此在生存论的分析，毫无疑问可以作为这句话的理解：在世之人必须在天地神人的交互关系中，在自然和历史中，在与他人的交往中，在与手头之物和现成之物不断遭遇的打交道中，不断阐释地回到自己。他必须进入他者，成为他者，才能不失去自己。此过程把"人"对象化为"劳动者"（马克思）、"说话者"（福柯），等等。可以说，"存在哲学"对当代道德思考的最重要贡献在于，它使我们相信，人性本身不是一个固定不变的概念，"人性"是在双重偶然性之下被抛入特定社会的特定个人的"历史性"的表现，所谓命运，即历史性因素。如果此在必须被抛入一个世界，必须在世界中存在，必须和他人共存，与世间事物并存；在没有世界，没有世界的事物与他人，没有自然和历史，就没有此在；自我无法自我规定，但它亦未必是异化的：自我通过其生存的出位、超离或超越不断为变异和他性所丰富和完满。"自我同一"问题的解答，正在"我是一个他者"的逻辑命题中，正像笛卡尔、胡塞尔所认为的，自我的同一不是僵死的抽象的同一，而是具体的生动的同一。从今天立场看，肯定此一观点，自我才是道德上负责任的行动者。这不仅肯定了我们对自己的责任，而且也肯定了我们对他人、对自然万有的责任。肯定了人类命运之维系。也只有在自我的这一阐释基础上，"我"才能免于沦为完全依动物本能而被动接受苦乐祸福感觉的存在物。

3

人是谁？我是谁？这些问题原本源于人的自我意识或主体意

识的觉醒。在休谟的时代，哲学认识论意义上的主体性、理性问题占据着西方哲学和文化的中心位置。可是传统主体性哲学所把握的自我只是置身于一切社会关系之外，是一个掩盖了现实自我的幽灵。它无法辩证地把握自我在虚无与存在、自我与他者、有限与无限"中间"的特殊处境，因而，始终难逃诘难。由于休谟哲学立场的狭隘性，他同样无法对自我的特殊处境有所敏感，但是，休谟的自我学说隐藏着革命性、破坏性的因素，呼之欲出地端呈出新的知识，这个知识就是，上帝死了。这就像后来尼采那样的一声叫喊，不朽者在凡人手中受死，从而使自己的哲学超越了自己的时代，并具有了某种后现代的意蕴。

休谟将心灵、自我还原为无数川流不息知觉中平平常常的一个，其目的是对一个超越于一切印象观念之上的"自我"观念，即拥有一切观念的抽象实体性自我概念的瓦解，这与极端的后现代主义者"抵制"作为一个个体人或一个具体参照点的一致的连贯的主体、怀疑主体静止不变的同一性，而进行的颠覆主体性的工作，没有实质性的区别。因而，休谟与以不确定性为本质特点的"后现代"论述一样，面临对"自我"把握的两难：一方面是对拥有一切观念抽象实体性自我的瓦解，但另一方面，这种瓦解仍然是在"我的心灵"之中的活动。尽管休谟认定这个"我"的观念本身也只不过是一个伴随着我的一切其他观念的观念，但它和其他观念一起都仍然存在于"我心中"，否则休谟就不能谈论它们。对于拥有我的一切观念（包括"我"的观念）的这个我，休谟闭口不谈；自我问题又一次溜走。休谟自己认为，只要他把"我"的观念归属于我的一种"观念"，他就把作为实体性主体的"我"解构了，摆脱了，而不愿意从这个"我"开始进入自我超越，进入"此自我与彼自我"相贯通的领域。但实际上，没有这种自我超越，他就根本不能开口谈"我"的问题，即使他把"我"仅仅当作"我的"一个观念，他也仍然留下了拥有这个观念的"我"又是一个怎样的观念的问题，这就是休谟自我学说在认识论领域遗留的问题。休谟的工作所具有的破坏性或革命性启发了康德、胡塞尔对自我的理解，在自笛卡尔到胡塞尔的西方主体主义传统的转向中，它成了近现代哲学回到自我的新动机。

二 自由，自我的幻象

自我问题实质上并不在于发现自我在其实体性中是什么，也许问题并不在于发现一个实证意义上的自我。自我不过就是实践哲学手中所建构的历史的、政治的、伦理的相关物。由此来看，阅读政治自由主义视野中的形而上学自我观念例如伯林的两种自由概念，或许能够理解到这个一定的程度。

众所周知，伯林的两种自由概念引发了知识界的诸多批评，而他的理论对手——范伯格对伯林的批评是建立在关于"欲望"以及对欲望的"约束"的讨论上，从而指明"积极自由"与"消极自由"之间的逻辑互蕴关系。但他对自由的理解不同于伯林，他主要强调自由的"内部敌人（欲望）"对个人自由的威胁。黑格尔及同道则强调"欲望"的"主体间性"，强调人与人相互承认，是人作为自由存在物的标志，由此，马克思继承并突出地提出"只有打破人的欲望的力量和纯粹自然的力量"，才能以人与人相互对待的态度，获得自由本性的实现，马克思的自由理念具有鲜明地反对形而上"自我"概念预设以及对人性教条理论迷信的立场，强调应该从人与物、个体与类的关系角度对"自我"与"自由"关系进行探讨。因而，其当可作为对"世纪末的自由主义"批判的思想资源。

让我首先指出，目前已为中国知识界相当熟悉的伯林的两种自由概念，多是出于"政治上"的领会，而不是哲学上的。在我看来，伯林不遗余力对"积极自由"理念的深刻检讨，首要的理论目标就是要揭露"积极自由"理念所潜蕴着的形而上"自我"概念预设，但是，当他对"消极自由"理念阐发时，同样也是基于一种对人性的迷信以及形而上"自我"概念的预设，这从范伯格所揭示的"积极自由"与"消极自由"的逻辑关系中，就可得出这一结论，在此我们试图从马克思的立场，希望能从伯林对"积极自由"概念的规定开始，引发一些新的哲学讨论。

1

根据伯林的说法，"自由"向来有两种不同的界定。第一种界定关心的是，"在什么样的限度以内，某一个主体（一个人或一群人），可以或应当被允许，做他所能做的事，或成为他所能成为的角色，而不受到别人干涉？"第二种界定考虑的是，"什么东西或什么人，有权控制或干涉，从而决定某人应该去做这件事，成为这种人，而不应该去做另一件事、成为另一种人？"前者导出"自由乃外在干预之解除"，伯林称之为消极自由。后者导出"自由乃自我引导（self-direction）及自我主宰，做自己的主人"，伯林称之为积极自由。可以说，用另外一个自由主义者福柯的眼光来看，这里伯林是在考虑统治的技术和自我的技术这两类技术的作用以及连接点。

伯林对积极自由做了非常清楚的描述，在此有必要大段引述。他说："自由这个词的积极意义，是源自个人想要成为自己的主人的期望。我希望我的生活与选择能够由我本身来决定，而不取决任何外界的力量。我希望成为我的意志的工具，而不是受别人的意志行为所支配。我希望自己是一个主体，而不是他人行为的对象。我希望我的行为出于我自己的理性及有意识的目的所推动的，而不是被外来的原因所影响。我希望能成为重要角色，而不希望变成什么都不是；我希望成为一个行动者（doer）——自己做决定，而不是别人决定；我希望自我引导而不是被外在的大自然或其他人对我有所施为，被人当作是一件物品、一只动物、一个没有能力扮演一个人性角色的奴隶；我希望我的人性角色，是自己设定自己的目标和决策，并且去实现它们。当我说我是理性的，当我说理智使我成为一个人，而有别于世界上其他事物时，上面所说的那些至少是这句话所含的一部分意思。尤其重要的是，我希望自我意识到自己是一个有思想、有意志、能动的存在，是一个能够为自己的选择负起责任，并且能用我自己的思想和目的，来解释我为什么做这些选择的人。当我相信这是真的时候，我会感觉到我是自由的；当有人强迫我认为这不是真的，我会觉得自己是被奴役的。"①

我们注意到：上引伯林对积极自由的描述并没有直接牵涉到政治（就该词的狭义来说）上的自由问题。如果，到此为止，我们将自我引导及自我主宰了解成积极自由的基本意义，积极自由在本质上与消极自由原无差别，像伯林这样造成消极自由的自由主义者也是不会反对积极自由的。伯林之所以要反对积极自由，乃是由于他认为提倡积极自由在历史上、逻辑上，以及实践上很容易陷落到它的反面去——强制或不自由。这意味着，在历史上，确保强制的技术和自我建构的技术总是存在不稳定的平衡。在伯林看来，由于积极自由的自我引导及自我主宰这个论旨预先假定了一个关于自我之本性的形上看法，这种看法在逻辑上预设了"有一个高贵的、理想的自我向低劣的、经验的自我下律令"，因此自我剖分为二，其一是"先验的、支配的控制者，另一则是需要加以纪律、加以约束的一堆经验界的欲望与激情"。在积极自由主义者看来，前者是真我、超越性的我或是神性的我，一个人的行动的动源如果是后者的话，他所活的世界是一个不真实的虚幻世界，活在这种虚幻世界中的人，自己并不是自己的主人，他所听随的只是那些真实的欲望及情绪。只有当真我或神性的我把那虚幻的我压抑下去，而成为主宰时，我才算是成为自己的主人，才能算得到自由。而如果我自己的能力不够，无法以我的真我压抑我的假我及虚幻的我时，他人在此时帮我一个忙，告诉我该怎么做，乃至用强制的办法使我按照我的真我所该做的去做，他所做的实在是帮我获得自由，而不是对我的自由加以限制。我想，自从基督教开始，就我们社会中对人的治理技

---

① Isaiah Berlin, "Two Concepts of Liberty" in *Four Essays on Liberty*, Oxford: Oxford University Press, 1969, pp. 122 – 161.

术而言，主体的真相就是由认识自我的义务转变成了纪律或规训。这个意义下的真实自我已不是存在于个人心中，而是体现在他人以及比个体自我更广泛的集合体（如部落、国家、种族或阶级等团体），因此这种外于个体自我的存在乃得以名正言顺要求假我、经验上的自我向之臣服，其伦理学的意义在于"教人学以成人"。伯林认为，在集体主义的社会中，对于真我的了解常常会与社群认同起来。这种认同的结果，常常会出现所谓"牺牲小我，成就大我"，把"大我"视为"真我"的观念。因此，社群对我的要求，我如果不照着去做的话，就等于没有实现我的真正自我；为了帮助我实现真正的自我，社群可以强制我照它的要求去做。这些外力比个体自我还了解个体自我真正需要的是什么，也更清楚个体自我要如何改造才能获得自由。伯林以为，此时，我们已把一个人能够自我主宰这个积极自由的基本论旨应用到了政治领域，这个意义下的积极自由，变成了干涉和强制，也就是积极自由的基本意义的一种沦陷。这可以说是第二种的积极自由。这种积极自由所蕴的危险十分严重，轻者如斯多噶学派、佛门圣徒之所谓的"自我解脱"（self-emancipation）式的自我否定，重者如极权主义之尊奉教条。

伯林虽然说，从积极自我堕陷为强制中间所走的路子，有着漫长的路程，在逻辑上是不够坚实的，但是，综观他立论的旨归，他又似乎认为那是不可避免的。想必，如大家所看到的，"二战"中的"自我审查"或"自我坦白"实践仍然历历在目。因此，追求真正自由的人不应该受其蛊惑。这样，在《两种自由概念》中，伯林让我们不得不面对一个简单的二难选择：或者我们接受伯林及其他许多自由主义者的消极自由概念，不然就会堕陷于某种积极自由概念。伯林称如果我们选择后者，就会拒绝多元价值，转而推行单一的独断的善的概念。伯林以此方式设立的二难选择，使之看起来似乎对消极自由概念的任何批判均根源于某种形式的极权主义。

无疑，我们可以在伯林的推论中找出逻辑上的毛病，但是，他从自我分裂交战的理境去界定两种自由概念，在心理上却有很高程度的说服力。他承认积极自由理论能够自圆其说，但是它们却导致无法接受的政治和道德后果。对此，范·德·普特（Van de Putte）有一个评价，他说："在我们这样一个世界，不再是远古城邦时代，任何借美德或具体行为的后果来界定自由的企图均是危险的臆想。在某种意义上，伯林承认，社会不仅仅是一个非道德化的共存原则保护下的市场，不仅仅是个人的总和，而且他们唯一的共性便是遵守同样的游戏规则，其中每个人都按照自身的善的概念追求个人满足。但是，同时，他担心如果有所变通就会威胁个人自由。"① 换言之，按照伯林及其他自由主义的了解，自由主义国家不会把某项单一的善的概念强加于人，而认可多元的价值目标。国家不再是实质性道德概念的化身，并拒绝充当道德或教化的导师角色。它把德行个人化，善的概念归属于私人领域，对个人行为的价值判断保持沉默。与此同时，自我也不是什么必须通过善良意志和真理的重叠而构成的东西。伯林关于"自由"和"启蒙"的文字，见于政治活动的任务中，这种任务不是解决价值冲突问题，而是在于厘定和协调各种自由，并对如何使用这些自由保持沉默。伯林等自由主义者之所以会采取这样的立场，最重要的理由是，他们大都认为我们无法比较各种不同的人生理想之间的高下。由于无法比较各种人生理想之间的高下，因此我们对一个人想要追求什么样的理想人生没有干涉的权利。从伯林所强调的自由主义的"消极自由"原则，我们似乎可以推论：一切外在于个体自我的文化添加物对于个人自由追求及实现他所认为的理想人生都构成威胁。就政治诉求而言，即使经验自我是"假我"，如果用强制力量来调校它，结果也必然残暴。② 反过来说也一样，如果反对理性霸权的人又把经验自我设

---

① 赵敦华编：《欧美哲学与宗教讲演录》，北京大学出版社2000年版，第81页。

② Berlin, "Two Concepts of Liberty", *Readings in Social and Political Philosophy*, Oxford University Press, p. 92ff.

为"真我",并以强制手法保证它的实现,同样也会威胁消极自由。这一言路与伯林指控建立在价值一元论基础上的积极自由,可能导致对自由的否定以及对某种超越个人的集体性权威的崇拜有内在关联。

然而,由于信奉价值多元主义,在伯林的有关文章中,我们却可以体会到他的思想深处消极自由和积极自由的紧张以及伴随着的互补和冲突。伯林的自由主义同通常的自由主义形象有一些差距,除了自由之外,伯林谈论较多的是归属问题。承认并且尊重所谓"集体性的个人性"(collective individuality)是个人兴旺发达的重要条件,这是伯林自由主义中的社群主义之面相。[①]

2

伯林称贡斯当的《古代人的自由与现代人的自由之比较》是讨论消极自由与积极自由概念的最好文章。伯林关于消极自由与积极自由的区分就是脱胎于贡斯当的自由概念,伯林的消极自由和积极自由分别相当于贡斯当的"现代自由"(个人在公共事务中几乎永远具有政治参与的自由)。用一些当代评论者的话来说,如果说,在古代公民权意味着专职的公民(full-time citizen)的话,那么,根据贡斯当,公民权在现代只能是兼职的公民(half-time citizen)。这意味着,古代那种人民直接参与政治生活的情形将被减少到最低程度,人民只能以代议制的方式行使自己的主权,现代自由直接意味着公民权的淡化。[②] 贡斯当通过古今自由差异的比较,"强调古代自由的危险就在于它以公共政治生活吞没了个人的生活空间,而现代自由的危险则在于,由于人们一味沉浸于享受自己的私人生活和追求个人的特殊利益,因

[①] 顾昕:《伯林与自由民族主义思想》,《公共论丛》第5期,生活·读书·新知三联书店1998年版,第232—240页。

[②] 李强:《贡斯当与当代自由主义》,《公共论丛》第4期,生活·读书·新知三联书店1997年版,第301页。

此他们太轻易地放弃了分享政治权力这一本属于他们的政治权利"。这就是说，现代社会存有一种危险，即社会生活的"过度私人化"（over privatizaiton）。因此，贡斯当认为，现代人重要的是"要学会把所谓私人生活的自由与政治参与的自由结合起来"。①

将贡斯当（还有密尔）推为"自由主义之父"的伯林，②自然也不会因为他对"积极自由"理念的淋漓尽致的检讨就走向否定每个人对于有关决定他们命运的政治参与的自由，也就是实行民主政治的要求，也没有因为他对"消极自由"的阐发，而否定两种自由"都是真实存在的问题，都是不可逃避的问题"，他之所以三倍于消极自由的篇幅论述积极自由，是因为后者"更常遭到人们的滥用"。③而且，消极自由虽被理解为目的本身，但作为人追求的众多目标之一，伯林显然不排除人们追求其他人权。伯林这一关于两种自由的态度，想必与大多数人的态度是差不多的，没有多少人是像希特勒那样，在追求个人自由，将自由的意志广泛、彻底而充分体现出来时，就必须把所有的人都当作实现个人意志的手段；也没有多少人是完全不要个人自由的，因为归根结底人们都要自由，每个人都认为自由是好事。

由此，伯林从两种自由概念的比较中得出，消极的自由观念是"比较真确、比较合乎人性理想的主张"，真正的消极自由在于：我不愿意去干涉他人，同时我也从操控中摆脱出来。追求这种自由的人一定会承认他对别人享有同等的消极自由责任，也就是在"自由"问题上没有"绝对的个人自由"。消极自由必然内在包含着一个硬币的两面，一面是不受他人干涉的个人活动空

---

① ［法］贡斯当：《古代人的自由与现代人的自由之比较》，李强译，《公共论丛》第4期，生活·读书·新知三联书店1997年版，第324—325页。

② Isaiah Berlin, "*Two Concepts of Liberty*" in *Four Essays on Liberty*, Oxford: Oxford University Press, 1969, pp. 122 – 161.

③ ［英］伯林：《与 Ramian Jahanbegloo 的谈话》，《公共论丛》第2期，生活·读书·新知三联书店1996年版，第220页。

间；另一面是承担不干涉他人的义务。所以，我在享受他人不干涉我的权利的时候，也担负着尊重他人同等权利的义务。这是一个辩证统一关系。我们谈的自由就是这样的自由，而不是单向度的自由。正如康德的精彩表述所示，只有使每个人自由的程度未超出可以同其他一切人的同等自由和谐共存的范围，才能够使所有人都享有自由。自由是人的特性，必须恰当地被理解为自由是权利与义务的统一。

正是因为自由是权利与义务的统一，范伯格对伯林两种自由概念的批评是深中肯綮的：他的批评是建立在关于"欲望"以及对欲望的"约束"的讨论上的。他举例说，当我是一个贫民，没有钱买一辆非常豪华、价格昂贵的"卡迪拉克"车时，从一方面看，我缺少了"积极自由"（free to），因为我不具备去买车的自由，我的欲望没有得到满足。从另一方面看，难道不正是来自自我身心之外的"货币"的约束，迫使我克制或摆脱我去购车的欲望吗？所以，就购车这件事而言，我在缺少了"积极自由"的同时，也缺少了"消极自由"（free from）。极而言之，一个完全没有自我欲望的人，对施加给他的无论多么巨大及可怕的约束，总不会有什么失去"消极自由"的感觉。因为，如果我们充分地对他的自我加以限定，他的自我已经成为无向度或缩小成为一个没有广延的"点"，那么他还有什么可失去的呢？同时，我们也不能认为享有任何程度的"积极自由"，因为完全没有被欲望所驱动着的行动意志。所以，在范伯格看来，消极的自由和积极的自由就是这样逻辑地联系着，它们只不过是欲望及其约束之间的各种关系的不同侧面，它们在逻辑上是共生和互蕴的。不可能单独存在某种特殊的积极自由，但同时又不是消极自由。范伯格认为，一旦人们认识到这点，"成对概念"分析法的明显根据就会消逝，"单独概念"分析的方式更为经济。①

---

① ［美］J. 范伯格：《自由、权利和社会正义》，王守昌、戴栩译，吴福临、陈维政校，贵州人民出版社1998年版，第13—17页。

平心而论，范伯格与伯林就什么东西构成对人的自由的约束的理解有着很大的差距。伯林及其他自由主义者不愿意将一个人由于缺乏经济能力等非有意的人为干涉因素而无法做他想做的事视为不自由。伯林指出，"如果我的贫穷像一种疾病，它使得我无法买面包，或是环游世界旅行，或是使得我的案子能够在法院中得到公平的判决，就像跛了脚使我无法跑步一样，那么，在这些情况下，我无法做某事，基本上不能被视为缺少自由，更谈不到缺少政治自由"。① 伯林在这里做了一个区别，他提出了自由的条件与自由的不同，他指出贫穷、无知等现象并非缺乏自由，而是缺乏了使用自由所需的条件。一个贫穷的人，在自由上并不少于一个富有的人，只是他没有那些自由的条件罢了。就此说来，范伯格对消极自由和积极自由概念的解释及其对伯林的批评，并不在于不理会伯林文章自身而自己说自己的，重要的是他运用了一个广泛的"整体自我"观，而不是深处的"内心"的自我观，来区别"内在约束"和"外在约束"，从而他对"自由"与"欲望"的关系的分析，比之于伯林则更为深入。

伯林对消极自由的维护以及对将自由等同于内心自我对欲望的控制的禁欲主义的批评表明：伯林显然是把"自由的敌人"主要地不看成是自我内部的欲望，而是外部的威胁。对伯林而言，自由问题的主要症结是"他者"对于自我的侵犯。如，社会舆论、国家、法律对我们行动的约束，以及他人或一群人所加诸我们身体上的干涉（physical interference），构成了我们不自由的因素。② 环绕于此，伯林的自由主义目标正是在个人的四周建立一道法律的屏障，以及藉以能保护个人自由的民族

---

① Isaiah Berlin, "*Two Concepts of Liberty*" in *Four Essays on Liberty*, Oxford: Oxford University Press, 1969, pp. 122 – 161.

② 石元康：《当代西方自由主义理论》，上海三联书店 2000 年版，第 7 页。

国家。① 因此，伯林的自由主义形成了一奇特的悖论：一方面，国家与法律可望保障并维护自由，而另一方面，国家与法律却有威胁自由之嫌疑。而在伯林的心目中，对于人的归属的需要（例如，伯林本人就有强烈的犹太复国主义的热情），绝不能有损于对于基本个人自由的需要。②

可以说，伯林的自由主义是"外指型"的，即自由的诉求在于免除自我以外他人的干涉。而对范伯格而言，他对自由概念的了解，便很难把其归于"外指型"，他常常强调自由的"内部敌人"对个人自由的威胁，相当于基督教和自我真理的形式。他指出，"我们在违禁的行为受到约束，并非由于外部的障碍或威胁，而是由于内在的压抑因素。这种同倍约束是否被看作为限制自我行动自由的因素，……取决于我们与内心深处'整体自我'的密切认同"。如果我们被某种内在的压抑因素，如，病态、强烈的但不合法的欲望，所妨碍我们去做我们最愿意做的事，这种内在的压抑因素就是一种"内部敌人"。范伯格进一步将欲望分成"较高级的欲望"和"不很重要的欲望""低级欲望"，以此表示个人人格结构的层次性。"一个人如果既没有愿望、目的和理想的层次结构，也不清楚自己在其所属的主观世界中在何处安身立命，那他将成为本身所有构成因素冲突的战场，被这些因素拖来拖去，最后毫无希望地土崩瓦解。这样的人丧失了自主性，并非因为他是一个因袭他人价值的墨守成规者，而是因为他的欲望、理想、思虑缺乏内在的秩序和结构，尽管它们本身可能是真实的并为他自己所固有的。"③ 在此，范伯格为我们描绘了一个没有"明确自我的人"、一个"放纵散漫的人"的形象。"一个放纵散漫的人会不断陷入内在的冲突、无出路的困境

---

① 顾昕：《伯林与自由民族主义思想》，《公共论丛》第 5 期，生活·读书·新知三联书店 1998 年版，第 232—240 页。

② 同上。

③ ［美］J. 范伯格：《自由、权利和社会正义》，王守昌、戴栩译，吴福临、陈维政校，贵州人民出版社 1998 年版，第 13—17 页。

和反复无常之中,他虽然并不受外界或内在支配力量的约束,却始终是不自由的。"① 换句话说,他是一个没有外在束缚的人,但却被他自身的欲望之绳束缚着。

从范伯格对"欲望"与"自由"关系的深入分析上看,他把不可推导的欲望看成是自由的"内在"约束,不管这些欲望是"低级的",还是"高级的"。不同于伯林,范伯格区分"内在的约束"和"外在的约束",采用的是纯空间的标准,将来自一个人身心之外的那些约束视为外在的约束。就这一区分标准来看,我们要问的是:约束人的自由的欲望究竟是"内在的",还是"外在的"? 按照黑格尔的"自我与欲望的关系"理论来说,主体虽与个人欲望有关,欲望本身却是超个人的。在黑格尔哲学体系的诞生地《精神现象学》中,黑格尔将"欲望"看成是"自我意识"发展的最初阶段。这个阶段里,"自我"看不见自己与他人是相互依存的,自我为了自己的存在而抹煞他人的存在权,消灭他人。用黑格尔自己的话来说就是"确信对方的不存在,它肯定不存在本身就是对方的真理性,它消灭那独立的对象,因而给予自身以确信"②,但是,"自我意识"在自己发展过程中,逐渐认识到消灭他人,"自我"也就没有对象,从而无法实现自己。黑格尔说:"自我意识只有在一个别的自我意识里才获得它的满足。"③ "这里的问题是一个自我意识对一个自我意识。这样一来,它才是真实的自我意识。……欲望的对象之所以是独立的,只是因为这对象是普遍的不可磨灭的东西。"所以,黑格尔说:"自我意识是自在自为的,这由于、并且也就因为它是为另一个自在自为的自我意识而存在的;这就是说,它所以存

---

① [美] J. 范伯格:《自由、权利和社会正义》,王守昌、戴栩译,吴福临、陈维政校,贵州人民出版社 1998 年版,第 13—17 页。

② [德] 黑格尔:《精神现象学》(上卷),贺麟、王玖兴译,商务印书馆 1997 年版,第 120 页。

③ 同上书,第 121 页。

在只是由于被对方承认。"① 在此，黑格尔毫不含糊地表明，人只有在社会关系（自我意识）中，在自己与他人的关系（自我意识）中，在相互承认（自我意识）中，才能实现自己。这一思想是黑格尔哲学的基本思想，它同样反映在他的其他著作中，如，黑格尔在《历史哲学》中揭明：个人是"社会的特殊单位"，他们都有特殊的需要、本能、欲望和利益，即私欲。由私欲而产生的热情是人们从事有目的性活动的直接动力。"不过一个人营营以求促进一个目的，并不是仅仅对于一般的目的有利害关系，而且对于那个目的本身也有利害关系，……所以除非各个关系分子能够在这件事中得到满足，否则什么事都无从发生，什么事也不能成功。"② 黑格尔的诸多论述不仅肯定了，私欲的热情应受"理性"所控制，人的独立自由并不能扭曲成以他人为客、为手段的物欲横流的根据，而且，欲望本身的指向具有"互主体性"，因而，"自我"就不能像伯林那样，一心只想维护自我的独立自由，抹煞客观现实，将自由与欲望的关系主要看成为是一种个人主义的观点。柯耶夫对黑格尔的欲望理论作进一步引申："人的欲望必定指向另一欲望。"无论意识还是欲望都是在主体间格局中规定的，这一看法是对任何自我中心论的否定。柯耶夫说："真实的人是在他与其他人的交互作用中的产物。"③ 主体欲望必然与另一主体的欲望相联系，否则就无法成立。自我和他者的结合也就转化为双方欲望的联系。拉康所说的"人欲望着被他者所欲望"，正是由柯耶夫学说中产生的。按照黑格尔的理论，自我在与他人的关系运动中生成，自我就是相互承认。"承认"或"被承认"是黑格尔自我意识哲学中的必要概念。人想"拥有"欲望即想被别人所欲望，或者说，想在他人的价值

---

① ［德］黑格尔：《精神现象学》（上卷），贺麟、王玖兴译，商务印书馆1997年版，第122页。

② ［德］黑格尔：《历史哲学》，王造时译，上海书店出版社1999年版，第23页。

③ 李幼蒸：《形上逻辑和本体虚无》，商务印书馆2000年版，第310页。

评判中被承认。

在这里，我们看到，在黑格尔的理论及他的赞同者那里，"欲望"与其说是"在自我之内"的，毋宁说是"在自我之外"和"在主体之间"的。这意味着，在伯林、范伯格那里，"自由"与"欲望"的关系的认识论倾向转化为主体之间的认知和情感之态度关系问题。而这态度又意味着人只有以人相互对待，人才是真正把人从自然界中提升出来的人。如果人与他人之间不是这样相互看待，就没有一方会把对方作为自由存在物加以看待。

人只有以人相互对待，人应该彼此把他人当作具有与自己相同价值的人的思想，是文艺复兴以来的人本主义思想，特别是德国古典哲学自我意识思想的精华。对这一精华，无疑也为马克思所继承。马克思的"博士论文"的一个重要内容，就是利用伊壁鸠鲁的原子学说的逻辑，去说明人的世界中人与人之间平等的逻辑。马克思认为，人作为生物意义上的个体，有其特殊的，并与理性的规定不相同的"相对定在"，它往往表现为某种"欲望的力量和纯粹自然的力量"。人只有摆脱这种力量的支配，才能表明人"不再是自然的产物"。基于对人这一主体的这种理解，马克思提出了打破人的"欲望的力量和纯粹自然的力量"，对于实现把人作为相互对待的意义的思想，他说："要使作为人的人成为他自己的唯一现实的客体，他就必须在他自身中打破他的相对的定在，即欲望的力量和纯粹自然的力量。"[①] 这就是说，要实现把人作为人相互对待，其前提就是打破"欲望的力量和纯粹自然的力量"对主体的支配。

马克思在博士论文中，将分析原子概念自身中的矛盾的方法，用在对人的概念分析上：人如同原子，也有质料方面即物质性方面的规定和形式方面即精神方面的规定；质料方面的规定就是马克思所说的"相对的定在、欲望的力量和纯粹自然的力

---

① 《马克思恩格斯全集》第一卷，人民出版社1995年版，第37页。

量"，而形式方面的规定，则在于对上述自然的质料规定的"打破"。人成其为人在于人自身内在的精神规定对物质规定的局限的超越，在于心灵不为肉体欲望所拘囿而为肉体欲望的主宰。

青年马克思这一虽带有黑格尔哲学烙印，但无疑，就"自我""自由""欲望"及"理性"之间关系至今仍然有力量的思想，却被伯林视为黑格尔学派的徒众心目中的"启蒙的理性主义"（Rationalism of Enlightenment）。这其中所含的自由概念，是"自我导向"或"自我控制"的观念。伯林进而错误地认为，当今许多民族主义、共产主义、权威主义，以及极权主义信条的中心概念，无非就是这种积极的"理性解放"。对马克思而言，在人类解放的道路上，必须克服人类本身性格上的缺陷，免受非理性欲望的奴役而适当地行动（appropriate action）。如果我按照我自己的意志，去计划我的生活，我就是自由的。伯林认为，计划之中就隐含着"法则"。启蒙心态表明，希望"必然的法则"变成另一个样子，其实就是成了非理性欲望的奴隶。若是相信这些法则不是它们必然应有的那种样子，就未免陷于疯狂了。这在伯林看来，这就是理性主义的"形而上的核心"（metaphysical heart）。

从表面上看，在这里伯林是在反对启蒙运动中的普遍理性的观念。的确，当人们把理性仅仅理解为某种经验事实的合理性，并赋予它以某种绝对自明真理的普遍权威时，"理性"就可能演化为一种话语垄断或技术权力，减弱或限制人们对自我本性和生活世界的敏感性与透视力。在此意义上，主体的真理绝对并非与权力无关。但是，伯林无疑从最一般的意义上，从我们不应该把权力的行使理解为纯粹暴力的意义上，否定理性是人类意识活动的普遍特征。而且，在这里伯林对马克思的阅读，最好的情况也只是使马克思变成了黑格尔，而马克思力图克服黑格尔的近视的全部艰巨努力就化为乌有。当成熟了的马克思教导说，自由是对于世界历史的"必然性"，即社会主义代替资本主义、共产主义代替社会主义的——洞见时，他是基于将自由理解为自我与他人、个体与类的和谐，就像《共产党宣言》里的一句名言说的那样："每个人的自由发展是一切人的自由发展的条件。"这既区别于黑格尔的理性或整体主义，也是柏林的"社群主义式的自由主义"与共产主义的分界点。因此，伯林对两种自由概念的区分，进而以自由主义的消极自由观念去反对共产主义的积极自由观念的这一意图，也就十分明显了，这也是《两种自由概念》被称之为"自由主义宣言"的真实意义。

无疑，伯林对自由的基本逻辑设定是人与人的分立性和相互防范性，伯林竟然相信个人自由的获得可以建立在人与人分离的基础上。这种自由主义理念也同其他自由主义一样，潜含着抽象的形而上"自我观"，它总是撇开具体的社会关系与历史条件去探讨人的自由问题。黑格尔曾一语中地指出，自由主义是以原子论的原则为基础的，这一原则坚持以个别人的意志为归依，强调所有的政府都应该从它们明确界定的权力出发并获得各个人的明确认可。如果这种完全以个人的意志为归依的自由理论得以彻底贯彻的话，只会导致任何政治组织的瓦解。并且在那里，每个人的自由都对别人构成了重大威胁，同样，早在"德法年鉴"时期，伴随着马克思的政治立场转向共产主义的过程，他就开始致力于解构近现代西方资产阶级"人权理想国"的历史性进程。马克思对自由的共产主义理解，扬弃和超越了资产阶级对于自由理解所固有的三大问题，即主体上的分立性；内涵上的利己主义性；以及由此必然衍生的自我与他人，个体与类之间的相互排斥性。历史唯物主义已经阐明了"只有在集体中才可能有个人自由"的集体主义政治逻辑，以及克服现代之诸多"关系和偶然性对个人的统治"的具体现实可能性。而信奉价值多元主义的伯林，却把包括集体主义在内的某些社会价值理念排斥在自己的政治逻辑之外，因此，他忽视了马克思曾经最正确地说出的东西以及它曾经给人类解放所创造的财富，这绝不是偶然的。这表明，关于共产主义的任何一种严肃的讨论都不应把它置于某些原则的基础之上，而应把它置于人类关系的基础之上。由此得到的基本结论是：马克思的关于"自我"与"自由"，及其"理性"与"欲望"之间关系的分辨，并不是像自由主义者伯林那样，建立在对人性的迷信，以及形而上"自我"概念的假设或抽象的原则基础上的。马克思强调，反对种种"为自己造出关于自己本身、关于自己是何物或应当成为何物的种种虚假观念"①，应该从人与物、个体与类的关系角度，对"自我"与"自由"关系的探讨。这些思想的政治意义是鲜明的，当可作为对"世纪末的自由主义"批判的思想资源。

三 自我与主体间性理论

在关于主体的真理或真相追寻过程中，人们除了尽可能确定认识自己是谁之外，还需要做一件相当不同的事情，那就是尽可能地朝向他人。胡塞尔的自我理论不过是我们现代社会中孤立的个体性之间发展起来的背谬而复杂关系的重要例示。在其中，胡塞尔对所遭遇到的"唯我论"及其"主体间性"难题的解决，使阵营内外反对连连。我们注意到，大多数的批评者的批评只是跟随胡塞尔的特定文本的牵引而引发的。这离确证胡塞尔在主体间性分析上所做努力的整个范围，还相距很远。

据伽达默尔说，胡塞尔把构造主体间性世界所遇到的困难看成是"表面的"，立足于胡塞尔自己的立场去解决主体间性问题，首要的努力并不就是像多数人所理解的那样，是对唯我论的摆脱。

我把这一见解看作是我对胡塞尔主体间性问题诠释的必要架构。接下来，在我所做思考的第一部分中，我试图捕捉来自逻辑基础主义之外的胡塞尔批评者有限意见的意向性。我最终想提出的问题是：胡塞尔的批评者的分析是否忽视了胡塞尔打算说的东西本身。在随后的第二、三部分，我在重新阐明胡塞尔先验自我的特殊规定的基础上，试图寻求一条新的途径以重构胡塞尔对主

---

① 《马克思恩格斯全集》第三卷，人民出版社1960年版，第15页。

体间性问题的研究。

1

人们发现，先验现象学家以及他们之前的笛卡尔全都接受了奥古斯丁的观点：认为真理不是在外部世界被发现的，它居住在人的心灵深处。这个"心灵深处"就是他们哲学分析的起点。笛卡尔的《沉思集》记录的是典型的第一人称（"我的"）反思及其结论。尽管在"第三沉思"中笛卡尔发现了他者的概念，并把这个无限的他者与存在神学的上帝视为一体，它占有最高原理的位置。然而笛卡尔将现象的确然性建立在主体的立场上，他所欲维持的立场只能是将"人禁锢在他的自我之中"，而无法由此一自我通达彼一自我。这意味着以"自我"为认识的逻辑起点建立普遍哲学企图的失败。有鉴于此，胡塞尔把寻找知识绝对基础的条件从笛卡尔的"确实性"转化为"明证性"，全面贯彻了笛卡尔提出的先验主体性原则。其研究的目的也是奥古斯丁、笛卡尔所说的"返回自我"，他对"返回"的障碍——返回自我的运动，仿佛被它引起的相反运动所撕裂——的克服视为他的研究的目的或意义本身。因而，"我思"的不可置疑性得到重新确立或强调。按照倪梁康先生的说法，在较为宽泛的意义上，现象学就是一门"本我论"。① 对我的作为世界构造之主体性（本我）的个体意识所进行的科学的自身阐释，要先行于主体间性的理论构造。对于胡塞尔来说，他人的存在是在意向性中"造出来的"，是可以就它所实现的内容加以恰当地解释的。

人们批评胡塞尔这种从先验自我寻求最终"确然性"的信念，必然因无法给出"他人自我的他在性"而造成"他人的

---

① 倪梁康：《胡塞尔现象学概念通释》，生活·读书·新知三联书店1999年版，第109页。

问题"。而胡塞尔本人在他对意识结构的长期分析中早已意识到还原的诸种矛盾特征。他在那里说了事实处境迫使他说的。他说:"难就难在其他人还没有获得人的意义之前,我们就要在这个意义上对他人的经验作先验的澄清。"① 仿照基督教真理义务的要求的形式来说,每个人,每个基督徒都必须知道自己是谁,知道自己身上发生了什么事情;他必须认识到他可能犯错,他必须认识他所面临的诱惑。十分明显的是,"在我们经验中本源地给予的东西,并不是其他人的我本身,不是他的体验或他的表象本身,也不是那个属于他本己本质的东西。如果其他人本己本质的东西是直接可通达的话,那么它只能是我本己本质的东西"。②

可见,"我与他人的关系及地位",在笛卡尔和胡塞尔一头一尾界划了的主体主义哲学中不是以交互的主体方式显示的,"他人"恍如站在黑暗之中。

这是贯彻逻辑基础主义的结果:由于没有人能够直接进入他人的思想,去观察他人的意识活动过程,因而,对胡塞尔而言,一方面,"凡是真想成为哲学家的人"都必须以笛卡尔的沉思作为"必然要沉思的典型"而"向哲学化自我回复"。③ 另一方面,"确实性"又并不是"对所有人而言的有效性",或"一致性",那种在"判断中我们与他人一起主张这种一致性,又有什么用呢?"④ 所以,胡塞尔不无自负地认为,哲学是哲学家的十分个人的事务,彻底沉思的哲学活动是发生在那个"哲学化的"个人头脑中的、无须"在一个交往的群体中谈论什么",也无须参照任何外部环境的意识活动。因为,从现象学的眼光看,"任

---

① [德]胡塞尔:《笛卡尔式的沉思》第五沉思,张宪译,《胡塞尔选集》,上海三联书店1997年版,第895页。
② 同上。
③ 同上书,第862页。
④ [德]埃德蒙德·胡塞尔:《逻辑研究》第一卷,倪梁康译,上海译文出版社1994年版,第134页。

何一种可能的知识都必须是从逻辑上预先设定的意识结构"。①笛卡尔式的沉思一旦严格和彻底地贯彻下去，就能产生纯粹的自我知识。胡塞尔似乎在说：先验自我可以在现象学的意义上主张"人们并不是在所有人那里，而毋宁说是在几个特定的人那里才能找到真理"，乃至主张真理总是一个人在寻找的东西。因为"两个纯粹自我的意识领域是不可想象的"。②

这样看起来，先验自我在根本上是"优越于"世界的、绝对无疑的终极存在者，"先验自我带有几分上帝的色彩自不待言"③，而更为要害的是胡塞尔乃至整个现象学的他人问题的模式与接近基督教的柏拉图——新柏拉图主义的"光"的形而上学有着密切的联系：屠根哈特指出，虽然，就有关意向性问题而言，胡塞尔指责过生硬的反映论模式，然而在更深的意义上胡塞尔并没有摆脱反映模式：对胡塞尔而言，他在澄清自我意识的结构过程中，无意识地伴随着内在观看（伴随着光的比喻），就好像一个主体——眼睛把自己看作它的表象的对象。把自我意识当作一个恒定的"自我—极"与一些变动着的与之相配的"意识—体验"的综合。在这个综合的后面总是放置着一个直接的表象活动或观看的模式。④ 而这一观看的模式本身就是西方自古以来的传统。如果说整个柏拉图主义形而上学或存在论就是建立在光亮与黑暗对立的基础上，那么当胡塞尔纯粹自我的目光通过反思，区分了事物的直接呈现与他人的间接呈现，并用当我们接近一个三维物体时看到正面就能认识到背面的喻说去解决他人问题

---

① ［德］埃德蒙德·胡塞尔：《经验与判断》，邓晓芒等译，生活·读书·新知三联书店1999年版，第10页。

② ［德］胡塞尔：《纯粹现象学通论》，李幼蒸译，商务印书馆1993年版，第209页。

③ 陈立胜：《自我与世界——以问题为中心的现象学运动研究》，广东人民出版社1999年版，第225页。

④ ［德］曼弗雷德·弗兰克：《个体的不可消逝性：反思主体、人格和个体，以回应"后现代"对它们所作的死亡宣言》，先刚译，华夏出版社2001年版，第88—90页。

时，说来说去，"其他的自我实际上只是唯一的自我的投影"。①

就这样，胡塞尔对一个未必能以逻辑方式处理的他人的存在问题，只是以逻辑推论予以处置。似乎，胡塞尔不过是又一次以不同于笛卡尔、康德的方式接触同一主题，体验同一难题。所以，劳尔指出，他人主体被构造"这个问题并不是现象学所特有的。它一贯苦恼着任何接受'纯粹理性'提供的解决的哲学。而且，对于'先验'现象学所必然成为的如此极端的本质主义，这种困难被大大增强了"。②

劳尔这样的担心同语言分析学者们对自奥古斯丁以来一直强调的把内心的感觉、自我审视放在首位的怀疑如出一辙。语言分析哲学主张，不存在对一个孤立的自身（一个"自我"）的知悉，而只存在对一个事态的知悉，这个事态是在指谓形式中给予自我的、认识到的、有感情的、有意志的事态，就此而言，一种包括自我意识在内的，超语言的、非命题形式的意向性意识无法存在。即便内心状态的意识是不容置疑的：没有人能通过观点来反驳我感觉到痛这一点，但人究竟在多大程度上能观察到内心世界所发生的东西，这一点却始终不清楚。对于斯特劳森（Strawson）而言，"仅当一个人能将意识状态归属给他人时，才可将意识状态归属给自己"。③ 这就意味着当主体是他人和主体是自己时，"归属"这个词是以同样的意义被使用的。因此，一般而言，语言分析学者认为内心感觉丝毫不能比外部感觉具有更大的确然性。有的时候，他们甚至提出否认内部感觉的可能性，并把自我审视这两个词只当作比喻来用。于是，斯特劳森说，"纯粹个体意识——纯粹自我的概念是一个不能存在的概念；或者至少

---

① ［美］赫伯特·施皮格伯格:《现象学运动》，王炳文、张金言译，商务印书馆1995年版，第209页。

② ［德］E. 胡塞尔:《现象学与哲学的危机》，吕祥译，国际文化出版公司1988年版，第37—38页。

③ P. F. Strawson, *Individuals: An Essay in Descriptive Metaphysics*, London: Methuen, 1959, p. 99.

不能作为一个可用解释或分析人的概念的原初概念而存在"。①

在这里，我们也应该注意维特根斯坦。虽然，有人认为，现象学是维特根斯坦后期一切著作的深层方法。但是，与胡塞尔一直致力于寻找知识的绝对基础不同，维特根斯坦意识到确定性与外部世界的交易：由于任何知识都不具有脱离人类生活的完全的纯粹的客观意义。要建立一种与人类生活无关的纯粹的客观知识是不可能的。当胡塞尔的哲学目标是绝对确定性时，则必须冒着失去整个生活世界的风险。他进而指出："当我们沉溺于哲学思想的时候……不意味着对某种事态具有一种直接的知觉或知识。"② 维特根斯坦相信，如果说，哲学必须具有一个第一人称起点时，那么，他也认为哲学的终点也是第一人称的。

海德格尔也懂得这一点："此在"并不构成像胡塞尔那样的某个先验探究必须以之为出发点的最终基础。"海德格尔指责胡塞尔现象学的先验主体性在本体论上的无根据性。"③ 他的《存在与时间》的图谋就是反对胡塞尔。海德格尔说："寻视揭示着。这话意味着：已经被理解的'世界'现在得到了解释。""寻视依其'为了作……之用'而加以分解的东西，即明确得到领会的东西，其本身具有'某某东西作为某某东西'这样一个寻视上的结构。""在领会中展开的东西，即被领会的东西，总已经是按照下述方式而被通达的，那就是在它身上可以明确地提出它的'作为什么'。这个'作为'[Als]造就着被领会的东西的明确性结构。"④ 海德格尔的言述表明：我们自以为在原本地

---

① P. F. Strawson, *Individuals: An Essay in Descriptive Metaphysics*, London: Methuen, 1959, p. 102.

② [奥]维特根斯坦：《哲学研究》，李步楼译，陈维杭校，商务印书馆1996年版，第151页。

③ [德]汉斯-格奥尔格·加达默尔：《真理与方法》，上海译文出版社1999年版，第330页。

④ [德]海德格尔：《存在与时间》，陈嘉映、王庆节译，生活·读书·新知三联书店1999年版，第174页。

构造着世界,实际上,我们构造的世界总是我们已理解、领会了的世界。因此"自我认识所说的并不是通过感知察觉和静观一个自我点……只有当生存着的存在者同样源始地在它的寓世之在及其他人之在——它们都是它的生存的组建环节——中对自己成为透明明晰的,它才'自'视"。[①]完全可以看到,在他人的问题处理上,胡塞尔在长达数十年地以一种顽强的献身精神孜孜求索时,海德格尔的基础存在论却显得得心应手。在海德格尔那里,胡塞尔的"他人问题"本身不是被证明为提"歪"了,提"歪"了必定就会有可能的纠正和正的可能性问题存在,而是一种"哲学的耻辱"。

需要补充的是,尽管海德格尔本人在回顾中曾将他在《存在与时间》之前的工作说成是"在胡塞尔身边的边学边教地运用着现象学的看",但一开始,他们就不在一个关注点上。值得探究的是:后现代主义哲学的两位主要代表德里达和利奥塔的思想,也是从现象学起步的,但是,他们由一种寻求确定性的哲学(现象学)也是引出了寻求不确定性的哲学。

对此问题的回问,触及到了近代主体性哲学本身的悖谬:主体要给自己奠定一个绝对可靠的基础,但其可靠性却一直动摇不定,它无法不逸出自己去寻找自己外在的可靠性根据。受现象学观念的启发而"叛离"胡塞尔的哲学家们,拒斥认识的透明性,热衷于实存的有限性。这被人看作是现代哲学的一些重大成就。因为在认识的精确性和明证性中被牺牲掉的东西,在现象的丰富性和多样性中,又"连本带息"重新获得。

总的来看,在现象学家的阵营内外,对胡塞尔批评的基本视点是:当胡塞尔总想顺着逻辑阶梯走到最根本的原理,最后就仅仅发现只剩下一些纯粹概念。尽管胡塞尔的现象学几乎处处使用着心理学和人类学的概念,然而,我们却必须从现象学的"本

[①] [德]海德格尔:《存在与时间》,陈嘉映、王庆节译,生活·读书·新知三联书店1999年版,第171页。

质直观"把这些都看作一些"无人身的"意识活动。因而，在他人问题上，胡塞尔注定也无所作为：胡塞尔相信，内在时间意识是主体统一性的保证，既然主体能将过去的我和现在的我乃至将来的我统一在同一个我的关联中，它也必然能将一个我和另一个可能的我统一（通过"移情作用"）在同一个客观世界中，但是，胡塞尔只是通过"透视"来把握时间现象。他不像海德格尔那样，"抛弃"对意识优先性，把诸如命运和决心，后悔、畏惧和操心等"人生之心境情调"作为时间的重要经验，而是把绵延的物体、持续的声音这些物理相关的东西来作为时间对象，把曲调作为时间的基本现象。从而，主体间的统一仅仅是自我之间当下的意向交流。最终，胡塞尔执着地构成了只有内外空间而没有历史时间的逻辑的美丽景象，但却是现象学哲学的荒野。人们以为，不管胡塞尔在哲学上为自己的信念做多么负责任的反省，"他的基于唯我论立场之上的论证总是很容易论证过多的东西"。[①]

2

当然，胡塞尔对自己所遇到的困难并不是没有足够的认识，在可以说是胡塞尔临终前亲自审定的最后一部著作《经验与判断》中，胡塞尔明确指明，判断的明证性最终都要回溯到原始的素朴的经验的明证性，即前谓词的经验明证性，并且都要与在素朴的经验明证性中达到的最初被给予的这个世界相关。为此，胡塞尔着重阐明了日常朴素的原始经验概念。他认为，日常朴素的原始经验归根到底源自于纯粹作为感性知觉的知觉，它排除了抽掉人的丰富的生活世界去构筑一个"精密地理想化"的世界的客观性和对每个他人都普遍有效的预设，它只是对"我"的知觉的一种观察和描述。然而，让胡塞尔深感矛盾的是，这种观

[①] [美]赫伯特·施皮格伯格：《现象学运动》，王炳文、张金言译，商务印书馆1995年版，第209页。

察和描述本身其实"也已经有某种程度的理想化了",因为,它已经使用了"普遍的名称",以至于被这样来表示的诸对象至少被认为对于有关的语言共同体是已知的,因此,"为了达到某种原始的判断,为了去追踪在判断性的规定中实现出来的那种完全原始的作用,我们甚至必须不考虑这一点,并装作好像这些作用并不带有任何已被同时给予的某一共同体的预定轮廓,而每次都是我的完全原始的获得物似的"。①这样,当胡塞尔强调唯我论的原始经验是最基本的出发点时,他同时指明我们的语言表达总是对某个语言共同体有效的、具有普遍性和世俗意义和尘世交往含义的表达。这意味着,现象学的研究虽以原始经验为对象,但我们所反思("内在感知")的任何一个原始经验都不再是原本的经验了,它们都已经是变化过了的经验,"都具有一种意识变样的特性"②,因为它们是通过再造而出现在反思之中的。

胡塞尔自己确认,只要这种研究总是被指向具有世俗意义和尘世交往含义的表达,这种困难本质上是任何对彻底意义上的主体进行的研究都摆脱不了的。在这里,胡塞尔又一次重新发现了对黑格尔来说作为绝对之界定的"返回自我"和"离开自我"的这种同一。

胡塞尔的说法表明,我们得以讨论我们的世界由以建造起来的那些最原始的逻辑作用的基石,是以我们完全撇开判断的交往职能为前提的,而判断的对象应从中发生刺激作用的那个世界,则必须被设想为"只是为我的世界"。这是从"先验的维度"寻找认识客观可能性的必然结果。从发生现象学上看,此"先验自我"是向超出唯我论的那个先验逻辑回溯、去发现真正逻辑作用的出发点。

---

① [德]埃德蒙德·胡塞尔:《经验与判断》,邓晓芒、张廷国译,生活·读书·新知三联书店1999年版,第75页。
② [德]胡塞尔:《纯粹现象学通论》,李幼蒸译,商务印书馆1992年版,第189页。

离开《经验与判断》这一文本，总体来看，"先验自我"的建构，在胡塞尔那里，被看作一切可能的认识主体的理想模型，每个认知着的事实自我都是一个先验自我，因而都处在先验建构之中，只是它必须通过先验还原才能认识这一点，这种对先验自我的建构，在方法论上之所以有必要的限制，原因就在于我们确实无法把"我"所知觉到的原始的经验用共同体语言表达出来。此时，要"面对事情本身"，在理论上，把复杂的事情简约（也就是 reduction）为某些甚至某一种足够简单的事情的理想主义思维无疑会是一种非常有效的思维，而不只是一种"描述方法上的技术或权宜之计。"正是现象学的先验的悬置、还原及其本质还原以其特有的理想主义的操作方法，保证了思想的有效操作，构造了思想的具体细节。

可见，胡塞尔多半是义无反顾地来理解他自己面临的"必然的"唯我论困境。他说："它（这个'我是'）是一个我必须面对的原初事实，作为一名哲学家，我一刻也不能忽略它。对于哲学的新手，它可能是充满着唯我论的，甚至是心理主义的和相对主义的鬼魂的暗穴，而真正的哲学家不会逃离这处暗穴，而是设法把它照亮。"① "照亮"需要通过先验还原："唯我论"在术语上表明本身是一种关于唯有（Solus）各个经验着的自我自己才存在的既定主张，而经验自我在胡塞尔的现象学本我论中却恰恰是被先验还原所排斥的对象。还原到先验主体不应该被误解为只把我私人自己的存在和我在其中的生活，因而甚至只把我的意识流规定为存在的。

我们相信胡塞尔的孜孜求索必然是心仪于从现象学的先验自我去谈论"存在"问题的优越性。这样的谈论方式在"负责任"的胡塞尔看来，就是意味着要求我们关注唯一的研究对象——意识体验，不急于接受在体验中尚未找到根基的东西，胡塞尔在《笛卡尔的沉思》引论中，甚至设想过"笛卡尔的反驳"："我，

---

① 汝信等主编：《西方哲学家评传》续篇下卷，山东人民出版社 1986 年版，第 107—108 页。

作为孤独的或者唯一哲学化的人,确实离不开其他人。但是,他们看作是真理的东西,他们向我提供的据说是出于他们的明察的东西,于我来说首先不过是一种苛求而已。如果我要接受它,我必须根据我自己完全的明察来证明它的可靠。正是这里构成了我的理论自主性——我的和每一个名副其实的科学家的理论自主性。"① 这一我的理论自主性的要求是不得不依靠第一人称视点的。从第一人称视点出发的现象学考察实体性的存在,我只需把握"我"的当下的体验,并从中把握意义及观念的可能性。

可是在大多人看来,胡塞尔毕竟无法回避主体性悖论:在世界中存在并且是世界的一部分的"我"如何同时又能建构世界?我思自我幽闭症式的明证本身如何能够超出自身而达到在它之外的东西?为摆脱这一传统的认识论困境,胡塞尔现象学要求悬置一切超越的设定,始终停留于意识的内在之中,"内在是所有认识论认识的必然特征"。胡塞尔强调"先验自我"与"超越世界"的相关性:在世界之物的本己意义中包含着超越。承载着作为有效意义之世界并且被这个有效意义所必然预设的自我本身就在现象学的意义上是先验的。

当胡塞尔在"先验自我"的维度寻找客观认识的可能性时,他的问题指向已经是先验自我在构造出先验事物和由这些事物所组成的自然视域之后,如何通向再构造出先验的他人以及由此而产生的先验的社会性视域。这是胡塞尔先验现象学祈求哲学大全的必然要求:胡塞尔期望,迄今为止哲学的一切可想象的有意义的问题,一切可想象的存在问题,先验现象学在它的道路的某一点上都一定会达到。因此,胡塞尔的现象学是哲学唯理论的某个由来已久的理念——整个人类知识可以在哲学体系的界限之内被把握——贯彻的又一次努力。先验自我是对一切已知、未知的可能世界的真正"先验唯心主义"的建构原则,当然也是一切

---

① [德]胡塞尔:《笛卡尔式的沉思》第五沉思,张宪译,《胡塞尔选集》,上海三联书店1997年版,第872页。

"他人"的建构原则。他人（他物）因而"主体间性"是自我内在的本质结构。至于为什么会这样，在胡塞尔看来这是一个无须回答的问题，他认为他的任务只是"描述"，只是反思到一个普遍的可能性条件并把它揭示出来，以此用"建构"来分层次地恢复曾被他放进括号里的世界。有鉴于此，伽达默尔以为，芬克的如下论点是相当正确的，芬克说："构造概念是胡塞尔许多起作用的概念中的一个。这些起作用的概念都有一个特征，即它们本身从来不是主题。"[1]

不难发现，胡塞尔的先验自我"构造"，只不过无前提设定了主体创造性在世界中的本原地位，然而，"最最困难的就是承认这个事实并切实牢牢坚持这一点"。[2] 因为，胡塞尔主体间性理论的批评者，不断"误解并威胁"这种先验态度，竭力想从《笛卡尔沉思》中的主体间性理论到《危机》中的有关论述中看到一种发展，从"生活世界"概念中，读出胡塞尔似乎打算取代先验自我的我性。简言之，面对主体间性问题，引诱他们进行假定："先验自我的界限最终会消失"，并成为生活世界的一种现象。[3]

3

今天，我们可以看到，通过对于先验自我的彻底拒斥，在当代西方哲学中，不太会有人带着想要获得类似于终级真理这样的期待去阅读胡塞尔的文本了。然而，胡塞尔的贡献在于他的现象学是在心灵或思想观念的层面上运作的，他为解决人类生活和思想的问题进行了深刻的思考。在这一意义上，我们愿对胡塞尔的主体间性理论进行重新思考。这一思考并不企望确证胡塞尔主体间性理论思维努力的整个范围，我们所欲进行的是把"观念间性"

---

[1] ［德］汉斯-格奥尔格·加达默尔：《哲学解释学》，夏镇平、宋建平译，上海译文出版社2004年版，第165页。

[2] 同上书，第160页。

[3] 同上书，第163页。

与"主体间性"概念作一比较,以澄清胡塞尔的主体间性问题的"兴趣"所在。不仅仅是重复胡塞尔,而是重新开始他的努力。

首先,"观念"这个概念在胡塞尔的术语中,含义之一就是指一种精神的"构想"或"想法"。胡塞尔认为,"观念"是所有客观性认识的可能性条件,并且在这个意义上将他的哲学称作"观念主义"(Idealismus),或"观念论"。① 德布尔认为,"如果我们把'基本思考'正确地理解为'关于存在的谈论'(Seinsrede),那么无疑就会看到胡塞尔是以一种观念论来解决知识论问题的……我还将指出那个在其自身中构成着世界的意识的绝对性。世界的存在与否取决于意识中出现的某些联系。在我看来,如果否定了这种观念论,我们就不可能理解胡塞尔的全部发展。不仅知识论将陷入一种困境,而且,……心理学也不能彻底地从自然主义中解脱出来"。②

将这一段话引向更深入的东西。我们说,把握这种观念论的本质特征有可能使我们能够更好地对先验的主体间性进行另一维度——观念间性维度——的考问。所谓"观念间性"指涉的是观念间的关系(relations of ideas),观念间的可能性便可以称为观念间性。③ 我们知道,任一可能的观念都处于观念界,观念界展现为一个思想的空间,其中各种观念之间的复杂关系构成了有着无穷发展可能性的观念网络,之所以如此的根由已由胡塞尔在《经验与判断》中指明,即"人类意识不但在知觉方面,而且在思维的对象关系方面有进行自组织的能力"。④ 而一种组织观念的方式必

---

① [德]埃德蒙德·胡塞尔:《逻辑研究》第二卷第一部分,倪梁康译,上海译文出版社1998年版,第112页。

② [荷]泰奥多·德布尔:《胡塞尔思想的发展》,李河译,生活·读书·新知三联书店1995年版,第405页。

③ 关于"观念间性"概念的理解可参见赵汀阳《走出哲学的危机》,中国社会科学出版社1993年版,第16页。

④ [德]德·洛玛:《胡塞尔〈经验与判断〉一书的产生和原始资料》,载[德]埃德蒙德·胡塞尔《经验与判断》,邓晓芒、张廷国译,生活·读书·新知三联书店1999年版,第554页。

然决定这种观念发展的可能性。观念发展的可能性是理解思想的根据，因为，任一观念只有处在某个观念网络之中并且与其他一些观念构成必然的关系，那么它才具有意义的确定性，才有观念的意义。观念间的诸关系是以逻辑的强制性表明了必然性。例如，在《笛卡尔沉思》第五沉思的开头作为一个界标被提出来的一个原则性困难，即假如应该由意识来实现他人作为别的自我本身的地位的话，这事实上是不可能的：意识到就是建构，因为我不能够意识到他人，因此这意味着我作为建构者建构他人，从我据以建构他人的活动本身的角度看我是建构者。胡塞尔对此一困难不予理会：既然我有他人观念，因此，在某种方式上，提到的困难事实上已经被克服了。① 这表明"在观念之间的关系领地中，诸关系借助于联结点而不可分割地联结着，因而必然在直观中一起被给予"②，而"在观念和观念的关系的领地中的理性之所以存在，只在于我们在这里可以把联系法则提升为相应的普遍意识"。③ 可见，观念间性所保证的主体间的统一性是别无选择的，"在这里所表现出来的是一种观念的合规律性，这种合规律性超越了那些在此时此地（hic et nunc）由各种动机联结起来的判断"。④

换言之，在观念界中，我们所能看到的只是观念与观念之间的关系。"我的"和"他的"这些语词只是一些标明观念出产地的标签，而不是理解的对象。这使我们回想起，胡塞尔在《逻辑研究》中，拒斥"自我"概念。他认为，在意识体验本身的统一性联系之外，不再需要一个起统一作用的"自我"概念。⑤

---

① ［法］莫里斯·梅洛-庞蒂：《哲学赞词》，杨大春译，商务印书馆2000年版，第57页。

② ［德］埃德蒙德·胡塞尔：《经验与判断》，邓晓芒、张廷国译，生活·读书·新知三联书店1999年版，第452页。

③ 同上书，第454页。

④ ［德］埃德蒙德·胡塞尔：《逻辑研究》第二卷第一部分，上海译文出版社1998年版，第29页。

⑤ 同上书，第86、87、388页。

言语的现象学处在所有的容易为我们揭示这一观念统一性秩序的东西当中。胡塞尔当时从语言表达的交往功能进行了分析。他认为,语言的交往功能已经预设了我(讲者)与他或她(听者)之间的一种关系。即:我在讲一句话时,心里已经明白,听者(他)基于他的经验可以理解我这句话的意思,或者,可以作出某种交往上的反应。[1] 在此,我们明了自我还有说话让他者听见的成分,胡塞尔所想说的是:先验主体性即主体间性。换言之,在我所说的东西具有意义的范围内,当我说话时,我对于我本身而言是他人的"他人",在我进行理解的范围内,我不再知道谁在说和谁在听。这可能是胡塞尔重新启用含有目的论意味的词汇〔如单子(monades)、隐德来希(Entelechie)〕的原委。

必须指出,因为语言问题在哲学传统中不属于第一哲学,胡塞尔才在《逻辑研究》中不充分地谈论语言表达的交往功能。同时,《逻辑研究》的自我基本上是一实在论的自我,随着向先验现象学的突破,胡塞尔又用"先验主体性"或"先验自我"概念来标识"纯粹意识"领域,但"'单子'概念则自始至终为胡塞尔所运用和保留"。[2] 它意味着意识生活和在其中构造起来的世界的统一。这种统一是理性自身实现的目的论过程,也是理性认识运动所要达到的终极目标。梅洛-庞蒂洞察到:"现象学最重要的成就也许是在其世界的观念或合理性观念中把极端的主观主义和极端的客观主义结合在一起。合理性完全是根据能显示合理性的体验来决定的。合理性是有的,也就是说:看法能相互印证,知觉能相互证实,意义能显现。"[3] 问题是完全清楚的:既然人的思想原则是第一人称的、与一个我分不开的活动,那么,对于人的思

---

[1] 〔德〕埃德蒙德·胡塞尔:《逻辑研究》第二卷第一部分,上海译文出版社1998年版,第35—39页。

[2] 参见倪梁康《胡塞尔现象学概念通释》,生活·读书·新知三联书店1999年版,第298页。

[3] 〔法〕莫里斯·梅洛-庞蒂:《知觉现象学》,姜志辉译,商务印书馆2001年版,第16—17页。

想如何能以"我们"的方式被理解？此一问题的观念论解释只能是，无论是他人，即另一个自我的观念还是我自己的观念都必须服从观念界的制约，否则观念本身肯定会飘浮无据而不具有观念的意义。所以，他人的观念、我的观念都须置入观念界来理解、在观念界中通过观念间性而理解某个观念。同样，任一观念也是在观念间性中被制造出来的。当且仅当把制造与理解观念的根据看作一致的，理解的对象和理解的方式这两者才能同时成为确定的，才能在胡塞尔自己的框架中消解主体性的悖论。

观念间性这一思考视角的要害，就在于企图克服主体间性的观念从一开始就把理解的问题指向主观与客观的坚硬对立，它是胡塞尔的先验现象学用最普全的和最彻底的主体主义（先验主体主义）来克服不彻底的主体主义的努力的重要表现。

四　自我论证的进路

我们先放下先验主义是否就是意愿主体主义之复杂关系，也许我们现在的问题在于发现，我们从胡塞尔的自我学说出发，对西方哲学"自我"探讨的两条进路——作为意识行为主体的内知觉自明性的进路和语言分析的进路——的分析。前面虽然我们通过胡塞尔、海德格尔、维特根斯坦的思想道路的分合，作了"对话式"的比较研究，勾勒了从语言主体际交流去把握自我认识与他我认识时，遭遇到的认识自我与认识他我的相互涉及、相互关联的内在理论困难，但是始终还未阐明马克思对此问题把握的现实（实践）的基本立场。

众所周知，现代西方哲学的一个焦点就是寻找失落了的自我，为自我的存在作论证。那么，究竟什么是"自我"呢？"自我"是肉身的还是精神的呢？"自我"作为一个哲学概念的意义条件是什么呢？对于西方大多数思想家来说，"人是理性动物"，哲学真正要认识的"你自己"只是人的理性（思想、意识或纯粹意志）。这一理念在笛卡尔的"我思故我在"这一命题中得到了明确的表述。这一命题的提出标志着形而上学进入了近代形态。从此，在纯粹的内在意识中寻求自我意识的自明性并以此建立哲学体系的阿基米德点一直是西方近现代哲学伊始在不断滋长着的做法，这是一条从意识行为主体的内知觉的自明性的进路对"自我"的探讨。然而，人生活在既成的语言中，人只有靠语言自我构造、绵延，自我显露、遮蔽；但对在超验背景下的经验的个人，只有语言同样也是一无所有。所以，海德格尔说，如果可能，他本希望任他的思想道路保持在无名之中，可惜在公众间没个名号就寸步难行。语言的悖论由此而来。它可概括地表述为：我只能用公共语言表达；我不能用公共语言表达。或者说：公共语言是我的存在；公共语言不是我的存在。这样，从语言分析的进路去探讨"自我"，也成了西方现代哲学的显性话语。19世纪的哲学家，他们与马克思表现自我真相的方法完全不同。因此，我们先重新开始理解这一进程。

1

像笛卡尔一样，当代现象学的创始人胡塞尔也是通过内知觉的自明性来确立"我"的。胡塞尔的现象学是关于本质的科学，这门科学的一个根本宗旨是要探求建立在直观基础上的普遍有效的确实性是如何可能的。胡塞尔确认，笛卡尔的"我思"并且唯有这种"我思"才可以成为本质学说的出发点。为此，胡塞尔区分了经验的自我和先验的自我（纯粹的自我）。现象学意义上的"我"是指先验的自我或纯粹的自我，即排除一切有关外在事物存在的经验的设定，在内在的意识现象的范围内完全通过内知觉的自明性所把握的自我。现象学中所说的"现象"指意识现象，意识处于流动的过程中，一个接着一个的现象不断地显现出来，形成体验流。在这股体验流中，当前所显现出来的现象是清晰的，对于尚未显现的现象我们凭借推测在一定程度上可以把握。但是我们发现意识现象总是在一定的结构中显现出来，如果你竭力想象个别意识（或自我）所经历的各种可能的变化，你一定会从中发现某些不会改变的性质,这些不会改变的性质就是你所要把握的意识的本质。每当意识的内容显现的时候,意识的行为和作为这个行为的主体的"我"也同时显现出来。只要我们注视这股体验流,我们就能绝对清楚地把握这个"思"着的"我",我可以确实无疑地意识到我自身的意识生活的存在。

照胡塞尔的解释,当我说"我存在"时,我完全是处在一种意识的关系中,离开了意识生活,客观世界(包括身体和大脑)当然可以存在,但它无法向我显现。既然我们现在是在意识领域里谈问题,我们当然可以说没有自我就没有现象,没有先验的经验领域。从这个意义上说,自我是现象界的根据。这里谈到的"自我"是经过纯粹反观自照的方式发现的"我",它是意识活动的"执行者"或"统调者",是意识之构成性的始源。胡塞尔说:"客观世界,即为我而存在的世界——这一世界及其全部对象,都从我自己这里,即从惟一与先验现象学还原相联结本居首要地位的自我那里,派生出全部意义与存在方式。"①

至此,胡塞尔以先验自我为核心的自我学意识构成理论,尽管确立了自我主体性地位,但它毕竟隐含着自我中心困境。这里的尴尬在于:如果世界上只有一个自我,我根据意识的统一性(胡塞尔通过内在时间的绵延即是先验自我的延续性和同一性来说明)可以得出作为"中心"或"统调者"的自我的存在。然而,如果世界上有许多自我,我必须相对于其他人的自我的意识之流来区分我的意识之流。倘若不能进行这样的区分,我也就不知道我的意识之流是否统一。只有当我能区分不同的意识之流并分别确认它们各自的统一性的时候,我才能知道分别作为这些意识之流的统调者的自我。在此,确认我的意识之流要以确认他人的意识之流为前提,反之亦然。认识自我与认识他人自我互为关联。胡塞尔倘要坚持从我的存在的自明性出发,并且肯定他人的自我不是自明的主张,去阐明其他的自我的存在,即从我的自我到主

---

① [德]胡塞尔:《笛卡尔沉思》,D. 凯恩斯英译本,海牙1971年版,第26页。

体际的自我，使现象学不至于陷入贝克莱式的古典唯我论的困境，就必须克服或绕过认识自我与认识他我的相互涉及、相互关联的困难。在海德格尔那里，所谓"现象"的本义，是要跟假象和显象区分。这里且按下不表。

最后，我们看到，胡塞尔解决这一困难的主要办法是通过"移情作用"和"配对"论证他我是存在的。显然，此一方法没能为胡塞尔走出自我而达到其他自我提供根本可能。正是出于对自己的主体际理论的不满，胡塞尔晚年在解决他人自我问题时，不再赋予自我在构造他我时的优先地位，相反，他认为，自我与他我相互构造，相互蕴涵，相互理解。这种"更原初地"思考主体际问题的尝试，产生了使自我走向"生活世界"的理论契机，就对每个人作为"具体的普遍性"的生活世界而言，本来就包含有其他人的生活世界。不过，不用说，胡塞尔的"生活世界"不能用马克思的"社会发展、工业和商业往来"这样一些非描述性词语，以及"先于人类的历史而存在的自然界是不存在的"这样一些理论判断来取代。归根结底，胡塞尔的"世界"仍只是意识中的世界。

2

按照辩证法的观点，一个人的意识只有通过与其他人的意识的关系才会形成自我意识。一个人通过发现他人才发现自己。自我意识不可能在自己对自己的关系中形成，自我如果不越出自身，不迷失在他者之中，也就不会生成自己，真正地认识自己。从语言的主体际交流来讲，把一股意识之流与另一股意识之流区分开来的最简易的办法是：当一个人告诉我他的想法，我认为他的想法与我的想法不同的时候，我就区分了一股意识之流与另一股意识之流，并区分了我与他。但是在这里，当他告诉我他的想法并且我认为他的想法与我的想法不同时，我与他之间已经使用了主体际交流的语言，已经区分了"我""你""他"等主体际概念，已经把由不同的自我构成的主体际关系当作既成事实接受了。问题是，他人的意识生活无法直呈于我，因为如果那样的话他与我就无别了，他就不是他了。这倒真正成了唯我论。看来真正的告诉、理解、解释并不是以指名道姓的方式完成的。因此，胡塞尔在能否用通讯交流的语言来谈主体间性问题时，仍念念不忘先验自我，表现自我真相的是戏剧性的夸张。值得注意的是，胡塞尔对语言的看法不是强调语言的通讯交流功能，而是强调语言赋义作用，认为语言的主体际性是以每一个主体的自我意识的能动性为前提的。归根结底是人用语言，而不是语言用人。一方面，人们可以用语言自己对自己提出和回答问题，自己批判自己的观点，自己为自己建立新的概念，当人们如此独自沉思时，在胡塞尔看来不必涉及其他主体（意识）。另一方面，自我在思考问题之后，若要将想法告诉他人，那么只有知道自己想说什么之后，才可能将自己的想法告诉他人。现象学不否定他人的意识的存在，也不否认语言的可交流性，但是认为，自我只有首先知道了自己，才能知道他人。"我知道他人有意识"这句话中我是主语。我若不自知，我何以知道他人的心？在胡塞尔看来，每个自我首先都有某种独特的内心感受，然后才形成在各个主体之间的共通性。人们不是经常看到，思想者为表达自己新的思想观点总是尝试创造新的概念吗？如果语言的每一种新的用法都要首先以主体际的认可为前提，那么语言怎么能够更新呢？正如这里看到的，在这种表现自我真相中并没有"自我坦白"。

不过，海德格尔却看不到或始终不去留意通用的、世俗的语言具有何种建设性意义。就本质而言，语言不仅仅是一种工具，语言说人而不是人说语言。海德格尔沿着欧洲大陆的这一思想传统，从人的生存情境出发，突出的一点就是承认人类活动包括理解活动在内的有限性和与此在相连的历史性。人类认识的有限性，不是作为一种缺陷，而是作为认识的必要条件。因此，人们的确可以设想，每个自我首先都有某种独特的内心感受，然而，事实上在寻找公共语言表达这种感受的过程中，我不得不迁就语词的通用含义，结果只有一种"平均理解"在主体际流传。所以，人们常感慨从来表达不出真正独特的东西，真正独特的东西总是留在每个自我的心里。甚至连马克思、尼采这样的人物也因为没有适用他们思想的语言而没有什么时代影响，在时代的公共或平均理解中湮没无闻。这样，在海德格尔看来，主体际的交谈中，保持沉默的人能比擅长辞令的人更有效地使人理解（这就是说，他能发展出一种领悟）。当然，对于不能说什么东西的人来说，也无所谓保持沉默。真正地保持沉默只有在真正的交谈中才是可能的。

比较海德格尔和胡塞尔的上述思想的深层语境，我们看到，一方面，海德格尔认为，人"首先"就以常人的身份在世，作为常人，此在所关切的不是自身而是一种平均状态，"说话的时候，所说的语言已经包含有一种平均的可理解性。……人们的意思总是同样的，那是因为人们共同地在同样的平均性中领会所说的事情"。[①] 通过畏之类的感悟才"个体化"，进入本真生存，成为真（正）人。海德格尔由本真与非本真存在状态的分辨，"提示"的是自我作为有个性的自我与偶然的自我（或用马克思的术语说是有个性的个我与偶然的个我）的存在论差别，不过这提示所据凭的不是逻辑思维的缜密推理，而是个别生命对其生存感受的真切亲历。相应于此在生存中本真状态和非本真状态两种存在样式，海德格尔一直想在言说现象里分出两个层次，一个较深的层次是 Logos，Rede，Sage，另一个是常人说的语言。语言若要被听懂，就得是通用的语言。这被说成是从神的声音降格为常人的声音。因此，语言经历了一种基本的危险：人人都说话，但鲜有所说。似乎海德格尔总是从负面来阐释说话，在海德格尔看来，仿佛一开口说话就会造就现成性。对于海德格尔，语言的本性就是"让其显现"的"说"，"就其自身显现其自身者"，语言提供了使现实在其可能性中显现的"逻辑空间"。"言

---

① 湖北大学哲学研究所《德国哲学论丛》编委会：《德国哲学论丛（1998）》，中国人民大学出版社 1999 年版，第 146 页。

词把每一物拥入存在并保持在存在里。"因此，本真的语言先于我们的言语和交流，它不是任何意义上的现成者，比如"符号系统""交流手段"。那样的语言，就如那托普说的，无法表达现象学所关注的人的原初经验。

可见，对于海德格尔，深层的本真之言全在于它把"此在"对存在的理解与可能性联系起来而言之有物，因为"此在"包含了自身存在的理解。不过，不管言在深层是怎样的，话总要达乎言辞才成话。但是言辞里所包含的理解，却脱不开现成的思想框架。话可以传得很远，说的人不甚了了，却都可以侃侃而谈；听的人不甚了了，凭着平常的理解也好像听了个差不离。对芸芸众生来说，言说中要紧的事情不过议论了一番。只要有人说过，只要是名言警句，似乎就为真实可靠做出了保证。不负责任的空谈，因常人不是纯粹的自身（中性的"他人"）而畅行无阻；连篇的套话，虽然不是有意欺骗，却适足扭曲事物的真相，封杀中肯的理解。言不及义，空谈，闲言碎语，人云亦云，信口开河，这些都集中在代议制之"众议"名下，这种总是追求某种现成保证的（常）人失去了本来是"明明知道"的洞察力，或误认"大家（人们）"为他的家，总有无家可归之感。耐人寻味的是，海德格尔在这里对此在借以在世的方式特征的描述，更多地看到了人性中的不真态的那一面，这种不真态既是自我个性的泯灭，也是语言理解从独特的本真之言沦落为"平均"的学舌之言，它是"此在"日常存在的一种基本方式。海德格尔在《存在与时间》中透露，人根本不可能成为一个只生存于真正切己的状态之中的"真人"。道家讲的那种无待逍遥的真人境界，作为一种实际人生形态，对于特定时期的海德格尔来讲简直是不可思议的。可以说，在这一意义上，海德格尔的"人观"之理论主要揭示"自我"是怎样失落，以及回答怎样才能回到"自我"中来。与海德格尔相同的是，现象学在其创始人胡塞尔那里，原是为着"整个人生有无意义"的探问而祈求建构的"彻底有根据的哲学"，当然胡塞尔并没有径直投向后来流行起来的所谓人生哲学。他依然疑思,在"科学(客观性)"的名义下,他所执着的逻辑在于,对象("事物"而非"物体")的"客观性"永远在于它势必进入的主体(自我)意识的健康而非病态的主体性,于是,他区分了经验自我与先验自我。只有通过先验之维的揭示,我才发现,胡塞尔的这种"先验自我",有如东方哲学中的"真人""菩萨"。① "先验自我"的先验性是指自我是一切认识的无可置疑的最后根源和绝对基础,任何再向先验自我背后还原的努力都是徒劳的。现象学达到了最后的源头,成了一门"自我学"(倪梁康语)。另一方面,在主体间性和他人自我问题上,胡塞尔的现象学分析是在纯粹意识范围内展开的。经过现象学还原之后,他人不过是我的现象。他人的意识生活附随呈现于我(正如某些中国哲学家所说的那样,天下万物均随附于"我"),这附呈的东西永远无法转化成我原初的直呈。对于胡塞尔来说,横在主体与主体之间的鸿沟是需要花费毕生精力去跨越的,可是海德格尔却轻轻就跳了过去。

按海德格尔的理解,并不是先有了我和他人之别,然后才有我和他人的关系,相反,"要是没有他人,就根本不会有一个当下的孤单的'我'"。"他人也共在此",才会有自我对他人的发现。因为本来并不存在唯一确定的自我。他人在我眼里是他人,我在他人眼里也是他人。"他人是我们在很大程度上与之没有区别的、我们自己也在其中的那些人。"② 海德格尔正是根据人之有社会生活,能建立社会关系,同他人能够建立他同自然的关系一样,都是由人的先天能力决定的理解,去解释"同情""共鸣""理解、认识他人"成为可能的条件。

---

① 万俊人:《现代西方伦理学史》(下卷),北京大学出版社1990年版,第25页。
② 俞宣孟:《现代西方的超越思考——海德格尔的哲学》,上海人民出版社1989年版,第24页。

3

主体间性和他人问题对于胡塞尔来说具有特别突出的意义，用海德格尔的话来说，只有回答了这个问题才能阻止现象学的失败："只要我们尚未在对构造的分析中证明，一个对所有人来说共同的、在狭义上的'客观'世界是如何可能的，那么，这门不仅是由我独自一人'唯我论'地来从事的，而且还应当与许多人一起共同来从事的先验现象学就始终还悬在空中。"此一问题对于胡塞尔来说是一个先验哲学和理性批判的问题，而不是社会哲学的问题，既然如此，胡塞尔若要主张完全以内在意识现象为出发点去考量此一问题，那么就必须表明它能够建立一种不以外在的公共可观察的对象为参照系的私人语言。胡塞尔的现象学并非是一种专门研究私人独有意识体验的学说，而是要寻求普遍性本质、具有总体化能力的学说。但是胡塞尔认为，本质是直观到的，本质直观当然要以个别事例（殊相）为基础，但却并不局限在上面，在胡塞尔分析中，"殊相—共相"这个传统对子中的任何一极，都无法牺牲。但在原则上完全可以以纯粹想象的事例为基础，即可以限于内在的意识范围。可以说，胡塞尔仿佛将本质直观的能力看作是人所具有的一种第六感官。

维特根斯坦的私人语言不可能的论证正好证明，以纯粹想象的例子为基础建立概念和运用语言进行思想的道路是走不通的。通过反私人语言，维特根斯坦指明：语言总是生存于语言共同体之内的游戏活动，它永远是公共的。维特根斯坦在消解私人语言的基础上，也对于能否认识自己以外的他人自我意识活动、状态、过程和事件问题的某些方面表明了自己的立场。在维特根斯坦看来，通过"移情作用"和"配对"论证他我的存在，这无非是用"相同"或"同一"来沟通自我与他我的经验，这是行不通的。尽管，我们无法进入"他心"，检验他的经验是否在性质上与我的经验相同，然而，这并不排除一种谈论它们的共同语言，只要人们用符号和一定的语法形式表示自己的内心经验，尽管他试图让符号和语法不为别人了解，或自以为别人不可理解，但由于符号和语法形式总不可能完全与公共语言没有关系，因为它们表达的总有人类共同的东西，总有他人可为理解的桥梁。因此，没有只为个人所知道的隐秘自我，也没有内心经验和用以描述它们的私人语言。后期维特根斯坦认为，人的内在意识不可能完全独立于人在外部世界中的行为，也并没有比人对外在事物的知觉具有更高的自明性，内知觉的确定性并不是绝对确定无疑的。在此，维氏并不想否定个人感觉及其内在的心理过程的存在，而是强调：我们不是用所谓内知觉的"眼睛"观察和确定内在的意识行为的，我们只有在实际的生活形式中才能确定所谓内在意识的行为是什么样的行为。这里已与海德格尔后期的语言思想微妙相通了。海德格尔告诉我们："重要的是要学会在语言的'说'中生活。"①

在这里，可以说，胡塞尔、海德格尔、维特根斯坦的"自我""主体际"观念之间的对立与一致的比较，随着语言表达而有了敞亮的可能，但敞亮本身也是遮蔽。即"我"只能敞亮此处彼处，而当"我"敞亮此处时，彼处却处于晦暗之中。当三位思想大师在后期追寻敞亮"我"的"光源"本身时，我们发现，他们的思想不约而同地延伸至"生活世界"、"生活形式""人的实际生活体验"。他们这一思想不期而至的逻辑发展表明：谁要讨论人、自我意识，谁就要讨论语言，就要讨论我与他人生活共在的关系（社会、共同体）。正是因为这一共同体，交流与交往才成为必要和可能。但这种共同体以及交流和交往反过来对我（们）的限制，以及我（们）在借助语言进行表达时所必然会遭致的晦暗，又正是一种我（们）必须有所意识的处境，一种我（们）"不得不"的生活态度或存在方式。只有意识到它的"不得不"，才有寻找"自我""自由""选择""承担责任"等的冲动。至此，我们已进入了马克思早期用黑格尔的"定在"

---

① ［德］海德格尔：《诗·语言·思想》，英译本，纽约1975年版，第210页。

概念说明人的自由的理论视域。

　　早期的马克思很重视自我意识（自由）。和黑格尔一样，他相信自然的理性本质，并用自我意识说明自然的实在性。但是，和青年黑格尔派其他成员的自我意识学说不同，马克思没有把自己限制在自我意识之中，他看重的是自我意识与现实、哲学和世界、人和自然的联系。为马克思所重视的自我意识，就不是一个胡塞尔式的吞并一切的赤裸裸（纯粹）的主观精神，实质上它是以思辨形式对人的本质力量的理论表达，是在抽象形态上对人和自然真实关系的一种把握。这是说意识哲学未能够成功建立一门知识哲学。（就此来看，那种"胡塞尔马克思主义者"的名称就显得有些浮泛）对于马克思来说，现实才是哲学所把握的永恒对象。"这些个别的自我意识始终具有一个双刃的要求：其中一面针对着世界，另一面针对着哲学本身。"[①] 这表现出马克思顽强的实践精神。

　　正是归因于"改造世界"的实践的理论，后来的马克思（还有恩格斯）曾深刻地批判过施蒂纳用幻想中的"唯一者（自我）"来代替人类，把人们的历史变成自我意识和自我发现的历史的观点。诚如，伯恩斯坦等人已经注意到，马克思用"无产阶级"或"无产者的党"代替了"我"；试图以科学原则取代"我"进而与阶级意识连结的努力。马克思哲学思维的焦点在于人类，而不是自我（个人）。[②] 他们指明，由于施蒂纳抛开了现实，抛开了人们的物质生活和社会生活，所以，他就不可避免地抛开历史时代、民族、阶级、人类等，施蒂纳从超脱一切、不被任何约束、绝对自由的主体"唯一者"即"自我"（可以解读为现象学意义上的先验自我）出发，把它看作是世界的核心、万物的尺度、真理的标准，而"唯一者"之外的任何事物都被视

[①] 《马克思恩格斯全集》第一卷，人民出版社1995年版，第76页。
[②] 袁贵仁：《马克思的人学思想》，北京师范大学出版社1996年版，第2页。刘小枫：《现代性社会理论绪论》，上海三联书店1998年版，第232页。

为虚幻的、非现实的。在施蒂纳那里，人的异化的克服、人我对立的消解，重要的不是如何改造现实关系，而是如何解释现实，如何通过创造性的"我"的自我意识"回到我自己这里来"。这里借着施蒂纳不难把海德格尔引出来，海德格尔设想，克服异化只是一种谋划，虽然这种谋划中不能不顾及他人，但要明白意识到与他人相处中"我"的中心地位，以免陷入"常人"状态。马克思、恩格斯在对施蒂纳等人的批判中，对"自我""主体际性""语言的社会性、实践性、生活性"等问题，都有过论述，这种批判经过话语转换，原则上可以作为对胡塞尔等现代哲学思想批判性解读的支援参照系。

值得指出的是，马克思与西方自我解释学在人的问题上的决定性差异不在于隐藏还是显明那个带有价值偏好的个性的"我"，而在于是否抛开自我意识、主体际关系、"我"的语言表达的现实基础。因此，马克思在理解自我（意识）、主体际关系问题时，并不是像西方人学大师那样，只是一般地强调人不能脱离和他人的社会联系，而是强调生活在每个特定社会中的人彼此都不是作为平等的一员而互相进行交往的，由于分工和交换的发展造成了人们之间的社会差别，因而他们在交往中，在彼此发生的社会关系和联系中，被赋予了不同的社会地位，从而决定了他们作为个人而具有的特殊本质。所以，"自我"以及"自我认识"等复杂的问题，就"也不像费希特派的哲学家那样，说什么我就是我"① 就能解决的。

五 先验自我、指号学和实践

可以看到，在尝试通过主体谱系学研究中，摆脱主体的哲学向来有不同的方向。与流俗的康德解释不同，海德格尔认定康德的"先验自我"终究仍是实体自我，或"现成存在者"，他将时

---

① ［德］马克思：《资本论》第一卷，人民出版社1975年版，第67页注（18）。

间引入康德的自我,以对康德哲学作基础存在论思路的反抗,把关乎"科学知识"的范畴体系读解成关乎"存在知识"的概念系统。而另一路数的皮尔士对康德先验自我的指号学改造,仍墨守康德哲学的柏拉图式的、关于合乎科学的认识(知识)理念,但他的"探究者的无限共同体"观念与海德格尔的"时间"视野一样,有效地解构了"先验自我"概念。而马克思的实践劳动的解构与此相联系,则更具有优越性。

1

首先我们有必要重新讨论康德的先验自我概念的性质。由于在笛卡尔那里,主体自我既是思维者,又是感觉者,"我就是那个在感觉的东西","而在正确的意义上,这就是在思维"。[①] 因而自我实体亦即一个经验的自我,一个自然主义思维态度中的我,一个素朴常识意义上的我,这个我与他人对立,具有自身时空的特殊性和有限性。因此,自我必须仰赖于无限的上帝实体所赋予的非自我的天赋观念,才能与其他主体沟通,成为建构知识大厦的基础。主体主义的发展被卡在了笛卡尔对自我主体的实体有限性的经验理解层面上。而康德通过对先验自我和经验自我的区分,揭示了作为主体主义哲学知识建构的阿基米德点的自我主体,作为现象世界观察者和构造者,作为普遍必然的知识可能性的逻辑前提,本身不应是心物一体的自然实体之我,而应是从功能论的角度来理解的先验自我。按照谢林批判的看法,康德几乎是违背了自己的意愿,仅仅考虑到对于世界的功用,才去从事"纯粹理性批判"之类如此抽象的工作。换言之,所谓"纯粹理性批判",正是研究功能化的先验自我的认知能力和界限,康德全部的认识论就是建立在这样一个自我思想上的批判:统觉的综合的同一性,无非是有自我意识的自我。没有自我意识和有统一

---

① [法]笛卡尔:《第一哲学沉思集》,庞景仁译,商务印书馆1986年版,第28页。

作用的自我,不能有知识。用康德自己的话来说,统觉的原理"乃是全部人类知识中的至上原理"。① 而作为统觉的综合同一性的自我,即是通常所说的纯粹自我与先验自我。

康德认为,所有的认识对象并不是现成的东西,而是需要"心"加以构造并赋予内在统一性的杂多。而一切直观中的杂多,在它们被把握的同一主体里,与"我思"有着必然的关系。但这种"我思"(表象)是一种自发性的活动,它不是属于感性的(因为感性是有待于刺激的,而不能是自发的)。康德把这种活动称为"纯粹统觉",以别于莱布尼茨意义上的"经验性的统觉",或者又可称为"本源统觉"。在康德这里,"统觉"是指先验的反思或纯粹的自我意识,其功能是构造经验对象,使表象成为普遍者。这种功能化的先验自我只能在赋予感性材料以条理化、逻辑化中被反思到,它自身并不独立存在,却是认识对象得以形成,从而也是知识得以产生的基础。

严格地讲,这种"自我"只被看作是"一个活动的原则,一个秩序和规则的潜在源泉,一个有多种多样创造形式的活动"。② 这种"活动"为方便起见称其为"我",其实质就是指这种"活动"意识到了自己或自身,即"我在"就是"我思","思"对"思自己"有一个意识,"思"意识到"自己"也叫"自身意识",休谟所寻找的在意识中统一各个流动的、杂多的知觉的原则,正是康德的"自身意识"。因而,在康德那里,"纯粹统觉""本源统觉"概念,从而是"自身意识",尤其是"纯粹的自身意识"概念最配称为"自我"或"主体",这主要在于康德在"自身意识"这个因素中发现了一个先验演绎的起点,从它出发可以先天地,即普遍必然地建立起与对象、经验或

---

① [德] 伊曼努尔·康德:《纯粹理性批判》,李秋零译,中国人民大学出版社2004年版,第104页。

② 周贵莲、丁冬红编译:《国外康德哲学新论》,求实出版社1990年版,第158页。

其他范畴的联系。

康德的论述表明，他不仅从"我思"推出我的存在和思的存在，而且推出所思的存在。这样，汉译字面上虽同被译作"我思"的笛卡尔和康德的"自身意识"概念，却有着本质的区别：康德的"我思"（德文"Ich denke"）明确地出现了"我"，笛卡尔的"我思"（拉丁文"cogito"）则只是隐含地意指"我"的存在。显然，笛卡尔的"我思故我在"，重心在"思"上，康德的"我思故我在"则把这个基本的起点平分给"我"和"思"，"笛卡尔和康德在对哲学出发点之理解上的基本差异就包含在这个语词翻译的微妙变化中"。① 所以，康德认为，"笛卡尔的推论'我思故我在'其实是同语反复，因为这个'我思'——实即'我在思维'——是直接肯定我的存在"。②

应当说，康德关于"我思"的论述虽常有给人概念叠床架屋之嫌而失之含混，然而他的讨论是极为深入的。对此，我们无意展开全面讨论，借康德关于"我思"的讨论，本意只在于显示其"弱点"或论证缺失，在这一限制下，下面通过海德格尔、皮尔士等人展开对康德的讨论，实际上在很大程度上就是对康德"我思"理论的批判否定。

2

海德格尔在《存在与时间》中，首先提炼出康德"我思"的两重积极的东西：一方面，康德看到从存在者的层次上把"我"引回到实体是不可能的；另一方面，他坚持"我"即是"我思"。依我看来，海德格尔之所以对康德有这样两点认同，就在于一方面，海德格尔的确看到了在康德那里，竭力铲除把主

---

① 倪梁康：《康德哲学中"自身意识"的双重性质与功能》，《浙江学刊》2000年第4期。

② [德]海德格尔：《存在与时间》，陈嘉映、王庆节译，生活·读书·新知三联书店1999年版，第364—366页。

体与实体划等号的根据之努力。另一方面，海德格尔尽管在《存在与时间》中强调了"共在"，但他依然落入了带有方法论唯我论的生存论本体论变种中了的危险，这与康德相似。然而，海德格尔对康德的这种有限认同，多半只是一种阐释策略，因为，海德格尔不满于康德又把这个"我"把捉为"主体"，而从存在论上把"我"规定为"主体"，终必落回到"主体"亦即"实体"的境况之中。

康德的犹豫不决，在海德格尔看来，就在于他没有看到世界现象，于是势所当然地把"表象"同"我思"的先天内涵划得泾渭分明。这样一来，"'我'又被推回到一个绝缘的主体，以在存在论上全无规定的方式伴随着种种表象"。[1] 实际上，"就算康德已经放弃了孤立主体和内部经验在存在者层次上的优先地位，可是在存在论上，笛卡尔的立场仍然保留如故……他所证明的也无非是：变易的存在者和持久的存在者的必然的共同现成存在"。[2] 也就是说，在海德格尔看来，不仅仅康德的先验统觉——被规定为"纯粹本源的、不变的意识"[3]、一个"常住不变的'我'"[4]——是现成存在者，而且就是康德的经验性统觉、经验自我，像一切现象那样在时间中变易不定，也是现成存在者。这是由于康德视感觉经验材料为现成给予的，而不去追究感觉经验本身的可能性，感觉经验及其提供的材料只是"在时间之中"罢了，时间本身不来源于经验而是一种先天给予的表象。真正的时间现象就已经被漏过去了。换句话说，康德坚持非时间性的先验自我和处于时间中的经验自我之间的区分，原本就是不

---

[1] ［德］伊·康德：《纯粹理性批判》，韦卓民译，华中师范大学出版社 2000 年版，A355。

[2] ［德］海德格尔：《存在与时间》，陈嘉映、王庆节译，生活·读书·新知三联书店 1999 年版，第 235 页。

[3] ［德］伊·康德：《纯粹理性批判》，韦卓民译，华中师范大学出版社 2000 年版，A107。

[4] 同上书，A123。

可能的，没有一个在基础存在论维度上更原本的绽出时间概念，而确立的自我终究只能是实体性自我，即康德意义上的"在其存在上非流转性的东西"，"从而就是当一切别的东西变化时那常住的东西"。①

这样，海德格尔的读解与传统的康德解释大相径庭。根据传统的康德解释，不管把"我"叫作先验的自我意识，或者叫作自我意识的先验统一，还是叫作统觉的原始综合，康德都是要突出自我的这样一个至关重要的特点：自我绝不是一个现成存在者，不是一个实体化的存在，而是意识的先验功能或一切知识的可能性根据。

但这绝不是说康德已预期了主体在未来会走向死亡，相反，康德的本意是想通过他的为未来形而上学清理地基性的工作，来使他的主体概念建立在可靠的基础上。不管康德视形而上学的主体是纯粹理性幻象看得多么清楚，海德格尔的康德解读法的合法性，在于再次提醒我们：从《纯粹理性批判》第一版开始，康德事实上就在普遍、自足的"绝对主体"和被领会为表象形式的"逻辑主体"，这两个非常不同甚至是矛盾的先验主体概念之间摇摆。

海德格尔的原创在于：他的《康德书》（《康德与形而上学问题》）"用武力侵入康德的体系"（卡西尔语），把《纯粹理性批判》《康德书》和《存在与时间》这三者视为在"为形而上学奠基"这一根本问题上构成了一个连续统。但是，这种形而上学不是近现代意义上的形而上学，而是奠基于此在之上的形而上学或存在论。

在《康德书》中，海德格尔对于康德解决问题的方法，做出的最后批判所蕴含的一个结论是：这种批判间接表明，通过主观解决问题的方法是无效的。而这种方法在主体主义哲学，尤其

---

① [德] 伊·康德：《纯粹理性批判》，韦卓民译，华中师范大学出版社2000年版，A143。

在胡塞尔的现象学中却是至关重要的。

劳尔曾说,"对胡塞尔影响最大的大哲学家是康德,……是康德使胡塞尔相信客观性不能作为主观性的尺度。康德曾在哲学中完成了'哥白尼式的革命',主体的思想活动从而成为其有效性的唯一标准"。① 但是对海德格尔来说,主体主义哲学已经失败,这是因为,人本质上的限定性决定着人的知识首先是直观,也因为这种直观并非创造性的,而是依靠某种业已存在的东西,从而也就是派生性的,就此而言,康德关于直观与概念之间关系的看法也是颇成问题的。海德格尔的研究同时也向我们表明:康德的失败也就意味着胡塞尔的失败。

海德格尔清楚地揭示其原因:一方面,康德一般地耽搁了存在问题,与此相联,在他那里没有以此为专题的存在论,换用康德的语式说,就是"没有先行对主体性进行存在论分析",这样,也就无以澄明人的有限性,只有基础存在论才有可能理解人的有限性;另一方面,康德虽然已经把时间现象划归到主体方面,但康德是时间的流俗概念的俘虏。这里的意思是说,康德哲学虽然认为时间在最直接起源的意义上是主体的先天直观形式,这与近代物理学排除主体的绝对时间观大不相同,但康德的时间观本质上要高扬的是人的绝对主体性,这即使在科学内部也已被贬为形而上学的幻象,现代物理学如量子力学也把观测主体纳入了观测结果之中。在这一意义上,康德的时间观未能把"先验的时间规定"这一现象就其自身的结构与功能清理出来,康德因此耽搁了"此在的存在论"这一本质性的大事,而这耽搁又是由于康德继承的笛卡尔的存在论立场才一并造成的。笛卡尔发现的"我思故我在"这个哲学的基本开端处,没有规定清楚"我在"的存在意义。这个徒有其表的新开端,却是在培植一个不祥的成见,后世就是从这个成见出发才把以"心灵"为主题

---

① [德] E. 胡塞尔:《现象学与哲学的危机》,吕祥译,国际文化出版公司1988年版,第20页。

的存在论分析耽搁下去了。[①]

海德格尔的上述言述表明：以先验自我为起点的近代主体主义哲学，不可能真正"认真"对待时间，因为只要我们把自己作为主体来对待，我们就避免了它的有限性，在持续存在的幻觉下否认自己的时间性条件。当康德和胡塞尔的先验自我超越了笛卡尔实体自我的对象性时，他们的意图是非常清楚的，为了避免时间的"破坏"，主体必须"无化"，主体不能与人、个人、自我相提并论，因为所有这三者都无以充当一个永远的观察者、构造者和创造者，而其自身却不能被观察、被构造和被创造。尽管康德的四大批判旨在回答"人是什么"，但至少在第一批判中，感性与知性中的先验形式，其实都是"无我"的，甚至是"非人"的，先验主体性无法还原为人的经验实在性。与康德相比，胡塞尔似乎要求的是一个更高的非"人"的理论，他让"我思"中的"思"连续跃升三个层阶：超逾我的经验性而成先验性，又超逾先验性而成超验性。这样，无我而非人的思维成为某种可被固定住的"终极实在"，通过将静观的成分凝聚为一种知识的秩序，从而表达出真理。对于海德格尔来说，这种"终极实在"是他心目中错失了时间本身的"现成存在者"，或者说是一种无时间性的存在概念，它注定一开始便不是哲学真正追问的问题，因而是无意义的。因为时间是"理解存在的可能的视野"。

注意！这就是海德格尔对现代主体主义哲学的根本忠告。

对于其核心问题是存在的意义的生存哲学来说，取代那种背离了生存的哲学，是一桩关乎"名声"的大事，所以，与同一时期把《纯粹理性批判》只读作关乎"科学知识"，并且占支配地位的新康德主义学院派哲学的做法不同，海德格尔决意将康德的这一范畴体系转换成关乎"存在的知识"的概念系统。这种解读实践暗示了，当我们立足于存在论看康德理性学说，深入到

[①] [德]海德格尔：《存在与时间》，陈嘉映、王庆节译，生活·读书·新知三联书店1999年版，第28—29页。

认识主体的能动性，而不再局限于知性所面对的一时一事或可能经验的对象和超越一切经验对象时，问题本身就不可避免地牵涉到人的认识的最终使命，牵涉到价值问题、善的问题和幸福问题。这一视域的存在论后果，在海德格尔的基础存在论中，获得了精心阐述。在那里，"哲学"和"生活"、"知识"和"价值"、"知识"和"行动"之间的传统对立二分失效了。因此，把它称为通常意义上的"哲学思想"显得是一种误导。如果要超越传统哲学以其从生活实践领域中抽象出来为荣，就必须像恩格斯那样认识到："康德的自在之物的有价值的自我批判〔证明了〕：康德在思维着的'自我'上面也失败了"，"为了知道我们的思维能探究到什么，在康德后一百年，企图从理性的批判、从认识工具的研究去找出思维所能达到的范围，是徒劳无益的"。① 换言之，我们必须放弃近代知识论的经典追求，即放弃对纯粹的、普遍必然的知识追求：把知识问题理解为社会实践、政治、伦理、文化、经济问题。海德格尔指出，在上述要求的背后已经存有一种"思想的改变"，但是海德格尔把引致这一"思想的改变"的功绩归之于马克思，他在《康德的存在论题》一文中，建议我们去参看《德意志意识形态》以及《费尔巴哈提纲》第11条②。在我看来，海德格尔的敏锐就在于他深刻指证了传统哲学的上述缺陷，这在很大程度上决定了他能够吸收马克思的观点。

3

如果我们不是从与康德的哲学存在巨大差别的对存在问题的理解出发，来解释（改造）康德的批判，而是反过来以康德的《纯粹理性批判》对问题的提法和它的成果为前提作这样发问：康德的"意识的综合统一"，即科学知识的先验主体，在现代科

---

① 《马克思恩格斯全集》第二十卷，人民出版社1971年版，第585、583页。
② ［德］海德格尔：《路标》，孙周兴译，商务印书馆2000年版，第524页。

学逻辑中的境遇如何？那么，通常的回答可能是：我们不再需要先验主体这一假定了。罗素在其《西方哲学史》中批评康德说，康德被休谟唤醒的时间是短暂的，稍后他又创造了一种睡眠方式，使自己得以重新睡去。哈曼也认为，康德还不知道，他关于时间和空间的言论在知识界比柏拉图造成的混乱更大。但是这并不意味着"先验问题"即人类知识的可能性条件问题已被清理出现代哲学的问题清单之外。海森伯说道："康德认为是一种不容争辩的真理的先天观念，不再包含在现代物理学的科学体系中了，然而它们在多少不同的意义上构成了这个体系的主要部分。"① 这表明，在对知识的可能性问题的本质思考中，由于康德严格的批判精神和细心的离析工作，康德哲学毕竟不是可以被忽略的。不过，与其说我们需要复活康德的"先验主体"，毋宁说我们必须对康德"先验主体"予以改造。

那么，现代哲学如何可能改造"先验主体"，从而解答知识的可能性的先验条件问题？接下来，我们可以先来关注"自我意识的循环问题"并力图对此有所探索。

正如开篇之前所述，我们观察到，在本体论维度上，对"我思"的主观性追溯，任一观念存在必定承诺着"我思"的优先存在，"我思"在排列本体论次序时就在这一次序的起点处留出一个空位，而在进行反思时则把自身置入这个第一位置中，这里就涉及"自我意识的循环问题"。康德认为，就"我""自身在内容上完全空洞的表象"而言，"人们就连说它是一个概念也不能，它只不过是一个伴随着一切概念的意识。通过这个能思维的我或者他或者它（物）所表象出来的不是别的，无非是思想的一个先验主体＝X，它惟有通过是它的谓词的那些思想才被认识而分离开来，我们就永远不能对它有丝毫概念；因此，我们在一个不断的循环中围绕着它打转，因为我们要想对它作出某种判

---

① 温纯如：《康德图式说》，《哲学研究》1997年第7期。

断，在任何时候都必须已经使用了它的表象"。① 康德的意思是说，当我要对"我"作判断时，就有这样的不方便，即在判断之先我就必须使用这个未经判断的"我"的表象（如说，"我是我思的主体"），而为了对这个"我"的表象作出判断，又必须先使用"我"这个表象，这样一来，实际上是围绕着"我"的表象不断地兜圈子，自我不得不像绕着自己尾巴打转的猫一样，竭力想抓住自己，却怎么也抓不住。顺便指出，杜兴认为，"自我意识循环"问题的解决与否，"不仅危及到从康德到黑格尔的古典德国哲学的奠基理论，或者危及到二十世纪的各种主体性理论，而且危及到整个主体性理论的系统事业"②。这一说法结构主义的马克思主义者阿尔都塞也会同意。

站在康德的立场上，问题的关键在于：先验演绎的可能性问题能否最终归结为纯粹无内容的形式是否可能的问题，或者更确切地说，一个无客体（宾词）的先验主体（主词）及其活动（谓词）是否可能的问题。在此，康德看到了将先验主体视为有一个客体与它相对的危险，因为在经验层面上的任何事物都有自身之外的对象，在不同事物之间的相互作用中，相互作用的双方互为对象。这样势必使我（主体）消失在对象中。但只要康德把没有对象的先验主体看作是一个独立的、先天的、本源的 X，他就必然要赋予先验自我意识以反思的模式而难以避免循环问题。因为，任何对先验主体 X 的设想、觉知和描述都将预设这一点：我们事先已经在某种程度上熟悉了这个 X，这相当于美诺悖论的变式。显然，康德哲学只是推进了循环问题的研究，但没有避免它。在这里我们也仿照谢林说，我们真不知道是应当感叹康德的幼稚呢，还是应当感叹康德的勇气。众所周知，德国启蒙

---

① ［德］伊曼努尔·康德：《纯粹理性批判》，李秋零译，中国人民大学出版社 2004 年版，第 260 页。
② 倪梁康：《前笛卡尔的"自识"概念——"主体"自识问题在古希腊、罗马和中世纪的起源与发展》，《南京大学学报》（哲学．人文．社会科学版）1999 年第 2 期。

运动中的重要作家维兰德以近乎小说的形式谴责《纯粹理性批判》之胡言乱语。

想必，我们说，思想的可理解性在于它的客观性，语言这种客观的共同理解形式，使得思想能够以客观形式表现出来。这就是说，唯有通过语言指号，我的意向意义才与其他人的可能的意向意义达到一致，从而我才能真正"意指"（mean）某物。因此，我之所以具有有效的意向意义，乃是因为有一种不只把我的意向意义固定在其中的语言。这种总是某种程度上在语言"意义"中起作用的与他人的可能的意向意义的统一，乃是对在康德的"知觉综合"中的经验材料统一的可能性条件。很明显，由于现代语言哲学对语用维度或主体间维度的开启、敞开，它为现代哲学对近代知识论（"意识分析"）的"先验"问题，说到底就是对"先验主体"问题的解决提供了可能性的一个方面的基础。几乎20世纪的所有哲学家都抱有这样一种信念：语言是人类知识（思想）的可能性和有效性的决定性条件。某种语言学流派、精神分析学、人类学就可能聚集在此麾下。

现代哲学中的"语言转向"的彻底化的决定性人物，是后期维特根斯坦和皮尔士。前已指出，维特根斯坦打开了先验哲学之改造的基本方向：语言游戏与生活世界的交织隐含着"先验"问题的解答；而皮尔士为代表的美国实用主义指号学的"解释共同体"观念，本身就旨在对康德先验哲学的改造："用指号解释的交往共同体"这一先验观念取代了康德的"先验自我"。我们可以把皮尔士的哲学探究理解为，与海德格尔旨趣截然相反的、对康德的《纯粹理性批判》的一个批判的重建。

对于康德来说，先验自我意识的综合统一，是先验演绎的"极点"，它是最终的、不可还原的。他者的他性，存在或上帝都从这个"极点"向我显示（显象）。因而，首要的是皮尔士发现了一种康德的"极点"的替代物，这就是"探究者的无限共同体"这一"终极观点"。皮尔士提出这一"极点"的真实意图，并不在于自我意识中的观念统一体，而在于设想那种主体间（探究者们）有效地通过指号对客体的表达的语义学的一致性。从这一准先验逻辑的最终前提出发，皮尔士虽然不能推演出与康德的意图一致的作为先天综合判断的科学"原理"。但是，从他的"极点"出发，皮尔士有充分的理由认为，我们没有任何权力假定这些先天原理，保存这些原理就是容留形而上学独断论的残余。皮尔士的上述思想，在被人们称之为他的"逻辑社会主义"的思想中达到极点。在这一思想中，他阐发一个"共同体"的观念，"这个共同体无明确界限，并且具有明确地增加知识的能力"，因为只有这个共同体才有可能达到终极真理：不肯牺牲自己的灵魂而要拯救整个世界的人。在他的所有推论中都是不合逻辑的，从整体上来说就是这样；所以说，社会原则内在地植根于逻辑之中①。

在我看来，对皮尔士指号学理解的关键在于，领会对知识概念的指号学改造首先需要一个使用指号的"真实主体"，这个主体无疑不是康德、胡塞尔古典先验哲学家所见的纯粹意识本身，而是一个实在的实验和解释共同体；另一方面，正是这一由指号解释对对象意识的取代，要求通过作为解释过程的认知过程超越一切有限的主体性。由于把交往共同体设定为认知的主体，这样一种先验哲学，就克服了传统知识论的方法论的唯我论。根据这一方法论的唯我论，其他人类主体及其交往行为只能被思考为某一孤立的认知主体—客体，一个在胡塞尔那里充其量可以通过移情作用加以把握的客体。

我们注意到，在历史悠久的唯名论—知识论传统中，因为只在主体—客体关系（对象意识—自我意识的关系）维度中思考认识问题，指号仅仅被视为用来传达已知之物的工具，语言作为关于某物之为某物的认知的中介被忽视了，而这总是意味着忽视主体际交往而形成的传统这一中介。传统之中的人们没有看到，在一个"解释共同体"中，作为传统中介化的主体间性沟通，

---

① ［德］卡尔-奥托·阿佩尔：《哲学的改造》，孙周兴、陆兴华译，上海译文出版社1997年版，第88—105页。

乃是一切客观知识（包括前科学知识）之可能性和有效性的先验解释学条件。

在当下语境中，需要提及的相关于人文科学的决定性洞见，是那种差不多在康德之后才发端的历史精神哲学（黑格尔）、历史学—解释学（从施莱尔马赫直到狄尔泰等），已经多少意识到科学主义的主体—客体分离观的乖谬。对所有这些探究来说，人文科学知识就是关于人的知识，人是"活"的，被认识者同时也是认识者，单向度的主体不存在，甚至无所谓共同合作去理解对象的主体间性，那只是哈贝马斯先生构想的关于一个公正世界的"乌托邦"。哈贝马斯曾批判马克思的社会理论只注重劳动生产活动，"工具性行为成了解释一切的范式"，"对认识、言说和行动的主体的能力和资质的可能性条件的反思，在马克思那里完全无法切中社会"。哈贝马斯的评论正确与否，这不重要，依我之见，马克思与哈贝马斯的关键不同之处是，马克思看到了人类社会生活只有或合作或不合作的生活（知识博弈"各方"）。任何一种人文科学知识都在为某种价值、利益说话，也就总会有竞争着的为另一种价值或利益说话的知识。事实上，关于人类普遍统一的梦想很古老，巴比伦塔建造失败的故事讲的就是这点。在康德那里，他让这个梦想接受理性的批判检验。他的想法是，人们应该坚持统一的观念，但是不该忘记通向现实的落差。不同于康德，卢梭以更大的投入作了幻想，他以伟大的圣餐仪式的图像想象社会。不过，因为他者总是他者，统一的渴望会一下骤变为被敌人包围的感觉。卢梭经历的就是这种情况，他没有把多样性当作挑战来接受。与他们不一样，马克思主义经典作家看到了，人们"按不同方向活动的愿望及其对外部世界的各种各样作用的合力，就是历史"[①]。社会就是一个主体—客体，我们只通过自我理解与之认同，而不能仅只把它当作那种根据得自外部的规则来进行描述或说明的对象。只要我们不是把历史唯物主义独断

---

① 《马克思恩格斯选集》第四卷，人民出版社2012年版，第254页。

化为一种科学主义的客观主义,而是把它置回到马克思原本所勾勒的主体—客体间的实践关联的语境,那么,我们可以看到历史唯物主义对上述关于主体—客体关系观点的原则而彻底包含。

上面这些从皮尔斯那里引发出来的思考表明,当我们强调主体的能动性而墨守一种作为认识的科学的柏拉图式概念时,我们必须像皮尔士那样,把康德先验哲学追求的科学知识普遍必然性转换成无限的辩证探究过程的目标。以此避免休谟式的怀疑论,而又用不着像康德那样坚持"本体"与"表象"的分离,以致使他的本体论仍落入了"超越时空"的俗见中。换言之,自然("物自身")的秘密虽然藏而不露,也许永远不能被人完全知道,但谜底就在那里等我们去猜。但是指号学依然有着某种视界方面的限制,我们和马克思一致假定,皮尔士的准先验主体还需要通过科学实践观的改造。我们可以假想马克思以下面的方式来回应皮尔士对先验哲学的指号学改造:当皮尔士注意到,对某物作为某物解释除了感性与知性之外,还包涵着"约定"(专家认可)这一认知特征(对那些在语言上传承下来的词义或概念的意义解释)时,他实际上是把"指号"视为联结感性与知性、直观与概念的"中介"。在康德那里,这一"中介"是"图式"(Schema);实际上,"图式"就是狭义的"指号"。然而,从马克思角度看,一切具有潜在意义的指号或图式的意义之能够得到解释性阐明,取决于"劳动"这一"中介"。马克思说:"劳动是活的、塑造形象的火;是物的易逝性,物的暂时性,这种易逝性和暂时性表现为这些物通过活的时间而被赋予形式。"[①] 在这里,"形式"在一个等价物的意义上就是"图式",这样,康德的"图式"时间及其沟通感性与知性、直观与概念的功能,原来屈从于神秘先验论,就被科学的实践观所敞开。显然,这意味着马克思以比皮尔士更为深广的见识,预示了对康德先验哲学的

[①] 《马克思恩格斯全集》第四十六卷(上册),人民出版社 1979 年版,第 331 页。

指号学改造的局限性。

六　良知与良心

我们又看到，关于理性之纯粹主义的批判，说出的是认识与对象以什么为"标准"的"良知"。这意味着他或哲学家必须表现出自己是"罪人""不纯洁"。或者说哲学以消除"不纯洁"为目标。因此，在自我沉思原则和规训原则这两大原则的基本影响下，中西自我解释学呈现出明显的分际。杜维明先生曾指出：儒家学说的出发点是自我修养，其学说真正关心的是完善自我。① 用这一观点去考察王阳明的心学的精神，可以用"成己"与"无我"来表达。王阳明以他的自我反思、自我体验、自我直觉为方法，在本体认知或存在认知的基础上营构自我超越的形上思维，以"成己"，即主体的自我造就为趣归，以"无我"或"克己"，即自我抑制为"成己"的手段，把道德践履与道德修养看成是离不开"克己"，但归根到底是为了达到"真吾"（有德性的我）的过程，良知本体与致良知功夫则构成了中国哲学比如阳明哲学或"自我"学的经纬。而当我们试图解释阳明的"自我"学时，又可找到与费希特"自我"学的思想性格诸多对应的方面，本文试图通过王阳明哲学与费希特哲学主要在伦理学方面的比较，来诠译阳明的"自我"学。

1

费希特的自我学说实质上是一种关于作为能动存在的人的学说。作为康德哲学的继承者，费希特在他的《伦理学体系》里，贯彻了康德的高扬人作为道德行为的主体所固有的自由和尊严这个基本立场，他的体系的核心，归根到底只是主体自身。同时，作为康德哲学的改造者，他又发展了康德的先验主

---

① ［美］杜维明：《人性与自我修养》，中国和平出版社1988年版，第66页。

义伦理学。这包括两个方面的工作：其一，就形式而言，他应用科学方法，即古典学的方法，从知识学原理出发，演绎伦理原则及其适用性，得出了各条伦理学定理，规定了各个伦理学范畴，克服了康德从人，即"理性存在者"的纯粹理性证成及推导规范人类行为的道德原则演绎中的缺陷这方面的工作可以说是康德的规律伦理学的延续和改善。其二，就内容而言，费希特在广阔的现实范围里，研讨伦理原则的各种条件，阐明人的各项职责，试图克服康德伦理学的形式主义倾向，以感人的激情对人类道德的完善表示了热烈的向往。费希特所做的这方面工作，并不是把伦理原则单纯当作形式、套用到现实生活领域，而是谈论"我们应该做的事情"，这种谈论透现"一种高傲的独立性，一种对自由的爱，一种大丈夫气概"。① 独树一帜地标举了人的主体性，这与阳明从"主体思维"② 建构其德性伦理学的框架，恰可互为参照：如果不在十分严格的意义上，我们可以说新儒家（道学）的发展，从南宋到明中期，经历了一个"哲学的转向"，也就是"理学"到"心学"的转向，这种转向带有"主体性"转向的意味，这一主体性转向导致自我（道德主体）的主题化、中心化，于是自我（道德主体）不再是道德原则的仆人，而是主体。

2

这一主体性转向所关注的"自我超越"是从自我开始的，

---

① ［德］亨利希·海涅：《论德国宗教和哲学的历史》，海安译，商务印书馆1974年版，第115页。

② 这里所谓的"主体思维"，不是以西方哲学中所谓主体/客体的区分及其认识与被认识的关系为依据的，而是在中西哲学对比中显发中国哲学思维的特点：中国哲学也讲主客关系，但它的特点是主客结合，它讲主客统一，而且统一于主体，但并不否认外物的存在，也没有将两者混为一谈。阳明哲学从总体上讲，就明显具有此种特点。关于"立体思维"特点的详细分疏可参见蒙元培《心灵超越与境界》，人民出版社1998年版，第452页。

它所实现的与"道"与"天"合一的精神境界，是由超越性而至内在性（如程朱）转向由内在性而至超越性（如陆王），这一转向的理论脉动就是朱熹正统理学理论缺陷的凸出与王学的崛起。

朱熹作为新儒学的代表人物，他的历史使命就是重建儒家的人学形上学，因此，他的理学的根本主题似乎与心学并无二致，即都是就"如何提高人的心灵境界"而作为自身理论架构的目标。因而，朱熹"对于心也极为关切，极为重视，其重视的程度决不低于理"，甚至有的学者指认朱熹的"理"也不是"概念论或理念论"的，而是"存在论""本体论"的，更确切地说是人学本体论。[①] 然而，这一观点并不是一个惟一正确的理解或解释。因为，从哲学流变的总体看，朱熹似乎总是把格物穷理限制在"知"的范围并作知性的了解，无论是"端身正坐"以静观对象，还是"仔细参研"而分析推究，都不超出"知"的范围。进而言之，在朱熹看来，主体可以在"行"之外，仅仅通过知而达到对天理的自觉。这样，在朱熹那里，天理同时又是当然之则，穷理的目的归根到底就是在把握天理之后，进而以理规范主体的行为。与强调"理"的超验性相应，朱熹又赋予当然之则以外在的性质："说非礼勿视，自是天理付与自家只眼，不曾教自家视非礼，才视非礼，便不是天理；非礼勿听，自是天理与自家只耳，不曾教自家听非礼，才听非礼，便不是天理。"[②] 在这里，朱熹对人类行为的创造性、不确定性以及存在的"活性"统统视而不见，最终将天理具有的"自不容己"的特点，夸大为天理与主体的对峙。

从思想发展来看，朱熹把"理"视为认识的对象，理对于人心来说只是先验的本质结构，而不是现成的意识事实，从认识

[①] 蒙培元：《心灵超越与境界》，人民出版社1998年版，第292、294页。
[②] 黎靖德编：《朱子语类》卷一一四，王星贤点校，中华书局1986年版，第2767页。

论而言，要使道德主体（意识）对理有一种自觉，就须得付诸格物穷理的途径和方法，在这个认识过程中，还须要躬行践履，严格地进行道德修养，以去除各种感生情欲的侵扰。这样，阳明欲对朱子哲学的以上心与理分离的立场进行辩难、反省、检讨而展开真正的讨论的话，就必须确立学问之道的"内向性"取向。这样就不难理解"心即是理"或"心外无理"是阳明伦理学的第一原理，集中体现了阳明对心与理的关系把握的真精神。

"心即是理"是阳明哲学主体性原理的基本表达，而"心外无理"则是这一主体性原理表达的一个强形式。欲对这一基本原则进行适合阳明心学体系的把握，须要对"心"与"理"在阳明哲学中的界定作一说明。

我们知道，从某种意义上说，中国哲学是一种心灵哲学。从孟子断言"仁义礼智根于心"，即道德原理根源于人的本心，到陆象山、王阳明的"心即理"或"心外无理"，这里的"心"都是指"本心"概念，阳明有时更用"心体"及"心之本体"表达这一概念。源于孟子的这个本心观念，是指完全独立于感性欲念，没有任何感性欲望染乎其间的先验的主体。对心的这种规定同时引出了对理的规定，阳明所说的"理"，如果从阳明哲学在整体上是对朱子格物穷理哲学的反动这一视点来看，大致涉及"道德法则""自然规律"（"实理"）及社会生活中具体的"礼仪规范"[①] 三个方面的含义。阳明所谓的"心即是理"认为：不仅忠孝之理只是人的意识通过道德实践赋予行为和事物，至善之理不能由存在于心外之物来加以论证。同样，就根源而言，礼所代表的行为的具体方式及仪节代表的"理"也只是来自人的本心，并且，自然法则也表现为通过天赋而构成心的内容，所以，

[①] 陈来：《有无之境——王阳明哲学的精神》，人民出版社1991年版，第26、27页。杨国荣：《王学通论——从王阳明到熊十力》，上海三联书店1990年版，第29页。

"夫物理不外吾心，外吾心而求物理，无物理矣"。① 可见，阳明心学中的"心"必然是无所不包，无所不在的整体性存在，具有绝对无限创造性和内向性，功能性和情感意向性特征。此种心的哲学抛弃了如下假定：即每个人都总知道怎样把世界分为心的部分和物的部分，这一区分就阳明哲学而言，是常识性的，因而，它的常识性多于真理性。因为，在中国哲学中，"心"的概念一直未得分化，即使阳明心学虽然努力建立一个近于费希特的"绝对主体""纯粹自我"的概念，也没有像费希特那样区分了纯粹自我与经验自我。在费希特那里，自我也指纯粹的自我意识，而与个别的经验意识相区别。同时，纯粹自我作为逻辑上先于个体的自我的基础，既是超越个体的宇宙理性，也是个体本体的自我。当然，不注重对"心"的概念分疏的中国哲学，不像西方传统哲学那样讲主客分离、主客对立，而是讲主客结合，那样的主体思维方式自有其优劣：由于阳明没有像康德那样把认识主体与道德主体区分开来，也没有区分意志与意念，也就原则上克服了康德伦理学容许道德知识与道德实践相互分离的毛病。② 同时，我们也可深刻感受到阳明哲学与现代化"知识论眼光"为基调的哲学的疏远与隔膜，用"知识论眼光"来看，人们容易理解，真理是依赖于外部事物的，然而，阳明学要问："对意义的理解也必定依赖于外部事物吗？"当胡塞尔在《笛卡儿沉思》中浪漫地说："我必须用悬搁法扔掉世界，这是为了用一种普遍的自我检视来重新找回世界"③ 时，想必已经逝世四百年的阳明对此的应答是："本体原无内外""心何尝有内外？""充天塞地中间只有这个灵明，人只为形体自间隔了，……天地鬼神万物离却我的灵明，便没有天地鬼神万物了，我的灵明离却天地鬼

---

① 《传习录》中，《全书》一。本书所用《王阳明全集》系吴光、钱明、董平、姚延福编校，上海古籍出版社出版1997年版，第42页。
② 赵汀阳主编：《论证》，辽海出版社1999年版，第93页。
③ 同上书，第68页。

神万物，亦没有我的灵明，如此便是一气流通的，如何与他间隔得。"① 既然灵明（心）、亦即自心、吾心"充天塞地"而内在于天地万物，它又怎能离开万物而存在，"世界"又如何扔得掉？

这里，从逻辑上看，阳明在规定心时，必须将"心"看成是"主观之心"与"客观之心"，"小我之心"与"大我之心"的统一。阳明认为，心不仅以普遍之理为内容而获得理性的普遍性品格，而且，从形式上讲，心具有个体性的方面。心的个体性方面首先是指以"自思"（我思）的形式表现出来的自心。阳明肯定自心在道德认识过程中的重要作用，只有通过"自思"，才能对理有深刻体认："自思得之，更觉意味深长。"② 如欲了然"中和"的道理，就"须自心体认出来"。③ 这里指的"自思""自心"，显然，不是理性主义者笛卡尔式的"我思"，阳明的"心体""心""主体"等概念，更接近于存在主义"情意我"的概念。④ 换言之，"心"除了"我思"之外，主体意识还表现为意欲、情感等："喜怒哀惧爱恶欲，谓之七情，七情者，俱是人心合有的"。⑤ 情感意欲具有不可重复的特殊性质，它构成了每个个人最原初的本己存在。

那么，自心、自我的最本己的情感意欲与普遍之理的紧张关系如何解决呢？阳明还是以"心即理"去解决这一基本问题："心即理也。……且如事父，不成去父上求个孝的理；事君，不成去君上求个忠的理；交友治民，不成去友上民上求个信与仁的理。都只在此心，心即理也。"⑥ 这里，透露出阳明心学的最大缺失：意在对道德主体（及主体自律）的肯定的阳明心学，并

---

① 《传习录》下，《全书》三，第124页。
② 《答甘泉》，《全书》五，第181页。
③ 《传习录》上，《全书》一，第23页。
④ 陈来：《有无之境——王阳明哲学精神》，人民出版社1991年版，第16页。
⑤ 《传习录》下，《全书》三，第111页。
⑥ 《传习录》上，《全书》一，第23、2页。

没有具体阐明，主体对具体对象的一种因道德境遇的不同而不同的情感意欲，是如何与普遍之理合一的。从而构成了阳明哲学在内在形式方面的无法自圆的缺陷。与此不同，同样是将作为主观东西与客观东西的同一体的自我作为演绎出发点的费希特伦理学，是一门实践哲学，他的伦理学在解决自由与必然、感性世界与理智世界的辨证关系问题上迈出了重要步伐。

　　作为一门实践哲学的费希特伦理学，采取了一种与理论哲学不同的演绎方向，因为理论哲学走的道路是从客观的东西到主观的东西，而实践哲学走的道路则是从主观东西到客观的东西，①费希特将意志作为从主观东西到客观东西的枢纽和他的演绎的第一步骤。在费希特看来，虽然我们不能直接知觉到那个完整的自我，因为它根本不是知觉的对象，而只是在所知觉的东西上联想到的；不过，我们能直接知觉到某种必定属于这个自我的表现的东西，即思维活动和意志活动。两种活动分属于理论理性与实践理性的范围。正像我们在理论活动中能反思自己的思维一样，我们在实践活动中也能直觉到或意识到自己的意志活动。所以，作为能知的自我，我们每个人都能通过自我观察，说自己直接知觉或意识到了这种意志活动。同时，那个完整的自我中的主观的东西与客观的东西尽管如何不同，在实践活动中思维与所思维的东西，意识与意识的客体，意向与意向对象、行动者与行动的对象总是表明它们有同一性。从前者到后者是行动，从后者到前者是认识。正像没有认识的行动是不可能的一样，没有意志的行动也是不可能的。所以，当我们付诸行动时，希求某个东西的时候，我们都能直接知觉或意识到自己确有意志活动。用费希特的这些思想来诠译阳明的"知行不可作两分事"、意念与意志是统一的思想是恰当的。

　　进一步的问题是，我们察觉到的意志活动作为自我的一种表

----

① ［德］费希特：《伦理学体系》，梁志学、李理译，中国社会科学出版社1995年版，第1—2页。

现究竟具有什么样的性质呢？费希特用了一个受压的钢弹簧的比喻来说明意志活动所具有的特点，① 意在揭示意志活动的独立和自由这一本质特点。不过，人作为理性存在物毕竟是无法完全用钢弹簧来说明的。这是因为，人的意志活动不是由外在的东西规定的，而是由它的理性本质规定的，而不像物的运动那样，是由它的自然本性规定的。另外，"物和完全与物对立的自我（理性存在物）之所以恰好区分开，是由于物只须单纯存在，而不必对自己的存在有丝毫的知识，但在作为自我的自我里，存在和意识则须结合起来"。② 没有自我的自我意识与没有自我意识的自我都是不存在的。要言之，自我的那种使它与一切在它之外的东西区别开来的本质特点，在于一种"为了独立而达到独立的趋势"。③ 正是这种趋势，自我在自己存在以前，就具有了关于自己应该如何现实存在的概念。在这里，费希特除了不同意王阳明的"良知遍现"的泛灵论而将理性存在者与自然存在物区分开来以外，也同样坚持"是"与"应该"的统一。费希特说："我（按照因果性规律）相互规定主体与客体，从而把两者结合起来。我的客观的东西是由我的主观的东西规定的，这就给出了把自由视为一种独立性能力的概念。我的主观东西是由我的客观东西规定的，这就在主观东西中给出了关于仅仅按照独立性概念，凭我的自由规定我自己的必然性的思想，而这种思想既然属于我的原始规定，则是一种直接的、最初的和绝对的思想。""我……（按照相互作用规律）相互规定两者，把自由设想为规定规律的，把规律设想为规定自由的，从而把两者设想为一个同一体……当你设想你自己是自由的时候，你不得不在规律之下设想你的自由，当你设想这种规律的时候，你不得不设想你自己是自

---

① ［德］费希特：《伦理学体系》，梁志学、李理译，中国社会科学出版社1995年版，第28—35页。

② 同上书，第31页。

③ 同上书，第30页。

由的，因为在规律中就假定了你的自由，并且规律宣示其自身为一种自由的规律。"①

因此，费希特得出的结论是：正如在完整的自我中主观东西与客观东西是统一的一样，在意志活动中达到的独立性的自由趋势与达到独立性的必然趋势也是统一的。就人毕竟是人而不是物而言，在人心中总有一种独立于外在目的去做或不做一些事情的"驱迫感"，费希特将人的这一存在性状称之为"一般道德本性或伦理本性"，这意味着他对在人之外寻找伦理原则的根据的做法，不加以考虑。但是，他认为仅仅停留在此一观点是不够的，最根本的是要寻求人的道德本性或伦理原则的依据。而对这种根据的探寻，费希特是沿着康德的理性自律的道路进行的。换言之，伦理原则不能由人的感性东西加以规定，只能由人的理性加以规定。理性的规定则无非是制造规律的活动。所以，费希特说："整个道德生活无非是理性存在物不断给自己制定规律的活动；在什么地方这种制定规律的活动停止的，在什么地方非道德性就开始了。"但是，"关于规律的内容"，"是绝对不能由自我之外的某种东西"规定的，"从我们之外的某种东西借用进行规定的根据，都恰恰是违反规律的"。而且，"关于我们必然服从规律的整个概念，都是仅仅通过自我对它自己的绝对自由反思，在它的真正本质中，即在它的独立性中形成的"。② 这个概念是自由思维的条件，并没有无条件的强制作用，否则，会取消自由概念。

以上费希特关于理性自律自由的思想是对康德自律伦理学的重大发展，他继承并发展了康德的"理性能自己规定自己的活动"的思想，确认了理性的自主和自由，这对阳明伦理学诉诸纯粹主观性立场的架构而必然有其困难而言，的确包含哲学睿智。它也在一定程度上，摆脱了康德哲学走向"主观的独断主

---

① [德] 费希特：《伦理学体系》，梁志学、李理译，中国社会科学出版社 1995 年版，第 53 页。

② 同上书，第 57 页。

义"的危险（阳明哲学也有类似问题）。另外，需要说明的是，费希特在对人的两种冲动，即自然的冲动和精神的冲动作出区别时，坚决认为这种区别不是绝对的。因为，从先验或现象学的观点来看，目的在于满足欲求的自然冲动和目的在于完全自由和独立的精神冲动，二者完全是同一个自我的冲动。这种归根到底只有一种冲动的思想是富有建设性的：因为人是集主体与客体于一身的，人并不是由两个独立并存的部分组成的，所以，费希特以一种冲动为根据建立了关于人的统一性的理论。倘更明确地分析两种冲动的相互关系，费希特认为，由于我们一方面有按照自然冲动的行动，这种行动由它所涉及的特殊客体来提供规定，而另一方面，我们有排斥任何由特殊客体所提供的规定，而只按照为自由而自由的观念的行动，这种行动似乎是完全无法规定的。所以，我们必须实现一种综合。这种综合并不要求道德主体放弃他的源于自然冲动的行动，例如吃和喝。综合在这里所要求的是：他不应该只为了直接的满足而行动，他应该为了理想的目的而行动，他应该是追求这种理想目的的人类整体中的一个成员，而这种理想目的乃是作为精神主体的人设定在自己面前的。最后，费希特在"伦理原则的实在性和适用性的演绎"这一编的结尾处将以上思想概括为一个命题：你要永远按照对于你的职责的最佳信念去行动，或者说，你要按照你的良心去行动。

费希特要人服从良心的命令以从感性冲动的奴役下解放出来，与阳明的以心立言、以良知释心、将良知与天理统一起来的理境是一致的。然而，要按良心去行动，这还只是给出了我们行为道德性的形式条件，那么，我们行为道德性的实质条件（内容）是什么呢？伦理及道德本质上起源于人与己的差异与冲突，因此，任一伦理学理论架构都要围绕此一问题而运作。从比较的眼光来看，阳明哲学为了回应佛、道的挑战，提出"无我"观念："圣人之学以无我为本。"① 无我也是心之本体，人心本来

---

① 《别方叔贤序》，《全书》七，第232页。

"无纤介染著",既然心之本体是良知,良知本来是无执无著的,故说:"晓得良知是头脑方无执著。"① 阳明在这里要表达的是:无我既是本体,也是境界,又是工夫;通过无我的工夫,达到无我的境界;以恢复心之无我的本然状态。晚年的阳明特别强调"与物同体"的思想:孟子的"良知"经过阳明的形上化手术,原来所强调的属于个人而为禽兽木石所无的"道德心灵"乃突变为遍在人与物中之"宇宙大心",由此突变而来的变异果实是:人与天地万物为"一体"的"良知大心"("宇宙大精神")与人禽有别的"恻隐之心"("道德自觉心")无法通约,产生一条道德形上学与道德心性论之间不可逾越的鸿沟。实质上,阳明在此的真实意图只在于:在"以天地万物为一体"的至仁境界中,使人所意识到的"自我"不再是一个小我,而是视万物"无一物非我",从而由小我提升到大我的"有我之境",这样,阳明从儒家立场出发,吸收佛、道的生存智慧,把有我之境与无我之境统一起来,把德性修养的根本原则"克己"与"为己"的成圣之学结合起来,这与人类自我认识的基调是一致的。与重"体悟""直觉""事上磨练"致良知而达到"真吾"的阳明自我学有所不同,费希特的绝对自我(它是关于人的理想概念,②它是大我)和有限自我(即个人、小我)的统一,自我与他人的统一,是通过建立一套规范的、有确定程序的、能够无矛盾地解释的,以及在知识内部的自身确认标准——对自身的合理性进行辩护的知识论而达成的。据此,费希特通过"科学"说出了如下知识:"谁在道德方面只想关心自己,谁就连自己也关心不了,因为他的终极目的应该是关心整个人类"。③ 此外,费希特还赞扬青年谢林关于自我追求独立性的冲动绝不能毁灭另一个体

---

① 《传习录》下,《全书》三,第102页。

② [德] 费希特:《论学者的使命》,梁志学、沈真译,商务印书馆1980年版,第19页。

③ [德] 费希特:《伦理学体系》,梁志学、李理译,中国社会科学出版社1995年版,第236页。

自由的思想。他说:"抵抗我的道德力量的东西,不可能是自然力量。我毛骨悚然,静候在那里。一种声音向我说,'这里有人!'于是,我不可再前进了"①时,我们又深感费希特试图用知识市场中的专业化的解释来证明生活的实践原则,只是在逻辑上说得通,在实践上却有难处,这不仅因为费希特的伦理学体系"远离千百万人思维的视野,因而对于普通人类理智是绝不可能理解的,并且对于少数人来说也始终是一份严加封存的圣物",②而且,费希特大有把人类自我认识以及生活实践过程变成一个谋求知识专政的过程。把人的德性追求这样一种在中国哲人那里更多地是看成为艺术的过程,变成为技术过程。

也许可以肯定的是,无论是费希特的伦理学,还是阳明的心学,"要谈的并不是某种实际存在的东西,而是应该存在的东西",③它们本身都具有"议而不治"的性质,汤一介先生由此也认为,中国传统哲学的价值仅仅在于使人们对于宇宙人生有极高的了解,但从这种对宇宙人生的极高的了解中,无法推出现实性的事项来。与这种对宇宙人生的了解相对应的应是另一套,它是现实性的。④但是,我们应该补充说,无论是费希特的推论、提供理由(reasoning)的伦理学,还是阳明的"内圣之学",都不是现实社会的多余的累赘,对它们的保留殊可标志一个民族文化的水平。

考虑现代社会的情况,现代伦理经过启蒙虽然从神的立场转向并强调人的立场,但是全面启蒙的结果是随便什么东西(从经济到文化,从生活习惯到语言习惯等等)都变成了利益计算、权利矛盾和冲突,在人的精神诱惑和人对人的精神渴望消除之

---

① 梁志学:《费希特耶拿时期的思想体系》,中国社会科学出版社1995年版,第158页。

② [德] 费希特:《伦理学体系》,梁志学、李理译,中国社会科学出版社1995年版,第16页。

③ [德] 费希特:《伦理学体系》,梁志学、李理译,中国社会科学出版社1995年版,第17页。

④ [美] 杜维明:《人性与自我修养》,中国和平出版社1988年版,第3页。

后,在"以天地万物为一体"的理想世界与"弱肉强食,适者生存"的现实世界之间,作为强者的人类也许会认为其间并无冲突。但是,有朝一日人类成为弱者,人类还有否做"天人合一"的"和谐""梦想"的机会?

七 文化基质与自我

前面已初步用案例审查了中国化和西方哲学中所看到的自我解释的实践。接下来我们尝试通过中西哲学思想方式的格局造成的文化基质的差异比较,揭示西方传统的自我学说中包含的实体主义思维方式和伦理内涵,这就是逻辑上说的"唯我论"以及实践中的自我中心主义。中国哲学本体论同时也是价值论的建构,所具有的"天人合一""天人合德""主客合一"的特点,决定了老庄哲学是由"丧我"而"存吾"的路向,达到张扬"吾"的自由;而尊重自我个性的儒家,却要力克自我中心。这完全不同于西方文化的构成。中西文化的深入理解应当超越"我""我们""他""他们"的界定,以实现自身的普遍性。

我想应该留意一下这个要点。马丁·布伯在《我与你》一书中,揭示了世界与人生的两重性。人因置身于二重世界中,他领有二种截然不同的人生:这就是"你"之世界与"它"之世界的对立,"我—你"人生与"我—它"人生的对立,人生活在"你"之世界中,"我"与"你"相遇,同时升华了自己,超越了自己。而人生活在"它"之世界中,则蔽于主客体二元对立,将他人、生灵万物都当作与"我"相分离的对象,把与我产生关联的一切都沦为我经验、利用的和满足我的利益、欲求的工具,为了实现利用的目的,我又必得把他人和物在放入时空框架与因果序列中,将其作为物中之一物加以把握。布伯这种以比较深入其价值诉求的做法,的确极其透辟地提出了问题:何以客体化、主客对立化、我他分化(第一人称与第三人称的对立)会成为西方社会经验的典范与主流呢?宇宙生命原有的我你的共通性与共信性又是如何丧失的呢？我以为，对此一问题，伽达默尔反对人的生活世界的客体化并肯定自我意识的客体化的不可能，以及海德格尔的基础本体论，等等，都作出了"颠覆和重估价值"的有力回答。现在我们则试图从一个较小的视角，即对中西方对"自我"询问所遵循的路线迥异的比较，来回答此一问题。

1

众所周知，自我的发现是笛卡尔最伟大的功绩，但笛卡尔是如何发现"我"的呢？笛卡尔也同传统形而上学一样，关注的是事物的永恒的在场基础，不过，与中世纪宗教哲学家采取的言路方式是"我相信"不同，笛卡尔采取的是"我怀疑"。细究此两种言路的差异，我们看到，"我相信"，是朝外的，它指向一个存在的陈述；而"我怀疑"，则是向内的，在这里，一切对象都处于不确定的晃动之中，正是在这种对象的晃动之中，"我"作为确定的主体暴露出来，因为正在怀疑对象的怀疑本身是怀疑不了的，我明白无误地怀疑着。在前一种言路中，"我"被融合于对象之中，在后一种言路中，"我"则从对象中抽身出来，返回自身。那么，我究竟是什么呢？是一个在思维的东西。"思"证明的是"我"的存在，"我"在"思"中，因而，"我"也在"思"的对象之中，这思的对象既是外在的引起思的对象，又是构成思的内容的对象，所以，作为主体的"我"是连续在场的，"我"具有本体论同一性，这样，笛卡尔就回返到了这个"我"，或说发现了这个"我"：我是一个实体，这个实体的全部本质或本性只是思想，它并不需要任何地点以便存在，也不依赖任何物质性的东西；因此，这个"我"，亦即我赖以成为我的那个心灵，是与身体完全不同的。这样一来，我就成为思想（意识活动）的承担者，于是，我是实体，思想则为属性。实体是其存在只依赖自身而不需要他物的东西，作为实体的自我就是自我封闭并自成系统的整体，它既独立于人的肉体，也独立于外部世界。

笛卡尔把自我理解为心灵实体，实际上是把自我看成了与万物并列之一物，无法呈现自我的能动性，无法说明心灵与外部世界的联系，也就无法达到为近代科学知识奠定基础的初衷。休谟发现实体主义思维方式所导致的自我理论困难，因此，他试图把自我仅仅看成是人心的虚构，来终结笛卡尔的思路。康德则认为，不能像休谟那样把自我仅仅看成是人心的虚构。整个康德哲学的最大成果就是先验自我的发现。梯利曾说："康德全部的认识论是建立在这样一个自我思想上的：统觉的综合统一性，无非是有自我意识的自我。没有自我意识和统一作用的自我就不可能有知识。"① 在康德这里，先验自我作为统觉的综合统一性的自我，它不再是一个自我封闭与他物（世界）无关的独立存在之物，而是建构对象、规整对象并赋予对象以统一性和意义的原初形式。因此，自我（"我自身"）只是逻辑上先于一切经验并最终使经验成为可能的"逻辑主体"或"逻辑自我"，它是一种使杂多的材料得以统一的功能，它本身已经不是一个实体，尽管，它是不可知的。

康德的自我学说的贡献在于：他已经看到，如果说，笛卡尔的"思"之为"思"的依据在于"思"永远具有"怀疑"的品性，它总要去问一个"什么"的话，那么，正好"思"不能证明"常"的"存在"的自身同一性一样，"思"对于"我"的建构总是粘滞于"谁"的疑问中，这必使其自身攀缘着一个实然的、彼在的而非自在的"我"，最终把我作为一个僵硬不变的东西来追求，这恰好是实体主义的、自然科学的思维方法。因此，康德启发我们，必须透过自我实体概念的遮蔽性，看到自我的生成性。这无疑提醒我们对"我是谁"此一问题的回答，需要警惕：请检视我们在日常生活中常说的一句话"我是某者（如学生、教师）"，对于这一熟悉的口语，我们却忽视了它并不

---

① ［美］梯利：《西方哲学史》下册，葛力译，商务印书馆1979年版，第173页。

具有人的存在的本己性明证的意义。试想,假如"我"只是一个由"我"之存在的种种生活角色,那"是于世中"的有限性、相待性来确认"我",那么,无论我怎样竭尽心神将"我"贞定在那一种"色在"之上,"我"却无可唯一性地坐实在那种"色在"上,因为任何"色在"都是随着世情而不断地更改其"在"的形色的。在无限多的"色在"的枚举中,我们发现的只是"我"的形形色色,却无法确认哪一形哪一色是"我"的"本色"。学生吗?老师吗?……所有这一切都只是"我"的"彼在",而绝非"我"之为"我"的"自在",因此,康德似乎由此证明了:既然"我"的存在的"自己然",不是我的存在的任何"色在",那么,我的存在的本然理由当是"无色"的。无色乃是一种无言、无名、无声、无所执取的本体性"栖居"。这里隐含着,康德为突出主体的自由,一面在说先验之我("我自身""自在之我")不可知,一面已经说出了对它的知(不可知)的矛盾,康德无法正确面对此一矛盾,而用一种知的形态(自然科学)否定另外的知(伦理学),即用理论理性的知否认实践理性的知,康德的不可知论意旨反对实体主义思维方式,为道德开辟领域,却没有对"'自我意识矛盾'这一论点,予以进一步的挖掘,认为事物有了矛盾是不幸之事。"(黑格尔)但须知,一旦进行彻底的思考,我们就会发现,先验自我并不是不可知的,如果我们立足于胡塞尔的先验现象学境域中,即通过现象学还原达到了先验的主体性领域(纯粹意识领域),那么,在这个领域,我即世界,世界即我,我与世界之间本无"与"(and),也本无"之间"(between)。因而,立足于现象学的意向性自明性的基础,理论理性、实践理性、审美判断等等人类的一切活动都可以进行统一解释。胡塞尔对康德先验自我的彻底追问,也就应当视为近代自我学说的终结。正如黑尔德所说:"意向性的概念原则上便解决了近代'认识论'的古典问题,即:一个起初无世界的意识如何能够与一个位于它的彼岸的'外部世界'发生联系。"①

综观自笛卡尔、康德至胡塞尔的西方传统思想家，对"自我"的追问总是沐浴在古希腊"爱智"的理性主义光辉中，"纯粹理性"所涵贯的是自亚里士多德以来的逻辑与范畴的"思"的路线，这种"思"的路线一以贯之的是"对象性"的思想方式，其提问方式为"对象是什么"？"什么"一经带出，则"对象"成为一个"实体"，对象（什么）走到明处，而认识（是）不得不隐于暗处，最终使认识迷失在对象之中。康德的先验哲学意在破除这种对象化的思维方式，关注的并不是"我"如何在（笛卡尔），而是"我"如何思。当然，康德并没有完全否认笛卡儿的实体自我，他否定的是笛卡尔按照外在客体的样式设计自我，把"自我"作为反省的对象的思维方式，认为实体自我还只是一种经验自我，并不是最终的东西。似乎正是康德的这样不彻底地否定实体自我，海德格尔讲，康德在理论上拒绝承认"我"是一个实体，实际上却仍然把"我"理解为现成之物。②胡塞尔的先验现象学也无非像康德那样，是为人类争自由，以免人类"石化"，但是，胡塞尔不得不面对这样的事实：欧洲理性危机的本质在于哲学家们把理性实体化了（客观化、度量化是其表现形式），而理性的实体化几乎可以说是欧洲文化不可避免的命运，因为，对象化的思维方式深深地占据着人们的头脑，它具有不可置疑的权威性，它以思想语法的方式支配着人们的语词，而对于全新的现象学方法来说，人们不仅缺乏思想语法，甚至缺少语词，因此，现象学方法的任一发展都开始于已存在的方法。

这样，如果我们比较由思想方式的格局造成的"文化基

---

① ［德］埃德蒙德·胡塞尔：《现象学的方法》，倪梁康译，黑尔德"导言"，上海译文出版社1994年版，第18页。

② ［德］海德格尔：《存在与时间》，陈嘉映、王庆节译，生活·读书·新知三联书店1999年版，第363页。

质"的差别,我们可以发现西方社会为了解决它内部的种族、社会和宗教矛盾带动了宗教的理性化与权力政治的法律化的统治方法的高度有效性,但是,也因此消除了人的社会情性与生活感性,这个世界就成了理性分析与科学综合为主流的知识世界,而对象化思维的科学方法就是西方世界发展的最后成果。但是,这一成果却也是人类为实现自由和创造性能力发展的异化,现代西方社会文明的冲突、种族关系的紧张、人际互动中缺乏能够互相理解的交往性关系等等,都应与西方文化中的对象化思维或主体性原则(主体主义是对象性思维的最终归宿)联系起来思考,这种主体性原则的要害,就是逻辑上说的"唯我论",以及在实际生活中表达思想时,在某种程度上以自我为中心,就是只想从自我去推知他我(或对象)。例如,笛卡尔的"我思"只能以第一人称单数来表述,一旦它转变成另一种思想语法形式(比如,彼得思,故彼得在),它也就变成荒谬了,这一点是没有异议的。而在胡塞尔那里,对他人的存在与性状只能按照我的想法去同情或移情地把握。因之,"第三者"(the third person)并未能在西方成为你我(第二者与第一者)对话的对象,也就是"第三者"永远未融会于整体之中。"第三者"永远只是外来者或只是异端。而"第一者"的"我"与"第二者"的你反为"第三者"的他(它)所同化成为"第三者"了。最终,他人成为内在的或外在的客体,成为一部精神机器。以一部机器与另一部机器之间相互反应的方式,恐怕无法谈论布伯祈求的我与你的关系。进而言之,我们不禁要像罗蒂那样提问:当地球上的人们因如此之多的不平等和不公正而相互分离时,我们如何能够谈论"我们",如何能造就一个普遍的和抽象的"我们"?这个问题的实质就是,我们依照什么原则(思维方式)才可使自我与他人达到认同,因而重建你我沟通的文化谐和关系,重建平等对话、互参分享、共存共荣的族群与社群关系,把我(我们)同"他人"联系在一起,此乃是建立主体际交往以及建立全球人类理解文化及融合文化之道。

2

伽达默尔曾指出，东方思想之所以在起源上与西方思想有着本质上的差异，"这一点毋宁归因于这样一种情形，即没有任何关于主词和谓词的语法结构把东方思想引向关于实体与属性的形而上学。"① 此说甚为中肯。当然，从比较研究本身而言，所有的比较研究都同时含有同一性和差异性。须追问的是"相似（异）到什么程度才可以称之为相似（异）物呢？"这是人们总要提出的一个问题，因此它是进行比较研究的祸患，并使这些比较研究带有不能根本消除的不明确性。但是，真正的比较研究总应该使我们的认识能力有所发展。基于以上关于比较研究的认识，我们关于中西思维方式的比较总是"描写"多于"理论推论"。

据中国古代汉语研究的有关资料，在先秦文献中，"吾"在语句中作主语者所出现的频次占据绝对优势，而在宾语中出现的频次较少。这种语言学上的情形，在一定程度上反映着先秦文化人对人之主体性存在的内在差异性已有自觉。只是到了后来，"吾"与"我"才合二为一。这种主、宾之我的差异，在西方语言中迄今仍然沿用着。主、宾之我的差异反映的是人类这样一种主体性意识：处于主位的"吾"，乃是一未分化、未对象化的却又具有可分化、可对象化的"绝对能在"的主体；而处于宾位的"我"却是已分化、已对象化的"相对所在"的主体。但是，无论是道家，还是儒家绝不会运用"纯粹理性"的逻辑与范畴能力的自觉来讨论主体性与形而上学问题。事实上，在道家那里，自我（"真我""真人"）的恒常性恰好是通过"知性的绝弃"来自我呈现的。儒家以"修身"或"修己"这样一些术语来表达自我观念，这表明：我生存于伦理中，但人与自然的本原

---

① ［德］伽达默尔：《摧毁与解构》，《哲学译丛》1991年第5期。

合一并未丧失。孟子提出的"万物皆备于我""良知良能",都足以说明人心乃完满自足,人与自然、人与人的原初合一是自然的,其所以为自然,在于它(良知良能)是不假思索,一念发动于当下的一种直感。一经思虑,便会杂入理智的分别和私意的间隔而成为"不自然"。按照方东美的说法,中国的本体论同时又是价值论,故"天人合一"即为"天人合德"。不过,还需补充的是,这种价值论是直指道德价值论的,即仅仅是道德意义的,而非广义价值论的。正是中国哲学一开始就立足于道德的价值,因而其传统哲学被俗称为道德哲学,而道德心(牟宗三先生将"道德心"与"认识心"相待而称之)的功能是对其自身的体悟,所以它既是主体,又是客体,而归根结底它是主体性的实际承载者,这正是中国哲学主客合一特点的根源。在这样一种思境中,儒、道两家对"自我"的形而上学的询问与价值关怀,必然与西方传统形而上学大异其趣。

就老庄的道体论形而上学而言,无待主体("我自身")的发现,体现的是丧"我"而存"吾"的价值觉识。《庄子》一书讨论了许多哲学问题,但全书有一个"人如何实现自我"的中心问题,换句话说,就是关于"人"的"自由"的问题。"人如何实现自我",照庄子看,不应执着"有我"而应取"无我"的路径。《齐物论》记载着一段故事,大意是说,有一天南郭子綦凭着几案而坐,仰天缓缓地呼吸着,进入一种忘我的境界。他的弟子颜成子游站在他面前,问道:"你是怎么一回事呀?形体可以像槁木一样吗?心灵可以像死灰一样吗?你今天凭几而坐的神情和过去凭几而坐的神情不一样呀!"子綦回答说:"子游呀!你问得好,今天我失去了我自己(今者吾丧我),你懂吗?你听说过人籁而没有听说过地籁;你听说过地籁而没有听说过天籁吧!"子游问什么是"人籁""地籁""天籁"子綦一一作了回答。说到"天籁",子綦的意思是它成之自然,因此它是不受任何条件限制的,因而是自由的。

这段故事中的"吾丧我"是主题。由文义可知:"我"就是指由圣知、仁义、巧利等"文在"的束缚和由人自失于其身的"物在"所规定的"形我";"丧"正是"我"之"形我"的意向性悬解。而悬解了一切实然意向性执取,便呈显出"形如槁木""心如死灰"的精神气象,以及"心、无同一"的外在表现,由此回返一无所思的"自然"状态,这便是无任何外在依持的无待主体:"吾""真我"。

照庄子看,人之所以不能"自由",是由于失去了"真我","真我"的丧失是由于人在精神上受到其身心内外的束缚所致。庄子"悲"世人"囿于物"而终身不知反,"世人直为物逆旅耳"(人简直成了外物寄居的旅舍、客栈);庄子"悲""识心"之"殆"而不知人生之"归"的终极意义("终身役役而不见其所归");道家哲人的悲怀更深重地在于:死并不可悲,此乃"民不畏死,奈何以死惧之",倒是"生"却可悲。老子说:"吾所以有大患者,为我有身,及我无身,吾有何患"?道家哲人这里所讲的是要超越"身"的物性或者人的存在的有限性,因此,受人之"形身"所决定的生之大限(死)没有什么可悲的,倒是人因"生而匮乏"而为填充这一匮乏受其肉体的支配而自"囿于物"的"生",却真正可悲。道家之悲情由人自失于其身之"物在",最后提升到悲"道德不一""道术裂"的高度。

道家所提出的"自我"异化理论,实际上给人们提出了一套由"无我"实现"自我""真我"的理论。在这样一种理论格局中,"道家注重个体,他们不但不说一类事物所依照之理,似乎对于类亦不注意"(冯友兰语)。道家何以注重个体呢?这意思是以个体为本,从自己做起。老子说:"修之于身,其德乃真;修之于家,其德乃馀;修之于乡,其德乃长;修之于邦,其德乃丰;修之于天下,其德乃普"。"身"就是自己,就是个体。有德乃有身,既有身矣,还更要修德。修德范围,逐步扩大:由身而家而乡而邦而天下。可见道家以个体为本,并非自我中心主义。自我中心恰恰是道家要破除的。《庄子》一书,给人的最大收获就是使人从故步自封、自我局限的狭隘心境中透脱出来。例如《秋水》篇中批评的"以天下之美为尽在己"的河伯型心态，就是反对偏狭的自我满足和自我中心意识。

值得注意的是，道家的"有德乃有身"，是在人于其对生命的超越之爱中立起人自己这一道德的原生意义上而言的，相比较而言，儒家的"尊尊、亲亲、贤贤"等，是在道德的次生意义上而言的。正是儒道的这一区别，决定了儒道"我"的观念的区别。儒家文献中的自我一般都应从人与人的关系上来理解。杜维明先生指出，区分真我与私我，乃儒家思想的一个突出特征。其实儒家伦理可以看作是一种克制私我的艺术和学问，以便真我在和谐的礼的世界中彼此交往。①

儒家的真我，作为一个开放的系统，是一个关系的中心，而不是一个孤立的个体，是作为生存共同体（社群、族群）的积极参与者而出现的。基于这一根本观点，孔子指出："古之学者为己，今之学者为人"。在此，孔子以托古的形式，提出了个体的自我实现问题。这里的"为己"，就是指在道德涵养中实现"自我"的价值。同时，以"为己"否定"为人"，这意味着个体行为的价值评价标准，不以他人的取向为转移，可以说，儒家在此强调自我认同的重要，包含着"自我觉醒"、尊重"自我"的个性的内涵，也是在这一维度上，孔子强调自我完善、自我实现以求诸己，而反对求诸人。

因此，我们看到，在儒家那里，主体间性绝不是主体自我意识中的次级联结，而是主体自我意识本身的结构，这一点，在孔子提出的"君子矜而不争，群而不党""君子周而不比"等人际交往原则上也得到明显的体现。从某种意义上说，"党""比"等等，即可以看作是自我中心的延伸，孔子以群而不党、周而不比作为人际交往的基本要求，实际上具有扬弃自我中心的意义，但同时，

---

① ［美］杜维明：《论儒学的宗教性——对〈中庸〉的现代诠释》，段德智译，林同奇校，武汉大学出版社1999年版，第125页。

交往又必须建立在主体间互为目的、相互尊重的基础上，主体的内在价值并未消融于他人或"群"之中，这也所谓"和而不同"。

然而，儒家并不由于强调自我（真我）修身的中心地位而减弱使家庭、社群、族群和天下富有同情或充分具有人性所需要的那种共同努力，自我要本真地体现人生，就必须克服自我中心主义，用孟子的话来说，求知真我的内在抉择的目的就是去体认出我们身上的"大体"，"大体"是相对于"食色"这样一些本能的要求，即"小体"而言的，它指的是能够同天地万物形成一体的真我。"大体"的体认，只有通过同情—移情（"不忍人之心"），同情和移情是人性的源泉，它是"修身"或"修己"的基础。当然，儒家想必也认识到要使自我依恃同情和移情"从其大体"，并将其作为我与他人关系的道德基础在逻辑上是无效的。因为，这还总是从主体观点入手，心中始终以我为准。有见于此，儒家的发展自我还包括礼的实践，儒家"复礼"这个包含着以孝、悌、友、信、忠的精神进行自我修养的动态过程，就是在人际交往中不断深化和拓展他人存在的意识，只有通过自我对他人的不断开放，自我才能保持健康的人格同一性，以自我为中心必使自我陷入麻木不仁的地步。

3

关于"人性"，一位当代哲学家写道：不单单是由政治社会来界定，而且是由对于它生活于其中的社会的持久批判所界定。只要每一个人采取此种态度，他才能超越社会文化个性去发展作为一个人的个性，使自我得以扩展他的内在资源，深化对周围世界的意识，超越自我中心主义。

事实上，在现代社会日趋多元化和日常合理化的状态下，仅依据某一种道德学说对现代社会生活进行解释已是困难重重了，因而，任何文化都不可以妄称要靠自身实现普遍性。综观中西文化对主体存在的价值觉解及其内在缺失，我们认为，中国通过与先进工业社会的交往，有机会去发展现代性及其所带来的价值观，例如，合理性、自由、平等、现世性以及批判意识，包括接纳对象性思维方式以充实存在之思，重新学会技术文明所要淹没的多种多样的生活色彩。这样的文化交流与碰撞，跨越了由"我""我们"和"他""他们"所界定的范围，那它必然是从非本身的观点（而是"道"的观点）来探讨"另一种现实"和文化的尝试，只有这样，才使原本具有价值的东西不会消失。

八　认识自我与改变自我

我们在此介绍哲学的、政治的、伦理的焦点，其结构明显围绕如何认识自我、提高自我意识的水平。它所凸显的理念在于，感性的"自我"如何在语言中澄明，"自我"如何通达"他人自我、如何'认识自我"。比之于西方其他思想家，马克思对此一问题更具启发意义的观点是，其关键在于在实践中改变自我。

正当的自我关注，正确认识自我是道德的，这不仅为现代市场经济和社会提供坚实的道德基础，而且，藉此才可以超越自我。提高人们的自我认识水平，这既是理论自身的需要，更是我们的生存的需要：一方面，在一个原先那种一旦我们做出最初选择之后，一切便都有外在安排的社会，向一个我不得不为自己的命运承担责任转变的社会，我们不能躲避认识自我的任务；另一方面，我们又对时下人们那种把一切，包括人生、自我的追求都当作"买卖"来看待的做法，不敢苟同。也许我们在这里用得着另一句箴言：即使我们不能实现真正的自我，也不要强求自己成为本非自己的理想的"我"（帕拉赛什斯语）。这就需要我们把对"自我"的认识"突出""光亮""显示"出来，使其处于"无遮蔽的状态"。

1

谈论"自我"全然不同于谈论我们在世上所遇到的普通的事物和人。对于"我"是什么的问题，我们无法用分析哲学直接定义，用手指着自己的鼻子说："这就是我。"因为这种做法几乎没有任何区分和规定。哪怕只有两个人在一起交谈，人们很快就会失去继续交谈的动机或兴趣。交谈本质上是一种辩证的，所以也是社会的活动。一个人的生存活动是在特定的团体或与他人的关系中进行的，这种关系不是外在的。它本身就构成了一个人在这种特定的关系或语境中生活和回应的自我。话语仅仅发生在人的群体之中。只要一个人（自我）在对试图澄清某些问题感兴趣的人的共同体中进行交谈，他就无法把"我"与"他人""社会"或海德格尔所说的"共同世界"对立起来。一切把"我"与"他人""社会"对立起来的看法，都是着眼于非根本性的知识论的看法，而不是根源于生存论的看法。从笛卡尔到费希特的西方近现代哲学家都没有认识到，他们作为知识论绝对前提的自我原来是一个社会创造物，"我""我思"不是前提，而是结果。可作为一种纠偏，中国古代哲学家通过引入"众人"概念来建构自己的实践哲学基础。自我之"我"，按照许慎的定义，是把自己杂置于众人之中，自称则为"我"。我离不开与我相类的众人。我是众人中的一分子，与众人相联系而又能把自己同众人区分开来，才有所谓我。我不是自己确定自己，而是众人之中确定自己。我是众人之一，舍人无我。因此，"我"始终是后来者，而不是最初者，"众人""他人"即另一个自我及其意识的存在，并与之发生作用，是自我意识产生的条件。自我（意识）与他人自我（意识）必然是相互影响、彼此期待、修正的。然而，我们使用的语言的"唯我论"意味，却与我们的世界的形式并无矛盾。照维特根斯坦的看法，我们语言中的一个引起歧义的表达方式，是"我"这个词的使用，特别是在表达直接经验的地方。如果这种经验不借助于人称代词来表达，会怎么样呢？大概是这样：如果某人牙疼，就说"牙疼"。另一种情况是：当牙疼时，A 的表现同这个人一样。这种语言可以把任意一个人作为中心。语言的以我为中心，在于它的使用。这种特殊地位是不可表达的。① 这里，实际上有一个黑格尔在《精神现象学》中，早就指出过的"这一个"与"意谓的"之间的矛盾。"我"作为"这一个"是感性的具体，同时，作为一个具有特指性的词，像任一个有具体含义的词本身一样，已是普遍的概念。语词作为一种人与人相互交流、相互了解的社会媒介，作为一种今天的我和昨天的我之间可靠沟通的记忆工具，作为人的思想的连贯性的保证，它本身与它所表达的内容、意谓已有区别，甚至已有一种互相脱离、在一定程度上相互对立的倾向。黑格尔对语言的这一特点有过反复的说明：凡是对感性确定性（我当然首先是感性的）的命名，无一不是共相，无一能表达出这一个"我"在特定的这一时间、地点感到的这一个"我"的意谓。因此，就意谓来说，那原先想要表达感性确定性的"这一个"立刻就成了"不是这一个"，也就是说，就"这一个我"来说，之所以持续存在，只是由于不断地否定感性确定性，它是一个"否定的这一个我"，是一个运动过程。它们一个否定一个，处于辩证运动的不安之中。在黑格尔看来，因为那感性的"这一个我"是语言所不能达到的，而语言是属于意识范围，亦即属于本身是共相或具有普遍性的范围，因此，凡是被称为不可言说的东西，不是别的，只是不真实的、无理性的，仅仅是意谓的东西。② 在这里，黑格尔唯心辩证法的语言学观念和逻各斯主义的病症：遮蔽了那些属于"自我"或"个人"的像感情、意志等等的生存方面，以便让"自我"作为一个纯粹的点，一个与客体相对立的认识主体保留下来，终于遗忘了语词的生动意谓和诗意的暗示性。

准确地说，意谓，原则上并不是像黑格尔所考虑的那样是"不可言说"的，而只是语言"不可穷尽"的，它们只能通过象

---

① ［奥］维特根斯坦：《哲学评论（主要索引）》，《哲学译丛》1999 年第 4 期。
② ［德］黑格尔：《精神现象学》上卷，贺麟、王玖兴译，商务印书馆 1987 年版，第 72 页。

征、比喻、暗示和诗的方式来言说。所有人都可以利用自己的语言能力和社会交往来阐述思想和社会生活。而逻辑和诗的言说方式，只是"自我"体验"真理"的两种不同的方式，即"自我"力图从特定角度体验"真理"与"自我"力图从不同角度体验"真理"的两种方式。结果"自我"不可避免地发现使用语言中的矛盾。一方面，"自我"不得不（为了交流从而获得某种"主体间性"）使用语言符号—符号的核心定义必须是社会共识的从而是"主体间一般"的，即逻辑的，于是自我所表达出来的每一个符号在他人自我的理解中都不是（至少不完全是）自我所要表达的，从自我的特定角度体验到的事情。另一方面，一种要理解他人自我，或者要理解为什么他人自我理解不了自己的感官的身体感受和冲动，驱使自我改换角度去体验"同一种"经验，于是对于自我，非陷入"自我"通过"他人自我"的语言困境：对思考者而言，自我所说的东西必须是思考着、体验着同样东西的他人自我才可以明白。对言说者而言，自我所说的东西必须是针对不同角度的人的思考、体验才有必要。这样必然要求"话语"（discoures）是"到处跑"（拉丁语的"discurrered"）的，一个"话语"是一种表达，或一个谈论，这种谈论的展开或自发的发展不受任何过于严格刻板的意向的阻挠，它自由地向不同的方向展开。这正是黑格尔认为"没有确定性"而搁置不理，却被胡塞尔的"意向性理论"力图强调的东西。胡塞尔对还没有达到反思的"前科学"的东西，如意谓、体验、情绪等等，它们作为概念和语言层次底下的丰富、具体的却不能被语言穷尽的东西的发现是有巨大意义的。

　　但是，黑格尔也有其道理。为什么语言层次底下的不可言说的东西必然要求言说和表达，为什么具体丰富的东西必然努力成为普遍的东西（例如，人的情感必然要求被人理解）。这离开黑格尔自己的原则是说明不了的。"我"存在于与其非个体的内涵的对立之中，而且是在有意识的对立之中。在此自我只是在内心感知或纯粹无差异的直观中被发现的吗？在黑格尔那里，即使自我指向整个（心理—生理学的）个体，而将与个体密切相关的东西同他人的东西区别开来，自我也不是由"我"产生和促成的。纯粹生理、神经官能的反应或感觉的发生可以是个别的、私人的，但是，它们的意义的确定和表达，却是公共的。它们必须以此来认同它们的个别性—私人性。因为，意义就是产生于个体在把自己置于他人位置上以他人的眼光看待自己眼中所看事物时的体验，意义就是那些可以昭示他人同时就昭示于昭示者自己的的东西（米德语），如此等等。在此意义上，感觉的个别性和私人性的根据也在自身之外。倘若以感觉的个别性和私人性来论证自我的基础性，实际上陷入了一种软弱无力的循环论证：我是最基本的，因为我有感觉，但必须是"我的"感觉，这论证才有意义。然而，如何证明感觉是我的感觉？这样，要证明的"我"必然又成为是"我的"感觉的条件。这里的错误大概出现在什么是他人的和自己的感觉。回答这一问题可能出现的情况是，一种自己的感觉或情感被当作别人给定的，例如在一篇文章中读到，或者可以追溯到传统等等；但是也可能反过来，一种从接受和模仿得来的情感或感觉被当作"自己的"。在此，"当作别人的"和"当作自己的"是两种不同的感觉性质，却又可能彼此过渡、彼此反映。当然，严格地说，人的精神性情感（例如悲哀或福乐），因其离身体的状态定位较远，而易彼此过渡和分享。但人的身体的机体感和与机体相随的感性情感，是不可传达的，因此，我的身体感及感性情感不是发生在主体间的、公共的世界中，而是发生在经验主体个人内心的深处。并与当下的内省体验、意识相联系，只为我独有，并具有不可言喻性（ineffability）。不可言喻和不可分享的身体感，虽是最属己的感觉，却恰不足以说"我"或产生"我"。否则我们如何区别人的身体的机体感觉和其他动物乃至某些植物的机体感觉呢？在此，黑格尔援柏拉图的思想论述自我（意识）的本质，就是合理的。黑格尔与柏拉图一样，因感觉的本质被视为"非逻各斯"，即感觉域的事物不具有可理智对象的结构，由此确定感觉不触及真实之物。感觉域的事物对于柏拉图来说，是不能成为一个正当的哲学论题，对于黑格尔来说，则是非真实的，是不能与它的概念完全符合的东西，它必然要被另一个更高级、更符合概念发展要求的事物所取代。

在黑格尔那里，"感性确定性"之所以能过渡到共相的最内在根据，正在于变化，或说是，改变感觉域中的事物的"实践"。比如说，这里是一棵树，我转一下身，则这一真理就消失了。① 不错，可是我为什么要"转一下身"呢？这只不过表示我活着，我转身或者是为了干别的事，或者仅仅是因为忍受不了单调和僵硬。很明显，如果我不转身，"并且我也不注意到：另外一个自我把这里看成为非树木"。② 推而广之，如果我达到庄子式的"坐忘"和"身与物化"，即消灭物我的一切区别（齐物我），与他人和社会隔绝，那么，我不但不能发现感性确定性的运动，甚至也不能坚持感性确定性本身的"直接性"。感性确定性正是在变化中，在不确定中建立起来，而不是"我单独地在那里坚持着"③ 能建立的（哪怕只有一瞬间）。假如我生下来只听见一种声音，我就听不到任何声音；假如我生下来就不能"转身"，且看见那棵树，我也就看不到那里是一棵树。同样，人们在意识水平上把他人看作外在于自己的对象，但在自我意识的水平上，则把自己和他人、"我"和"你"看作同一个自我意识的"中项"的两端。在其中，"它们承认它们自己，因为它们彼此相互地承认着他们自己"，黑格尔指出，相互承认是自我认识论的一个内容。自我意识本身就是"主体间"的意识，即一个自我对另一个自我的意识，亦即意识对意识的意识。生命的价值或人类的价值就在于诸多欲望和自我之间相互承认其为人，相互承认各自的独立和自由，自我之间的相互承认是人类的"类"概念，在黑格尔那里，

---

① ［德］黑格尔：《精神现象学》上卷，贺麟、王玖兴译，商务印书馆1987年版，第66页。
② 同上书，第68—69页。
③ 同上书，第69页。

相互承认并不是"主体（自我）间"契约或外在环境压迫的产物，而是自我的能动的产物，来源于生命的无限本质。

2

通过以上讨论，我们说认识自我，根本地说，认识者或被认识者是同个东西（自我），但之所以要认识，说明又不是完全静止的等同，在"自我"中有区别，但不是外在的区别，而是内在的区别：在自我之外是认识不到自我的。在世之人必须在天地神人的交互关系中，在自然和历史中，在与他人的交往中，不断阐释地回到自己。他必须进入他者，却不是成为他者，而失去自己，"我是一个他者"（兰波语）只是针对人的异化说的。这在古希腊创始人那里已有提示。

我们知道，关于善的学说在古希腊人那里，首先是从个体心灵出发而提出来的，福柯认为，希腊伦理学的中心首先是个人选择的问题，是存在的美学问题。① 苏格拉底整个哲学的工作，做的只是为了"认识你自己""照顾自己的心灵"，其根据来自内心神秘的"灵异"。在苏格拉底看来，"善不是从外面来的""善是不能教的，而是包含在精神的本性之中的"。除此之外，苏格拉底也认为自己的伦理学是为了将别人心灵中早已潜在的善的本性（美德）启发出来，使他们都成为像自己一样"认识自己的人"。在苏格拉底这里，意味着自我的独立性和自由得到更多的承认；到柏拉图和亚里士多德这里，善才被了解为"普通的，不仅是为我的"。但是，柏拉图并没有抛弃苏格拉底的"认识你自己"的这一原则，并将这一原则发展为"回忆说"。因而，善的理念，在柏拉图那里的异化也不是作为与个体自我生存无关的东西突然跃升于个体自我的上空，相反，它正好就是从这种个体自我心灵最内在的深处发展起来的。一切理念都潜藏于心灵。人们对它们的认识并不是认识那外在于他们的对象，而是一种

---

① 王治河：《福柯》，湖南教育出版社1999年版，第150页。

"回忆",一切真知识的获得都是回忆,是向自身内部的追寻。人之所以要向自身内部追求善,这与人的生存本身就是一个伦理学问题相关。人的生存和动物的生存不同,人的生存是一个以自身为目的的自由、自觉的创造过程,而不是动物为了单纯的适应环境和延续生命。福柯就对希腊人将生命造就为一件艺术作品而赞叹不已。他号召人们努力创造自我,"像创作艺术作品一样创造自己的人生"。寻求尽可能与他人不同的生活风格,活出风格、活出善良、活出优雅、活出笑。当然,福柯号召人们"努力改写自我",创新自我,并没有像希腊人所理解的那样,为了实现这一创造过程,人又必须超越个体生命的有限性,意识到全人类的共性,最初是意识到每个个体身上被赋有的共同"神性"。于是个我以自身为目的,就表现为以神,以自身中的神性为目的,以"类"为目的,生成的目的论就成了对善的追求。而对善的追求的原义并不是想达到小我的消失和大我的出现,在希腊人那里,只是在"社会"的意义上理解"类",而不是在普遍性的意义上理解"类"。人事实上不可能超出他生活于其中的那个社会共同体去获得抽象的人类意识。和其他社会意识一样,人类意识也是伴随着社会历史的发展而产生和发展的。卢卡奇曾说,在人类初期,"只有各个小型的现实共同体(而后来则是民族)才感到自己是共属于人类的,感到自己是在实现着人这个类的……只是由于国际市场的产生和加强,人类才作为普遍的、包括所有人的问题而提到议事日程上来了"。[①] 这就说明了,真正的现代意义上的人类概念是现代社会关系的产物。在某种意义上说,古希腊人使用的"类"概念,其意在于将某个范围(如城邦)之外的生活中的人,或多或少被理解为排除于这个圈子(即人类)之外的。同时,古希腊的思想家,例如,亚里士多德的实践哲学的着眼点

---

① [匈]卢卡奇:《关于社会存在的本体论》下卷,白锡堃、张西平、李秋零译,白锡堃校,重庆出版社 1996 年版,第 155—156 页。

首先是个我自身的幸福（这"个我"不必强调夸大，因为亚氏的个我与社会是不可分的，个我是社会的公民）。希腊人的城邦是我们已知道的最具有个人性质、最缺少一致性的政治共同体。成为政治的动物意味着实现人类生存的最高可能性，但假如没有个人的独立性和自由（如奴隶那样），那就意味，不再具有人性。"当奴役的那一天攫住一个人时，宙斯便带走了他的卓异的一半"（荷马语）。

按照古希腊人的自我理解，生命之最终目的在于完满之"好"或"幸福"，又正在于生活得优秀、高贵、有价值之中。优秀地活，活得出色，这是动态的、生命的、生存的概念（亚里士多德所关切的"在实现活动之中"）而不是静止的、物化的概念。或者用福柯的思维语式，人非得在改变自己中认识自己吗？在福柯的眼里，我根本没有一个原始的、同一的、不变的自我（本质），"人生劳作的主要乐趣，就在于使自己成为不同于昨日的另外之人"。

也可以说，古希腊德尔斐神庙的两个神签，一个由苏格拉底抽得（"认识你自己"），一个由第欧根尼抽得（"改变你自己"），竟如此神奇地延展着今人的体验。而且好像还要一直决定人应验下去。

3

当每个人抛弃一切外在的道德理想和目的而以自己的本能、天赋和兴趣来行动时，他就投入了创造自我的行动中，"主体"不再被视为一种"物化"的权力建构物，而被看作一种具有积极人格力量和积极创造的行动者，一个"自由的主体"。福柯向我们作如上的暗示。但是，福柯的哲学话语虽如此有理，却与现实难以契合对应。改变自我与改变环境的一致应合理地理解为人的实践活动，这是真正自我创造的过程，对此，马克思在《詹姆斯·穆勒〈政治经济学原理〉一书摘要》中，从劳动生产的过程也就是"自我"生产过程的角度作了更为具体的说明："假定我们作为人进行生产。在这种情况下,我们每个人在自己的生产过程中就双重地肯定了自己和另一个人。(1)我在我的生产中使我的个性和我的个性特点对象化。(2)在你享受或使用我的产品时,我直接享受到的是:既意识到我的劳动满足了人的需要,从而使人的本质对象化,又创造了与另一个人的本质的需要相符合的物品。(3)对你来说,我是你与类之间的中介,你自己认识到和感觉到我是你自己本质的补充,是你自己不可分割的一部分。(4)在我个人的生命表现中,我直接创造了你的生命表现,因而在我个人的活动中,我直接证实和实现了我的真正的本质,即我的人的本质,我的社会的本质,"我们的产品都是反映我们本质的镜子"。① 马克思在考察了一般"人的"生产劳动之后,还考察了这种生产劳动的"异化"及其历史前提,他指出"在私有制的前提下",我的劳动不是我的生命,"我的个性同自己疏远到这种程度,以致这种活动为我所痛恨,它对我来说是一种痛苦,更正确地说,"只是活动的假象"。② 无疑,马克思的如上思路可作为我们对"自我认识"和"自我"的生成问题宏观把握的思想指南。马克思告诉我们,自我解释的最令人困惑的部分,不是看见人们为了加薪或更好的议会代表而斗争,无产者只是太过容易被资产阶级意识形态看作经济上处于劣势的主体。

---

① [德]马克思:《1844年经济学哲学手稿》,人民出版社2000年版,第184页。

② 同上书,第184页。

卷二 他者

在我们的文化中，在我们的社会中，相比于西方，认识自我根本上就没有人们想象的那么重要。对于西方，虽然现代哲学总的方向极其不重视人的语言被置于一个与他者关系的坐标轴上，但还是可以在海德格尔等人之前就发现一些技术，它们被设计出来去发现并说出主体的真相。

一 他心知哲学问题

"自我中心困境"是新实在论者用来批判唯心主义的专门术语。培里认为，"自我中心困境"是指一个人不能离开他和事物的认识关系来认识事物，或者说不能和任何不依赖于他的意识的对象发生关系，因为当他意识到对象时，他的意识总是和对象在一起，或者说对象就已处在他的意识之中了。这里的困难就在我（们）不可能用认识以外的对象来比较认识对象。新实在论者认为，唯心主义者就是利用这一"困境"来证明：在主体的经验和意识之外不存在任何东西，或说事物的存在依赖于对它的认识。培里认为，这种"困境"的存在只是方法论上的特殊困难，唯心主义利用这一"困境"来论证自己的命题是无效的。

1

"困境"理论事实上早就蕴含在哲学史中，从哲学史上看，它主要体现在主客体关系和主体际关系两个层面上。在主客体关系层面上，前面讨论过的休谟对主体能够超出主观层面的限制来把握外部世界持怀疑态度，就带有典型性。在主体际关系层面上，则表现为"他心知"问题，即我们能否认识自己以外的他心、他人的心理活动状态、过程和事件？如能认识，是怎样认识的？其基础、根据是什么？简言之，一个人如何能超出主观层面去认识他人的内在心理状态和意识活动？可以说，认识主体与认识客体的关系问题和认识主体与其他认识主体的关系问题这两个维度，概括了认识论的所有问题。如果主体与客体的关系构成自然本体论的基本课题，那么主体与其他主体的关系问题便构成社会本体论的基本课题。在如下的意义上，主客体之间的关系不再是首先需要解决的问题，作为中心课题的是主体际关系问题。

首先，迄今人类对自然的控制和利用有时正在变成对自然的盘剥和掠夺，人类往往只知疯狂地开发自然而不懂得保护自然，生存环境正日趋恶化，而环境危机的实质是人的生存意义和主体际关系的危机。当现实役使人心为外物所占据而无暇反观内照，他们只是以对待外物的方式来待人和人心，将人视为一种特殊物品而导致"人的消失"的时候，这实际是环境危机的折射和延伸。

其次，在与商品经济相适应的、以个体为本位的交往方式中，"我"成了一个实质性的出发点，"我"不再处在"无我"之抽象状态中，自我意识得到前所未有的加强，这在交往观念上是一种进步，但这还只是从无我的、封闭的交往状态，走向以"我你他"为出发点的、开放的交往状态，这一过程必然将改善主体际的交往关系，增强沟通和理解，并作为现实的社会问题凸现出来；而且也会成为人人都对此怀有源自内心需要而不可抑制的冲动。"他心知"这一古老的哲学问题在当代西方心灵哲学中重又引起激烈的争论，无非是社会现实和人心所向的理论回应。

再次，"他心知"问题不仅涉及意识论，更是涉及人的问题和主体际交往关系问题，因而，探讨当代西方哲学家关注和争论的热点，实是发展马克思主义的意识论和唯物史观的当务之急。

2

　　由于我们每一个人没有接近他人内心世界的直接通道和手段，因而他人的心理状态不能被直接观察，人所能得到的只是有关自身情况的经验，自我意识，那么，一个人在自己身上所经验到的心理怎么能适用于他人？他心知问题上的怀疑论便自然产生了。不过，他心知问题上的怀疑论区别于一般的哲学怀疑论，它只是怀疑有他心的存在，怀疑能认识他心或得到关于他心的确切知识的可能性（如果有他心的话）。它肯定个人自己的心灵及其状态的存在，承认能得到关于自我的知识，在这一意义上，他心知怀疑论实际上是一种唯我论的变种。

　　有趣的是，在当代西方的他心知问题的探讨中，几乎没人自称是怀疑论者或唯我论者，相反，近现代特别是当代的他心知研究主要集中在如何克服怀疑论的问题上。因此，怀疑论只是作为人们探讨他心知问题时设想的靶子而存在的。对如何克服怀疑论，通常的答案是罗素的"类比说明"，几十年前的争论在很大程度上是围绕这种说明而展开的。

　　罗素的基本思想是：对他心存在的信念，对他人在一定时空中心理状态所形成的知识是以因果律为基础的，根据行为反应的类似性，即别人的行为在许多方面与我们自己的行为类似，因而我们假定别人的行为一定有着类似的原因，这样借助类比推理，我们就得以超越唯我论和怀疑论。但罗素又有保留地承认：由这种推论所得的他心知具有"可疑"的性质，在运用类推法时，还必须借助一些辅助性的条件和手段。

　　可以肯定，根据类推对人们事实上得到关于他心的知识作了哲学上的说明，但它本身的问题也不少，因而遭到了维特根斯坦、艾耶尔等著名哲学家的批评。概括地说，这些批评主要是：第一，根据自己与他人行为的类似性推出的知识的基础很脆弱，因为它是基于一种情况而作的归纳概括。而这正是归纳论证的一种有效性最弱的事例。就像看到一只天鹅是白的就推论所有的天鹅是白的，那还只是与有限者相关联的知识，容易误入主观歧途一样。其次，一个人对他心的知识如果是根据自己对自己的知识而推论，终难跳出唯我论的圈子，设身处地"将心比心"有时固然符合常理，但难免有时"用小人之心度君子之腹"。

面对这些批评，有些人通过对各种解决他心知问题的方案的比较，宣称类比论证仍是最佳方案。如英国语言分析哲学家汉普夏指出：因为每个人的心在某些背景上都是某些人的"他心"，所以事实上不存在固定不变的他心的类，也没有什么基本理由来解释为什么有关他心的考证不能在所谓类比的基础上进行。行为主义可说是类比推论的异军突起。

行为主义在他心知问题上的基本思想是：认识他心＝认识他人的行为倾向。

心理学行为主义认为：如果说人的心理存在的话，那么作为科学的对象，它一定是客观的、可观察的行为，只要将人的环境联系起来，通过把整个刺激和反应的复合体分析为组成它们的刺激元素和断片，就可能发现行为的特殊规律，从而像认识物理学的对象一样认识他人的行为，最终获得像物理学知识一样的、关于"他心"的客观知识。

哲学行为主义认为："心理事件"之类的概念是从实际和可能的行为事件中抽象出来的逻辑构造，因此心理语词或概念指称的就是行为本身。谈论一个人的心，不是谈论非物质的心灵，而是它的行为倾向。在赖尔看来，这里的行为是广义的，包括人的言语行为。正是由于有言语行为这种行为，我们才有认识他心的便捷之路。例如，有意无意的、自发的和随意的谈话，都能暴露"被认识者"的信息。既然心理活动和状态如思考、判断、命题等实际上就是行为倾向，那么认识他心的形式、过程和方法，也就与认识其他物理过程没有什么根本的不同，借助于眼睛的观察、耳朵的倾听，就能认识他们。

那么，我们通过对行为倾向的认识，为什么就是对心理能力和倾向的认识？其逻辑根据是什么呢？

赖尔认为是归纳，即从所观察的行为和反应向类法则命题的归纳。例如，我通过批改我的学生的作业，注意听取他的申辩和与别人的谈话，将他的行为举止与别人作比较，便可得知他是懒散的、野心勃勃的或聪明机智的，我们确定了这些长期存在的品质后，就通过将这些归纳应用于新的材料来解释某一特定的行为或反应。

对行为主义的主要批评是：心理活动在正常环境中总是要表现为大众所辨认的行为方式，但心理活动与行为毕竟有一定的距离，心理活动既有外在的标准，又有内在的过程，传统哲学把心理活动与行为当成线性因果关系，进而由结果追溯原因，把心理活动归结为行为，这是不妥的。

与类比论证、行为主义鼎立的理论还有归纳论证。

艾耶尔认为，他心知问题的特点不是用论证去肯定完全不能观察到的东西的存在不能解决的确实虚构的问题，而只是指出经验地证实某一类型的假设方式问题。这里的假定是：我们能将内心经验归之于他人；或说，我们能认识他人的内心经验，这是通过对不能观察的东西做出假设和陈述来进行的。例如某人正在抓痒，为了解释这一行为，我们可根据自己的经验说：他抓痒是为了使痒减轻，从而得到愉快的感觉。借助于归纳，我们可以形成关于他心的或然性知识。

对于归纳论证，人们对它的驳难主要在于这种方法是不充分的。

在他心知问题上较有影响的理论还有假说——演绎证明与"云室"痕迹类比理论。

假说—演绎证明理论认为：一种关于不可观察的东西的理论或假说，只要它允许我们比其他竞争的理论更好地解释和预言可观察的现象，这样的理论和假说就是值得相信的。根据这一观点，认为我们之外的他人有心这一假说，也是一种解释性假说。如果它能有效地解释和预言可观察的现象和他人的行为，那么它就是一个值得信赖的假说。

福多等思想家则试图运用科学的类比——"云室痕迹"类比去解决他心知问题。福多认为：不能简单地说行为是心理现象的标准。如果不是在归纳的意义上，而是在物理学把不同的观察当作理论实体存在的证据的意义上把行为当作心理属性的标准，那么就是正确的。行为类似于云室痕迹①，根据它们可分辨出另一极的心理状态的存在和运动。

3

哲学家们为解决或更好地理解他心知问题而设想的多种方案，至今没有哪一方案在他心知问题哲学探讨理论竞争中独占鳌头。与理论的困难相比，现实生活中的他心知问题似乎显得轻松自如得多。现实生活中主体际的协调一致和心理沟通，是保证主体际关系和谐与社会进步的条件。理论与现实的龃龉，一方面，从解释学意义上理解，在于理论对于常识的超越。当人们对常识加以信奉的时候，思想家却没有对常识不加思索的豁免权，他心知问题的困难实际上是思想家对自己信奉的哲学进行再思索的"困难"。可以说，任一"解释世界"的学说，都会有这一相同的命运，其实质是对现实中的"知难行易"的矛盾反映。另一方面，这一困难更根本的是不同理论立场、视角所形成的困难，人的实践以及对这个实践的理解是消解理论上的神秘主义的有力的武器，实践唯物主义不再像旧哲学那样去先验地设问世界的本原是什么，而是根本改变了问题的提法，它把哲学的重心由"说（解释）"转向"做（实践）"。从生存论的意义上来理解主体际的关系，实际地超越了"他心知"难题。从实践唯物主义

---

① 云室是一种含有带饱和水蒸气的空气的密闭容器。在容器突然膨胀的同时，致电离粒子（如电子或质子）通过容器，蒸气冷却的结果便留下了可见的白色小水球痕迹。这些小水球是水蒸气冷凝在由致电离粒子产生的离子上而形成的。而痕迹通常是能被拍摄下来的，通过它我们能知道另一极的粒子的存在和运动。同样，行为是被看到的，它的存在就表明了处在另一极的与它同时发生的心理状态的存在。因此，持上述观点的人认为，他心是可知的。

的视角看，他心知问题的困境主要根源于三个方面。

首先，西方心灵哲学家在他心知问题上的根本遮蔽，在于对人的本质的误解。西方传统哲学的主流是把人看成为理性的生物，认为人之为人的本质就在于精神和理性，其余的特性一般不予考虑。旧哲学从生理学和心理学的角度去规定人，固然是歪曲了人的本质，但是把理性、精神、意识看作人的本质同样是歪曲了人的本质，因为本质是事物可能性的根据。不是理性、精神、意识使人可能，而是人使意识、精神、理性成为可能。离开人，理性、精神、意识就成了无源之水、无本之木；换言之，意识的根据，可能在于现实的人本身，但人如果不从存在本身找到根据，不从存在本身去理解人的话，那么就导致不是把人看作是纯粹的自然物，就是把人抽象化、理性化为和现实的人的存在相分离的精神存在。真正现实的人就会在意识中消失。

马克思认为，动物的生命活动是本能的活动，而人的生命活动是有意识的活动。马克思把这种有意识的生命活动的具体内容规定为：改造自然界、实际创造对象世界的劳动。这种"一般劳动"是"人的一般本质"，它不仅是人所有共同属性中的根本属性，而且是能够说明人所以为人，以及把握人的精神、心理活动的展开的历史过程的内在根据。正是从人的"一般劳动"这一本质出发，通过人们的现实交往而使得主体际对话和理解成为可能，从而为最终解决他心知问题提供契机。这里的基本逻辑是：由对人的"一般劳动"这一本质理解，必然将对他心、他心知的理解引向对人的社会性、文化性的理解。如果按这一思路走下去，我们自然会得出这样的结论：主体际交往与沟通的可能性与必然性、自我的自我性、意识的透明性与超越性，只有在社会关系中才会得到真正的理解。

作为人的社会本质的肯定形式的交往，是一种广义的哲学范畴，表征的是主体际互动关系的范畴。耗散结构理论很好地说明了由人的实践引起的人的社会互动包括心理互动是人的存在方式。耗散结构理论认为，一切充满活力的结构，都是一方面要求不断从外界供给物质和能量,另一方面又要求向外界不断耗散物质和能量的动态平衡系统。这一理论的逻辑表明,作为万物之灵的人类的心理能量更是处在开放系统的动态平衡中。意念、情感和思想实际上是以心理能量为承载体的活动,人的一生在实践的社会互动中触景生情,睹物思人,进而联想、分析、归纳、喜怒哀乐等不同内蕴在思维流淌中渐趋完形,这种持续不断并且伴随个体生命始终的过程,其实质是心理能量的输入和郁积,只有持续不断地将蕴含心理能量的思维过程和感知结果耗散出去,才能保持生机勃勃。可见,"表情达意"不仅是主体际进行交流和协调发展的问题,而且也是主体际促进生存和谐和身心健康的问题。他心知的获得既不是发生学意义上的描述,也不是解释学意义上的理解,而是生存论意义上的呈现,这是将主体作绝对封闭的主观规定的唯我论所无法企及的视界。

其次,西方传统哲学的主流以实在论和静态认识论为核心,认为世界是由无数独立存在的实体组成的,而且每一实体都具有"自在"而固有的本质或意义。当代哲学家石里克总结道:"在科学思想发展的初期,在不同中发现相同被解释为发现常量,即不变量——一种其自身保持同一的东西,它一方面是一切多样性与变化的基础,另一方面却不参与这种多样性与变化。这一常量被称为实体;人们设想它以多种表现形式出现,能经受各种不同的过程而不改变其基本性质。"[①] 这种由来已久的观念促成了纯思辨的思想系统支配一切的局面,西方心灵哲学家也习染这一理智的蛊惑而热衷于将人们在现实中不断地、新旧交错地在生活、经济、精神等方面的交往活动中互相渗透、互相作用、互相映照、互相限制的主体际意识,辨析为静止不变的观念和知识要素。平心而论,在认识水平较低的人类思维发展阶段,难以全局性动态地把握对象内涵,而作为对象的心灵世界又极其复杂的情

---

① [德] 莫里茨·石里克:《自然哲学》,陈维杭译,商务印书馆1984年版,第18页。

况下，实在论和静态观在一定程度上是有效的，它实现了化复杂为单纯。年深日久、孜孜求索、严密而独立的各种他心知理论得以"完形"，并且成为影响人类思维和交流结构的重要因素。可见，姑且如此的初衷却渐渐视为本当如此的必然了，面对圆融流动的主体际交往互动，实在论和静态认识只管静态认识，把主体际不断生成的心理意向描述为静止自在的要素、片断，把主体、环境和对象的有机构成进行"拆零"分析，最终把现实的人和活泼的意识作完全独立自在的把握，由此，孤芳自赏或苦酒独吞的唯我论也就有了根据。

实在论和静态认识与人的现实是疏离隔膜的。但是，事实上，从基督教开始，甚至在希腊文化和拉丁文化中就出现自我审查和坦白的技术。在现实生活中，任何主体都是在一定差序结构的群体里成长起来的，群是由异质的个体集合而形成的同构，"异质"的个体或部分都有按时间延展的过程段落，各不相同，而群的前提是保持某种共性，即沟通和协调。假如"异质"的个体或部分互相封闭，群就会两眼一抹黑，失去了存在的可能和意义，那么，个体从群中获得的一切发展机会就全丧失了。所谓"整体大于局部之和"的益处就还原为独立面对生活世界的脆弱无力。因此，我们之所以能认识、说出他心的状态和事实，根源于我们有人这一类概念。由于他人是人，因此可为作为人的别人或别的个体所认识。把每个人当成共同体不可分割的成员，把整个人类当作具有共同性质的存在，把人当作完整的整体，这是我们相信他心、认识他心之所以可能的基础和条件。①

再次，西方心灵哲学家对他心知问题的研究深受自然主义思维方式的影响，混淆心理现象与物理现象，回避了政治、宗教和伦理等意识形态因素，企图去追求像物理实在一样绝对无误、具有普遍必然有效的关于他心的知识，事实上这种知识在物理学领域中也是罕见的。

---

① 高新民：《现代西方心灵哲学》，武汉出版社1994年版，第193、194页。

自然主义认为只有物理的东西才是真实客观存在的，它拒绝观念的东西的实在性，要不就是把它自然化，使之成为一个物理实在那样的东西。有些心灵哲学家为了分享科学那种客观性的美誉，正是像认识物理学的对象如原子、电子等一样去认识人的心理现象，所谓分子运动水平的心灵现象。由于近代心理学从根本上是和物理的东西相关联的，它所具有的一切自然科学的幼稚性，突出表现在对客观性这一范畴的自然主义的理解。

布伦塔诺等哲学家的意向性理论从根本上拓宽探讨了对客观性范畴的理解，从而为理解心理现象的客观性提供了理论说明。布伦塔诺曾将物理现象同心理现象的性质进行比较，认为心理现象不同于物理现象的地方就在于有某种客观性的东西内在于它们中。客观的东西内在于各种体验中，形成了心理现象类的主要区别。他认为一切心理活动的共同特征是"意向性"（来源于拉丁文 intendene，这个词有"指向"的意思），即指向某种东西。"实在""客体"就是被意识活动的所指。意识活动的对象或意向对象不必是实际存在着的东西。如未来的母亲盼望有一个男孩，这个男孩就成为"客体"，这个男孩不必存在，但他却是客观的，或不完全是主观的。布伦塔诺断言实在并不一定是具体的事物，逻辑的抽象、道德的"价值"都是实在的客体。这就突破了近代西方哲学认为客观性等于实在性、意识对象一定是外在于意识的客观存在的东西，或只有可还原为外在的存在的东西，才称得上是客观的。也只有对这种客观对象的意识才是客观的，或只有像事物本身那样意识到事物的意识才是客观的。他心知问题上的怀疑论和唯我论实际上就是这种偏狭的"客观性观念"的必然结果。

进而言之，意识的实在（主体）和意识外的实在（客体）间不必是一种对应关系，心理事件当然可以和外在于它的别的事物发生关系，但它本身并不一定发生这种关系。因为知觉可以是一个幻觉，知觉的对象可以根本不存在。意向对象不是一个被知觉的实体，而是一个在知觉方式中的实体，它随它的被意向方式而定。如一张画着一座桥的明信片，邮递员一般将它知觉为明信片，而对一个持审美意向的人来说，它则是一幅风景画。同样的东西，在不同的意向中是不同的意向对象。意向方式和意向对象的相属表明，在意向性中实际上根本不存在主客体对立。而他心知难题恰恰是建立在主客二分的思维方式基础上的。

意向性理论的重要意义还在于突破了"自我"的原子性，将此一自我与彼一自我相贯通。实质上，他人确也是一自我，这种自我与我共在，并且和我拥有共同的世界，自我与他我通过拥有共同体的世界而形成自我共同体。这种自我共同有一个重要特征，就是他们有着共同的意向性。比如，当我们坐在音乐厅里欣赏同一支曲子，坐在礼堂里听同一个报告时，不同的自我与同一个对象发生意向关系，尽管我们的理解力不尽相同，但只要我们采取相同的意向方式，我们所把握的客观意义必定相同。

4

我所直接意识到的的确只能是我自己，而对他人的意识都从属于自我意识。这并不是我的选择，而是作为自立的个体的存在方式，或一种基本处境，他人也不能通过进入我的意识来取消我的中心地位，因为意识之间没有直接的相互作用。意识作为内在性是他人所不能触及的。既然我不能触及他人的意识，那么，他人的意识就不具有我的意识对我所具有的自明性。然而，他人也是那个称自己为我的人，所以，他与我一样无可选择地接受着自我中心，因而，从认识论角度看，任一自我都无法从一纯粹的视角看问题。但是，自我中心并不意味着唯我论和怀疑论，认识主体普遍的自我中心更不是唯我论和怀疑论存在合理性的根据，恰恰相反，承认认识主体的普遍的自我中心地位必然消解存在着绝对中心这一思想，而这正是唯我论被超越的深层逻辑。这种绝对的"自我中心"的扬弃，正是由人的现实活动而实际完成的。

二 主体间性和哲学的启示

由于不同的文化所比较感兴趣的思想可能性不同，中国哲学没有像西方哲学那种严格意义上的主体间性哲学；随着特殊性的凸现、主体自由的被肯定及其后工业"陌生人"社会的来临这一深刻的时代背景，和康德、黑格尔哲学中的普遍主义倾向的内在矛盾，出现了西方近代的主体性哲学向现代的主体间哲学的转向。现代西方现象学和解释学的主体间性理论，承继了康德、黑格尔的思想，并作了重要开拓，但他们的研究终止在哲学解释层面上，仍是认识主义的思考。我们认为，主体间性问题应着重从人的实践、社会经济发展对人类存在的作用方面去理解。

1

我与他人的沟通是何以可能的，另一个具备全部个性和特性的人，如何能在我的意识中构成，然而又实实在在地别于我。如此提出问题，就西方近代之前的整个古代哲学而言，并不是明见的课题。因为，从逻辑上讲，作为本原和基础的个体主体性的出现，是主体间性问题构成为有意义论题的前提。可是，无论是古代还是后古代的哲学，它们都还行进在朝向主体性反思和自身认识的途中，还缺少"自我意识"概念，而"自我意识"概念对于西方近代哲学而言——即使在它想对主体性哲学持反对态度的时候——是基础性的。"'自我意识'在经历了古希腊、罗马和中世纪漫长的沉睡和艰难的苏醒之后，到了近代才处在一个前所未有的清醒状态。"[①] 这一状态是西方近代哲学能够把主体间性客体化藉以努力的出发点。

[①] 倪梁康：《前笛卡尔的"自识"概念——"主体"自识问题在古希腊、罗马和中世纪的起源与发展》，《南京大学学报》（哲学．人文．社会科学版）1999年第2期。

当我们用上述判断来比较中西哲学差异时，我们发现，中西哲学对这一充溢着智慧的难题有着不同的理解取向。早在二千多年前，庄子的《秋水》篇就已经以寓言的形式提出了用今天的哲学术语来表达的"主体间性"问题或"他人的心的可知性"问题，庄子目睹了鱼在水中从容自得地游来游去的样子，心想自己在水中从容地游来游去时感到非常快乐，于是他能设想"出游从容"的鱼也是快乐的。在庄子看来，对不同种类的生物尚能如此联想，对于同类的人就更不用说了。因此，在庄子那里，主体间性，这不是问题。同样，在中国儒学中最高的和谐价值的基础是在本体上不同的生命的融汇和契合——"和合"。故牟宗三把中国儒学最重要的概念"仁"定义为"仁以感通为性"，感通即是仁的表现，是生命的相互交通，深层地理解和注释他人的内在经验或一处境的状态。此中感通的观念也体现在中国哲学的源泉《易经》中，《易经》从没有像西方哲学那样，把每一个别事物或人定性为不同之实体，却自始从整体看宇宙人生。《易传》中特别提出的"感通"状态，就是指关系和谐的一种理想沟通状态。这成了中国人的本体论的登峰造极的哲学意境。

由于不同文化所比较感兴趣的思想可能性的不同，在中国哲学里没有生发出与西方哲学匹配的建基于知识论之上的主体间性问题。"从它那个通孔所发展出来的主要课题是生命……主要的用心在于如何来调节我们的生命、来运转我们的生命、安顿我们的生命。"[①] 与此相契，中国哲人不像西方哲人那样，期望寻问宇宙的最大秘密，按最大的思想愿望去思想，也并不担心由于有着某些知识上的局限而永不能认识某些不可能认识的东西。在中国哲人看来，认识能力有着局限，恰恰意味着我或人们不能想太多。"你对外界有好多知识是没有用的。"

中国的智慧思维原先没有沉溺于知识的冲动里，这本身是不坏的。因为，我们面对的首先不是知识，而是我们自己的生存、

---

① 牟宗三：《中国哲学十九讲》，上海古籍出版社1997年版，第14页。

生命活动。既然如此,那么,我们在实践上必须尊重必然性,这意味着"他人的心"并不是知识论意义上我们不知道而想知道的东西。生存的逻辑暗中已把自我与他人融为一体的"共在",即自我与他人是可以沟通的。从这一意义上讲,中国哲人从没有像胡塞尔等西方哲人那样,真正严肃认真地讨论过主体间性问题。

无论如何,我这个断言多少能得到德里达的想法的印证。德里达认为,欧洲文化错误地想象着一些"纯粹的""绝对的"意义和真理,处处都讲究"分别"或者说"区别"(différence),这是对真实的歪曲。真实的情况是"分延"(différance),德里达特意生造这个与"分别"或"区别"在法语中同音不同形的概念,其中的深意是想表达语言(尤其是写)是一个差别系统的事实。由于différence的存在,人们原以为有中心和本源的地方其实并无中心和本源,一切都变成了话语,变成了充满差别的系统,在系统之外并不存在超验所指。如果,德里达是正确的,那么,像胡塞尔那样的"单独主体的单纯的主观领域"就是不存在的。同样,胡塞尔的"我思纯属所思之所思"(ego cogito cogitatum qua cogitatum)之类的命题,其实就只能勉为其难地在非常不纯粹、不确定的语言系统中去设想纯粹的东西。

乍看起来,德里达的"异常思"敏锐地意识到了支配西方人思想的结构性症结,所以,他要用"解构"的哲学策略。但是,"解构"不是好办法。因为"解构"会使思想失控而徒增更多糊涂的哲学观念。想必,德里达愿冒这种风险只能有一种解释:只有当哲学有许多糊涂观念,有些不糊涂的命题才变成是"哲学的"(维特根斯坦语)。照此看来,以"先验自我"为演绎出发点的先验哲学,就对"自我"(理性存在物、个体)寻求的"确实无疑""清楚明白"而不想沦为糊涂的哲学观念的期待而言,是标准的"哲学的"做法。

虽然,这一做法因"自我"绝不可能是一个人的所作所为和生活角色之外的一个"幽灵",而有所谓"找不着自我"的苦恼。但是，像胡塞尔那样，将"他人"视为对"我"来说永远是在或大或小的程度上的"陌生人"，是不同于"我"的"他者"，是不同于"本己自我"的"陌生自我"的思想，毕竟不是空穴来风，而是在胡塞尔看来的西方人的生活，核心是人的意识生活，或"自我的意向的生活"的危机，即西方人性的危机。正如福柯所见，西方危机的一大主要问题就是真理关系与自我关系之间的关系。

随着特殊性的凸现，及其主体性自由的被肯定这一现代性特征的出现，也由于后工业社会的科技发展，从表面上把人拉近，但事实上却减少了人际的诚意沟通而把人推得更远的后果，现代社会已告别了"我们大家都是熟人"的"乡土社会"，"熟人"的特殊主义限阈也已成了我们现代社会的阻碍。因此，"现代社会是个陌生人组成的社会，各人不知道各人的底细"。[①] 如果说，西方人曾给自己提出"我"怎样才能找到一个仁慈的上帝，他首先展示的是自己的罪人状态，那么，这对于现代人可以改写为："我"怎样并在哪里才能找到知己。另外，既然，西方人相信人生来就享有完全自由的权利，那么，什么使得某一个人与另外一个人之间有所分别以便他们获得恰当的权利处分，什么是"我"所代表的东西？"我"是否指称了一种特殊的独立实体，我的不可分割的连续同一性在于什么？诸如此类涉及了主体间性的问题顺理成章地成了现代西方社会的"主体性之谜"。如果是这样的话，为了与司法做斗争，为了与极权做斗争，难道不应该从基督教的坦白文化或者自我解释学中出离吗？当然，这也成了现代西方哲学的"主体间性转向"的社会历史动因。

2

可以说，从主体性哲学向主体间性哲学的转向也是西方哲学逻辑矛盾发展的结果。

[①] 费孝通：《乡土中国》，生活·读书·新知三联书店1985年版，第5页。

纵观西方近代哲学，在古典哲学家的辞典中几乎找不到主体间性这个字眼，但事实上，近代哲学从主体方面来考察知识的客观性问题，就牵涉主体间性问题。这实质相关着至为重要的问题是解决知识在主体之间的可沟通性、可传达性和一致性。诚如黑格尔在哲学史讲演录中指出，近代哲学的出发点，是古代哲学最后所达到的那个原则，即现实自我意识的立场。近代哲学的兴趣不在于如实地思维各个对象，而在于思维那个对于这些对象的思维和理解，即思维这个统一本身。这个统一不仅设定了他物的存在，而且，他人的存在也为多数哲学家所肯定。按照我们的看法，近代哲学不仅将认识的真理看作为观念与对象的符合、一致，而且更主要在于观念之间的协调、融贯，从而在形式上、逻辑上具有一种可在主体之间进行沟通、传达和认同的理性依据。

当康德仰望他头上的星空思索：先天综合判断何以可能。说白了就是：诸从事认识活动的个人，怎么会按同一思维形式做成知识？一个人（哲学家）做成的知识，怎么会被其他人理解回答？依此问题的路向，康德回答：只能是有一个纯我。我的纯我、你的纯我……一切人的纯我，都是这同一个纯我，都是很纯的我。那么，康德的纯我是什么呢？那被称为我、为我（作为一个有血有肉、有心理活动的自然人）所运用超乎我而为所有人运用却为单数的我，不外是语言的逻辑本性。① 它决定了主体在认识交往活动中所必须遵循的一套准则、规范。在此，康德看到了，对个体而言，语言结构先于并决定个体。如此才能确保当无数个体去认识外在的他物而做成的知识具有客观性。

值得注意的是：康德重视"纯我"的实质是重视作为"大我"的人的类存在、社会存在。② 康德在研究人与外在于他的自然是何以沟通这一问题时，也就必然忽略了"我"与"他人"的区别，直接把"我"与"他人"同等地看作类存在。

---

① 谢遐龄：《康德对本体论的扬弃》，湖南教育出版社1987年版，第111页。
② 同上书，第12页。

根据同一思维框架，当康德思索居于心中的道德法则时，他所谓的"良心"、"内部法官的声音"，就不是指因个我而异的个体随意幻觉，而是最终带有普遍有效的真理、正义及善的启示，即"绝对道德命令"。这就是："我一定要这样行为，使得我能够立定意志要我行为的格准成为普遍规律。"在此，康德说，我这样做一件事，不仅是我这样做，还要求所有的人都应当这样做，这样的行为才是有道德的。这里，康德要求把一个人认为有根据的"格准"，融贯到一切理性者都认为它是有根据的"普遍规律"中。按牟宗三先生的说法，康德讲的道德"只是人类学地讲"。① 在我看来，康德也因此缺乏的是作为一种生命感觉的伦理学，难免沦为"空讲"。这不，康德为保证道德命令的客观有效，使我成为代表类的"普遍者"。也就是如尼采所言，为了该去理解我们种类的本质，这种"纯粹理性判断"必须信仰为真的，最终不得不像莱布尼茨为解释单子之间的和谐一致一样，请上帝作担保，上帝在他们那里简直成了汇集矛盾的"大阴沟"。②

康德哲学中的普遍主义趋向，正合黑格尔目中"以思想、普遍为内容"③的哲学观。这种将普遍者绝对化的逻辑，是近代哲学"古典性"或"传统性"的根本所在。英国黑格尔学者芬德莱（J. N. Findlay）说："在黑格尔看来，……意识就是把普遍性和统一性从特殊性和多样性中解脱出来的活动，是用前者解释后者的活动。"④ 黑格尔哲学最终目的是要克服人的精神中私人的、主体间性哲学的内在困境及出路探析主观方面，使人的精神达到最完全的精神——"绝对精神"的阶段。这只有通过人

---

① 牟宗三：《心体与性体》（上卷），上海古籍出版社1999年版，第117页。
② ［德］黑格尔：《哲学史讲演录》第四卷，贺麟、王太庆译，商务印书馆1978年版，第184页。
③ ［德］黑格尔：《哲学史讲演录》第一卷，贺麟、王太庆译，商务印书馆1959年版，第93页。
④ ［英］芬德莱：《黑格尔再考察》，伦敦1958年版，第41页。

从事哲学的思维和认识，才能做到。① 黑格尔这样说："当我思维时，我放弃我的主观的特殊性，我深入事情之中，让思维自为地作主，倘若我掺杂一些主观意思于其中，那我就思维得很坏。"②

因为，对黑格尔来说，人心能否把握住真理是由人的二重性决定的。一是自然的方面、私欲的方面、个人主观的方面；一是精神、思维的方面、普遍神圣的方面、本质的方面。由于各个人的私欲、感觉是不同的，正所谓"人心之不同，各如其面"。如果，"我"通过"依赖于外在的他物"的感觉、表象、欲望、冲动等等去把握事物，则不能把握事物的实质。事物仍然是"外在于我的他物"，仍然是限制我的对立面，我也就不能说是自由的。如果，"我"去掉个人主观之见，思想深入于事情之中，则能把握住绝对真理，才有可能得到自由。黑格尔认为，绝对精神、绝对真理只有一个，是唯一的，人心（这里的"人心"是指思想）都有可能把握这同一个真理。所以就人的精神方面、普遍神圣方面是人心所共同的而言，可谓"人同此心，心同此理。"

至此，我们不禁要问：黑格尔凭什么说，只要他认为是怎样的，对于他人也一定是怎样的呢？或者说，存在于他头脑中的思想也就是客观的思想呢？要了解这一点，须从揭示"知识"本身的形成过程的著作《精神现象学》着手。

在该书中，黑格尔是从现有的经验意识出发，把一般知识和真理的规定置于意识本身内在的辩证结构和辩证运动，而"证明"了意识的绝对对象就是那个和意识及其运动本身同一的绝对知识，或客观思想。黑格尔的这些说法和意图虽没有提供出多少站得住脚的理由，但我们不妨将它作为一种可供选择的解释，前提是，黑格尔须告诉我们：他怎么确知自己的意识结构或意识

---

① 张世英：《论黑格尔的精神哲学》，上海人民出版社1986年版，第11页。
② ［德］黑格尔：《小逻辑》，贺麟译，商务印书馆1980年版，第83页。

本性就是一切人或任何一个别人的意识本性，他的意识和别人的意识是否就是同一个意识。对此问题的解答，黑格尔首先假定了科学、知识或真理这种本身具有客观内容的主观形态是从意识本身的经验形态中内在地发展出来的。其次，为了做到从意识中内在地发展出科学、知识或真理，他又假定了一切意识的基本结构，即"意识是把自己跟某物相区别同时又与它相关联"，并把这种结构理解为认识性的，亦即与主观意识相区别同时又相关联的那个"某物"被理解为具有"客观对象"、自在存在的含义，因而意识结构本身就被理解为具有"主观—客观"关系的意义。这里的问题在于，按照黑格尔的意识基本结构的这种认识性含义，既然意识所意识到的那个"某物"只具有虚假的"客观对象"的外表，它只不过是在主体意识中建立、构造起来的对象，即对象意识，那么意识的这种内在结构如何能避免相对主义和心理主义的理解，如何能成为科学、知识或真理本身的形成过程？如果我每次都在自己的意识经验中发现，曾被认为是"客观对象"及其客观关系的东西，其实无非是由我的意识所建立起来的，那么把"客观思想"当作目标和绝对对象的黑格尔哲学何以可能建立？黑格尔只是全凭断言地认为，一切客观对象都是意识的部分，因而，只有意识本身才是真正的"客观对象"。黑格尔之所以作此断言，在于他确认"只有绝对是真的，或只有真理是绝对的。"① 虽然，他并不认为人们可以一下子就把握绝对真理，但他认为至少现在已来到这样一个时期，意识已有可能成为"绝对知识"，可以将绝对真理一劳永逸地把握住。这种"绝对知识"，就是对意识的自我意识，或意识与自我意识的统一。在"绝对知识"中，意识与对象的关系跃升为自我意识与意识的关系，于是科学就成了"对自我自身的概念式的理解"，即客观的、普遍性的理解，它扬弃了主观意识的个别性，使个别的我成了普遍的

---

① ［德］黑格尔：《精神现象学》下卷，贺麟、王玖兴译，商务印书馆1979年版，第53页。

我，或客观的我。所以，"我就是我们，而我们就是我。"

尽管，与康德的"纯我"不同，黑格尔的"我们"是我的富有内容的关系，但是，当黑格尔把自我意识看作不仅不是个体的自我意识，也不再是人类这一特殊种类的自我意识，而是客观普遍的绝对理念的自我意识时，归根到底黑格尔认为他讨论的并不是人和人类的思维，而是客观思维、上帝的思维。可见，黑格尔的哲学首先是在"神学背景上"展开的，不考虑神学背景我们根本无法理解"绝对精神"何以成为一切自然、社会、意识产生和发展的唯一实体。现在已经公认，黑格尔哲学的秘密无非是他把自己的抽象思维当作了客观的本体，或者说，他从自己的抽象主体（从人的主体中抽出了一种片面的、抽象的主体性能力即认识、思维能力，把它当作人的整个主体）中推演出实体。照此来理解，主体间的互通性是被黑格尔作为前提接受下来的，在他看来，只要他自己认为是确定的东西，对于他人也一定是如此了。在此意义上，黑格尔是独断论者。

但是，在黑格尔的"绝对精神"统摄下的"我就是我们，而我们就是我"的理想境界，终究难以弥合西方文化的"精神分裂"：意识与无意识争斗，理性与非理性冲突。在当代西方现代性诸多理论中，泰勒与罗蒂尽管思想基础不同，但他们的共同之处在于，以现代社会分化的"我们"来撕裂公共普遍的道德基础及理性规则，以"我们是谁？""谁的正义？""何种合理性？"之类理直气壮的质问否定康德意义上最低限度人类共同的道德价值。托克维尔则以为，黑格尔的"我们"共同体理念只是"多数人专政"[①]。还有哈贝马斯的商谈理性、维特根斯坦的"语言游戏"等等理论的涌现，标志着在当代西方哲学中，从康德、黑格尔的主体性哲学向主体间性哲学的转向已是全方位和多层次的了。不是主体性的"自我"，而是主体间性的"他人"问

[①] 刘小枫：《自由主义，抑或民族主义的文化多元论》，载韩水法主编《社会正义是如何可能的：政治哲学在中国》，广州出版社2000年版，第130—131页。

题在今天已成显学。

清理现代西方哲学的主体间性理论，我们似可从思想渊源上区分出两条线索：康德路线与黑格尔路线。前者以胡塞尔创立的现象学主体间性理论为代表；后者以伽达默尔完成的解释学主体间性理论为代表。

现象学创始人胡塞尔因唯我论困境，晚年主要研究的一个问题是：如何从"自我"走向"他人"，从单数的"我"走向复数的"我们"，探寻我的"思我"与他人的"思我"本质上是如何同一的。简言之，一种认识论上先验的"我们"如何可能？为解决这一问题，胡塞尔在《笛卡尔沉思》中提出了移情论的"类比的统觉"（analogical apperception）或"同化的统觉"（assimilative apperception）的理论，试图将"移情"（empathy）与理解相连。胡塞尔创造性地使统觉活动的对象从物深入到他人，因此，也第一次将认识论与伦理意味的"移情"相勾连。但是，胡塞尔的"类比的统觉"只是对康德的"先验统觉"的彻底思考，胡塞尔在他人问题上由此而表现出的认识论色彩很少令其他现象学家满意。[①] 为此，海德格尔致力于探究"在"的意义，反对对一般"在者"的执着，以其 Dasein 的"共在"的生存论模式（似乎相类于马克思的"现实的个人"），而使他人问题的解决走向终结。但是，由于海氏与马克思的异化理论不尽相同的旨趣，海氏在 Dasein 的本真能在层面上，又仿佛无奈地回到这个问题的起点。至于萨特，在某种意义上，确实给出了一个他人，但这种给出是以"他人即地狱"式的"自我"毁灭为代价的，他的主体间性理论宣告了人与人之间在本质上不可能相互沟通和理解。

对主体间性从另一个路向且更为系统地研究的是解释学，解释学涉指的对"文本"的理解，实质上就是对他人世界的理解。

---

① ［美］赫伯特·施皮格伯格：《现象学运动》，王炳文、张金言译，商务印书馆1995年版，第211页。

在此，我们先从施莱尔马赫的"猜度"方法说起是合适的。施莱尔马赫把猜度方法说成是这样一种方法，通过它"一个仿佛把自己转化为他人，并试图直接把握其个体性。"猜度"首先基于主体间性哲学的内在困境及出路探析这样的事实：每个人不仅仅是独特的，而且还有对所有其他人的一种接受。而这一假定似乎又基于这样的事实：每个人在他身上都具有少量的他人，因此，猜度是由与自己的比较引起的。"[①] 在此，我们发现施氏的说法颇有黑格尔自我意识理论的辩证风格，因此，他的"猜度"不可与胡塞尔的"移情"混为一谈。移情主要是从自我向他人投射，而猜度似乎也为相反的路线留有余地，即他人使我在我自己身上发现多种自我，而不是胡塞尔的单数自我，从而克服了移情仅仅在他人身上发现被复制的自我的倾向。狄尔泰在施氏的思想基础上，进一步主张要理解他人就必须在自己身上设身处地地"重构"他人的经验。理解作为一种再体验，意味着体验他人之人生与体验自己之人生的一致性，其实也就是理解自我、发现自我。在此，有一种趋向已是十分明朗：解释学为了做到"内在而完整"地理解他人，力图把黑格尔先验地排除在他设定的意识结构之外，或至少没有当作最基本的东西来考虑的其他意识结构方式，如非认识性的情感、直觉、体验方式重新将其纳入最基本的意识方式之中。从而，对黑格尔在《小逻辑》中曾提及但却并未展开的一个维度——"情感的辩证法"——进行了深度发掘（"情感的辩证法"的开拓性运用也属克尔凯郭尔的功劳）。但是，由于施莱尔马赫和狄尔泰等古典解释学哲学所欲把握的是文本的"原意"，而忽略人及其理解的历史性，因此，他们所谓的对"他人"的理解就带有一种虚假性。伽达默尔的"视界交融"理论是一种纠偏。不仅如此，伽达默尔还把理解看成是带有伦理

[①] ［德］施莱尔马赫：《解释学与批评》，法兰克福 1977 年版，第 169—170 页。

意味的一种道德现象。他认为，对人的理解，不同于对物的认识，对物的认识是一种主体与客体间的认识论关系，人不可用对待物的态度来对待人，因而关于理解的看法也应超越主体和客体间的认识论关系，而应变为人与人的关系，即对话关系。

3

可以看到，由康德、胡塞尔的先验自我寻求走出我的自我而达到其他自我的可能性路线，自始就面临着来自各方面的挑战：纯粹思维的纯粹逻辑从没有胡塞尔想象的那么纯粹和安宁，意识作为意识虽然不会放弃理性的要求，但它也决计不能一意孤行得像个君王。换句话说，带有几分上帝色彩的胡塞尔的先验自我意识（胡塞尔在私下谈话中明确表示过，上帝不过是先验自我的集体）自身也是在赐福和命令中与人说话的上帝，即在对话中聆听它者参与共生的可能性。而当狄尔泰晚年愈益靠近黑格尔，援"客观精神"来保证理解的有效性，以及伽达默尔即便认识到黑格尔的辩证法仅是一种"逻辑的东西"，"必须返回来变成诠释学"以对存在作出语言的本体论上的认肯，他们的主体间性问题研究终究只是停留在哲学解释的层面上，这便等于言明它的失落或未然。因为，我们在讨论文本时，并不是在讨论语言，而是在讨论被语言表述着的行为。无论是"客观精神""思想"或"语言"，都不能"独自组成特殊的王国，它们只是现实生活的表现"① 就此意义讲，主体间性问题虽显示在语言之中，但所显示指引的却不是意见上的一致，而是生活形式上的一致。因此，提倡"对话""交流""全球化话语"，这些是文化发展的自然要求。可是对话不是解决问题的根本方法，尽管能够增进相互了解——这仍然是认识主义的思考。重要的事情并非对话，而是马克思所理解的把"作为生产的个人自主活动"条件的交往形式（生产关系）的嬗替关联于主体间真正意义上的交流及沟

---

① 《马克思、恩格斯全集》第三卷，人民出版社1960年版，第525页。

通。诚如哈贝马斯所说,"劳动不仅是人类存在的基本范畴,也是一个认识论的范畴。"[①] 因此,我们在考察主体间性问题,要着重从人的实践、社会的经济发展对人类存在的制约作用方面去理解。

作为信息社会的后工业社会,在社会结构上引起的重大改变,必引致主体间交往形式和沟通模式的改变。电脑和互联网作为一种新的沟通手段,可以把它看作人的"身外器官",人通过它去发挥自然力,就能突破人自身器官结构和功能的局限,而使主体力量有了无限发展的可能性,它是符合于人的文化发展需要的"为我"存在物。然而,由所有电脑使用者形成的电子群体主体,在网上建立的整体性文化环境,以一种超越身体形式来体验具生命意义的其他自我存在,人际沟通消除了直接面对的形式,从而也消除了在胡塞尔那里"身体的了解在交互主体性中占有的特殊地位",在荧光屏上,现代哲学的许多范畴将会失去实质意义,与传统哲学的"视觉中心主义"一脉相承的,对他人或一处境的"感通""移情"或"设身处地"都将成为"用完了"的思想,因人与人没会面,也难有情际沟通,所有这些变化都已给我们带来极具震撼性的体认。

我们必须意识到"人不是……",这才是人的存在状况。我们这个时代还必然会酝酿更大的野心,如制造思想与情感一体化的机器。这些"工业和社会状况的产物,……是世世代代活动的结果",必然使人的感觉不仅具有空间的丰富性和深刻性,而且有了质的不同,并影响和改变人际沟通状况。马克思的"人化自然"与"自然人化"相统一的思想,是继中国道家之后朝向人与自然、人与人之间第二和谐之说,期以修为而臻化境。

[①] [德]哈贝马斯:《知识与人类利益》,Boston:Beacon Press,1971年版,第28页。

三　马克思与消解主体

在学术界，把马克思哲学视为主体性哲学的观点，实际是把与近代主体性观念"调情"了的马克思，当作"重新"发现的马克思。阿尔都塞主要从科学与意识形态思辨地对立的、西方意识形成哲学史的视角，提出了马克思的"理论反人道主义"论断。这意味着自我解释学在马克思那里的终结。对他而言，一部被指认为衰落史的西方传统哲学史的首要性在于指明：马克思批判的"理论人道主义"中的"人"，乃是整个西方传统的全部"哲学"的理论基础。在我们看来，他依凭发展了的拉康的无意识理论和黑格尔的历史概念所主张的"科学无主体""历史过程无主体"的观点，并没有对马克思消解主体观念的实情说到恰当处。但是，他对马克思理论诠释的启迪是：中国当下经济社会的发展应如何关注人？

1

在学术界，有一种关涉着对马克思哲学性质判断的观点，我们深信自发地已经熟悉了。它宣称，"是否承认人的主体性地位是'新唯物主义'与旧唯物主义相区别的一个重要标志。""尽管马克思批判过抽象的人道主义、纯粹的'我'，但这并不能证明人性、个人等范畴在马克思那里是无足轻重的。问题恰恰相反，马克思提出了自己的人性、人的本质、个人等范畴，并把它们贯彻到主体性范畴中去。马克思认为，历史'也是个人本身力量发展的历史'，整个历史也无非是人类本性的不断改变而已"。正是在这些意义上，可以把马克思主义哲学归结为"从主体出发"或"从'我'出发"，"按人的发展来改变世界"的哲学。这也就是说，人类对世界的把握是以"地球为中心"，以"人类为中心"的，是从人的内在尺度出发的对物的把握。企图离开这一出发点，而从无中心、无人类的角度来描述世界，"在实践中是做不到的，在理论上则是历史的倒退"①

可以认为，上述观点就其本身而言并不新颖。比如，法兰克福学派的社会批判理论以之为据的，就是西方历史上的人道主义、个体自由、幸福、理性等等基本准则。甚至，可以更一般地说，随便哪一种社会批判理论，总是植根于具体的社会状态来表达人性的理想追求。难道，惟独马克思不是从这里找到自己的思想激情和勇气、灵感和语言吗？

然而，只要人们遵照拉布里奥拉的建议，去"阅读'马克思的原著'"，而且去"恢复完整的、自主的历史唯物主义"（这种完整、自主的历史唯物主义的体现之一，就是"对生活和世界的总看法"）②。那么，上述观点就无以逃脱以下两个方面的考量。一方面，对于社会批判而言，相信一个可以普遍认可的理性，相信人性有一种本然的存在，这种观念本身又有何"支援意识"呢？除古典资源和审美意识外，剩下的只能是隐蔽的"神学"：阿多诺终生不能忘情于"救赎"的悲愿；霍克海默总是迷恋于"对完全是另一种东西的渴求"……

另一方面，对现代西方哲学演进来说，近代的主体——它的全部形态：作为"纯粹自我"，作为人、人格或个体——不管是在理论上还是实践上都已经到了尽头，主体哲学的范式已经衰竭了（据说，这个意见不是近来才有的，而是最迟自黑格尔就已存在，当我们说黑格尔的是论"on‐tology"只是从概念到概念的纯粹思辨时，我们还得指出，这不是人在思维，而是假定为绝对精神的自己展开）不管人们是否愿意赞同这一断定，一个不容争辩的事实是：近代主体范式与当下后现代中的那个消逝、分裂的主体正好形成对照。即使不是所有的、至少也是基本的

---

① 肖前、李淮春、杨耕主编：《实践唯物主义研究》，中国人民大学出版社1996年版，第221—231页。

② [意] 萨尔沃·马斯泰罗内主编：《一个未完成的政治思索：葛兰西的〈狱中札记〉》，黄华光、徐力源译，社会科学文献出版社2000年版，第68页。

"后现代"论题,都将现代性范式的衰竭和主体的消亡牵扯到一起。

大家往往容易看重尼采、海德格尔等人在这方面所有的微言大义,可事实上,早在尼采和海德格尔之先,马克思就在近代主体的发展中看到了爆发出来的西方精神危机。用一种描述来说,马克思堪称"推翻所有传统价值,代之以新的伦理和生命方向的后现代先知"[①]。马克思的哲学与传统哲学其间存在着如此巨大的差别,以致我们只有从哲学的不同"路径依赖"(path dependence)和形态方面才能理解哲学的革命性变革及其这种变革的当代意义,也才不至于把经过奇怪的乔装打扮和与近代主体观念"调情"的马克思,当作"重新"发现的马克思。

无论怎样,更严肃地说,马克思对近代哲学传统的"人的形象"的揭露,开启了一种新的气候、一个新的时代,马克思哲学作为一种更深刻的哲学前不是一种号称,作为给现代性根基的主体性观念的第一次下葬,是其实质性标识。自马克思以降,葬礼却始终还在进行。但是,人们对马克思为主体观念送葬的实情却没有始终能够说得恰到好处。阿尔都塞们的马克思的理论反人道主义的论断,就是典型的一例。

在反思主体性哲学日益有其需要的今天,重新讨论阿尔都塞的马克思的理论反人道主义论断,也许是合适而重要的。我仅仅希望,通过对马克思本文的叙述,能够指出一个通常人们所忽略的事实,阿尔都塞对马克思主义阐释的判断根据,以及把一般科学和一般意识形态思辨地对立起来,有着深刻的哲学历史的背景,而不仅仅主要是服务于政治、意识形态斗争的需要。按阿尔都塞自己的说法:"我们在哲学上和政治上深信自己达到了世界上唯一可靠的大陆,却不知道如何从哲学上去论证这一大陆的存在和可靠","反对我们的人轻蔑地指责我们只管搞政治","哲

---

① 刘小枫:《尼采的微言大义》,《书屋》2000年第10期,第4页。

学家却无路可走"。他甚至不无偏激地说："只要他为了党去讲哲学和写哲学，他就只能人云亦云，只能对著作的引言在党内提出一些微不足道的不同见解。我们在哲学界没有听众。"① 阿尔都塞不理智地重新炮制了知识分子及生产力（基础与上层建筑）之间的区隔。为此，他要从意识形态哲学史的角度，"合法"地阐明马克思的理论反人道主义。

2

自阿尔都塞以降，当代西方马克思主义研究的现状表明，反对主体性和自我中心的人道主义并不限于阿尔都塞的结构主义马克思主义。就更广泛的意义而言，许多不同阵营的哲学家都曾一时同情过结构主义观点。我们发现，就知识论——认识论的维度而言，他们的"反主体主义这一场的主要取向是客体主义"②。这在阿尔都塞那里是显而易见的。具体地说：结构主义者在描述人文活动时，通常都拒绝考虑主体认识的基础地位，认为应该把社会历史的中心从"个人"或"自我"转移到"结构"上来，即"主体移心化"。用列维－斯特劳斯的话来说就是：人类科学的最终目标不是去构成人，而是去分解人。这是由他们心目中的人文科学的最终目标是要求超越主体主观性的限制，使自己的研究对象成为科学的性向所决定的。

阿尔都塞对现象学保持距离正是受此诱使。正如多数人所担忧的那样，现象学难以为人文科学提供一个本体论基础，即从个人意识或所谓的现象学意识出发，难以建构出"主体间性"，从而能构成一种理论去描述一定集体的客观精神或共同精神。这里的困难不单单存在于对他人的认识上，而且也表现在认识自我

---

① ［法］路易·阿尔都塞：《保卫马克思》，顾良译，杜章智校，商务印书馆1984年版，第8页。

② ［美］弗莱德·R. 多尔迈：《主体性的黄昏》，万俊人、朱国钧、吴海针译，上海人民出版社1992年版，第40页。

上。这里所指实际上就是胡塞尔提到过的"自身观察"的困难。这就是说，胡塞尔在研究认识自我时，反思在他那里是一个认识论的中心概念。人们发现这种认识的本质，在于只能使用概念性方式来认识。因为反思认识只构成于"抽象认知和完全重叠之间"，换个较具体的说法，就是"回想从前做决定时的意识状态不同于从前正在做决定时的意识状态"，从而主体在自我认识时，"在原意识和后反思之间存在着一个变异"。这是自笛卡尔以来欧洲思维传统的反思哲学内在固有的困境。胡塞尔自己也洞察到，最终的确然性是一个在理性主义范围内无法达到的目标，但他坚信这种困难是表面的。按照他的论证，如果我们实实在在一贯地坚持现象学还原的先验意义，并且不害怕先验唯我论的幼稚恐吓，那么这里的困难是可以克服的。

在这里，胡塞尔企图通过对哲学的新的论证，严格的使哲学以构造现象学的形态出现。作为严格的科学的哲学将为经验的自然科学和精神科学奠定基础。

阿尔都塞对此却不以为然。这里我们必须提及的是拉康对阿尔都塞的影响。因为，后者不仅从不掩饰他对拉康的敬意，而且还常常借用他以为是来自拉康的方法（比如他的正文分析法即称为"症候解读法"）；拉康说要回到弗洛伊德，阿尔都塞则说要回到马克思；拉康要使弗洛伊德理论更具科学性，阿尔都塞则自诩要使马克思理论更具科学性。这已经不只是口号上相似，而是还包括了无意识理论上的相通。而从无意识的发现的开始，就不可能继续将主体哲学建构为意识哲学（利科语）。所以，拉康认为："原则上弗洛伊德是建立了一门科学，一门有新的对象即无意识的这种科学的新科学。"[①]在阿尔都塞看来，精神分析之所以是一门科学，就在于它也是具有一套理论、一套在特殊的实践（治疗）中能够认识和改造其对象的技术（分析方法）。实践、技术和（关联

---

① ［法］阿图塞：《列宁和哲学》，杜章智译，台北远流出版事业股份有限公司1990年版，217页。

这两者的）理论是构成科学结构的三要素。理论则是首要的要素。弗洛伊德一再强调，一种实践和技术即使它们产生了成果，可是也不配有科学的名义，除非理论赋予（不是通过声称而是通过严谨的证据）它们这种权利。因此，阿尔都塞声明：回向弗洛伊德意即："回向已经建立、确立和巩固在弗洛伊德自己身上的这个理论，回向在生活（包括实际生活在内）中已站稳脚跟、产生方法和实践的这个先进理论。"[①] 这将意味着，"回向"实质是回向弗洛伊德理论的成熟期。在阿尔都塞看来，拉康对此是心领神会的。他评论说："拉康并没有像胡塞尔回向伽利略或泰勒斯那样回向弗洛伊德，以便在其开始处掌握起源，也就是说，以便在非科学到科学纯洁的段落里，取得宗教的哲学偏见：纯洁。这种纯洁就像所有从地底冒出的泉水一样，只有在那一刹那，即它冒出的纯粹刹那，才是纯洁。对拉康来说，这一段不纯，它还是不纯。纯洁是在仍然'混浊'的这一段过后才有纯洁（在纯洁先前的那种混浊，是悬浮在看来清澈、即洁白无邪新涌出的水中）。"[②] 显然，阿尔都塞之所以维持对拉康的敬意，是为自己否定意识层次，为马克思哲学存在着"认识论的断裂"作论证。而只从无意识层次来解读马克思的正文、解读现实的政治、经济，进而断言一个"人"没有"自我的格"（selfness）、也没有"意识"，而只是被结构所构成寻找理论支撑点。他自以为，大家也和他一样清楚，弗洛伊德所开辟出来的道路，或许有一天可以引导我们更好地理解那种"人类中心""自我中心"意识形态研究所特定关怀的"误认结构"。阿尔都塞肯定，全部现代西方哲学的"认识理论"都被这种"误认结构"所支配。即"被使用已经生产出来的术语并在已经生产出来的理论基础上提出的问题的表述所支配。而这些术语和理论基础之所以被生产出来，是为了……从这种镜子式的再

---

① [法]阿图塞：《列宁和哲学》，杜章智译，台北远流出版事业股份有限公司1990年版，第218页。

② 同上。

认识中得到人们所期待的理论实践结果。"①

当然，这样的一种西方认识理论的历史就必然是不仅在"重复错误的答案"，而且首先是"重复错误的问题"，从而形成"必然的封闭圆圈"的"再认识"结构。从著名的"笛卡尔圆圈"到黑格尔或胡塞尔的理性的目的论的圆圈，使我们看到"认识问题"的这一空间是封闭的空间。按照阿尔都塞的理解，从笛卡儿那时开始，我思自我幽闭症式的明证就是封闭的圆圈。胡塞尔从理论上虽认识到这一圆圈的必然存在，却将这种必然存在视作他的意识形态工作的重要部分。尽管，他的哲学达到了意识和诚实的最高点，但是他并没有因此而走出这个圆圈并摆脱意识形态的束缚。同样，海德格尔也没有走出这一圆圈，他曾经试图在"开放"（这种开放表面上只不过是封闭的意识形态的非封闭）中思考这种"封闭"，即"在西方形而上学中'重复'这种封闭的历史之所以可能的绝对条件"。②

我们认为，阿尔都塞对西方哲学"认识理论"的这种诠释虽然有很高的启发意义，但并不令人满意。它只适用于前海德格尔时期，把海德格尔嵌入"镜子式的再认识"的意识形态哲学的作法，"通常都忽略了他与西方自我学前提的决裂，或者更谨慎地说，忽略了他力图超越主体性界线的努力。"③

当然，对于阿尔都塞来说，一部被指认为衰落史的西方哲学史的首要性在于指明：马克思必须与之打交道的"理论人道主义"中的"人"的范畴，不仅仅意指费尔巴哈意义上的"人"，而且意指从笛卡儿经过康德和黑格尔到胡塞尔乃至海德格尔决定了的整个西方传统的全部"哲学"的理论基础。

有了这样一种前理解以后，阿尔都塞以为，我们就容易理

---

① [法] 路易·阿尔都塞、艾蒂安·巴里巴尔：《读〈资本论〉》，李其庆、冯文光译，中央编译出版社 2001 年版，第 51 页。

② 同上书，第 52 页。

③ [美] 弗莱德·R. 多尔迈：《主体性的黄昏》，万俊人、朱国钧、吴海针译，上海人民出版社 1992 年版，第 40 页。

解：费尔巴哈实现了"使德国古典哲学终结"、把黑格尔这个总结了全部哲学史的"最后一个哲学家""颠倒过来"的壮举。他指出，费尔巴哈完成这一壮举凭借着把人与自然与感性生活（同时有感官方面的物质性、感受性和感官方面的内在主体性）放在一起，看成"一个"东西，为了"希望"达到一种不可能的哲学连贯性而采取的实际上的理论非连贯性。摆脱那种它肯定仍然是其反抗者即囚徒的哲学意识形态。事实上，《基督教的本质》一书的出版所产生的令人困惑的影响（对马克思、对尼采、对现象学、对某种现代神学、甚至对晚出的诠释学的影响），就足以说明把人、自然、感性生活看成"一个"东西是一种令人震惊的"理论赌博"。阿尔都塞发现，就是这种不可能的统一，使费尔巴哈能够"解决"德国唯心主义的重大哲学问题。而这一切"解决"的主要因素总是"人""人的属性"和"人的本质对象"（人的本质的镜像"反映"）。因此，"在费尔巴哈那里，人是一个在任何场合都少不了的唯一的、始初的和基本的概念，相当于特大型花体大写字母的康德的先验主体、本体论主体、经验主体和理念，也相当于黑格尔的理念"①。

至此，阿尔都塞得出结论，费尔巴哈终于只是在接受了德国唯心主义所提出的问题，并"完全只是在尊重它的问题的情况下在口头上取消它的答案"。据阿尔都塞说，这一切都是在"人"的范畴下进行的。他心里想，"今天人们仍要我们听这乏味的老调"，才是更糟糕的事。

无疑，阿尔都塞在这里正确地注意到：如果把人的哲学这种意识形态概念不分场合和毫无保留地作为一个理论概念去使用，潜藏着巨大的危险。② 的确，在人自己的意识形态偏见应该统治

---

① ［法］阿图塞：《列宁和哲学》，杜章智译，台北远流出版事业股份有限公司 1990 年版，第 123—124 页。

② ［法］路易·阿尔都塞：《保卫马克思》，顾良译，杜章智校，商务印书馆 1984 年版，第 209 页。

全球这个糟糕的意义上说，人、人性的观念，是历史已经提供了的践踏他者之他性的最粗暴的方法之一。它已经在某种意识形态中扮演着一种有害的中心角色，出自奥斯维辛的阴影，对它的惊慌的阿尔都塞的过敏反应似可理解。但是，对阿尔都塞而言，反对"人的哲学"的主要理论动机是试图将由社会人主观动机所做的对历史的说明，换成去掉主观性的结构整体的考虑。可是，取消了历史人的主观性并不保证研究科学的社会学家本人就会成了没有主体的话语。这就出现了利科所谓的"知识论的陷阱"①。这里的问题的关键在于：阿尔都塞所凭藉的拉康理论决定了，当他假定《资本论》包含了真正的马克思主义哲学时，马克思和古典理论家所面临的问题，大多却是我们在意识层面上能意识到、观察到、并能够检验的现实问题。想必多数人会赞成《资本论》是把"主要概念放在事实基础上的政治经济学论文"，这一祁雅理的评论。因而，当阿尔都塞把意识层次上的深思熟虑的说明转换成无意识说明时，这种做法不但没能超越主体认识局限的问题，反而，使问题更严重了。

需要指出的是，尽管在拉康那里，竭力减低主体在意识和无意识层次上的重要性及其在人与世界的关系中起的中心作用。但拉康终究没有取消主体现实地位，将他所设想的未来新科学看成是一门以主体间性为对象的新的假设科学。"主体是永远通过自我功能才能达到他人的"②。然而，阿尔都塞从拉康的结构理论出发，使无意识的学问再也不必谈什么主体或意识。换句话说，"人"已变成没有中"心"的东西，这与笛卡儿等理性主义者设想的"无身"的主体，更有惊人处。

3

有了无意识理论的依据，阿尔都塞就"合法"地把《资本

---

① 阎啸平：《马克思理论的诠释——阿弘和阿都塞的对话》，台北桂冠图书股份有限公司1990年版，第64页。

② ［法］拉康：《拉康选集》，褚孝泉译，上海三联书店2001年版，第9页。

论》的最大成就"对症解读"为把资本主义理解为"没有主体的过程"。他认为，这是一项可以"跟哥白尼革命大变动相比"的成就。"因为有哥白尼，我们才知道地球不是世界的'中心'，因为有马克思，我们才知道人的主体、经济、政治或哲学的自我不是历史的'中心'——而且，甚至和启蒙时期的哲学与黑格尔说的相反，历史没有'中心'，只有一种结构，它没有必然的'中心'，除非在意识形态的误解当中。"[1]

当阿尔都塞对马克思作如上喻说时，其中已经包含着对马克思革新西方哲学传统的赞美。但这种对马克思的喻说，是以自己的哲学框框为基础的。这是误读的，这究竟是因为他把马克思的革命终究仅看成是认识论维度上的，而不是存在论维度上的（对此论证，不属当下的主要意图，略作提及）。说马克思在认识论、政治经济学层次上的发现可与弗洛伊德精神分析的发现相媲美。因为，弗洛伊德的研究也看出了"现实的主体"或"有其独特本质的个人"并没有自我的形态，也没有以"自我""意识"或"存在"为中心的——不论这是自为的存在、身体本身的存在，或者是"行为"的存在——人的主体是没有中心的……除非在对"自我"的虚构的错误认识中，即在包含有"自我'认识'自己的意识形态"[2] 结构中。

阿尔都塞以为，马克思在建立《资本论》对象的同时，彻底抛弃了人道主义的论题。认识到这一点是至关重要的，因为"生产的社会关系在任何意义上都不能还原为简单的人与人之间的关系，不能还原为仅仅涉及人的关系，因而不能还原为一个普遍模式，即主体间的相互关系的各种转化形式（承认、威望、斗争、统治和奴役等等）"[3] 因此，他要求我们相信，马克思分

---

[1] [法]阿图塞：《列宁和哲学》，杜章智译，台北远流出版事业股份有限公司1990年版，第233—234页。

[2] 同上书，第234页。

[3] [法]路易·阿尔都塞、艾蒂安·巴里巴尔：《读〈资本论〉》，李其庆、冯文光译，中央编译出版社2001年版，第202页。

析社会时所着眼的生产关系,就不是单独的人而是生产过程的当事人和生产过程的物质条件的特殊的"结合"。这样,马克思分析社会时,就把人概念化为他们身处其中的社会结构关系的"承担者",从而抛开了古典政治经济学固有的理论结构,即"把既定现象的同质空间与那种把它的空间的各现象的经济性质建立在人即有需要的主体(经济人的既定存在)基础上",并以此出发去解释社会发展的意识形态人本学的理论结构。

阿尔都塞在此所指认出来的马克思的思维方式是:包含基本理论中的祛除人的价值因素。这听起来并不唐突,因为,对他来说,马克思哲学之所以是科学,也是将认识看成"生产活动",是种"理论实践","马克思主义哲学是一种理论实践的理论"①。说穿了,马克思主义哲学无非就是阿尔都塞心目中的"概念哲学"或认识所构造的"理论"。而理论是不能还原为实践(包含着人的价值因素的具体活动)的,否则就会改变马克思主义的整体结构。

但是,那些谈论主体的意识形态者,通常不能认识这一点所达到的阿尔都塞的水平。因此,阿尔都塞不得不承认:由于人们只看到历史的"剧中人"和"剧作者"的统一这一"毫无疑问的事实",因而,把"生产关系"还原成简单的"人的关系",至少在表面上提供了最大的理论优越性:历史自始至终不是一种"人的"现象吗?马克思在引用维科的话时,不是也说过人可以认识历史,因为人"创造"了整个历史吗?我们在《德意志意识形态》中不是到处都可以看到关于"足踏在地上的现实的人""具体的个体"是历史的真正主体的论述吗?《关于费尔巴哈的提纲》不是宣布对象性本身就是作为人的这些主体的"感性实践"活动的结果吗?② 阿尔都塞作了一连串的设问后,认为它很

---

① [法]路易·阿尔都塞、艾蒂安·巴里巴尔:《读〈资本论〉》,李其庆、冯文光译,中央编译出版社2001年版,第159—160页。

② 同上。

容易反戈一击，因为几乎没有人会否认"一个全新的理论思想生长的必不可少的条件，而这种思想的成熟、界定和发展是需要一定时间的"。更何况，马克思青年时期的《提纲》中"几个短短的命题"，或者《形态》的"否定的论述"，这能算是"整个马克思的哲学"吗？[①]

至此，如果我的理解是正确的话，那么阿尔都塞的理论成立全部依赖于他的"独特"的马克思解读法，这包括了"症候解读""回顾式解读"等"独创"的解读法，也包括了诸如"不在的在"、"看不见的看得见""认识论的断裂"等法国式"别致"的术语。

正是凭藉这些"玄妙"的解读法，他可以方便地赞成一种观点，而反对另一种观点，他就可以把根据"人的本质"理论来阅读马克思说成是"使马克思倒退到在他之前的、产生于19世纪的意识形态潮流中去"[②]。这种"向童年期的退化"，犯的是"理论幼稚病"。事实上，正是成年的马克思，确切地说，阿尔都塞的马克思找到原文深处的无意识结构，才可想见历史这个无意识的黑匣子中并无"主体"。因此，阿尔都塞做出诊断说，诉诸人的意识和意愿，把《资本论》归结为伦理学（人学）的构想只是"一种儿戏"。正是强烈的拒斥意识形态人本学的意向，阿尔都塞抛弃了"人"的概念。他说，"从科学的角度看，人这个概念是不能用的，这并非因为它的抽象"，相反"'人'这个词的'明确性''透明性'（这里指尘世间有血有肉之躯的人）、它的表面上的平淡无奇是最危险的陷阱"。尽管，你可以像费尔巴哈那样，不断地反复说："具体！具体！实在！实在！"你仍可能永远停留在原来的意识形态边界线上，"用意识形态的语言来写反对意识形态的话，这在费尔巴哈的著作中是十分突出

[①] ［法］路易·阿尔都塞、艾蒂安·巴里巴尔：《读〈资本论〉》，李其庆、冯文光译，中央编译出版社2001年版，第24页。

[②] 同上书，第160页。

的"。在这样的理解中,阿尔都塞及他的学生巴里巴尔都深信,"'人'的概念成了论述滑向哲学的或庸俗的意识形态领域的真正的起点"①。因此,认识论的任务是防止"人"的概念,僭越地使用于"科学"的领域。我们读到:就一篇声称是科学的论文的作者"作为一种'主体'是完全不存在于'他的'科学言说里(因为一切科学的言说定义上是一种没有主体的言说),除非在科学的意识形态里头,否则没有'科学的主体'这个问题"②。

如果我们正沉浸在阿尔都塞的作品带来的联想中,那么阿尔都塞是一个"人"的事实,很可能是可以忽略的。因为对阿尔都塞来说,写作应该成为超越意识形态偏见的理想活动。以至于,就像罗兰·巴尔特敢于承认的那样,任何人在说和写的过程中,都会变成一只塞满文字的"硕大空信封"③。

可是,很多人都难以想象,没有"作者"的文本会是什么样子。对阿尔都塞来说,事情本身却并没有什么可大惊小怪的。历史"科学的无主体性"就是历史唯物主义的主导观念。同舞台给我们的启示一样,本身是历史的导演的生产关系,难以使"剧中人"与"剧作者"合而为一。只是阿尔都塞谈到,马克思在这方面的理论成就,还有应该归功于黑格尔的地方。在《1844年经济学哲学手稿》中,"马克思往费尔巴哈的关于人的本质异化的理论中加进了黑格尔的东西,即历史异化过程的思想",这种异质概念的结合使马克思所主张的"历史是主体的异化过程的历史"的论点,站不住脚。因为,对阿尔都塞来说,

---

① [法]路易·阿尔都塞、艾蒂安·巴里巴尔:《读〈资本论〉》,李其庆、冯文光译,中央编译出版社2001年版,第251页。[法]路易·阿尔都塞:《保卫马克思》,顾良译,杜章智校,商务印书馆1984年版,第214页。

② [法]阿图塞:《列宁和哲学》,杜章智译,台北远流出版事业股份有限公司1990年版,第145页。

③ [英]约翰·斯特罗克编:《结构主义以来:从列维-斯特劳斯到德里达》,渠东、李康、李猛译,辽宁教育出版社、牛津大学出版社1998年,第80页。

马克思也会和他一样，赞同伊波利特明确的证明：黑格尔的历史概念是精神，这是以逻辑"开端"，经过自然界并以精神结束的异化过程的最后一个环节，精神就是能够以"历史"形式表现出来的东西。"黑格尔的历史概念与任何人本学绝对没有关系"。

因此，黑格尔的历史概念"引爆"了青年马克思《手稿》中的前述论点，这个论点"爆炸"的结果是"主体、人的本质和异化等概念完全消失，化为乌有，没有主体的过程这一概念得到解放，成为《资本论》中一切分析的基础"。在阿尔都塞看来，重要的是还要看到，对"历史是没有主体的过程"这一命题的合乎黑格尔的理解是："黑格尔认为辩证法绝不是历史的所特有的，这就是说，历史并不在它自身的任何地方，在任何主体中包含着它自己的起源。……在历史中起作用的辩证法不是任何主体的作用，无论这主体是绝对的（神）还是仅仅是人类的，历史的起源总是已经被推到了历史以前，因此历史既没有哲学上的起源，也没有哲学上的主体。那么在这里对我们重要的是，在黑格尔看来，自然界本身并不是它自己的起源；这本身是一个不从它开始的异化过程的结果，这个过程的起源在一个别的地方，即在逻辑中"。所以，"马克思主义的传统回到自然辩证法的命题上来是完全对的"①。

这里实际上已涉及马克思与黑格尔的关系，以及阿尔都塞与像青年卢卡奇等"耻于"谈自然辩证法的人的理论对立问题。对此，学界已多有论及。在当下的语境中，我想提及阿尔都塞和卢卡奇围绕马克思与黑格尔的关系问题时，前者抓住的是黑格尔宇宙论色彩的精神本体论的历史概念，突出的是过程，后者讲的是黑格尔的人类学的历史概念，彰显的是人的活动。可以这样

---

① ［法］阿图塞：《列宁和哲学》，杜章智译，台北远流出版事业股份有限公司1990年版，第145—146页。

说，上引那段话，阿尔都塞多半是对卢卡奇讲的。①

总的看来，阿尔都塞对马克思的诠释逻辑上决不相容，这种不相容的总根源除了以上所指认出来的以外，还在于：他一会儿声称《资本论》包含了马克思主义哲学，通过对《资本论》的哲学阅读，可以把马克思主义哲学即辩证唯物主义提炼出来（1965）；一会儿又说马克思主义的哲学不可能由马克思本人写出来，恩格斯、列宁都不可能写出马克思主义所缺少的伟大著作（1968）。我想，这些论点很难放在一起思考。阿尔都塞自然会说：我原本没有将它们放在一起思考。不过，可以设想，他如果不用这样的说辞，那么，他的结构主义马克思主义又置身于何处呢？此外，在《读〈资本论〉》中，阿尔都塞一边明显用黑格尔的方法，来谈他对马克思的历史概念的理解，一边又以马克思结构说，来切断和黑格尔原有的关联。想必，这一回阿尔都塞又是凭借梦呓（别无他途）般所提供的语言材料，直接通向无意识深处。不过，他对以青年马克思为依据的人本学的批判，还是对中国当下经济社会发展会有某种启迪，这就是早就有人提出的问题：今天的中国更需要人的主体性？还是更需要在科学理性基础上对人的重新关注？

四　人的社会性的通道

马克思曾经在面对施蒂纳的虚无主义理论时，做了件很有名的事情，他把他者带给了哲学。对于勒维纳斯而言，马克思自己仍然也得面对他自己的他者：那些忘记了穷人的人，顽固坚持言说的资产者。我们发现，勒维纳斯试图开辟一条通往"绝对的他者"的言路而引马克思为同道，在此所包含的意味，可通过与海德格尔、黑格尔等人的言说间的相互阐释、相互溢出中去体

---

① 张西平：《历史哲学的重建——卢卡奇与当代西方社会思潮》，生活·读书·新知三联书店1997年版，第337—342页。

会。事关重要的是，作为马克思哲学起点的"博士论文"并非完全是黑格尔式的，马克思肯定了伊壁鸠鲁所提出的"感性原则"，远离了从"大全"上来考察他人问题的黑格尔思想姿态。

马克思哲学重视人的社会性，这是谁也无法否认的。摆在我们面前的问题是：马克思哲学是从哪里切入人的社会性？按照勒维纳斯的理解，马克思哲学有一个途径，即对于"他者"问题的强调，使其开辟了一条通往重视人的社会性的言路。对于勒维纳斯来说，西方哲学传统就是一种存在论，自从苏格拉底以后它就受制于某种大写的理性，而这种理性只接受它所自给的。在这个意义上，存在论一开始就只是一种"同语反复"（"同一"形而上学）和一种"自我学说"，存在论只是听凭其将他者"中性化"乃至消除①。他断然认定，欲寻求存在论出路就在于社会的、伦理的实践，而这恰恰就是马克思哲学的原初地平。在马克思的哲学使命——"改造世界"的昭告中，"我们发现一种伦理良知，它克服了把真理与一种理想的可理解性在存在论上相等同的做法，而是要求把理论转变为一种关心他人的具体实践。"② 在这样一种对马克思的阅读中，勒维纳斯非常鲜明地规定了"他者"在马克思哲学中的核心地位，而"彻底意义上的他者，就是他人"③，他人是他者本身和他者中那最无法还原的他性。

就勒维纳斯的任务来说，他是要把他人从"同一"形而上学或存在论的暴力中解放出来，寻求提出一些只在与他人的关系中才有意义的概念，用以对抗源自亚里士多德以来的整个传统的那种概念，去摆脱"大写的同一"与"大写的一""这种压制性

---

① ［法］雅克·德里达：《书写与差异》，张宁译，生活·读书·新知三联书店 2001 年版，第 164 页。

② Richard A. Cohen, *Face to Face With Levinas*, New York：State University of Newyork Press, 1986, p33.

③ ［法］艾玛纽埃尔·勒维纳斯：《上帝·死亡和时间》，余中先译，生活·读书·新知三联书店 1997 年版，第 292 页。

的希腊统治"①。也是在这种深层意义上,勒维纳斯引马克思为同道,按照他的说法,"它(马克思哲学)认真地对待他人"② 这是勒维纳斯对另一位哲学家所做的并不多见的评论,因为,从勒维纳斯的现象学来看,以往的哲学几乎都使"他人"站在黑暗之中。例如,胡塞尔思想中价值意向性虽然相当重要,他曾研究过伦理问题,并曾就停留于表象的、与他人的关系展开过研究,但是胡塞尔的思想搜索着或盘桓着摆脱了"同一"的"他者"有可能隐藏的所有的地平线,按勒维纳斯的见解来衡量,"认识对象被认识主体所吸收"的模式总是左右着胡塞尔的现象学认识论。在海德格尔的学说中也是一样,他以时间为视野,通过理解"此在"所构成的存在意义来理解一般意义上的存在。在此过程中,所谓与他人的关系还原成"我"对他人的理解。正因为如此,海德格尔虽然不安于在场与存在的同一化,但是,在他那里,同一依然是"理性的、合法的"③,这是勒维纳斯本人的说法。他认为,海德格尔仍然会"以某种古希腊—柏拉图传统的名义并且就从该传统内部质问并还原那种晢视专制主义,而这种传统是受到观看要求和光之隐喻监视的"。也就是说受到主客体对立所赖以生存的内与外这一空间性对子的监视。④ 此外,当问题涉及作为此在的在世结构之存在论机制的"时间"时,海德格尔从未来的绽出出发来设想的时间,存在着一个基本的冲突,即被抛掷的过去的"曾在"与筹划的将来的"能在"之间的更张而绽出到时的"此在"的生存性。就像爆发的火山,

---

① [法]雅克·德里达:《书写与差异》,张宁译,生活·读书·新知三联书店 2001 年版,第 135 页。

② E. Levinas, *Entre Nous: On Thinking – of – the – other*, New York: Columbia University Press, 1988, p.120.

③ [法]艾玛纽埃尔·勒维纳斯:《上帝·死亡和时间》,余中先译,生活·读书·新知三联书店 1997 年版,第 155 页。

④ [法]雅克·德里达:《书写与差异》,张宁译,生活·读书·新知三联书店 2001 年版,第 147 页。

从直观上看，仿佛"曾在"和"将在"皆拢集此（在）。正因为如此，源于"观看的幼稚"，流俗时间的横向陆续出现立即呈现出并排置列的样子，"就像已出而世界化的岩浆掩盖了时间的纵向绽出。海德格尔要使这种纵向绽出的时间现象出来"①。我们感觉到，海德格尔的时间观很难在某种完全受控于"内在性—外在性"结构的传统逻各斯基础中找到它的表达。因此，勒维纳斯指出，"海德格尔的时间性不必成为知识，它是一种神出体外，是'脱离自我的状态'。它不是对理论的超越，而已经就是一种朝向外在性的对内在性的脱离。"②

在这里，一经勒维纳斯揭露，海德格尔恐怕难以征服已经被表现为"光"之特征的那种"内—外"结构所规定了的那个点上去松动这个结构，甚至海德格尔的那种"共在"（Mitsein）结构也被勒维纳斯解释成"某种柏拉图模式的遗产及对光的世界的隶属"③。在这里，撇开最低限度内可指认出勒维纳斯攻击海德格尔的不公正性这一问题，我们起码可以说，勒维纳斯的说法又应验了怀特海的断言：哲学家一直在对柏拉图进行注释。根据德里达扼要的表述，"这并非意味着西方主义或历史主义。那只是因为哲学的基础性概念首先是希腊的，而离开它的元素去进行哲学表述和谈论哲学大概是不可能的。"④ 如果说这一概括是正确的，它肯定适用于马克思、海德格尔，也适用于勒维纳斯，他们力争走出柏拉图漆黑的烟雾缭绕的洞穴，走进他者纯净而有启发性观点的世界。与勒维纳斯要以他者为目标的"第一哲学"—伦理学同样重要的是，我们必须向海德格尔那样过问存在问题，当海德格尔要求我们深入思考"单独动词形'ist'

---

① 张志扬：《语言空间——张志扬学术自选集》，福建教育出版社 2000 年版，第 145 页。
② ［法］雅克·德里达：《书写与差异》，张宁译，生活·读书·新知三联书店 2001 年版，第 148 页。
③ 同上。
④ 同上书，第 132 页。

(是）直说式现在单数第三人称"的"优先地位"① 时，尤其如此。这意味着肯定"存在"不是最初的绝对不可还原的所指，它的根扎在语言系统和由历史决定的"意义"中，而"西方形而上学把存在的意义限于在场领域，它成了语言形式的霸权"②。这种霸权就是"形而上学的以太"，是被形而上学语言所控制的我们的思想要素，而这种在场则是"自我"在场中作为意义的意识，从而必然把问题推向极端，而消除"他者"。由此可以看出德里达把尼采、海德格尔置于以"延异"为主轴的哲学名下，他是以多么严肃的态度将在场形而上学和同一形而上学看作敌人，因此他与马克思主义的相逢并不是完全不可思议的事情。德里达以颠覆传统哲学的二元对立为契入解构主义的第一个步骤，诸如言语与文字、本原与补充、自然与文化、男性与女性、意识与无意识等二元对立等级秩序的颠覆。在我们看来，便带有强迫的，甚至是强制的迫切触及了"他者"问题，人们所谓的"黑格尔—马克思—德里达"传统，其意就是说马克思和德里达都属于黑格尔的辩证法传统。当然，凡只局限于在一个意义上谈黑格尔的哲学，就容易滑脱掉黑格尔的精神现象学中所表述的"异化"—"否定性辩证法"，及其内中包含着的深刻的"自我"与"他者"的关系。

我们不必要讨论黑格尔是站在从"我"（或"自我"）（通过我思被理解的）到他人的单向关系的基础上，还是站在他定义为"一个在另一个的自我把握"的相互关系的基础上，讨论"自我"与"他人"的关系问题，黑格尔有名的"主奴"关系对很多人包括德里达和马克思的影响是非常深刻的，这一事实无须经由它的细节来赢得揭示，只要指出奴隶是主人的真理就够

---

① ［德］海德格尔：《形而上学导论》，熊伟、王庆节译，商务印书馆1996年版，第92页。
② ［法］雅克·德里达：《论文字学》，汪堂家译，上海译文出版社1990年版，第30页。

了。我们几乎可以简单地和德里达一道说黑格尔著作所蕴涵的巨大的革命意义就在于"对否定的严肃对待"①。在某种意义上，黑格尔"在《精神现象学》中变成了上帝的奴仆，获得了解放的那个奴隶、那个劳动者"②，就是一个彻底的存在论意义上的"他人"。在这一点上，勒维纳斯与黑格尔的对话是可能的。可是，我们对这种说法也不必多加肯定，因为，在这同一问题领域内，马克思哲学的起点——《博士论文》——并非完全是黑格尔式的，《博士论文》所涉及的并不仅仅是强调自我意识哲学或者突出自由问题。其实被传统哲学粗暴抹去的"他者问题"始终在博士论文中保持了某种抗拒/揭蔽之间的关系。

初看起来，马克思的博士论文旨在探讨德谟克利特和伊壁鸠鲁在自然哲学中的差别，但是他的分析没有停留在简单的比较上，而是深刻揭示了这种差别所具有的哲学和社会实践意义。他引用伊壁鸠鲁的思想之后，着重指出，"原子脱离直线而偏斜不是特殊的、偶然出现在伊壁鸠鲁物理学中的规定，相反，偏斜所表现的规律贯穿于整个伊壁鸠鲁哲学，因此，不言而喻，这一规律出现时的规定性，取决于它被应用的范围。"③ 换言之，伊壁鸠鲁的原子偏斜说不能仅仅狭隘地被视为自然哲学，它的应用还有社会的、政治的意义：在政治领域里，那就是"契约"，在社会领域里，那就是"友谊"。这些都体现了原子不单单是孤立的，其现实的存在一定是受其他原子规定的。

现在具体地来考察一下马克思从原子偏斜说中直接得到的结论。"这种结论表明，原子否定一切这样的运动和关系，在这些运动和关系中原子作为一个特殊的定在为另一定在所规定"，而"与原子发生关系的定在不是什么别的东西"，"也同样是一个原子，

---

① ［法］雅克·德里达：《书写与差异》，张宁译，生活·读书·新知三联书店2001年版，第466页。

② 同上书，第472页。

③ ［德］列奥·施特劳斯：《霍布斯的政治哲学》，申彤译，译林出版社2001年版，第147页。

并且由于原子本身是直接地被规定的，所以就是众多的原子"。①根据马克思对伊壁鸠鲁哲学的这一二度诠释，伊壁鸠鲁意义上的原子，在现实性上，只有与众多其他原子发生碰撞，才是一个真正的、现实的原子，这与近代孤立的原子论截然不同。同样，它也溢出了黑格尔包揽进去的那个惟一有效的立场。黑格尔在谈到"自我"向自由迈进而未达到"理性"阶段之前，所涉及的斯多葛派、怀疑论和苦恼意识时，由于承认"自我"一心只想自己的独立自由，因而抹煞客观现实，只是通过消极地否定他物以求自我实现。马克思肯定了伊壁鸠鲁所提出的"感性原则"，而正面强调原子与其他原子的积极关系，以此肯定现实的自由。正如马克思说"直接存在的个别性，只有当它同他物发生关系"，并且"这个他物就是它本身"——"即使这个他物是以直接存在的形式同它相对立"——时，"才按照它的概念得到实现"一样，"一个人，只有当他与之发生关系的他物不是一个不同于他的存在，相反，这个他物本身即使还不是精神，也是一个个别的人时，这个人才不再是自然的产物"②，他才是作为现实的人、社会中的人。这样一种说法在自由主义的个人主义（原子主义）看来无论如何都是毫无道理的。很明显，对马克思来说，一个人与他人的交往关系，是人停止其为自然个体的前提，而彻头彻尾的个人主义（原子主义）者决不会赋予个体比安排肉体生命的权利更多的东西。在此，我们看到马克思与历史上一切关于人的陈词旧说赖以划界的准线在于：要使人成其为人，就必须在其自身中"打破他的相对的定在，即欲望的力量和纯粹自然的力量。"马克思赞扬伊壁鸠鲁用他那偏离直线运动的原子的重锤给德谟克利特僵硬的自然界锲入了生命和活力，恢复了人的能动性和自由，因而，他是

---

① ［德］黑格尔：《哲学史讲演录》第四卷，贺麟、王太庆译，商务印书馆1978年版，第154页。

② ［德］黑格尔：《法哲学原理》，范扬、张企泰译，商务印书馆1961年版，第322页。

"在感性形式中","最先理解了排斥的本质"①。

在马克思看来,"排斥是自我意识的最初形式"。这种'排斥"意味着什么?马克思说:"在排斥中,原子概念实现了,按这个概念来看,原子是抽象的形式,但是其对立面同样也实现了,按其对立面来看,原子就是抽象的物质;因为那原子与之发生关系的东西虽然是原子,但是一些别的原子"。可见,所谓"排斥",即是与"他物(者)"的关系,在现实性上,原子之所以成其为原子,就在于"在原子的排斥中,表现在直线下落中的原子的物质性和表现在偏斜中的原子的形式规定,都综合地结合起来了"②。出于同样的理由,马克思并没有使他的人的概念依赖于这样的假定,即人的自然中具有排斥他性的原初倾向。在他看来,人被赋予相互分离或聚合,都是出于人的社会存在的规定,即在现实性上,在与"他者"的关系上,人的物质规定性和人的自由之形式规定性的统一。毫无疑问,马克思这种对于"他者"本身的论题化一直保留在随后他自己的哲学发展中,并且以回归生活世界的思想姿态而远离黑格尔,在某种恐怕还需理清的意义上,马克思在"他者"问题上对于现代哲学的影响绝不仅仅止于马克思对于人的社会关系的理解,我们有必要从深处浮现马克思哲学的"他者"和现代哲学所说的"他者"之不同。对此,容待别处探讨。

五 "此在"与沉思之思

在西方众多哲学家中,海德格尔存在思想的起点,与传统形而上学根本不同,他是把人(此在)的生存(日常生活)中最明显,却同时是最晦蔽的情绪领悟作为分析起点的,并运用现象

---

① [德]黑格尔:《哲学史讲演录》第四卷,贺麟、王太庆译,商务印书馆1978年版,第150页。

② [德]列奥·施特劳斯:《霍布斯的政治哲学》,申彤译,译林出版社2001年版,第147页。

学原理，从此在"本己的可能性"来理解自身，毫无疑问，这在海德格尔看来，是对人的一种更原初的、更真实的把握。

当我们领略20世纪西方思想景观中具有显突地位的海德格尔的思想时，除了从陌生到熟悉外，我们能否学会与他贴近，能否与他立足于同一思想的地平线，观看相同的景致？这通常是不容易的，因为生于"人生之心情情调"[①] 的海德格尔哲学"连他的崇拜者也承认，追随他的为数众多的学生中，几乎无人真正理解他的思想"。[②] 海德格尔自己也曾在致麦·考默芮尔的信中写道："每一篇对我的哲学的陈述必致不幸。"[③] 不过，这并没有堵塞我们与伟大思想者打交道的路径，海德格尔说："一种正当的解释对本文的理解决不会比本文作者对本文的理解更好些，而倒是不同的理解。不过，这种不同必定是这样的，即，它切中了被解释文本所思考的同一东西。"[④] 因此，面对海德格尔，我们所遇到的问题是：在我们不放弃从事理解的努力时，如何获得一种对海德格尔思想领悟的可能的切入点或境域。当我们读到海德格尔"此在的如此在是都根本不同，它是出窍状态的居于存在的近处"这类语句时，总觉得海德格尔在这里，试图寻求述说内容的最恰当的方式。我们相信，这之中的精要就在于"此在"这一生存论概念，而恰当地把握"此在"的思维方式，是"此在"这一生存论概念表达的"操作性基础"，也是切近海德格尔思想的门径，以下试围绕这一判断作一些思考。

1

阿兰·布托在论述海德格尔思想的主题时说："在海德格尔

---

① ［德］吕迪格尔·萨弗兰斯基：《海德格尔传》，靳希平译，商务印书馆1999年版，第7页。

② 同上书，第286页。

③ ［德］海德格尔：《存在与时间》，陈嘉映、王庆节译，生活·读书·新知三联书店1999年版，第1页。

④ ［德］海德格尔：《海德格尔选集》下卷，孙周兴选编，生活·读书·新知三联书店1996年版，第767—768页。

最为普通的表达中，不断地萦绕着他的问题是下述的问题：何谓存在的意义？或存在意味着什么？该问题赋予了海德格尔著作的基本统一体。"① W. 考夫曼等人也持与此相类似的观点②，与此种观点稍有不同的是，有人对海德格尔早期和后期思想作了仔细的区分③，但把海德格尔对于人的存在的分析附属于对"存在的问题"的探究，则遮蔽了海德格尔以分析此在的生存状态为其内容而创立"基础本体论"的初衷。可以说，海德格尔的激情所在就在于不断地提出关于存在的意义问题，这个问题的意义无非是把现代已受威胁，以至于行将消失的人生意义重新赋予人生而已。

我们说，关于存在的意义（不是关于表达的意义）问题，是一个自人类之初直到今天，一直不断困扰着人类思考的问题。西方哲学史上肇始于苏格拉底并源远流长的目的论与机械论的对立，实质就是试图解答存在的问题。然而，海德格尔居然声称，对存在问题意义的领悟根本就不曾有过。他用了很大精力探讨了遗忘"存在"的形而上学在古希腊的发生。依他看来，固执于存在者，把存在者作为存在来研究，是哲学的、也即遗忘"存在"的形而上学历史的开始，这始于柏拉图，所有欧洲的哲学家都拿他来认明自己，不能与这一典范人物相认同的哲学家，就不属于这一文明。但是，人们不要忘记存在和存在者是不同的，存在者是已经存在且已显现出来的东西。存在者是"存在"的显现，这个存在就是作为最一般的存在，它不是有具体所指的，因而是不确定的。存在者则表示指称对象如它所是的那样处于某种状态，此时那不确定的存在就像一种稳定的对象那样被确定了

---

① [法] 阿兰·布托：《海德格尔》，吕一民译，商务印书馆1996年版，第18页。

② [美] W. 考夫曼：《存在主义》，陈鼓应等译，商务印书馆1995年版，第334页。

③ [德] 海德格尔：《海德格尔选集》上卷，孙周兴选编，生活·读书·新知三联书店1996年版，第3—13页。

下来。所以，存在与它的显现者虽然不同，但是，毕竟是内在联系的。要使存在者能够存在，就要"揭示存在"，开启存在所遮蔽的东西，而这只有特殊的存在者，人的存在（Dasein，"此在"）才能担当此任。因为，"此在"这个存在者与众不同之处在于："对存在的领悟本身就是此在的存在规定……它存在论地存在。"① 我们注意到，海德格尔用"Dasein"这一词来表达"人"这一词所具有的丰富含义。"Da"在德文中有"这""那""当……的时候""因为"等几个意思，表示接近、重视、关切。"此在"作为一种最接近的译法，就是"念念不忘存在"，它与"存在遗忘"针锋相对，因而，"Dasein"既可指念念不忘的存在，也可指念念不忘存在的人。②

可见，海德格尔声讨遗忘"存在"的西方形而上学的历史，是想达到某种特殊的目的，他在成功地制造了一阵紧张气氛后，提出了他的论题：人们并不清楚，在什么意义上让人作为"存在着的"实存（Seiend）而存在。这一点在关于人的研究中表现得很清楚。从做法上看，似乎可以像对待世界中的其他现成的对象那样来对待人，可以以此获得关于人的整体概观。然而，人并不仅仅是现成存在着的，而是生成着的，人的定义就是不让最终被定义。因此，对人的本质的"最日常的表现的探讨"，"一般说来应当如何着手，这远不是什么自明的事"。③ 海德格尔在这里，把人作为充满了各种可能性的存在（"可能—是"），并作为加强性问题提出，其根本的想法是：我们应该如何思考人，才能使人们注意到，人们在此思考时已经处于问题的内部了。而不是像生物学、社会学、伦理学那样只是从外部、从对象化方面，对

---

① ［德］海德格尔：《存在与时间》，陈嘉映、王庆节译，生活·读书·新知三联书店1999年版，第16页。
② 湖北大学哲学研究所《德国哲学》编委会：《德国哲学论文集》第16期，北京大学出版社1997年版，第27页。
③ ［德］海德格尔：《海德格尔选集》上卷，孙周兴选编，生活·读书·新知三联书店1996年版，第110页。

人加以描画。现象学的原则是，让应该被研究的东西有"显现"自己的机会。海德格尔正是以此原则为基础去研究人生此在的。海德格尔说，当我们想把握某一存在者的"存在意义"的时候，我们必须进入到它的"运作意义"之中去。只有在这种运作意义中，存在的意义才可能显现出来。由此，海德格尔说："作为存在者的具体的人从来也不曾是'世界中的实在的事实'，因为它从来不是'实物性'，而是一种现实的生存。"① 生存不仅"在（ist）"，而且它还维护着它的"此（Da）"。所以，叶秀山先生说："在理解海氏思想方面……与其重视－Sein，不如重视Da－。"正是这Da－意味着"活的东西"，意味着活的思想、感情，活的历史、文化，活的史、诗。Dasein就是"活的人的存在"，就是"是活人"②。只有这样的理解才可能"对现实生活的基本运动性进行清晰地把握"。

2

当海德格尔想把"存在"这个词中"事实的现成的存在"这一含义剔除出去时，"此在"的运作意义上的存在，就是在时间中操着心的担着惊的从事筹划的现实生活。显然，在对"此在"的这一描述中，海德格尔承接了叔本华的个体性原则以及克尔凯郭尔的孤独的"那个个人"，海德格尔说，"此在"，"总是我的存在"，"我注意到我存在"。"此在"的种种生存方式总是具有"我"的性质，"Dasein"就是"这个是""本是"，是"自我"，是每个"我"③。海德格尔在《存在与时间》中，也明言他的立场是生存论唯我论，然而，在海德格尔那里，"自我"

---

① ［德］海德格尔：《海德格尔选集》上卷，孙周兴选编，生活·读书·新知三联书店1996年版，第79页。

② 叶秀山：《无尽的学与思——叶秀山哲学论文集》，云南大学出版社1995年版，第6页。

③ 汝信等主编：《西方著名哲学家评传》续编下卷，山东人民出版社1987年版，第164页。

的存在不能理解为手头实存性的所谓对象，而应理解为"对实存的时间性规定过程中的视界性"。① 以此消解传统主体形而上学所具有的"方法论唯我论"及其主客关系模式。

摆脱了"方法论唯我论"的海德格尔，在《存在与时间》中，也将人类此在看作是最根本的层次，十分强调人类（"此在"）同自然之间的断裂，后期海德格尔又从自然出发，从人（类）之中去揭示此在的显现，海德格尔将此称之为澄明。他在对无聊和畏惧的情绪分析，也总是联系到"在世界中存在"，并不诉诸某一具体处境下的个人人生此在的现身情态。

但是，在人类与巨大整体之间——整个存在，整个精神，整个历史之间——还有另外一个区域，还有一个"之间"，在这里人具有复数的形式：许多人，相互区别的人，有着不同兴趣和利益的人。他们在生活中相遇，在这个过程中创造了被海德格尔称之为政治现实的人。在海德格尔的人生此在背景中，这个整个领域，即多数性和诸个体间的差异性的存在论意义完全消失了。剩下只有两类人生此在：本真本己的此在和非本真本己的此在，本己和常人。从海德格尔的前期和后期的文本中，"存在论的差异"是一条贯穿的红线，然而，海德格尔却从来没有想到去发展一种关于"差异的存在论"，关于"差异的存在论"意味看重个人与个人的区别。海德格尔之所以没有将现实的、具体个人的人生际遇的千差万别，纳入生存概念，并且把它看作人类生存的基础条件，这在于我们生活在这样的现实中：每个人所面对的东西，或者所处的环境都是单数的，（全）世界，（整个）实存，（整个）存在。此在最基本的原始的生存状态是"在—存在—之中"，或"存在于世之中"，正如意向与意向对象是不可分的，"存在于世之中"也是一个整体现象。在"现象上"，我既不先经验我自己，然后再经验世界，也不是相反，先经验到世界，再经验到我自己，而

---

① 湖北大学哲学研究所《德国哲学》编委会：《德国哲学论文集》第16期，北京大学出版社1997年版，第221页。

是在经验中，二者不可分割地联系在一起，它们是同时给出的。在海德格尔对"在—世界—中—存在""与—他人——起—存在"等等大量由连字符构成的术语分析中，术语与术语，丝丝相扣，关系异常得紧密。因为任何一个概念（实际上难以叫概念）性表达句都必须避免重新落入近在咫尺的主体—客体分裂的陷阱。这些连字符构连的生存论概念的深意是：把握人生此在不管你抓到它的什么"部位"，你都必须把它整体"拖"出来。把握某种个体，为的是同时把与此相关的整体连带着加以称谓。这种语气表达的复杂性实是对人生此在的综合性表现。

这样，当我们沿着海德格尔指引的路径去把握此在的存在时，我们势必处于进退维谷的思想困境：如果我们去把握此在的存在，存在便退缩了回去。因为，一切我们所能把握到的，都会变成某种实存性的东西，变成引入、分配、分解到我们的知识和价值秩序中的对象，变为可以确定标准的，可以以命令、操纵的方式进一步传承下去的对象，这样，人看自己或看诸物中之一物，没什么两样，所有的一切，我们的整个文明，都只是对存在的特定设计的表达，而不是存在。那么，要把握此在，又不让它显示为"某种东西"的话，即在运作意义上，让其自我显现的可能性在哪里？

这在海德格尔看来是完全可能的。简单地讲，海德格尔把此在的情绪作为自己思考的出发点，并一直维护着他的基本原理：情绪决定着我们在世界中的存在。海德格尔的意思是说，我们在生活中总是以某种方式有着某种情绪。情绪是一种处境，尽管我们可以进入情绪之中，但从本质上讲，情绪总是自己冒出来，总是乐于偷偷溜进来，袭击我们。"在'使一个人觉得这样或那样'的任何情绪中，我们的此在（Dasein）已向我们显露出来了。"[1] 海德格尔没有逐一去考察所有可能的情绪，而把考察集

---

[1] ［德］海德格尔：《海德格尔选集》上卷，孙周兴选编，生活·读书·新知三联书店1996年版，第116页。

中于少数几种他偏爱的情绪上。而其中的畏惧（Angst）是情绪的基础情态。只有当充满畏惧的情绪出现时，畏惧所面对的是作为世界的世界。"整体（抽象方式谈论的整体）变得不重要了"，而畏惧，这个整体才成为被活生生体验到的现实。这不是一个接近我们的现实，而是远远离开我们的现实。畏惧过程中产生的距离证明，我们并不完全属于这个世界。在畏惧中人生此在经历了世界的阴森可怕和本己本真的自由。所以畏惧可以同时是对两者的畏惧：对世界的畏惧和对自由的畏惧。显然，海德格尔是从经验上，而不是逻辑上，描述人生此在。

当人生此在经过冷酷的畏惧之火焚烧之后，海德格尔鼓励人们，到世界中忧人忧事的东西面前发现我们自己，去看一眼日常生活，海德格尔所借以使日常之事突然变得十分亲切的术语是"操心"。"操心"这个概念是《存在与时间》的中心概念。它代表着作为"存在于世界之中"的此在的基本结构，并赋予相当宽泛的涵义，它包括"筹措""设想规划""担忧照顾""估计盘算""预算假设"等意思在内，一切都是操心，"忧虑操心"是人之何以为人者。这样理解的关键是它们的时间关联。只有当一个存在自己面对自己不得不活到其中、化到其中去的开放的、不可支配的时间境域时，它才会"忧虑操心"。

海德格尔对"操心"概念的深刻描述，并不意在对平庸事实的描述，而是在操心、筹措中人们不仅是"超出"（Volaus）自己，而且还在操心、筹措中失去自己。被操心、筹措的世界把我掩盖起来，在操心、筹措中生活堵截了自己，而且将来也不会摆脱这种堵截。海德格尔最终要揭示的现实生活的特征，就是现实生活自身找不到支撑点，现实生活之本真特征就是虚无。

3

按照一般的规则，哲学是通过建立价值、维系传统、构建理论体系和思想大厦来回答问题的。但是，海德格尔的哲学却要"突破各种途径的思维，它揭露各种去设定规范与制度的知识观点，各种被人们在历史上与文化上用来充实自己的知识观点，它于是启发并迫使所有的探究，以致颠覆了一切价值的知识。"① 并昭告人们归根结底在"做"什么。对哲学作这样的界定后，海德格尔就在对传统哲学发难中，去正视传统哲学中只能偷眼窥视的东西。理性主义茫然无视的东西，正是作为现代思想家海德格尔试图寻找的东西，这就是为理性探求本原。如果理性自身是光明的话，那么在它的周身则弥漫着无穷的黑暗，这个黑暗之域是自古希腊以来"在场形而上学"从来没有看到的。海德格尔的所谓存在，也就是那个先于理性的存在，刚好就在这个黑暗之域。在此，理性遇到了边界。海德格尔的思想的非理性之"非"在于为存在获得一个比理性更为本原的把握方式，即经验。存在之所以需要通过非理性的方式去把握，是因为，它并不保持自身的同一，而是在无限的差异中生成，于是存在自身便是悖论，即它是 A 又是非 A，这是理性一定要消除的。②

起初我们可能会获得这样的印象：海德格尔很像是重复 19 世纪后期出现的、去发掘现实的现实性及其矛盾运动。在这个运动中马克思从精神背后的经济，叔本华从理性背后的意志，尼采、弗洛伊德从文化背后的本能以及达尔文从历史背后的生物进化，都涉及存在自身的矛盾问题。但是，海德格尔比这些寻根者更激进，在现代哲学中将存在的悖论形成主题，这表现在他的"存在即虚无"的命题中。存在的意义是什么？海德格尔回答：它的意义就是时间，而时间并不是充满赠品的仙岛，它不向我们提供任何东西，也不给我们指引方向。传统形而上学的"存在"是被抽掉了时间（Da），从而是与人相分离的自在存在，因而是抽象的"纯粹存在"。正因为存在被抽掉了时间，它才被形而上

---

① 《中国现象学与哲学评论——现象学的基本问题》第 1 辑，上海译文出版社 1995 年版，第 268 页。

② 彭富春：《海德格尔与现代西方哲学》，《华中师范大学学报》（人文社会科学版）1995 年第 5 期。

学一直当作是永恒的在场，并且是一切存在者的根据。当形而上学谈论存在时，存在一词所说的实际上只不过是一个最高概念。要克服形而上学，回到存在本身，必须首先回到形而上学从中抽身出来的本源时间。海德格尔对此在的时间性结构的分析就是这种寻回工作的展开：只有此在才能体验到，某种现在之所是，不久之后就不再是了，某种尚不是的东西进入其所是。人恰是存在中的一个开放点，一个活动场所。在这里，存在进入虚无，虚无转入存在。"存在不是和虚无一样的东西吗？"①

有史以来哲学第一次使人惊恐不安，强迫它退回到无居所中，由此，当海德格尔去把握存在时，感到"头晕目眩"。② 这种感觉导致了一种狭窄的理论聚焦，它可能排除的东西委实太多了。对于海德格尔来说，"我只是一个哲学家"，而哲学并不给人们带来任何"有用的生活智慧"，它也不解决"世界之谜"，严格地说，"我"连哲学家也不想当，而"只想"当一个思维者。那么，什么是思维？海德格尔为此区分了两种思维：计算性思维和沉思之思。③ 计算性思维意味着有用性的统治。当我们要求计算性思维积极活动时，就意味着对经济、政治、社会方面，完成某一实践任务中的有用性。"这样的思想仍不可缺少。"④ 所以，实践上有用性的、受到称赞的、积极投入的证据，就成了计算性思维存在的合理性的官方证明。然而，计算性思维并不是海德格尔推崇的沉思之思，即不是思索在一切存在者中起支配作用的意义（Sinn）的那种思想。对于沉思之思最先让一般人想到的是"它无补于实践的贯彻执行"，或"对于普遍的理智太'高'了。"⑤ 在此遁词中，海德格尔认为，今天人们在逃避思想。其

---

① ［德］海德格尔：《海德格尔选集》上卷，孙周兴选编，生活·读书·新知三联书店1996年版，第116页。
② 同上书，第116页。
③ 同上书，第1233页。
④ 同上书，第1232页。
⑤ 同上书，第1233页。

实，沉思之思"只需栖留于切近处而去慎思最切近的东西，即思索此时此地关系到我们每个个体的东西；所谓'此地'，就是这块故乡的土地，所谓'此时'，就是在当前的世界时刻。"①

这样，海德格尔驾轻就熟地又回到他的《存在与时间》那里去寻找"最切近的东西"。在那里他曾努力寻求此在的在世，最切近的、最原初的东西是什么？他的思想要点是：起先我们并不是按"对思维的技术性解释"去"经验"我们自己和我们的世界的。我们最先经历的是我们的"在世界中存在"。在这里最基本的是"在……中存在"。只有在这种原初性的"在……中存在"的大背景下，才可能从我们苦心筹措和连续体验中切割出一些"对象"来。"有个与客体对立的主体，存在在哪儿"，这类经验并不是最基本的经验，而是第二级抽象工作的结果。在各种抽象的范畴规定性及其相互关系的展开，已不是在人之存在基础上建立的"基础存在论"范围中，而已归属于被海德格尔超越的古典存在论视界之中。

当然，海德格尔企图用形而上学史解构的方式构建"基础存在论"，并认定阴郁和负担性的情绪是人生此在的基础性的生存体验，以此来描述人生此在生存的基本结构，这只是一种断言而已。海德格尔的思想并没有像叔本华等人的哲学那样，企图得出什么结论。对海德格尔自己而言，最具吸引力的就是提问，他一生都在向存在发问，此在对存在发问的意义无异于"采光"（Lichtung，又译作"澄明""疏明"）中坚持开放，移入采光，突出采光，使思维解脱束缚。海德格尔对此在的分析，既不肯定或否认任何传统哲学论人之特性或本质、理性或感性以及成善或为恶之能力。同时也不预设灵魂或主体、精神或心灵、自然或物质等传统哲学的主要概念。海德格尔所肯定的是我们日常生活中对存在的一种模糊不能明言但又确定的情绪及其领悟，这便是此在分析之起点，

---

① ［德］海德格尔：《海德格尔选集》上卷，孙周兴选编，生活·读书·新知三联书店1996年版，第1233—1234页。

也是一切哲学问题之起点。至于将何种"基础性情绪"作为分析的起点,也许只是出于哲学家自身的偏爱了。

六 存在论的暴力

今天,"希特勒的哲学家"一语,已然表征着存在的政治的畅想。仔细说来,胡塞尔现象学将"存在"信仰作为从属于整个内意识之内涵的东西,从而顺从了传统哲学对存在的理解,海德格尔对此在在世的生存论分析,无疑是对胡塞尔及传统的主体性哲学的消解,就此来看,海德格尔早期哲学的中心范畴,诸如"自由""死"等,因为对形而上学的绝望而容易被唯我论地歪曲。举例来说,勒维纳斯对海德格尔的误读在于,他把存在之思处理成存在概念的思维,武断地认为存在优先于存在者的暴力,仍然是传统哲学的将"他人"还原成"我"的路数。然而,在我们看来,实际上,存在之思是任何勒维纳斯意义上的他者伦理的始源,对于海德格尔存在论的公正解读,还须深入其"共在"学说,发微其对本真性共同此在的呼唤之微言大义。

在与海德格尔的长期对话中,《存在与时间》中的"此在"生存论分析,常被批评者指摘为它仍然没有砸碎"主体性"的枷锁。海德格尔所勾画的社会本体论已经明显地反映了他对主体间性或"共他人存在"问题之否定性处理。它在哈贝马斯等人的眼中,仍然只是用一种绝对性的源头,即建构性的实践生存自我,取代了胡塞尔以及康德以来的先验性精神自我而已。[1] 在此一路向上,勒维纳斯发现,海德格尔所谈论的存在仍受制于在人之中开辟先验视野的"光",在这种"光"中,"存在的统一性

---

[1] [德]哈贝马斯:《后形而上学思想》,曹卫东、付德根译,译林出版社2001年版,第40页。[德]哈贝马斯:《现代性的哲学话语》,F. 劳伦斯译,Cambridge, Mass: MIT Press, 1987年版。王庆节:《论海德格尔哲学中的社会存在论——从"谁之在"分析中的"共在"概念谈起》,《中国现象学与哲学评论》(第四辑),上海译文出版社2001年版,第25页。

将他者纳入到同一之中去"。① 因此，海德格尔式的存在论没有能力"尊重他者的存在和意义"，它仍还是一种"自我学说"，甚至是一种"利己主义学说"。② 几乎用不着惊讶，这种对海德格尔的批评背后，隐藏着的实际上是海德格尔对存在问题的精彩论述的牵引。这些批评都是从对海德格尔的文本所进行的、通常是非常隐微的解释中衍生出来的。就这种衍生所努力的方向而言，它要领会的是：海德格尔在一个与同时代哲学还有某些共同的问题关注中，如何设定哲学的重建使命，却走入歧途乃至整个计划半途而废。这样一种领会也因它很难满足回答海德格尔如何与同时代的其他思想方式，尤其是胡塞尔现象学相疏远或者脱离这一问题，而使我们重新获得一种辨析的机会。

1

海德格尔指出，胡塞尔现象学面对的事情和问题乃是"意识的主体性"。③ 这个概念意指意识自身对于意识的对方——"世界"——而言的、行构造的主体性。如果把现象学放到近代哲学主客体的隔绝的语境中来看的话，胡塞尔现象学的特别贡献当可获得领会：意识对于"世界"而言的主体性，恰恰不是那种古典思辨哲学丧失了对象性关系而固守在自身或者最终要回到自身的主体性，意识就其本性而言，就是自身超越的存在。由此，势必能像海德格尔那样看到，胡塞尔早"在《逻辑研究》中便'扭断了'主—客体的虚假问题的'脖子'，而在此之前'任何对此模式［主—客体模式］'的沉思都没有能够铲除这个模式

---

① ［法］雅克·德里达：《书写与差异》（上册），张宁译，生活·读书·新知三联书店 2001 年版，第 163 页。
② 同上书，第 164 页。
③ ［德］海德格尔：《哲学的终结和思的任务》，《海德格尔选集》下卷，孙周兴选编，第 1249 页。

的不合理性"。① 正是在这一意义上，海德格尔的此在在世这一存在建构，认同于胡塞尔现象学反传统主客体截然二分的基本立场。但是，诚然如前所述，胡塞尔现象学的这个具有"构造"作用的主体概念毕竟无法回避主体性悖论：在世界中存在并且是世界的一部分的"我"如何同时又能建构世界？不难发现，胡塞尔的先验自我"构造"，只能是"无前提地设定了主体创造性在世界中的本源地位"，② 而具有超世界的品格，胡塞尔自己在私下的谈话中也明确表示过，"上帝不过是先验自我的集体。"③ 既然如此，虽然现象学阵营内外的研究者始终认为他们自己不得不面对一个原则性的困难："如何能够通过反思而将一个原初不曾是对象的东西变成为对象，"但是，胡塞尔仍可坚持不能把一门可能的原意识（Urbewuβtrein）现象学看作是反思哲学的对立面。④ 这里所谓的原意识就是作为前对象性的意识和原本意识，在我看来，就是在反思之前就已经熟悉的无以名状的东西。胡塞尔认为一切意识本身原则上都是"匿名"的，要将它从这种匿名状态中引出来，必须经过（后）反思，而这种（后）反思本身又是匿名的，如此等等。

此时我们要特地提请注意：从胡塞尔以所谓"意识通过内知觉而拥有自身"为理论基础来看，胡塞尔的意识结构理论不同于黑格尔的意识结构理论。胡塞尔反黑格尔主义体现在：黑格尔是通过出自意识的内在本质结构的反思，而将意识从自在（不可言说）引向自为（要求言说）、引向自我意识。但是，胡

---

① ［德］海德格尔：《存在论》，载倪梁康《自识与反思——近现代西方哲学的基本问题》，商务印书馆2002年版，第369页。

② 张文喜：《对胡塞尔的自我与主体间性理论的批评与辩护》，《哲学研究》2001年第6期。

③ ［德］多瑞恩·凯恩斯：《与胡塞尔、芬克的谈话》，载陈立胜《自我与世界——以问题为中心的现象学运动研究》，广东人民出版社1999年版，第225页。

④ 倪梁康：《自识与反思——近现代西方哲学的基本问题》，商务印书馆2002年版，第410页。

塞尔所说的"反思"却只是外在的偶然的反思。这样，黑格尔认为"没有确定性"而不予正视的东西，即"具有意向性、但还没有达到反身性（反思）的'前科学'的东西，如意谓、体验、情绪等等"，① 正是胡塞尔力图强调的东西。由此，在对胡塞尔和黑格尔的自我意识结构的比较研究中可以看到：对于胡塞尔来讲，真正的自我和我们习惯于建构的自我——"说'我'者"——形成了尖锐的冲突。其原因就在于：以原意识为课题的内在感知或现象学反思的合法性是以只能对原意识做如其所是的描述，而不能像超越感知或事物感知那样进行建构性的阐释。现象学的分析的非建构性阻止从意识发展出自我意识，从而阻止对不可言说的东西的言说。从许多方面看，这决定着现象学的意识结构分析无需一个最终的自我来作为它的基础。因为，意识的进行和流动是自身意识到的。

柯拉柯夫斯基就胡塞尔现象学曾评论说，"自我只不过是一个非实在化的现象的空洞容器，或者是一个纯粹的意向运动，一个没有活动者的活动"。② 在胡塞尔的思想中，意识就像一条河流，它"自身的显现并不要求第二条河流，相反，这河流在自身之中将自己作为现象构造起来"。③ 这种解释说到底就是意识是它所显现的东西，这个哲学信念从一种全新的意义上，被胡塞尔用来超越自然的和科学的直向认识，走向一个绝对原创的知识源泉。知识除了它自己以外，没有任何预先假定。正如《圣经》宣布的上帝的名称"ani ehyeh asher ehyeh"所暗示的，"我是自有永有的"（《出埃及记》3：14）。这一说法可延伸地表述为：上帝是原本的自我。我就是我。在他面前，任何他人都是另一个，而他自己对

---

① 邓晓芒：《思辨的张力——黑格尔辩证法新探》，湖南教育出版社 1992 年版，第 189 页。

② [英]莱斯译克·柯拉柯夫斯基：《形而上学的恐怖》，唐少杰等译，生活·读书·新知三联书店 1999 年版，第 67 页。

③ 《胡塞尔全集》X，德文版，第 381 页。倪梁康：《自识与反思——近现代西方哲学的基本问题》，商务印书馆 2002 年版，第 397 页。

任何他人却都不是另一个。

对此，恐怕可以说：胡塞尔对意识结构的分析在处理他人问题时，是奠基在一个基督教神学的背景上，并且也可以与唯识论比较加以解释。① 人们由此大大地感受到了胡塞尔现象学的这个知觉论、认识论意义上的主体概念所带来的不安，这种不安很少被归因于胡塞尔本人在"纯粹自我"问题上始终处在无尽的探索、徘徊、进步、退步的过程之中，而更多地被归因于胡塞尔所表现出的、对他而言"外在于自我的真正世界"的无意识拒绝。这里的问题也在于胡塞尔所考虑的原意识的存在设定的特征："被原意识到或内部地被意识到的意识生活是被当作是存在着的。换言之，胡塞尔将'存在信仰'看作是'本质地''必然地'从属于整个内意识之内涵的东西。"② 但是，这样的"存在设定"，在海德格尔所主张的存在论意义上，根本就没有真正触及存在问题。因为，根据胡塞尔的先验现象学的意向分析，最有确然性的存在是在内在意识（Bewuβtsein）之中。因而，在胡塞尔那里，就意识中的存在而言，存在在意识之中，而海德格尔意义上的"存在"，即"最普遍的"存在是将意识和此在（Dasein）都包容在自身之中。在"意识"和"此在"这两个词中虽然都含有"存在"（Sein）这个动词，但是其中的意义却不相同。在海德格尔看来，这在根本上决定了能否接近本真的存在问题：当胡塞尔以排除一切有关外在事物存在的经验的设定，在内在的意识现象的范围内完全通过内知觉（即奥古斯丁的"内在人"③）的自明性为现象学分析的出发点去探问知识的无条件的

---

① 张庆熊：《熊十力的新唯识论和胡塞尔的现象学》，上海人民出版社1995年版。
② 《胡塞尔全集》X，德文版，第381页。倪梁康：《自识与反思——近现代西方哲学的基本问题》，商务印书馆2002年版，第398页。
③ Edo Pivcevic 曾在《胡塞尔与现象学》一书中，将现象学运动中的"他人难题"归因于现象学家们共有的出发点，即奥古斯丁的"内在人"——奥古斯丁认为真理居住在人的"心灵深处"，这个"心灵深处"就是现象学分析的起点。

开端时，恰恰顺从了传统的存在理解，只探讨了存在者的存在。胡塞尔的偏误在于以知识论方向来规定人的现象，并把首要的问题理解为"一个知识主体与周围事物的意向相关性"问题，随后的海德格尔确信，胡塞尔的这一主体概念在存在论上并非"彻底"。对于海德格尔来说，对人的思索的根本点在于"人对于存在的在先开放性"，因而，人无须问起"知识的无条件的开端"，也不必谈及意识、感觉材料、自我的实体性或自我的非实体性及其对世界实在性的先验怀疑。海德格尔说得很对，"只要此在作为其所是的东西而存在，它就总处在抛掷状态中，"①"被抛状态"这个概念表示生活中我们命运的完全任意性，又说明了人类生存的无根据性。从这一观点出发，"此在中的存在必须保证一个'外面'（Drauβen）"，它意味着"绽出的生存"，《存在与时间》对此在的生存论分析和时间性分析都明白地昭示，此在的关键在于他的出位性。此在的存在方式就是出位存在，向外存在。

需要注意的是，此在越出自身并不意味着此在原本是在"内"的，然后由"内"越向"外"。此在原本即是在世之中的，此在在其自身之存在中，通过它自身而越出了自身。这种说法并不是一个关于此在的"普遍陈述"，它所要表达的是脱尽"Dasein"这个在十八世纪出现的表示"对象"的名称意味，如果人要"再度进入存在之近处，他就必须首先学会在无名中生存（im Namenlosen Zu existiern）"，② 必须走出自己才能存在。这一点倒也让哈贝马斯有所体会，他说，"海德格尔是想把筹划世界的主体性本身当作在世界中存在，当作实际历史环境中的个别此在，而又不失去其先验的能动性。虽然先验意识在创立世界过程中具有原发性，

---

① ［德］海德格尔：《存在与时间》，陈嘉映、王庆节译，生活·读书·新知三联书店1999年版，第207页。

② ［德］海德格尔：《关于人道主义的书信》，《路标》，孙周兴译，商务印书馆2000年版，第373页。

但它还是应该把历史事实和内在世界的存在当作前提条件，"但是，哈贝马斯稍微细想一下就产生了这样的顾虑："个体的此在尽管实际上扎根于世界当中，但还保持着筹划世界的资格，即具有独自创造世界的潜能。"① 在《现代性哲学话语》一书中，哈贝马斯也表达了类似的观点，② 并且判定海德格尔的"此在"概念又坠回到"主体性哲学的窠臼"。然而，我们还应当从各个角度看得更周到一些，哈贝马斯的误解在于："如果人们把《存在与时间》中所谓的'筹划'（Entwurf）理解为一种表象性的设定，那么，人们就把它视为主体性的成就了，就没有把它思为与存在之澄明的绽出的关联。"③ 这在海德格尔看来，人们尚不通晓在《存在与时间》中，他所尝试的思想所欲通达的那个维度，亦即存在问题，由此，落入将"此在"理解为"我"，或"我作为人"。无疑，海德格尔明确承认，"此在的存在一向是我的存在"，"在规定那个用以回答谁的问题的存在者之际，实体性仍是存在论的准线（der ontologische Leitfaden）。人们虽未说出，其实先就把此在理解为现成的东西"。④ 由此可见，"形而上学是此在内心的基本现象"，"只消我们生存，我们就总是已经处于形而上学中的"。⑤ 无疑，海德格尔在这一层面上是意识到自己的宿命：只要人——我们这样称呼它——生存，"此在为谁"这一生存论问题的着手点，就以

---

① ［德］哈贝马斯：《后形而上学思想》，曹卫东、付德根译，译林出版社 2001 年版，第 40 页。

② ［德］哈贝马斯：《后形而上学思想》，曹卫东、付德根译，译林出版社 2001 年版，第 40 页。［德］哈贝马斯：《现代性的哲学话语》，F. 劳伦斯译，Cambridge, Mass: MIT Press, 1987 年版。王庆节：《论海德格尔哲学中的社会存在论——从"谁之在"分析中的"共在"概念谈起》，《中国现象学与哲学评论》（第四辑），上海译文出版社 2001 年版，第 25 页。

③ ［德］海德格尔：《关于人道主义的书信》，《路标》，孙周兴译，商务印书馆 2000 年版，第 373 页。

④ ［德］海德格尔：《存在与时间》，陈嘉映、王庆节译，生活·读书·新知三联书店 1999 年版，第 132—133 页。

⑤ ［德］海德格尔：《形而上学是什么?》，《海德格尔选集》上卷，孙周兴选编，第 152 页。

一定方式使"现成性"发生。但是海德格尔并不仅仅甘心于承认没能逃掉这样的命运,他的主要目的就是要祛除一种对形而上学的服从,在这个意义上,海德格尔最重要的一步就是使我们摆脱欺骗,他说:"此在向来所是者就是我——我们不可因这一命题在存在者层次上自明性而误取一种意见,仿佛这样一来,从存在论上阐释如此这般'给予的东西'的道路就可靠无误地先行描绘出来了。甚至就连上述命题的存在者层次上的内容是否适合于重现日常此在的现象实情也还颇成问题呢。也可能日常此在的这个'谁'恰恰不向来是我自己。"①

凡是读过《存在与时间》的人,都会很清楚这一点:海德格尔明确此在本身最初的和最通常的存在方式,就是他在日常状态中的存在。可以看出,这意指一种最原发的、主客未分离的人生状态。② 日常生活是每个人不得不过的生活,此在在世就是说,"它能够领会到自己在它的'天命'中已经同那些在它自己的世界之内向它照面的存在者的存在缚在一起了"。③ 因此,"世界在存在论上绝非那种在本质上并不是此在的存在者的规定,而是此在本身的一种性质。"可谓,天人合一早就"合"了。所以,回答日常的人之此在是谁,这问题的答案必然是"常人"。像"常人"一样地生活中,"每人都是他人,而没有一个人是他人本身",④ 这又等于说,常人是个无其人。所有人之此在相互之间也已将自身让渡给这个无其人了。

海德格尔的"常人"现象学描述之所以给人如此深刻的印象,与其说是与其字里行间流动着的现代性批判有关,毋宁说是

---

① [德] 海德格尔:《存在与时间》,陈嘉映、王庆节译,生活·读书·新知三联书店1999年版,第133页。

② 张文喜:《居住:此在与时间、空间的关系——切入海德格尔基础存在论的一种视角》,《社会科学战线》2002年第3期。

③ [德] 海德格尔:《存在与时间》,陈嘉映、王庆节译,生活·读书·新知三联书店1999年版,第66页。

④ [德] 海德格尔:《存在与时间》,陈嘉映、王庆节译,生活·读书·新知三联书店1999年版,第149页。

起于对"常人""我""他人"这些存在者身上的一种常驻的现成性质蒙蔽的拆穿之用心。

2

在海德格尔那里，此在在世结构无疑是对胡塞尔的"先验自我"的主体意味的一种消散。它是否真的带我们走出了主体性哲学，我认为这一点已在前面的阐述中表明，但是，人们常常认为，与"此在"相比，胡塞尔的"先验自我"概念实际上负担着在基础存在论那里表现为明显不足的对社会"生活世界"的关怀。尤其是此在与他人一道混杂于世的共在，被海德格尔视为"沉沦"于世、"异化"于他人之中的非本真状态，常人是束缚我发现我本已能够存在的套子，而"畏""死""良知之呼声""决断"则让我从套子中抽身而出。这些众所周知的说法中实际上包含着神学的背景与色彩。尽管人们常常知道海德格尔要人们洗脑：对于诸如"沉沦""烦""畏""良知之呼声""决断""本真性/非本真性"之类的概念，必须从存在论上来理解，并且不可把这些词语与它们被常用的存在者状态的（optic）意义（例如心理学）混为一谈，更不能说它们有什么道德上的意思。但是，海德格尔的这些反对性限制并不容易阻止引起人们某种程度的误解，因为，词汇在很大程度上被公用，这一特点不能误认为微不足道，即使在海德格尔要我们以特殊方式理解这些词汇，并且他已谈到清除阻止我们倾听他的文本真言的障碍问题时也一样。至少在现象学的"永恒初学者"① 看来，情形就是如此。

---

① 胡塞尔对纯粹自我"问题的探讨，始终被人们认为处于进退维谷的困境，直至晚年，他仍然认为此一问题异常困难而需要不断地重新探索，这使得现象学具有"永恒初学者"的特征。再说，海德格尔对哲学与神学的掺和几乎达到不能容忍的地步，但是，无论是胡塞尔还是舍勒等等，都曾指出过海氏从未从神学偏见中完全走出来；同样，"反对价值之思在海德格尔的思想中占有相当重要的地位，但存在问题如此富有尊严"，恐怕会被人指出它难脱价值谓词之嫌，这些都与现象学的"还原"的困难有关。

于是，我们看到，虽然亚里士多德以来的整个传统，一直到伦理实用主义，以及言语交往主体的生活世界理论，由于他们都以建构道德上负责任的成功生活为取向，而活动在被海德格尔的现象学所解构的、称之为常人世界的那个领域，但是，人们仍期望从海德格尔那里得到道德方面的指示。人们并不顾忌海德格尔本来就是公开要使这种期望落空。在这一个声调中，战后的勒维纳斯保持着一贯的思想姿态与海德格尔针锋相对。

我们容易看出，海德格尔的生存论存在论是在时间这一视界上，通过理解"此在"所构成的存在的意义来理解一般意义上的存在。勒维纳斯认为在此过程中，对他人的理解不够充分。在海德格尔那里，所谓与他人的关系，仍是还原成"我"对他人的理解。就其根本而言在于海德格尔认为人与他者这一存在者的关系从属于人与中性的存在之间的关系。这里有一种"强权哲学"。因而，假如有人提出这样一个问题：海德格尔为什么能够赋予存在以无所不能的"元主体"（metasubject）特征而获得成功？[①] 对此，勒维纳斯在他的博士论文《整体与无限》中提出了他自己的考察，他分析说："海德格尔的存在论使与他人的关系从属于他与普遍存在的关系，……因此，这种哲学只能停留于匿名的信奉,[②] 换言之，海德格尔首先设定在时间性上、在尊严意义上，"存在相对于存在者的优先性"，所谓与存在的关系，是指将存在者中性化，从而理解、把握存在者的存在。正是这个所谓的"优先性"在勒维纳斯眼中会使伦理学成为"存在论"的奴隶。因为，这种"肯定存在对于存在者的优先性就是已经对哲学的本质做了表态，就是将与某人这种存在者的关系（伦理关系）服从于某种存在者之存在的关系，而这种无人称的存在

---

① ［美］理查德·沃林：《存在的政治——海德格尔的政治思想》，周宪、王志宏译，商务印书馆 2000 年版，第 188 页。

② ［法］列维纳斯：《整体与无限》，载 ［日］港道隆《列维纳斯——法外的思想》，张杰、李勇华译，河北教育出版社 2002 年版，第 184 页。

者的存在使得对存在者的把握和统治成为可能（即服从于一种认知关系）。……一种在大写的他者核心处保持大写的同一的方式"。① 依勒维纳斯，海德格尔的这种存在论对所有存在者都是有效的，"除了对他人"。

据此想来，勒维纳斯已把海德格尔的存在之思处理成存在概念的思维，很少有人承认，自己在阅读海德格尔文本中实际获得或可能获得过的经验就是上述那种状态，因为，《存在与时间》的开场就已表明，所谓存在，并不是存在者所从属的、包含存在者的概念。假如说勒维纳斯对所谓的"优先性"，只是指"两个既定存在者之间才有的秩序"这一点还不甚了解，但只要他领会存在是存在者的存在，离开存在者，存在将"一无所是"，那么，他就会取消对海德格尔的茫然不察。即便所有的"哲学"、"形而上学"追求的是第一存在者、典型的、真正的存在者。存在的思维与这种第一哲学、形而上学完全不同。如果说存在论只是第一哲学的别名，那么存在的思维甚至就不是存在论。② 即使勒维纳斯所谓的"作为第一哲学的存在论是力量的哲学"这一说法正确，因为它已经与第一哲学疏远了，所以海德格尔的存在之思并不与第一哲学对立。因此，它不行使力量，也不可能被形容成暴力的哲学。德里达这样的思想再次表明：既然它不是着眼于存在者（Seiendes）的第一原理、起源或原因，所以它"不比农学更多一分政治或伦理"（阿兰），但却不能说它是一种反政治、反伦理，而且也不能因此说它是一种对中立的政治或伦理的服从。关于存在的思想"不能够具有任何人的设计，无论是悄悄的或不是。它在其自身中被当做那种惟一的、任何人类学、伦理学、伦理—人类心理分析学在它身上永远无法合口的思想"。③

---

① ［法］雅克·德里达：《书写与差异》，张宁译，生活·读书·新知三联书店2001年版，第165页。

② 同上书，第239页。

③ ［法］雅克·德里达：《书写与差异》，张宁译，生活·读书·新知三联书店2001年版，第240页。

我们说，为了使人们不再从静态的角度出发，把存在作为传统的智慧、认识和观看来思考，我们必须把它说成：正如按海德格尔来看，哲学的思想面向的是自行解蔽的存在。

如果这种说法没有成为空洞的声音的话，那么"'存在'在海德格尔那里当然也被实体化了"，① 只是这里的"实体化"不可从实体范畴来了解。这无非是说，海德格尔关于存在的思想，在作这样一种反复提醒：不可把"存在"实体化时，就表明海德格尔关于存在的陈述实际上（在方式和内容的双重意义上，至少部分地）把存在思考成什么。首先是因为存在于存在者之外什么也不是，"要让存在在语言中流通而又想回避存在者的隐喻是不可能的。"即使存在论上而不是存在者状态上的陈述，也需要一定的语义理解，尤其是需要日常语言的基本经验，否则讨论就没有依托。海德格尔追问存在的意义时，也只能首先摆出柏拉图提过的问题："当你们用到'是'或'存在'这样的词，显然你们早就很熟悉这些词的意思。"② 这种对存在的预先领会与解释实际上预示了海德格尔已经不可能以他的方式——即排除一切存在者的条件性（原则、原因、前提等）——在西方语言丛林中展开他的存在的思想，恰恰相反，海德格尔无法认真信守自己的信念，至少是对存在问题本身隐含着的某种前理解，预断了对存在者之本质的承诺，比如某人、作为他者和作为另一个自己的存在者。就此而言，人们势必要谴责海德格尔的陈述仍是形而上学的？

只是有一点须得从这里去弄清楚：人是根据两个层次而生活的，一是根据我们自觉的、概念化的信念，一是根据我们深层

---

① ［德］约纳斯：《海德格尔与神学》，载刘小枫选编《海德格尔与有限性思想》，孙周兴等译，华夏出版社 2002 年版，第 225 页。

② ［德］海德格尔：《存在与时间》，陈嘉映、王庆节译，生活·读书·新知三联书店 1999 年版，第 1 页。

的、前概念的信念。① 只要这两个层次之间存在着严重的张力，我们将永远处于语言同时既照亮又遮蔽了存在本身之张力中，我们需要形而上学以获得完整性（integrity）。这种完整性，除了对其自身来说有价值外，对我们的行为来说也很重要。换言之，形而上学信念具有实践意义：

以海德格尔的"操心"（Sorge）为例：海德格尔的《存在与时间》明确、系统地在"操心"现象和此在之间建立起了密切联系。对海德格尔来说，操心之外的此在是不可想象的。我们阅读时注意到：海德格尔在谈论人与物的在世关系时，首先是从"关切"（concern）的角度来理解的。英语中与操心（Sorge）对应的单词是 care（关心）；对海德格尔所指的"工作世界"中的工具和事物而言则用操劳（Besorge）这个词，在英语中是 concern（关切）；和他人打交道叫操持（Fuersorge），相对应的英语单词是 Solicitude（关照）。②

所以，从这三个德文词汇的词根联系来看，《存在与时间》中对自我的关心（care/Sorge）与对事物的关切（concern/Besorge）、对他人的关照（solicitude/Furesorge）出于同样的逻辑：和世界之物打交道、和他人打交道都用此在的一般存在规定即操心来解释。③ 在这一形而上学信念指引下，令海德格尔又一再质疑问难那种将自我与他人和物区分开来的看法，亦即人的"实体性"和"自体性"的观点。这种观点正是海德格尔在阐述形而上学、人类中心主义和存在─神学机制时常常用来加以对照的基准。如此说来，当人们从理论上提出如何领会"关爱他人与

---

① ［美］大卫·雷·格里芬等：《超越解构——建设性后现代哲学的奠基者》，鲍世斌等译，曲跃厚校，中央编译出版社2002年，第302页。

② ［德］海德格尔：《存在与时间》，陈嘉映、王庆节译，生活·读书·新知三联书店1999年版，第136—146页。英文本见中国社会科学出版社西学基本经典丛书1999年版，第153—163页。德文本见图宾根1993年版，第177—125页。

③ ［德］海德格尔：《存在与时间》，陈嘉映、王庆节译，生活·读书·新知三联书店1999年版，第140—141页。

关爱自己的关系"这一问题时，按照海德格尔，事不关己的日常相处很容易把存在论阐释引入歧途，使得人们把共在首先解释成许多主体现成摆在一起。然而，一直成问题的是，随便什么东西"无所谓地"摆在一起和人与人之间的冷漠相处，从存在论上看，却有本质上的区别。①

现在，我们就更清楚了："此在"这个存在者"首先"是在与他人没有关联的状态中，而后它还能"共"（mit）他人同在。② 也就是说，此在之为此在，就在于它首先是为了自身在此，只是为了自身而存在。在这种为了自身的存在中，此在与他人毫无关联，只要此在的存在关联到他人，从而存在于与他人的关联中，此在的存在就不是本己本真的存在。但是，不关联到他人，并不意味着不关照他人，相反，对于海德格尔来说，自我关心（Sorge）的结构和与这种带有神秘气味的彻底的个体化相联系的本己本真自我，首先必须在日常共有的习俗中介入并关心他人，只因为本质上此在在为了自身的生存中，要遇到一种特殊的存在者，这种特殊的存在者"它也在此，它共同在此"。③ 这一"也共在此"的存在者就是也以此在方式存在的他人。

海德格尔的这套说法，是一种"精确的解释"绝对包容不了的。尤其值得注意的是：海德格尔用"共在"这个概念来表达"此在"在世和与"他人"同在的分析，既希图避免近代思维对自我的孤立化，也不想迎合当代思潮对自我的社群化，其阐释很少为传统意义上的伦理学理论和概念留下生长的空间。然而，放弃流行看法而非如此阐释不可的来源却是：海德格尔对社会实在中（social reality）的经验内容的洞察，只要海德格尔相信，一个人并非就是一个持续的实体这一观念——它表明，我和我自己的

---

① [德] 海德格尔：《存在与时间》，陈嘉映、王庆节译，生活·读书·新知三联书店1999年版，第141页。
② 同上书，第139页。
③ 同上书，第137页。

过去与未来的关系可能是一种完全不同于我和他人的关系——使这一点在形而上学意义上似乎就有了可能,即我们在原则上会像关心我们自己一样关心他人。照此也就可看清,人之实体观事实上促进了一种利己的动因学说,根据这种学说,我们根本不可能真的关心除我们自己以外的任何人。在这一"区分"的语境中,海德格尔的"共在"学说如此被解读也是恰当的:我们先天就在共同体之中,只有在共在的基础上,才能有胡塞尔所谓的"同感""移情",才能形成我们的理解、趣味和意见。正因为我们以这种方式生活,我们倾向于无视"我是谁?"这样的问题。本质上,海德格尔的"自我""他人"不是代词,而是表示相互关系的词汇。在日常生活中,对于本真性的呼唤,并不仅仅就是对于个体本真性的呼唤,它同样也是对于本真的共同此在的呼唤。可以说在日常生存中,"互相反对""互不需要""陌如路人""各自顾各自的",只能归属于此在与他人打交道的"残缺而淡漠"的样式。① 此中仅仅假定了对有限的此在来说,绝对的无私是不可能的,事不关己的日常相处多半会表现为多关心我们自己和我们的熟人,而少关心一般的人和所有感性存在。相应地看,谁是"他人"呢?可以用很多不同的术语,像"朋友""兄弟"等等来解释"他人"的含义,但是海德格尔的"他人"最一般的用法,须从生存论上了解为"熟人"(Bekannten)②。不过,从传统伦理学来看,对"熟人"一词到底指的是谁的描述总染有朴素的以自我为中心的意味,为了避免误解,必须注意海德格尔为了防止"把'我'高标特立加以绝缘"而建构一种开放性的人际关系的微言大义。正因此,我们才会从存在论上看到,海德格尔用兼有慈善机构、社会救济之类的含义的"Fuersorge"一词,来称谓和他人打交道

---

① [德]海德格尔:《存在与时间》,陈嘉映、王庆节译,生活·读书·新知三联书店1999年版,第141页。

② 在《存在与时间》中,"熟悉""熟人""习惯"诸如此类的词使用频率很高,海德格尔使用这些词固然与他对现代性的批判相关,但他本质上不是作为"工业社会的敌人"着眼,而是从生存论上着眼的。

的深义：社会福利事业这种实际的"操持"就植根于作为共在的此在之存在建构中。① 这一洞见表明，此在作为共在，在本质上是"为他人之故"（for the sake of Others），② 而"存在"的情况是：为了你父亲我将帮助你；为了给孩子鼓劲加油，父亲去观看比赛；为了和平我们必须有耐心；等等。按照如此这般表明出来的思想，我们就更加确定：为了共同的事业而共同戮力，这是由各自都明白他们是"互为成员的"、在本质上不可能只为自己活着，而且又各自掌握了自己的命运的此在所规定的。这种规定被海德格尔标划为"把他人的自由为他本身解放出来"的"本真的团结"。③ 由此路向，我们无须担负着一大堆保留而确信：海德格尔的"存在论"之隐匿的源始伦理向度绝不会是勒维纳斯所谓的"利己主义"。

七 自我认同观与现时代

尽管马克思早期以批判德国哲学家之抽象的人著称，但是我并不认为，马克思主义是自在自为地存在着的。事实上，马克思主义在过去那个世纪一直和极具政治性的社会集团联系在一起。它提供给我们的是时代的"良知"。接下来，我们将围绕马克思的自我认同观，来考察自我意识的个体发生及其现代文化的主体性转向、自我认同与社会承认、人的尊严之间的关系。我们立足于现实个人的独立性、自主活动，强调通过社会关系来实现（而不是建构）自我这一马克思的本真性理想，以此提升马克思人学的当代性。

如果从人的科学问题的角度来考察，在前现代时期，不存

---

① ［德］海德格尔：《存在与时间》，陈嘉映、王庆节译，生活·读书·新知三联书店1999年版，第141页。
② 同上书，第143页。
③ 同上书，第142页。

我们现代这样对个体性的强调，在某种意义上，"个体"并不存在于传统文化中。自从人类进入现代社会以来，当作为个体的人面临着应把自己当作独立整体加以经验这一任务时，他自身的特性却成了一个问题。"个体""自我"这些一般性的术语，也因此作为现代性的独特性来加以理解。① 有人将现代性归纳为是"自我"解放的过程。② 概言之，我们可以简单地说探索"自我"及其"自我认同"是现代的问题。在前现代社会，人把自己视为社会和传统常规的先定秩序中一个不可缺少的组成部分，尚未成为一个独立的个体，因而，自我认同对他们而言完全不成问题。以下的讨论是以现代社会为背景，主要围绕马克思的自我认同观以及与此相关的人的尊严、自我认同与社会承认等问题而展开。

1

在展开主题之前，我们必须先解析"个人""人格""自我"这三个相关的基础性概念。说来惭愧，看起来最丰富、最直观、最具体的"个人""人格""自我"这些术语恰恰是最无法说清楚的，因为它们似乎没有任何规定性，把任何意义上的作为个体存在的人概念化（即规定）而形成的"人"只是人的总体化或人类化，这种作为概念的"个人""人格""自我"就不再是具体的斯宾诺莎、马克思等等，而是一个一般意义的人。因而，在这一意义上，可以说，任何对"个人""人格""自我"等概念的规定，也就是对它们的否定。马克思历史观的逻辑系统的表述方式也向我们昭示了"这一个"与"意谓的"之间的矛盾：③ 马克思的历史观主张用现实的人及其历史发展的科学来代

---

① [英]安东尼·吉登斯：《现代性与自我认同：现代晚期的自我与社会》，赵旭东、方文、王铭铭译，生活·读书·新知三联书店1998年版，第85页。
② 刘军宁、王焱编：《自由与社群》，生活·读书·新知三联书店1998年版，第45页。
③ 邓晓芒：《思辨的张力》，湖南教育出版社1992年版，第24、25页。

替对于"一般人"的抽象议论,涉及人民群众、阶级、政党和个人。但是,这里的逻辑系统的表述方式是:个人(领袖)是政党的代表,政党是阶级的代表,阶级是人民的代表,人民是人类的代表。其运思的逻辑质点仍然在于人类,而不是个人,其理论探索的重点是整个人类社会发展的规律问题,而不是个人的生命目的和义务问题,以及个人的自由与责任问题。然而,不论人们对马克思的理想模式作怎样的理解,终不至于改变这样一个事实:马克思的诸多提法表明,他的价值理想所关注的是"现实的、有生命的个人"。"人"和"人类"的概念,是从"现实的、有生命的个人"那里取得本原依凭的。因而,在马克思历史观致思的深层逻辑中,生产力、生产关系、国家等等旨在社会规律的表述范畴,只是现实的人通过自己的生命活动在诸种对象性关系中的自我实现、自我生成的一种抽象。[①] 对马克思历史观的逻辑前提和价值演绎的关系的考察表明:哲学对"个人""自我"的把握不是直接的,而是反思的。换言之,哲学所握到的"个人""自我",正是反思着的哲学家通过把"个人""自我"概念化、抽象化而得以实现的。因而,不难理解,在黑格尔那里,当自我作为哲学的对象时,只是一个概念。同时,我们也看到了在哲学史上试图克服哲学对自我把握的局限性,而抗拒着自我的概念化力量,无非是试图使自我不成为对象,召唤那真实感受着的我。但自我不成为对象,就不会有我思,也就使人成为不可理解不可学习的了,而人只有成为可学习的、可理解的,才能成为共同的财富。只是,我们得记住,"自我"除了概念之外(即规定性),还有非规定性。

从浩如烟海的哲学家对"自我"等概念的规定中,我们实难剥离其最可"学习"的概念。为此,从哲学或总体的意义上,我们采取对"自我"等概念作如下说明:

---

① 黄克剑:《人韵——一种对马克思的读解》,东方出版社1996年版,第379页。

第一，不能把"个人""自我""人格"概念归结为心理学范畴或意识存在的范畴，我们对这些概念在此所采取的界定方式，主要是社会哲学的方式。

第二，"个人""自我""人格"概念是有区别的，譬如正如舍勒已经指出："个人"只能应用于人的发展的某一层次，而不是全部过程。儿童可以表现出自我意识或自我性，但这不能使他成为一个道德意义上的个人。从词源上说，英文中的"person"或"personality"的拉丁文原型为"persona"，是古希腊人用以指称古代人所用的一种面具的名词，或说是一种遮蔽性和表演性的伪装，转义为用这面具所表演出来的角色，意指具有不同特征的"个人"或"个性"，后引申为个人特有的"人格"。由于在古希腊时代，个人特征的表征具有一种"灵—肉"一体的综合意味，所以"persona"一词不单单指个人的外部特征，也是指由其内在精神方面的差异而形成的个性、气质、品格等等。随着语言文化的演进，"persona"愈多地意指人的内在精神品格，尤其是道德品格。因而，"人格"一词的内蕴更多的是一个伦理学范畴，不过，在此，主要是在人格的本义即个人性上运用。至于"自我"概念，由于自我存在的复杂性，人们往往有不尽相同的自我观。因这里的题域所需，我们愿采用美国人格主义者霍金（Hocking）的概括。霍金认为，人们常有的是两种自我观：一种是"内在的"自我观，一种是"外在的"自我观。依前者来看，自我即是我们对自己内在存在或精神存在的"稳定意识"。依后者来看，我们自己的自我不仅仅是独立的主体自我，而是一种外在肉体的客体自我。更有甚者，在"我的世界"里，我的肉体自我或客体自我乃是诸多客体性自我的一种。在这个世界上，还有许多"为我视之为他自我（other selves）的东西。"因之，"我是我自己，但我也是此一阶层，此一人种的人员。"[1] 霍金的这一自我观，已是从广义上来指

---

[1] 万俊人：《现代西方伦理学史》（下卷），北京大学出版社1990年版，第391页。

称一个人的"自我"了,或者说"我"与"我的"之间很难划分一条确定的界线,一个人的"自我",从广义来说,包括了他可以称之为属于我的一切的总和,对于某些属于我的事物,当我们去感知或对待它们时,极会像感知或对待自己本身一样。我的声誉、孩子、手头的工作,我的祖国,可能如本身躯体一般的亲切,对我均具有同样的意义。从上述两种自我观中便自然地导出两个带根本性的问题:一个是对自我存在本身的内在与外在、精神与肉体、主体与客体的双重认识问题;另一个是由此延伸出来的人类自我之间的相互关系问题。实际上,在广义的自我观中已经以内在的形式建立起了自我与他人的外在关系,这就使人能够真正对其他一切的"我"、对社会普遍的"大我"负责。于是,我个人的自我就成了我的社会性本质,因而,人的普遍性已不再存在于它的概念之中,活生生的人本来就是个体的"群":"群"在"个体"之中,"个体"也在"群"中。广义的自我观(自我意识)才使义务与权利真正能在这种个人的主体性结构中扎下稳固的根基,而那种群体责任感必得有个人的人格主体作为根基才得以有挂搭之处。

第三,对"自我"概念的考察表明,尽管个人、人格、自我这三个概念间有复杂的区别,但在本题域中已是将其作同一层次或同等程度的范畴来使用了。不过,相比之下,人格指称着自我的内在性,个人则是相对"大我"(社会)而言的"小我"。而且,自我的观念是随着历史时代的变化而变化的,因为现代性的影响,人的全部生活不再能够被看成是一个整体或统一体。许多思想家虽然以各种方法描述现代人,但是对每一个自我相对其社会角色的异化问题都得到相似的认识:"现代性把人的生活分割成不同的、每个都具有自己的规范和模式的板块(麦金太尔)";一个人除了自己私人存在的模式外还有他的各种社会功能。不夸张地说,每一种角色就有一种相对应的自我。在这一意义上,现代性扩展了异化的频率和领域。由于快速发生的变化和异化,个人和社群之间形成非常快速的激烈适应过程(罗蒂);

市场型品格定向成了现代人的基本特征，现代商品经济的结构和机制导致了人格的商品化和市场化。相应地，用以表述这种自我观念的公式已不再是："我即是我所是，"而是"我即是你所欲求的我"（弗罗姆）；现代人的最大特色就是一个拥占性的个人主义者（麦克弗森）；"我所占有的东西就是我。"詹姆士对这一思想说得极为清楚。① 马克思也提示了资本主义社会中，"经济关系的人格化"是生产当事人本质的特殊表现。由于资本主义的特色就是把所有能外在化的东西都变为商品，因此资本主义社会中人们所重视的价值也就是外在价值。在消解现代人生活异化问题上，许多思想家要求我们首先必须聆听我们自己，必须在嘈杂的生活之声中始终清醒地认识到自我的存在和本性。胡塞尔诚挚地忠告：社会的危机实际是人的精神危机，他热切地"呼唤人们去重新发现、重新肯定理性与精神的自律自主"。"我将尽我的知识和良心首先面对我自己。"进而言之，胡塞尔的超验自我学，将自我视为是一切意义的基始。因此，我们说，胡塞尔的现象学主体价值观，是一种理想因而也是指向人类未来的人学价值观。

2

如上考察了自我概念，实际上已隐含或涉及认同（identity）概念。个人的认同或自我的认同简单地说就是对自己角色一种自我确认，它是个人一系列个性的统一，是一个人区别于另一个人的整体性标识。自我的认同是对"我是谁"这一问题以及他作为人的本质特征的自我理解、自我回答。

人是一种具有理性和反思，能够将其自己看作自我的智能存在，一个人必须具有自我意识的能力才能自我认同，因而，自我认同首先是在自我意识中发生的。在自我意识结构中有两个自

---

① ［德］埃里希·弗罗姆：《寻找自我》，陈学明译，工人出版社1988年版，第175页。

我：一个是行动的我，一个是评价的我，行动的我是具体的、采取种种个别决断并付之于实现的我，评价的我是普遍一般的、自身同一的、作为规范和模式的我。评价的我用同一个规范和模式评价行动的我的每个不同的行动，这两者的一致，就是人格的同一或自我的同一。在这里，关键就在于一个人有没有一个始终同一的评价的我。如果一个人没有或自己扼杀了自己的自我意识中那个评价的我，那无异于一种动物性存在。如果一个人没有一个始终同一的评价的我，那就是人格分裂或没有人格。自我意识结构中的两个自我的关系，从意识发生角度考察，实际上是自我与他人（他我）的关系。可以肯定的是，在婴儿那里，最先得到理解的不是"我"和"你"，而是作为"我"和"你"的原始统一体"我们"。从心理体验角度讲，每个婴儿都是从"我们"而逐渐悟出"我"来的，但在语言事实上，却总是先出现"我"，然后才能正确使用"我们"。"我"字的出现是人的第一次辉煌的胜利，动物不能说出一个"我"字，只有人才能说"我"，尽管，婴儿直观领悟到的的确只能是"我"自己，然而，我作为第一个具有最大普遍性的概念，毕竟是以体认到一切人都有一个"我"为前提的，即"他人"也是称自己为我的人，否则，人无法使用这个字。从语言逻辑上说，只有在这样一个"我"的基础上，才能建立起我们的概念。不过，依黑格尔之见，婴儿对自我的直观性领悟只有进展到大致发生在少年、早期青年对自我的反思抽象性认识，才算真正的自我意识范畴。而当进展到成熟青年对自我的辨证具体性认识时，已冲出了少年对自我的抽象把握，走向了对自我的具体把握。这时的"我们"已是一种充分意识到的主体性的我们了。它区别于婴儿不自觉的、对"我们"的原始认同，也不同于将"我"视为"我们"的依附性、非独立性的存在。主体性的我们是每个独立的我的总和。一方面，这种我们是我中有他，他中有我，我与他人总是以这种或那种方式相互联系在一起，因而，社群主义强调，对任何单个自我的解释都是一系列相互联系的解释的一部分，我是他们的历史的一部分，我可以由别人来解释。然而，另一方面，我们不等于我，任何一个主体性的"我"（包括他人自我），如果愿意，原则上都可以拒绝或退出"我们"，对"我们"说"不"，至少都可以逃向自己的"私人世界"或"生活世界"。因而，社群主义的弱视就在于强调离开别人就无法解释自我，进而在一些社群主义者那里，将我自己的历史对于我的特殊意义消融在他人的历史中。事实上，18世纪末期产生的关于自我认同的崭新理解启示我们：如果说过去的观点认为自我的完满存在同某种本原——例如上帝（在此可改读为"他者"或"他们"）——具有密切关系，那么，这种新的自我认同强调我们必须与之密切相关的本原植根于我自身，这就是现代文化主体性转向的一部分，也即现代自我观念的产生。卢梭的那种把道德问题表述为听从我（们）内在天性的声音的观点就是这种自我观点或自我认同的代表性表达。不过，在卢梭的思想中，自由（不受支配），不存在角色划分，以及高度统一的目标（公意），构成了他的平等尊严政治构想，因而，这种平等自由也潜含着对承认差异的障碍。然而，在卢梭那里，原子化的、独立的自我不仅作为近代人类的可能的模型来理解，而且作为人性的可能模型来理解。或至少是作为为自由辩护的根据来理解。这一历史时代的自我意识，正相似于人类个体的青年的自我意识，行将走向成熟。毕竟我们已经看到"个人主义"已构成"现代性"在精神意识上的主要面相，"个人"在社会中的价值和地位已大为提升。相应的是，成熟青年的自我认同的明显特点是能够把"我"区分为"主词的我"和"宾词的我"，亦即区分为主体的我和客体的我、一般的我和具体的我、本性的我和现象的我。这一特点正是真正的自我认同得以进行的"思维"条件。然而，人的思维、自我意识并没有独立的、绝对的地位。以"思想的主体"（"我思"）来理解"我在"及其"世界"，实是旧哲学的失误之处。马克思指出："人不仅像在意识中那样在精神上使自己二重化，而且能动地、现实地使自己二重化，从而在他所创造的世界中直观自身。"① 各不相同的现实主体，正是在生产实践活动的基础上，建立起社会关系（即个人在生产实践活动中的社会结合形式）和自我认同的真正完成。

这里需要指出的是，在给历史主体（"自我"）在历史发展中的作用和地位作科学说明时，马克思并非像有人理解的那样，是用"无产阶级或无产者的党"代替了"我"，以避免伦理论证的趋势。② 或者认为试图以科学原则取代"我"进而与阶级意识连结。③ 马克思的历史观与别的历史观的决定性的差异并不在于：隐藏还是显明社会知识中的那个带有价值偏好的个体性"我"，问题在于"每一个我"（"每一个个人"）、"所有的我"（"所有的个人"）的观念，是无产者个我应有的观念。如果说哲学家忙于变成真正革命主体所需要的生活经验，那么工人阶级则没有接受这种哲学的可能。因此，马克思认为，应当将无产者"个我"的认同与其阶级的认同相勾连。但是，马克思所理想、所追求的新人不是资本主义分工表上的平均数，也不是"只是作为阶级的成员"，而是作为人的人，作为个人的人。他在批评"粗陋的共产主义"时说："这种共产主义——由于到处否定人的个性——只不过是私有财产的彻底表现。"④ 实际上，正像社会与个人是互为条件，互为前提一样，在马克思那里，阶级和个人也是互为条件、互为前提的。所谓阶级，本身就以人的独立性的某种发展为前提，并且是人类由自然共同体向自由个性发展的中间环节。总之，如前所述，马克思十分强调作为社会的人之间的区别、矛盾、冲突、斗争，并将"自我"相对于他的存在对象的独立性的获得、人的个性自由和心智才能的全面发展，作为自己

---

① 《马克思恩格斯全集》第三卷，人民出版社2002年版，第274页。
② ［德］爱德华·伯恩施坦：《社会主义的历史和理论》，马元德、严隽旭、彭金安、蔡升译，东方出版社1989年版，第237页。
③ 刘小枫：《现代性社会理论绪论——现代性与现代中国》，上海三联书店1998年版，第232页。
④ 《马克思恩格斯全集》第三卷，人民出版社2002年版，第295页。

共产主义学说的核心问题,将私有财产这种人的"自我异化"的扬弃视为只能是人自己的事。

同样是马克思着重研究人的具体存在即作为社会人的具体社会性和个体性,改变了以往旧哲学对人问答相染成习的思维范式。旧哲学问"人是什么?"并回答"人是……"。马克思则问"人是怎么样的?"或"人的存在方式是什么?"并回答"个人怎样表现自己的生命,他们自己就是怎样"。① 前一种问答式试图把握的是"我是人"这类判断中所意指的"人"的意义;后一种回答式主要试图理解"我是一个……的人","我是谁"这类命题中所意指的"人"的意义。前者关注的实际上是人类与动物的区别,只能把人当作生物学的存在,后者所关心的不是生物学的问题,"而是力图弄清楚与动物生存不同的人类生存的一定条件"。② 那么,人的生存条件是什么呢?或者说,人是如何才成为人的?马克思指明:人(单个人)的本质是社会关系的总和。这说明人应当以社会关系为出发点去研究人。当然,社会关系并不直接回答"我是谁",而是认识自我、理解自我的方法论原则。这里的逻辑关联是:马克思认为,个体不是人们社会关系的起源或构成的基础,而是这些关系的"承受者",是社会关系使个体变成社会的人,形成独特的社会品质。马克思说:"我决不用玫瑰色描绘资本家和地主的面貌。不过这里涉及的人,只是经济范畴的人格化,是一定的阶级关系和利益的承担者。……不管个人在主观上怎样超脱各种关系,他在社会意义上总是这些关系的产物。"③ 在谈到资本家和工人的区别时,马克思强调:"这种生产方式的主要当事人,资本家和雇佣工人,本身不过是资本和雇佣劳动的体现者,人格化。"④ 显然,从社会关系出发来看

---

① 《马克思恩格斯选集》第一卷,人民出版社 2012 年版,第 147 页。
② [意]安·拉布里奥拉:《关于历史唯物主义》,杨启潾、孙魁、朱中龙译,人民出版社 1984 年版,第 54 页。
③ 《马克思恩格斯文集》第五卷,人民出版社 2009 年版,第 10 页。
④ 《马克思恩格斯文集》第七卷,人民出版社 2009 年版,第 996 页。

个人，在社会之外是不存在个人的。换言之，当个人成了社会关系的承担者时，他却变成了一个毫无个性特征的角色（表演者）。因此，大多数资产阶级思想家认为，马克思关于人的本质的规定是不承认人的主体性、独立性，是"非人的人学"，这一观点的确有一定根据：因为，活生生、具体的个人的独特性得以彰显的途径，恰恰是通过高度同一的社会化、符号化来实现的。想一想当每个人在履历表上填写性别、社会关系、奖惩等情况时，显然，目的在于将填写者"自我"与他人区别，藉以区别的却是具有最大普遍性的、同一的语言符号。这说明，社会人的自我认同是通过社会化、语言交往得以实现的。任何人生存于社会就在一个相对稳定的"名称矩阵"中确定着自己的位置。利奥塔指出，人所具有的唯一"同一性"就是他在一个语句世界中的位置所赋予他的同一性。社会集体的文化和教育越是反复强调这一位置上这个人在肉体和角色上的同一性，这个人的自我认同也越强烈。哈贝马斯认为，角色同一把具有"肉体"特征的"我"的性别、年龄、体质符号化了，使"我"只作为一个无个性的角色存在着。因而，有人指明个体性，在此一意义上，只表现在社会化过程与语言交往的"断裂"或"空白"之处。

然而，资产阶级思想家并没有看到，马克思的人的本质规定没有将人淹没在社会关系中，成为仅仅是一定经济关系的消极产物、单纯承担者。因为，社会关系只是在资本主义历史阶段才"纯粹表现为单纯的生产关系——纯粹的经济关系"。[①] 而"古代共同体以一种完全不同的个人关系为前提"[②]。"古代的观点和现代世界相比，就显得崇高得多，根据古代的观点，人，不管是处在怎样狭隘的民族的、宗教的、政治的规定上，总是表现为生产的目的，在现代世界，生产表现为人的目的，而财富则表现为生

---

① 《马克思恩格斯全集》第三十二卷，人民出版社1998年版，第150页。
② 《马克思恩格斯全集》第三十卷，人民出版社1995年版，第178页。

产的目的。"① 因此,"如果把这种单纯物的联系理解为自然发生的、同个性的自然……不可分割的、而且是个性内在的联系,那是荒谬的。……这种联系是各个人的产物。它是历史的产物。它属于个人发展的一定阶段。这种联系借以同个人相对立而存在的异己性和独立性只是证明,人们还处于创造自己社会生活条件的过程中,而不是从这种条件出发去开始他们的社会生活"。② 当"资本家不是以任何人的资格来统治劳动者,这种统治不过'发生'在他是'资本'的限度内;他的统治权不过是物质化的劳动对活的劳动的统治权,即劳动者的产品对劳动者自己的统治权"。③ 总之,"通过独立的个人的接触而表现的社会联系,对于他们同时既表现为物的必然性,同时又表现为外在的联系,这一点正好表现出他们的独立性,对于这种独立性来说,社会存在固然是必然性,但只是手段"。④

值得注意的是,在人是"社会的动物"规定中,"社会的"一词源自拉丁文里的 societas 一词,最初具有一种尽管有限、但却十分明确的政治涵义,它指的是人们出于某一特定目标而结成联盟,只是到了后来,"社会的"一词才获得了"基本的人类状况"这个一般含义。在"柏拉图和亚里士多德那里,并没有把这个条件列为人类的独有特征,人类的天然的、仅仅具有社会属性的伙伴关系被看成是出于肉体生存的需要而强加于我们身上的局限性"。⑤ 这种局限性对个人而言已是必然性,而这种必然性如果没能有效保留个人的自由个性,那终归只是一种局限性。

---

① 《马克思恩格斯全集》第三十卷,人民出版社 1995 年版,第 479 页。

② 《马克思恩格斯全集》第四十六卷(上册),人民出版社 1979 年版,第 108 页。

③ [德]卡尔·马克思:《剩余价值学说史》第一卷,郭大力译,人民出版社 1975 年版,第 440 页。

④ 《马克思恩格斯全集》第三十一卷,人民出版社 1998 年版,第 355 页。

⑤ 汪晖、陈燕谷编:《文化与公共性》,生活·读书·新知三联书店 1998 年版,第 58 页。

每个自我之所以有人格的高贵,就在于自我唯一可以凭自己的自由意志决定的就是自己是什么和不是什么。世上万物中,只有人是不由外在预成的规定所决定的,而是自己把自己造成的存在。在此一意义上,人的社会性是对于个体的独立性、自主性的确证。对个体主体性、独立性的确证常常也就是社会、他人的承认问题。因而,自我认同也同时是他人的承认:当爱因斯坦发现相对论时,他事实上已经是一个天才的独特的物理学家了,要使爱因斯坦做出这样的自我认同,只有当别的科学家理解了相对论,爱氏自我的卓异性获得普遍认可,方成了社会确证的现实的主体时,才算真正完成。否则,自我认同会沦为孤芳自赏的代名词。进而言之,一个人的人格得不到他人的承认或只是得到他人扭曲的承认,会影响自我认同,乃至成为一种压迫形式,将人囚禁在虚假的、被扭曲、被贬损的存在方式之中(后现代论述对此已作了详尽的识察)。从这个角度看,扭曲的承认实质就是对人的尊严的漠视。公允的承认不是我们赐予他人的恩惠,它乃是社会健全之必需。也是民主社会主题词中应有的内容。

现代社会的尊严观念已取代了传统社会等级关系中的身份、面子观念。传统社会等级关系中的身份、面子观念就其内在本质而言是一个"要求优先权和与众不同的问题"。马克思指明这是把动物的逻辑变成了人的逻辑,动物只有"种"的平等,没有"属"的平等。现代文明在不再有等级的政治国家内提示了"人的意义",现代人的尊严已不再是个人处在群体关系中的身份、面子,而是指个人内心对自己精神主体和独立性的自觉坚持。"尊严"观与"身份""面子"观的区别,实际上是"普遍主义"与"特殊主义"的区别。[①]"尊严"观的内在要求是,对自己的尊重就不仅仅是对自己这个偶然个体的尊重,而是对一切人、对人性的尊重,建立在普遍主义基础上的尊严观是一个伟大

[①] 郑也夫:《代价论——一个社会学的新视角》,生活·读书·新知三联书店1995年版,第41页。

文明所不可缺少的。不过，当我们谈到人的尊严时，要义首先是自尊，人的自我认同与自尊密切相关，自由主义与社群主义在自我认同问题上的主要区别在于，自我认同是否必须与社会确证相联结。然而，无论是自由主义还是社群主义都极其强调自尊对个性的意义，把自尊看成是自我的本质属性。

一个意识到自己尊严的人，他不会被动地或屈辱地适应舆论和社会对他的角色要求，因为，我们深信我们每一个人都有一种独特的作为人的存在方式，每个人都有他或她自己的"尺度"，生命意义的释义在现代社会已个体化，这一耳熟能详的韦伯观点已紧密地建构于现代人的自我意识之中，它是一种全新的观念，在18世纪以前，从来没有人认为人与人之间的差异具有这种道德上的含义：存在着某种特定的作为人的方式，那是"我的方式"，"我的方式"意味着忠实于我自己的独特性，在马克思那里，本真性的理想是：我们需要的是通过社会（关系）来实现自我，而不是通过社会（关系）来建构自我，对这一本真性理想的论证，提示了马克思人学的当代性。

八　反自我同一的哲学思想

西方主体主义哲学混同"自我""主体""本体"，着力于建构超时间的"先验主体"或"先验自我"（"自我同一"）。马克思在对西方哲学"先验主体"不断解构的过程中，对"时间"寄予现实的关注，不仅把"时间"还原到原初的感性时间，对处在个人感性时间中的现实的人的生命存在的一般条件和关系予以深沉的关注，而且通过对"历史时间"的探究，指明了人只有靠历史（活动）才能维持自我的同一，从而彻底置换了先验哲学的问题提法和答案。

1
在不同时间状态下"自我"保持同一不变的根本条件是什

么？这是旧形而上学意义上的自我或人格同一性问题的最初提法。不用说，跳出现代形而上学，自我同一并不是问题，至少不是重要的问题。

传统的形而上学已经看到，虽然每个人都有一个身体，并且身体具有属我性，但是我们总不会把自我同一于身体，没有区别和规定的身体不能用来证明自我。因此，自我通常很自然地被认为是一种精神的存在，即古代哲学里谈到的灵魂，现代主要称为精神。黑格尔指出，中古时代哲学通过抽象思维的规定研究灵魂的形而上的本性，其目的是想"在复合性、时间性、质的变化、量的增减的定律支配的范围内去寻求灵魂不灭"。① 这样的理论预制，决定了自我同一问题起源于神学的逻辑。根据当代现象学家的"知识考古"发现，奥古斯丁已经触及自我同一问题。他从最与神接近的人的灵魂或曰心灵出发，阐发《圣经》的"人是神的形象（image）"的说法，认为人有一个持恒的"自我"，因为人每时都在意识到、记忆着这个"自我"；但上帝比我们自己更清楚我们的自我，自我唯有在得到一个他者、一个神圣的他者的光照时，才能发现它自己②。

奥古斯丁并无意于离开意识或主体来理解人，对于他来说，识神和识己这两者是互相阐释。虽然心灵寻求自己是在上帝光照之中发现的，但人有一种内在的自我理解，它总是不停地知道着心灵本身，从心灵产生之后这一"自知"就未停止过。因此，在基督教和基督徒中有两大义务，一是涉及信仰、圣经、教条的义务；一是涉及自我、灵魂、心灵的义务。

在这里，"自知"与"自思"的区分是："自知"是恒常持续、类似于记忆并始终伴随心灵的自我意识（潜意识），它不同于明晰的自我反思——"自思"，"自思"是一种典型的主—客认

---

① ［德］黑格尔：《小逻辑》，贺麟译，商务印书馆1980年版，第103页。
② 周伟驰：《记忆与光照——奥古斯丁神哲学研究》，社会科学文献出版社2001年版，第139页。

识行为。①

　　对于奥古斯丁来说，上帝是永恒，即"永远的现在"，人却是有限的是者，他的"是"是上帝赋予的、有待的，这体现在"思"要以"记忆"和"预知"作背景，没有"记忆"和"预知"，意向性的"思"必陷入瘫痪状态。比如我在下一刻的"想"，要以上一刻的内容为基础，同时我的"想"要有一定的预知。意向性的思永远是现在时，因此，当下的"思"渗透了非当下的过去和将来，即具有了时间性。"是""时""思"是完全统一在一起的，我思就是我是，而我是也就是我正是。

　　可以看到，近代意义上的个体自我意识在奥古斯丁那里已呼之欲出，但是，奥古斯丁的"是""时""思"的统一，被西方后世哲学遗忘了。笛卡尔的"我思故我在"忽略了奥古斯丁的"我思""我是"与"时间"的关联，从而造成了近代哲学的"时间的缺场"。

　　笛卡尔对自己的"第三个沉思"有他特有的明白无误的表述："我是一个在思维的东西"，"可是也许我是比我思维的更多一点什么"②。例如，我思维着我的不完满，因此我才能怀疑；我不是一个广延存在，因为"我的全部生存时间可以分为无数部分，而每一部分都绝对不取决于其余部分，这样，从不久以前我存在过这件事上并不能得出我现在一定存在这一结论来，假如不是在这个时候有什么原因重新（姑且这样说）产生我，创造我，也就是说保存我的话。"③

　　笛卡尔表明，我一停止思我，就不再意识到我和我存在，本质上"我生命的时间"是不连续的。因此，我的绝对确定性只存在于瞬间的闪现中，转瞬即逝。我被先天的时间缺口所打断、

---

　　① 周伟驰：《记忆与光照——奥古斯丁神哲学研究》，社会科学文献出版社2001年版，第133页。

　　② [法] 笛卡尔：《第一哲学沉思集·第三个沉思》，庞景仁译，商务印书馆1986年版，第47页。

　　③ 同上书，第50页。

间隔，这在我的"生存时间"——"死的根性"中可以直观到。"死"对于我来说，就像楔子一样打入了我的"我性"中，使"我性"因"死的根性"不能转变为持续在场、永恒现存的同一性"主体"①。

由于我的时间的断裂这种"不完满性"无法满足笛卡尔把内在于人的自我拉出来作为统一主客基础的逻辑需要，因此，笛卡尔明显地认识到我依存于一个和我不同的什么存在体，它就是"上帝"。这样，笛卡尔似乎陷入了循环论证的困难：我思的确定性以上帝为前提，上帝又以我思为基础，是从我思推论出来的；上帝其实是以"我"自知"我"的有限性而存在的。

然而，随着由笛卡尔引发的从"本体论"向"知识论"的转变，所有的真理性断言无须根据某种超现世的上帝的担保而被接受，相反都必须通过个体洞见而合法化。因此，17世纪从本体论向知识论的转变，展示了同现代性基本价值的深刻亲和力：自由、自主和自立（自我立法）。因此，笛卡尔所要维持的必然仍是将现象的确定性建立在自我—主体的立场上。而要越过虚无的（时间）断裂重新找到我，使其转变为持续在场、永恒的"主体"，"记忆"就成为"我性"不完满的现实的补救："虽然我看到在我的本性中的这种缺陷，即我不能不断地把我的精神连到一个同一的思想上，可我仍然由于一种专心一致的并且时常是反复的沉思，能够把它强烈地印到记忆中，使我每次在需要它的时候不能不想起它，并且由于这种办法能够得到不致犯错误的习惯。"② 正因为"我的生存时间"是无限可分的，所以我必须不仅在任何可分的部分保持我性的单一，同时也要通过记忆把分割的单一连接到一个同一的思想上去，就像后来康德明确表述的，

---

① 张志扬：《现代性理论的检测与防御》，社会科学文献出版社2000年版，第67—68页。

② ［法］笛卡尔：《第一哲学沉思集·第三个沉思》，庞景仁译，商务印书馆1986年版，第65页。

把感性的瞬间直观连接到知性的先验逻辑形式中去一样，由此获得完整的知识。

笛卡尔借助"记忆"来摆脱"我"的难处，时间就得以跳跃，但这里关键的一点是：为使记忆中贮存的某个事物浮到意识中来，就必须有相应的提示。如果不存在与过去的事物在语义上的联系，如果没有任何东西对我们的过去加以提醒，那么记忆的内容就会保持无声无息。按照这种逻辑，只有在世界并非完全不可预知或者说并非一团混乱的情形下，记忆才是有意义的，反之，如果世界中相继发生的情形之间缺乏相互关系，那么记忆就将是一个完全多余的东西。①

笛卡尔的影响绝不只限于所谓理性主义学派，经验论者同样受其影响。洛克在《人类理解论》中讨论自我同一性的标准时，也诉诸"记忆"。② 不过，洛克预感到无论在理论上或是在实践上经验地诉诸记忆，总不足以使人看见一个持存的"我"，"记忆的意识"毕竟要历经"醒时""梦时""醉时""疯时"等等不同意识状态的变化，因而不足以成为自我同一性的标准。为此，洛克诉诸人的观念是一个"精神实体"的假设，以说明自我的各种性质虽历经变化而终能成为一种"特殊的东西，得到某种名称"，"成为同一的个体"③。但是，洛克的论证是很薄弱的，因为知性（思维）只是对于经验所接受的东西加以联结、比较和区别，而不可能认识实体于万一。也就是说，精神实体无法作为自我同一性的标准。

看来，无论人们能否像笛卡尔主义者那样，想象自我始终保持在与自己的同一中，人们至少总是相信并期望坚持自我的同一性和独一无二的实体性，即便这一实体无法认识或实证，但总相

---

① ［德］恩斯特·波佩尔：《意识的限度——关于时间与意识的新见解》，李百涵、韩力译，北京大学出版社2000年版，第79页。

② ［英］洛克：《人类理解论》（上册），关文运译，商务印书馆1959年版，第325页。

③ 同上书，第325页。

信它"在",仿佛它是可以呼唤出来的。因此,在笛卡尔主义者那里,由于专指"我"这个独一无二的实体,"我"的代词性便向名词性转化,成为主词或主体。这正迎合了对抗神性、高扬人性的需要,就像阿基米德所寻找到的一个支点。

然而,这种将"自我"当作"主体"、将"主体"当作"本体"的主体哲学,总的来说是平庸的看法。当年康德提出"先验主体"概念,就看到了"主体"是非常"虚的","主体"是"观"出来的,"主体"没有"体"。他只把自我意识的人格同一性看作我的一切思想中一贯的形式条件。他承认:"在我个人的意识里面,我这个人的同一性确实是存在的。但是一个观察者,从外面来看我","叫他推论到我的自我之客观永恒性"①,就是不正当的。这意味着康德不会无视"个体—我"的生存时间的间断性和暂时性,将之自立为普遍必然的永恒现在。就康德而言,人可以在他的表象中具有自我,这使他无限地区别于在地球上生活的所有其他生物,但是在表象中具有自我或自我意识,并不能成为自我同一性问题的解答依据,因为"对自己的意识还远远不是对自己的知识"②,"只是由于我能够在一个意识中把握这些表象的杂多,我才把这些表象全都称为我的表象。"③

关键在于,在康德那里,"统觉"是自我同一性问题的解决方式。从康德的立场上看,休谟之所以认为自我同一性问题"永远不可能得到解决",原因主要在于他忽略了"统觉"。康德不仅把"统觉"看作人自身认识的前提,而且也看作是所有经验意识的前提。这也就意味着,不仅我们所说的"反思行为"和"主体(自身)认识"的可能性要从"统觉"得到证明,而且"对象行为"和"客体认识"也是如此。在这个意义上,康

---

① [英]康蒲·斯密:《康德〈纯粹理性批判〉解义》,韦卓民译,华中师范大学出版社2000年版,第481页。

② [德]伊曼努尔·康德:《纯粹理性批判》,李秋零译,中国人民大学出版社2004年版,第118页。

③ 同上书,第104页。

德的"统觉"概念已经偏离开笛卡尔等人的"我思"概念，本质上不再是一种伴随着所有行为的意识因素，而是已经成为所有行为得以进行的前提。海德格尔因此说，"在康德的意义上，我们必须把说'我'变为说'我思'。康德尝试把'我'的现象内容确定为思执，于是，当他把这个我称为'逻辑主体'时，那不等于说，'我'根本是一个只靠逻辑方式获得的概念。倒不如说'我是逻辑行为的主体，是维系的主体。'我思'等于说：我维系。一切维系都是'我维系'……因而，Subjektum 是'意识本身'，它不是表象倒是表象的形式"。①

海德格尔揭示了康德的主体概念除了逻辑和语法的"维系"作用外，没有剩下什么。康德在"先验分析论"和"先验辩证论"中，虽然就主体性的地位问题有不尽一致的看法，但是康德意义上的"主体"必须空洞化、形式化，主体不能与人、个人、自我相提并论，因为主体不是人，先验主体性不能还原为人的经验实在性，因而我的同一性规定也只是纯形式和分析的，它只是表达了统觉中"我—我"的逻辑同一性。我们在任何意识活动中都不能把握到一个自我实体存在着，统觉使所有我思即我进行的所有意识活动被我意识为"我的"。质言之，统觉"本质的内涵首先不是一个名词'自我'，而是一个人称代词'我的'"。②

康德的分析消除了由"我"命名的"主体"的实体性，并通过"先验统觉"或"本源统觉"区别于"经验性的统觉"，使先验的我在时间中的同一性的规定先天有效③，从而彻底剥夺了主体的时间性，使主体成为无时间的。这是从天文学等自然科

---

① [德]海德格尔：《存在与时间》，陈嘉映、王庆节译，生活·读书·新知三联书店1999年版，第364页。

② 倪梁康：《康德哲学中"自身意识"的双重性质与功能》，《浙江学刊》2000年第4期。

③ [德]伊·康德：《纯粹理性批判》，韦卓民译，华中师范大学出版社2000年版，第130—137页。

学研究的视角或从知识是如何建构的视角来讲时间的康德"暴政"的必然推论,也是先验主体得以成立的条件。

深受康德影响的胡塞尔,也把笛卡尔"我思"中的时间"缺口"当作不彻底性或失误予以排除。胡塞尔基于反心理主义、反主观私人性的原则立场,撇开在心理感受、体验和想象中得以显现的"个人时间""主观时间",只使用"内在时间",这种内在时间是纯粹意识的时间,是一种统摄心理体验、感受、情绪和意志的康德意义上的功能化时间:"时间性一词所表示的一般体验的这个本质特性,不仅指普遍属于每一单一体验的东西,而且也是把体验与体验结合在一起的一种必然形式。每一现实的体验,……它属于一个无限的'体验流'。每一单一的体验,如喜悦体验,均可开始和结束,因此界定了其绵延。但是体验流不可能有开始和结束。每一作为时间性存在的体验都是其纯粹自我的体验"①。

胡塞尔之所以用一种康德意义上的观念的方式来把握时间观念,是希望藉此在直观描述的基础上建构其现象学,避免"我思"的无限后退和思辨概念演进的欺骗。他只能像康德一样,寄希望于主体的先验共时性结构与超经验流变性的纯粹意识,以此建构其超时间的先验主体或先验自我。

2

从一种经验的事实上讲,我介乎虚无与存在、自我与他者、有限与无限、至上存在体与非存在体之间。西方的主体主义共同坚持着"自我"与"本体"的混淆。所谓的"主体主义哲学"认为,万物的本体必须以自我为条件,否则,我怎么知道感性流变万物中的有限性的同一本源?而要超出我的有限性而全尽万物,那么,我中必存"先验自我"才有可能。由此看来,"主体

---

① [德]胡塞尔:《纯粹现象学通论》,李幼蒸译,商务印书馆1992年版,第204—205页。

—自我"无非是本体的拟人化变种,保持着本体论所要求的"同一性"与"现存性"或"在场性"。"同一性"与"在场性"是本体论的时空形式①,按照海德格尔的批评,这种时空形式在于对于"时间"理解皆借助于"空间"观念,把"时间"化为"空间"的方位,以规范时间概念,使之成为一个"存在"的框架。杜撰这种时间的真正意图是:便于人们在一个有形有象的框架中思索世界、谈论世界,把它纳入概念性的描述之中,使其成为普遍的东西。但是,这是以在真实生命的"个人"或"我"中设定"构造"的先验原则为前提的。

只要对时间——至少在最直接的起源意义上讲,是基于自我的直观感受的时间——作现实关注,主体主义哲学的超时间的先验主体就必然解构为时间生成流变中的海德格尔意义上的"此在",或马克思意义上的"现实的个人"。正是在这一意义上,人们可以在海德格尔和马克思之间发现某种相似性。在西方哲学发展之线中,马克思在海德格尔之前就写出了自己版本的"存在与时间(邓晓芒认为,《资本论》就是马克思版的《存在与时间》)。

从某种意义上说,即便人们并不知道马克思主义是什么,但人们也知道,马克思哲学的产生和发展是对西方哲学"先验主体"不断解构的过程,突出表现为马克思对传统的时空问题的"哲学转换"。对马克思来说,时间—空间首先是生命存在的基本形式,尤其是现实的人存在的基本形式。现实的人存在的时空不是自然(外部自然和人本身自然)规定的,而是社会历史决定的。依据人们活动的社会领域和历史发展,马克思把必要的生理活动时间以外的人的生存时间划分为:(1)劳动时间(包括必要劳动时间和剩余劳动时间);(2)可以自由支配的时间,马克思将自由时间视为人类真正自由的存在形式:"整个人类的发

---

① 张志扬:《现代性理论的检测与防御》,社会科学文献出版社 2000 年版,第 172 页。

展，就其超出对人的自然存在所直接需要的发展来说，无非是对这种自由时间的运用，并且整个人类发展的前提就是把这种自由时间作为必要的基础。"①

马克思在这里迈出了决定性的第一步：时间就是此在（"时间实际上是人的积极存在"②）。然而，他得到这一结论的运思是通过把时间还原到原初的感性时间，即基于个人自由和个人兴趣最直接起点的个人的直观感受。离开个人的直接感受或兴趣来谈时间，恐怕极难把握马克思的自由时间问题③。在《资本论》中，马克思深刻地感受到，自我直观感受的个人自由时间完全被资本主义社会化大生产的基础即"社会一般（平均）劳动时间"所宰制。自我直观感受、生存欲念和兴趣基础上的个人自由时间必须以社会公共劳动时间为尺度，否则就会成为无效劳动，因此，"时间在人的历史进展中被'拉平'"④ 了。这实际上就是笛卡尔—康德—胡塞尔哲学神话的经济学运用。可以设想，"随着资本侵入这里（指'时间'——引者）"，工人从事的必然就"不是真正的劳动，而是纯粹的无聊，是世界上最折磨人最使人厌倦的无聊"⑤，以至"这些工人本身只表现为机器的有自我意识的器官……，他们同死器官不同的地方是有自我意识"⑥（或曰"活的有意识的物"）。

在马克思看来，即使在一个完全由外在必然性主宰的异化世界中，时间本身也决不能像先验哲学那样脱离感性，它只不过是体现为一种敌视人的、否定性的感性而已（不幸意识、痛苦意识）。在共产主义社会到来之前，谁都无法否认劳动过程的艰辛以及对个体精神和身体上的折磨，这是劳动受生存的必然性支

---

① 《马克思恩格斯全集》第三十二卷，人民出版社 1998 年版，第 215 页。
② 《马克思恩格斯全集》第四十七卷，人民出版社 1979 年版，第 532 页。
③ 《马克思恩格斯选集》第一卷，人民出版社 2012 年版，第 165 页。
④ 邓晓芒：《马克思论"存在与时间"》，《哲学动态》2000 年第 6 期。
⑤ 《马克思恩格斯全集》第四十七卷，人民出版社 1979 年版，第 532 页。
⑥ 同上书，第 536 页。

配，而不是受一种意义目的支配的处境。在那些国民经济学家的意识中，工人阶级不断重复的辛劳是主体性标准降低的反映。问题在于不能像当时的国民经济学那样，"把无产者即既无资本又无地租，全靠劳动而且是靠片面的、抽象的劳动为生的人，仅仅当作工人来考察。因此，它可以提出这样一个论点：工人完全像每一匹马一样"。[1] 这种"不考察不劳动时的工人，不把工人作为人来考察"[2] 的国民经济学，掩盖以至美化工人在肉体和精神上的艰辛和受苦，其对劳动艰苦的意识形态化的赞美或辩护乃是对人本身的侮辱。这在西方社会一直被认为或者是免除罪人罪孽的一个条件。与国民经济学相反，对所有说教都很反感的马克思刚写完《资本论》就向世人告白："因为我一直在坟墓的边缘徘徊。因此，我不得不利用我还能工作的每时每刻来完成我的著作，为了它，我已经牺牲了我的健康、幸福和家庭。……我嘲笑那些所谓'实际的'人和他们的聪明。如果一个人愿意变成一头牛，那他当然可以不管人类的痛苦，而只顾自己身上的皮。"[3] 这段话的真正支援背景是马克思对现实的人即处在个人感性时间中的人的生命存在的一般条件和关系的关注。正是这一点激励他去从事毕生的工作。卢卡奇等人指出："深化历史唯物论其实就是将其结论纳入生命哲学的框架。"[4] 这无疑接近于马克思关于现实的人的思想精神。这也意味着，我们必须抛开传统哲学的抽象，用人的自我意识取代抽象的自我意识，用有形体、稳固地站在地球上呼吸一切自然力、从事着对象化活动的现实的人取代意识哲学的抽象的人。

可以看到，马克思既然将人视为不是"意识化的人"，而是

---

[1] 《马克思恩格斯全集》第三卷，人民出版社2002年版，第232页。
[2] 同上书，第232页。
[3] 《马克思恩格斯全集》第三十一卷，人民出版社1972年版，第543—544页。
[4] [德] 西美尔：《金钱、性别、现代生活风格》，顾仁明译，学林出版社2000年版，第225页。

"感性的人",那么,他就同时视人为"实践的人"和"历史的人"①。这样,马克思对现实时间的关注就不会像柏格森那样停留于对个人感性时间的关注。在完整的意义上,对现实时间的关注还应包括对历史时间的探究。

我们已经看到,个人的感性时间具有一种无法弥补的变易性,因此柏格森才说:"我们的每一个状态都是历史中的独创时刻"②。从马克思的立场看,他无疑会同意这一"人的自我生成论"。马克思看到,正是感性的实践活动,使人处在变易的绝对运动之中。可是,柏格森虽然确立了时间的存在论性质和异质性,但传统时间观中的"记忆"却仍在他的时间哲学中起重要作用:是什么把绵延过程统一起来?柏格森认为是依靠记忆。相反,在马克思那里则是"历史意识"("历史感")。历史假定了我的个人的感性时间介入到那些甚至并非同时代的人们的时间中。"现在"里包含了许多"过去","未来"也都在"现在"里孕育着。马克思赋予时间观念以生存论存在论性质,他就不会像传统观念那样,再借助空间观念让时间"断裂"。他更进一步从"时间"的视角来看空间,使"'空间'观念也从传统的机械观念中解脱出来"③。一如他所说的那样,时间是"人的发展的空间"。④ 随着生产力的巨大增长和高度发展,"地域性的个人为世界历史性的、经验上普遍的个人所代替","而各个人的世界历史性的存在,也就是与世界历史直接相联系的各个人的存在"。⑤ 这也就是说,历史关注人们不同世代的时间,同时也因此使不同的世代相互纠结在一起。由此可引申出,对于具有历史

---

① 邓晓芒:《马克思论"存在与时间"》,《哲学动态》2000年第6期,第12页。

② [法]昂利·柏格森:《创造进化论》,肖聿译,华夏出版社2000年版,第12—13页。

③ 叶秀山:《"哲学""活在"法国》,《哲学研究》2001年第3期。

④ 《马克思恩格斯全集》第四十七卷,人民出版社1979年版,第532页。

⑤ 《马克思恩格斯选集》第一卷,人民出版社2012年版,第166页。

性、时限性的人而言，"死"作为刹那的"点"，并没有笛卡尔所认为的那样麻烦，无须依凭上帝的光照，人就能够意识、理解"死"的"前""后"都不是"虚无"，而是"历史性的存在"；人的"历史性"对人来说具有"自然"的性质，人只有靠历史才能维持"我（们）的同一"。对人而言，过去与未来统一的前提条件，与其说是"（心理自然的）记忆"，毋宁说是"历史性的存在"，"历史性的存在"比"记忆"更靠近"每一个人"。对此，马克思作了极好的表达："每个个人和每一代当作现成的东西承受下来的生产力、资金和社会交往形式的总和，是哲学家们想像为'实体'和'人的本质'的东西的现实基础，是他们神化了的并与之作斗争的东西的现实基础，这种基础尽管遭到以'自我意识'和'唯一者'的身分出现的哲学家们的反抗，但它对人们的发展所起的作用和影响却丝毫也不因此而有所削弱。"①

从对马克思的世界历史时间的粗略描述中，我们可以得出两点结论：第一，历史关系到人类共同体的生活。马克思基于对人的历史及其基本历史活动的分析，反对将"自我"混同于"主体"的主体主义哲学。第二，历史关系到生活或曾经生活在不同时代的共同体之间的连续性。所谓共同体，简单地说就是其生活被一种共同归属感所支配的众多人们，以一个共同名义来言说的人，不是"我"，而是"我们"，是"无产者""劳动者"，如此，等等。由此，马克思用"无产阶级"代替了"我"。对于这一点，伯恩斯坦等人也已正确地注意到了。②

这样，在马克思那里，旧形而上学意义上的个人、自我主体概念永远只是一个否定性的概念，纯粹意识范围内的"自我同一""人格认同"只具有理想化的论证意义。人一旦达到胡塞尔

---

① 《马克思恩格斯全集》第三卷，人民出版社1960年版，第43页。
② ［德］爱德华·伯恩施坦：《社会主义的历史和理论》，马元德、严隽旭、彭金安、蔡升译，东方出版社1989年版，第238页。

所谓的"自我同一"的状态,虽然不困惑或充满自豪,但其实根本没有了自己。实际上,因为个人依存于他所碰到的外在影响,如国家的法律、社会的关系之类,无论它们是否合乎他的内在心意,人首先拥有的是"社会学的我""伦理学的我""法学的我"等等,一句话,就是"我们"的"我",而不是作为意识之流"统调者"的"我"。

从休谟开始,"自我"就受到攻击和"解构",西方哲学史上对"自我"的建构和解构持续不断,但总是跳不出试探范围。马克思早在《德意志意识形态》中已经指明,这是意识力图摆脱世界去构造纯粹理论而"真实地想象某种东西"的必然结果。马克思与形而上学自我理论作战的突出贡献,在于根本变换了这一问题的提法和回答。

卷三 人

以往的论者往往在有意无意之间将希腊哲学分辨为归属"知识论"范式，这同古希腊哲学的"对象性思维方式"不无关联。然而，持此论者有所不察的是由柏拉图确立的"让存在之存在"（"理念"）同时也作为人之存在之存在的基调，其哲学特质将希腊哲学归属于"理性人学"的范式，希腊人把人的本性建立在人所独具的理性特征之上，通过直接与间接两种途径面对人本身指证出人之理性的意义，并通过"知识"这一中介，将"真理世界"与"意见世界"同人的"理性"与"感性"作对应，得出人之两重性规定。希腊智慧在其思辨的理性中，导致"感性"与"超感性"的过度紧张，必然需要被了解和同情，理解与超越，因而，它必然只是通往人学途中的一个重要驿站。

一　古希腊的理性人学

认识自我乃是哲学探究的最高目标，可以说，一切哲学论说表面的或实质上的差异都源于对人的自我认识的差异。对"人是什么？""人的本性如何？""人在这个世界上地位怎样？"这些问题的探究，构成了"一切思潮牢固而不可动摇的中心"（恩斯特·卡西欧语）。而对这些问题的提出或解答无不在于对"起源"——意味着一种超越生物意义的"人"的诞生，即人之为人之理被自觉的那一"刹那"——的理智自觉或反思。对"起源"的凝神观照又无不或隐或显地启示着对人的自由、幸福、目的、价值等等，人之为人之理的思考、认识和寻求，这也许正是探究"差不多可以找到以后各种观点的胚胎、萌芽"的作为西方哲学起源（物理时间意义上的开端）古希腊哲学的魅力所在，而探讨古希腊哲学之所以时常会给人以分享整个人类智慧的荣耀，就在于起源论，无所谓东西文化的判然二分，只有正义与非正义、善与恶的二分，其根本的是对"起源"的存留、守护和无视、遗忘的两种态度之别。因此，在此意义上，"起源"并非是物理学时间中的开端，重读西方文化的起源，同时也是对本民族文化起源的观照。

1

对于大多数现代人而言，古希腊是个遥远的世界，这种遥远，不只是物理时空意义上的，更是心灵上的。那种以时间之外的永恒无限去规定世界表象之后的存在（本质）的古希腊哲学只是抽象地谈论世界。既然我们只生活在世界的现象中，那么与世界的"本质"有什么关系？既然我们只能经验，那么与"超越"的世界有什么关系？即使有关系也不可能知道，即使知道了也没有用，把世界的本质说成是什么样的实际上是无所谓的。有许多人正是如上来解释或指责古希腊哲学的，于是那种以思想观念作为自己研究对象而不停地思考的苏格拉底们仿佛不是真有其人，而是神话或史诗中的人物。或把他们想象成面如土灰、心如古井，对日常生活视而不见，只配被女佣取笑却不知该如何合理地生活与行为，一本正经严肃刻板的思想狂。这种印象大致又得到希腊哲学是以知识论为核心的这一识见的佐证和支持。

事实的确容易导致误读，自从柏拉图试图在万有之存在中寻求超越时空、无变化、无限的存在之存在（柏拉图称之为"理念"），这种哲学致思取向为他此后的哲学确定了一个几乎不可逆转的追求方向，这早已为哲学史所认肯。问题是，古希腊哲学真正企求什么？事实上，柏拉图给人的存在与这种存在之存在的关系确立的一种基调，在他以后的哲学发展中，还没有得到自觉的认识与反省。这个基调就是让存在之存在（"理念"）同时也作为人的历史存在之存在。换言之，宇宙的本质存在，同样也是人类存在的本质存在。这在逻辑上看是没问题的，宇宙之存在已包容人类之存在，人类存在为世界存在之一部分。作为宇宙万有存在背后的那个最本质存在，应当也是人类存在的本质存在。这个基调现在已很明朗：人的历史性存在背后有一个比历史性更根本的东西。它不同于人的历史性之处，在于它没有人类因在时间中存在而来的局限，即人的有限存在，人在历史中的改变等。这样，有限的和变化的人的历史存在，有着一个无限的和不变的、更根本的存在作为人之存在上的根据。

平心而论，柏拉图的哲学没有去追究有限的人之存在，如何能以无限的存在之存在作为本质上的存在这个问题，甚至也甚少从人类存在与世界存在的关系视角去解决有限与无限的统一方式问题，柏拉图哲学关心的是永恒。"无限""永恒"是深得沉思哲学家心仪的宏伟名词。然而，从宇宙的本质存在与人的本质存在有着密切的逻辑关联讲，这并不能成为像哲学解释学那样诉病思辨哲学犯有人之存在的自我遗忘症。比之于柏拉图，亚里士多德更关注人的独特存在。"人是理性的动物"成了亚氏给西方哲学传统关于人的特殊存在所定下的基调。亚氏用了一个古希腊的观念——"逻各斯"（Logos）去界说人的理性。逻各斯是一个含义很复杂的观念，但在其多种含义中一个共同的东西，即逻各斯可在有限与无限中往来无碍。它可以同时是事物表象背后的存在，又是人的本质存在；它既是宇宙存在的法则或秩序，又是人类生存必须要有的某种最基本无形的存在规范，这种规范是全人类共有的，又被全人类不约而同地遵守。例如：$2+2=4$；正义比邪恶好；多行不义必自毙；纳粹罪行必招致公愤。没有这些规范，人无法生存，无法成其为人。人类必得以这些最基本的规范指导人的思维和行动，这些基本规范正是人类共有的理性。

宇宙中的事物总是向我们呈现出处在一定的关系和秩序中，既包括自然关系和自然秩序，也包括人文关系和人文秩序。这些关系是纵横交错地交织在一起。自然关系中有人文因素,人文关系中也包含着自然因素。人类最初都试图对此两种关系作为互相说明和解释,实际上是反映了这两种关系并非全然不相干,而是都出于理性之故。这种使我们的世界成其为人类意义上的理性,正是古希腊哲学通过两条途径指证出来的;由此型构了希腊哲学特有的人学指向。

一是直接以人为对象的哲学思考。被推举为辩证法开创者的赫拉克利特,同时也被称之为"第一个研究人的哲学家","赫氏的哲学包含神学、宇宙学、人学三部分,而人学则是其哲学的核心。"他确信,不研究人本身的秘密想要洞察自然的秘密那是不可能的。可以这样概括他的全部哲学思想:"我已经寻找过我自己"。万物本原的"火"是赫氏对时间的一种特殊领悟,是对传统中起源的说法的一种理性转述。"火"对过与不及的行为进行惩罚。惩罚就是使偏离"起源"的状态归于"正",也就是正义。显然对"火"的这些象征意象的仔细考究,把赫氏归属于"古代自然哲学家之列",此说似可存疑。比较一下赫氏哲学中的另一个重要的词:"逻各斯"和黑格尔的下述论说是很有启发的:"思维形式首先表现和记载在人的语言里……语言渗透了成为人的内在的东西……即渗透了人使其成为自己的东西的一切"。① 在赫氏提出的逻各斯的诸性质中,区分了"真理"与"意见"。真理,就是使起源被回忆被显现的"言说"活动,而意见则是一种虚假的与敞开本原无关的说出:即儿戏。真正的逻各斯不是私人的话语,而是公共的,所谓"公共"不是无内在的关联的许多人在数量上的叠加,而是使"公共"成为"公共"的本质,它是在离散的人群中间建立起本质关联的力量,它使各不相接的人们成为"同类",并在人与人之间建立起秩序与规则。因此,对赫氏的"逻各斯"的解读可以看到:"真正的逻各

---

① [德]黑格尔:《逻辑学》上卷,杨一之译,商务印书馆1977年版,第7页。

斯"本质上喻说着"人使其成为自己的东西的一切"。所以说，"寻找自我"的思想应该说最准确地刻画了赫拉克利特哲学的核心。紧接着赫拉克利特和苏格拉底把研究人本身提到哲学的首位，提出了"认识你自己"的主张，我们不能确切知道苏格拉底对"你自己"作过什么明确的说明。但是，就他试图以"辩证法"这一"助产术"来求得真知灼见而言，他显然把"人"也作为一种客观对象来加以考察，要在知识上寻求一个最为"本质"的"理念"（概念）。因为辩证法就是要把人们得自感性世界的日常意见引向自相矛盾，揭示它们的错误和不可靠性，以便得出真正可靠的知识。苏格拉底的这种辩证法显然支持和推动了赫拉克利特、巴门尼德对真理的追寻，并实际上已蕴含着将人划分为感性存在和理性存在的理解。这一区分在柏拉图那里，教育就是要把人的灵魂从不断纠缠它的生灭着的感性世界中解放出来，使它提升到真理的世界并直观真理，从而使人能够为真理而生活。所以，真正的教育是人类的事业。对人的这种双重性理解在亚里士多德的"人是理性的动物"这一定义中得到了明确的表达，到此，人始得以明确的面目——理性动物——出现。而对人的这种理解迫使哲学开始走上了致力区分真实的存在物和虚假的存在物这样一条道路，而这种区分的标准就在人自己身上，这就是理性（灵魂、思想）。因此，古希腊哲学表面上致力于追求真实的、光明的真理世界，而实际上这个真理世界都是围绕着人转。

以上这一论说同样适用于间接地面对人的"自然哲学"。有一种极为传统的说法：在从泰勒斯到苏格拉底的希腊哲学的发展中，存在着一个从研究自然到研究人的人学转向。这种说法可追溯到亚里士多德的《动物的结构》一书。西塞罗也有相类的说法。这种说法于是成为多数人认识希腊哲学发展线索的根据。顺理成章的是把最早的希腊哲学家与自然科学家等同起来（注意恩格斯的话：最早的希腊哲学家，同时，也是自然科学家）。据说他们只是争论事物的本性是什么，世界是怎样产生的等等"愚蠢"（色诺芬语）的问题。但是，实际上，正如普鲁塔克所说，智者"之所以闻名，却因为他们是卓越的政治家"，他们"所用心的主要是在政治伦理"，尽管，"在当时的智者中，只有泰勒斯似乎使自己的思索超出了实用的范围"，然而，泰勒斯也是一位政治活动家，据说他在达马西亚做过执政官，很得人心。可是，如何解释这些"政治家""先知"对自然界的兴趣呢？这里的关键在于理解"自然"的概念。海德格尔曾指出，希腊的"自然"与近代的"自然"有本质的区别，后者指物理实体以及生物的自然过程，这是一种狭义"自然"，而希腊的"自然"，是赋予这种无生命的冷漠的自然以"温暖"，是对它"赋形"和给予意义，这样的"自然"实质上是我们今天所理解的"超自然"的东西，当然我们很难说它是一种精神性的本原，因为在当时，物质与精神尚未明显地区分。简单地说，"自然"不是指先于人的自然物理和生物世界，而是人的生活世界的全体，希腊的"自然"，不仅包括自然界，而且包括在希腊人传统理解中应该是人实现其本质的场所（城邦）与公民。以上对希腊"自然"概念的分辨，有助于我们对自然哲学有一个更本质的认识：古希腊的自然哲学并非如今人所理解的是对客观自然的纯粹认知，其真正的旨意仍在人，仍是对人本身的自我认识。因为自然是人的自然，人对自然的认识曲折地反映了人对自我的认识。对此一判断可资进一步引证的是：泰勒斯是第一个提到"本原"并用哲学话语叙述的哲学家。泰勒斯之所以说了句"万物的本原是水"这种带有诗和预言色彩的、谜一样的话，就在于他所看到的是希腊民族意识中"水"的神话意象：变动不居。"水"本身意味着"一"，同时它又表示流动、变幻的性质。因而，"水"的诗性概念规定的特征是：变幻不定的表象中隐藏真相。《奥德修记》中与"水"有关的一个故事说：奥德修遭遇河神孙女喀尔刻，他的同伴为这位女神的魔法所惑而变形为野兽，与在变幻之现象中迷失自我的同伴不同，奥德修的"胸膛怀有一颗坚定不移的心"，强大而坚定的自我，抓住而不是迷失于变幻之中，遂使奥德修征服了"变幻"本身。这个故事为我们破译了"水"之谜，抓住变幻的现象而又不为现象所惑之关键在于"执",然而,不是"执"现象,而是"执""自我"。因此,当泰勒斯说出"万物的本原是水"这话时,我们所见到的分明却是海天之际独立着哲学家自身的形象。这样的命题所建立的,不是"水",而是"自我",这个"自我"就是审慎的理智,就是对欲望的克制。正如欲望使奥德修的同伴变形为"兽",而奥德修却因克制欲望而守护着人性。

因此,我们在对自然哲学家的"本原",无论是"水""无限定"或"气"之意义的探本时必须注意到自然哲学家渴望找到一种新的表达方式来重述神话的精神,重述起源。其意不在于那个外在于人的物质自然,而在于"城邦",在于"人"。从希腊神话和自然哲学家对宇宙秩序的描述中告诉我们,希腊人把对真理的获得,看作是一场对自我的战斗,这场战斗的真正目的就在于把人从感性界(动物生活)提升到超感性界,即灵魂或理性的世界。

2

从古希腊哲学的肇始,"由物及我"的基本思维格局这一西方人的认识论传统就得以典型呈现。故此,论者多把宇宙论视其为哲学思辨的核心。这似乎不为大错。因为古希腊哲学家大多总要在外部寻找一种涵盖一切的统一秩序,他们认为最终极的存在就是宇宙天体。人性、道德、理想等等,只是与宇宙元素相应的种种活动而已。因此,"小宇宙"(microcosm)一词在德谟克利特那里就已成为"人"的称谓。这种"由物及我"的认识方式衍移到人本身的认识,便是人的两重性规定(转移到宗教神学则是"神人二元"的基督教观念。不过,当古希腊哲学和原始科学在揣测人与自然的对应关系时,其趋归还是人。例如,毕达哥拉斯派依据他们对宇宙之间数学关系的了解,其意在从"宇宙音乐"建构"灵魂音乐",关切人生、生死、生命,甚至使毕达哥拉斯派进入到准宗教或疗法哲学领域)。或者说,在古希腊人那里，人的生活被一分为二，是由两种可能性组合的。这两种可能性中，超感性生活被理解为人的真实的、高级的、区别于动物的生活。希腊人深知，人能凭借理性高出动物，而生就与泥土为伴的凡夫俗子，却又分有奥林匹斯诸神的七情六欲，人要被拉回到动物水平也十分容易。因此，他们也同孔孟一样十分强调人兽之别，情欲之"罪"、物欲之"罪"对人的诱惑，人对"罪"的认知和精神反抗，确乎沟通并连接着希腊人和希伯来人创造的两大文化传统。如福柯所看到的，在希腊文化中，自我并不被视为必须被解释的主观材料领域，自我让自己经受某种可能或真实行为的考验。心灵审查构成了希腊某些哲学流派譬如伊壁鸠鲁学派的实践哲学的重要表现。

希腊哲学家又正是通过"知识"这一中介演绎出人的"种种"两重性，获得对人的认知。

苏格拉底区别了人的生活的内与外：人有外在的、表面的、动物性的一面，大众以为的"快乐"即在此层。但是，这只不过是假的知识所认可的快乐，人还有内在的、深处的、人性的一面，那是真正的幸福之所在，唯有真知才能把握，这一内外分别实际上将幸福与快乐、与欲望、与利益作了区分，成了人学史上十分具有世界历史意义的划分。基于这种划分，我们也就不难理解苏格拉底对智者们收费授徒行为的严厉指责，苏格拉底批评收费并拒绝收费，其考虑之核心在于思想者不受随着"收费"而来的附加条件的约束，不想让理性原则受商业原则的过多挤压，从而尽量让社会中各种要素都保持自己的一定领域，这不是希腊人的故作"清高"，而是为了对希腊传统中"人"的标准的维护。而也正是对"人"的标准的坚持，贵族主义（等级制）和对奴隶的承认却在柏拉图、亚里士多德那里坚持或保留，要对此作出正确的理解还须放在当时的语境中。在早期社会中，等级地位是与人的本性相关的，在色诺芬的《回忆苏格拉底》中，苏格拉底说，所谓"奴隶"，并非指物质上的贫困（苏格拉底是贫困的），而是指道德上的贫困。因此，在这里坚持等级制，乃是坚持对人的道德要求，意味着人必须按照"人"的概念生活。在柏拉图那里，"真正的贵族"是纯粹的人作为人本身所能达到的最高优秀和高贵。在柏拉图的《理想国》中，渴望怎样的生活（这是由人的 arete 决定的），就使之处于怎样的等级中，认为高的等级就意味着更多的享乐与更少的责任，这是"奴隶"意识。柏拉图的哲学王和武士阶层的禁欲生活和责任、义务必使追逐权力和享受者望而却步。

古希腊人将人及其生活两重化实质上是抑扬两种截然不同的原则：生存原则与生活原则，前者认为，人即是为生存的一切活动、意味着一系列的基础性需求（如口腹之欲）；后者认为，人必须按照人的概念生活。在古希腊人那里，生存原则是在瓦解"人"，将人还原成生物人，一种仅为了生存的、食欲的动物。对于动物而言，其基础性需求和根本性目的完全一致，但对于自由、理性的人而言，这两者是分离的，这就是人的存在是生活而不是生存的原因。人的基础性需求是否被满足决定了人的生存状况，而人的根本性目的是否得到实现则决定了人的生活意义。人的基础性需求是自然而然的，对此不值得进行哲学讨论，而人的生活之根本目的是生长着人生意义的东西，是显明了人的长处优势和优越性的人之真正"好"、真正幸福。

这里有一个相关联的问题：人的存在不能被简化为被需要网罗着的存在，而必得居住在意义的世界中，这种论说的依据何在？在论证此一问题时，苏格拉底奠定了古希腊解释人事时的目的论解释模式。坚持在自然界中排除目的论的解释的康德已经看到，因果论可以解释整个宇宙，却难以解释一个毛毛虫——生命，生命尚且如此，高级的生命活动——人的生命就更不用说了。人的言行是被文化中介的，是由种种价值、观念、目的所网罗的，而不是直接因果式的，只要以机械因果论解释人的生活目的、意义就会导致苏格拉底耻笑用力学原理解释自己入狱而不成为逃犯的荒谬。一个人缺乏生活意义（希腊人那里即缺乏德行）之所以是一种不幸（无论他本人是否意识到），是因为他作为一个人本来意味着遵循德行而获得幸福而且本来可能去获得幸福。因此，尽可能遵循美德而生活，这是一个关于幸福的价值真理。而坚持目的论解释的理论前提是：人是自由的理性动物，人是一种对理性问题能给予理性回答的存在物。需要补充的是当我们对人的行为作目的论解释时，这不是说人的行为不会常常出现类似弗洛伊德、华生或巴甫洛夫模式的现象，而是说在希腊人的眼中那时应当说人"露出"或"退至"动物水平。

　　从苏格拉底对人的生活的内外之别，到亚里士多德对城邦的看法（城邦应该是人实现其本质的场所）与柏拉图的对"猪的国家"（那些仅仅以满足需要——吃饱和太平——为目的的"国家"）的鄙弃是内在一致的。真正说来，苏格拉底们所开创并张扬的理性人学的意义是通过人的两重性而得到充分的展现的，并深深地启迪着后来者：基督教的人性观首先强调的就是人既与其他生物一样，无法摆脱自然本性的限制，同时又与其他生物不同而具有自由超越的禀赋这种双重身份。基督教所不同于希腊哲学的首先突出"理性"的依存性而非自足性。它没有将一种独立的"位格"给予人类理性，却可能通过"信仰"的制约，一度达成了某种强制性的平衡。此后的宗教改革以及随之而来的"理性"大潮，似乎使终极的"信仰"不断被当下的功利所吞没，等待着它的又是康德对"理性"的批判。康德的"哥白尼革命"是为了满足人类理性的根本要求。在他看来，人类理性这种形而上学的自然冲动乃根源于人的两重性：人是"有限的理性存在"，他既有自然存在的一面，亦有超自然亦即理性存在的一面。在康德那里人的道德存在也是在人的生存根基中充当着"终极目的"。这仿佛是向希腊哲学出发点的复归。

3

　　古希腊人从原始神话式思想方式摆脱出来，产生了科学式的思想方式，这种思想方式以主体和客体的分立为特征，把人生活的世界（包括自然界）作为观察、研究的"对象"，这种"对象性思想方式"，把"世界""人"仅仅当作单纯的对象看，而真实的、有限的、具体的生活世界本就不是单纯的理智的"对象"。这正是动物世界与人的生活世界的分别，动物的存在只是是其所是，只是它自己，并且完全被自己充实，胶着住了，是这种动物之所是和做这种动物之所能是一致的。但对于人则不同，人的诞生是自然界的否定因素，并且人自己也因此而被迫进入永恒的开始、永恒的建构、永恒的可能。在这种情形下，找出一个"什么"来指证人时，实是人的价值、意义的退化，实是一场摩菲斯特式的颠覆人的阴谋，就是无论再滔滔不绝地陈述多少辩证法，都实在不是把人作为人，而是把人作为动物，最终也无非是从一个前提滑向另一个前提，这从逻辑角度讲是因为，任何一个"什么"，必定有一个更高的"什么"作为其根据，也就是说，任何概念都可以用另一个概念来说明它是什么，因此，那种以概念、判断、推理的对象性思维方式所把握着的人的"本质"，就无法确立起人之为人的根据。结果，就科学而言，人永远是一个"有问题的概念"（想想看，现代生物学已经能够或快要能够把人做成另一种存在）。结果对"人是什么"越是追问，人就越不在。因而，对希腊理性人学的探究给我们的启迪是：对"什么是人"的追问，并不是要给"人"下个"定义"，而是要人去理解人的意义，这个意义在概念知识上永远是有问题的，但却可能在对直接生活的思考、品味、注视与感喟中体会、领悟出来。如果我们不想在一般科学性的"理性"之外或之上，再寻求什么"思辨性"的"理性"，就应该承认人的基本生活"经验"大于"理性"；"实践"优于"理论"。

既然人都是具体的，不是概念的。那么，希腊哲学家要寻找的"人"的普遍性就不存在于它的概念之中。"物以类聚"是物理自然的概念，"人以群分"是社会伦常的概念，而活生生的人则是个体的"群"，"群"在"个体"之中，"个体"也在"群"之中。希腊人所称之为的人的合乎"理性"与不合乎"理性",其实,就是尘世间群体利益之平均值的一种抽象。通过它所呈现的动态轨迹,可以看出动荡不安的人类总是试图在相互冲突的价值追求之间寻求一点点平衡。然而冲突是常态,平衡只是瞬间——不单人类总体的伦理观念是如此,每一个独立的个人与其所属的群体的关系也是如此。在黑格尔看来,希腊人之后的西方文化,其特点是"个人与整体和普遍性的东西割裂开来",这是"个体"压倒"群体"的不和谐。(而在更为久远的东方文化中,则是"群体"抑制"个体"的不和谐),唯独希腊人,还保持着一份"克己"与"利己"之间的纯正。确如黑格尔所言,事实上,我们很难用近代的"个人主义"和"集体主义"这两个范畴去界定希腊人对于个人与整体(城邦)的理解,他们既非个人主义的,又非集体主义的,这两者的区分,只有当个人与社团的分裂对抗和相互利用成为常态之后,才有必要。也许我们现在的问题在于发现,自我不过是我们历史上建构工艺的历史相关物而已。因此,西方哲学家为了找到一个"个体"与"群体"和谐的范本都不约而同地将视野投向古希腊这一段短暂的历史,以及当代西方自由主义与社团主义的激烈争执,恰恰说明了个人与社会之间的"和谐"是多么艰难。

其实,在如何理解"社会的人"这一问题上,马克思的价值范式与苏格拉底们不同,马克思提出了以社会的人为基础而紧密结合着经济学的唯物史观。唯物史观的优点在于并不把"社会的人"当作一个抽象的概念,而是十分强调作为社会的人之间的区别、矛盾、冲突和斗争,"社会的人"是具体的、有阶级的、划分为集团的,因而也是有特点、有个性的。

当然,古希腊人与后人都自有其道理,在个人与社会日趋"分裂"的时代,他们不能不抛开既有的人的理念,这就像希腊人在相对单纯的道德范式的"和谐"的古代世界里渲染的那种人的理念一样正当。

二　人的本质的解释

现代的世界，由于市场、通讯、科技的广泛的发展，一切地域、国家、民族都被紧密地联结在一起。虽然，自觉为全人类利益而奋斗的作为整体的人类主体，由于当前国际上还存在着阶级对立，还远未形成，但是，不论人们愿意还是不愿意，当今人们已处在类的统一体进程中，事实上，人类已在一定的条件下、在某些方面共同以人类主体的身份从事改造世界的实践活动。因此，从理论上探究"类"的本质及其与"个体本质"的关联，对自由自觉的人类主体的形成以及对马克思人的本质观的正确把握，当具有理论与现实的意义。

1

以往，人们很少以人的"类本质"或"个体本质"这样的提法来阐述人的本质问题，或干脆就消解这样的区分。从表现形态上，将主体区分为"个体主体""类主体"等已为学术界所认同，那么，是否也可将"人的本质"表述为两种含义呢？一种是指人的类本质（马克思言及的某种积极的"非异化"状态），即人类区别于其他物质存在（在此指的是动物）的基本规定性。另一种含义是指人的个体本质，即人与人之间相互区别的基本规定性。马克思正是在此两种含义上使用人的本质这一概念的。马克思在《1844年经济学哲学手稿》中，把人的类本质规定为"自由自觉"的活动，尽管，有人指出，这种对人的本质的规定，实际上把人的本质视为或预设为一种不变的、理想性的东西，它既是人的原始本质，又是历史预设的理想目标，因而，这样的规定是神秘的或至少不完备的。[1] 但是，

---

[1] ［德］黑格尔：《逻辑学》上卷，杨一之译，商务印书馆1977年版，第7页。

就我们看来，马克思的这一人的本质观是在批判资本主义人的异化，其意在强调人与动物的区别，强调应该把人理解为"自由自觉"去存在、去活动的过程，换句话说，"自由自觉"的存在和活动具有一种积极的目标性的意义。目的是永恒的、静态的，但向之而趋的努力之"应该"却是马克思对人的本质理解的动态方面。因而，对马克思关于人的类本质的理解仅仅限于静态方面，显然是意在解蔽的同时又作了遮蔽。时隔不久，马克思在《提纲》中又将人的本质界定为一切社会关系的总和。马克思在此指出的是单个人，即个体本质的来源，这里所讲的人的本质具有"现实可感"的性质。

正像把人区分为"类"和"个体"，并不是无谓之举一样，把人的本质区分为"类本质"和"个体本质"也具有深刻的意义。一方面，对于人以外的物质存在，其类本质因素中个体之间的区别不大也许不太重要。但是，就人类而言，情况就大不相同了。各个个体的意志都参与了人类历史的创造，体现了个体本质在历史中的作用，但是，历史的结果体现的是人类的意志、人的类本质的显现。另一方面，虽然个体与类具有密不可分的相通性，个体本质与类本质之间的关系是一种相互缠绕、相互生成，相互提升的关系，但是，只有对人的"个体本质"与"类本质"的细心辨析，个体才能把最能满足类需要的创造成果贡献给人类，才能最终使个体超越自身并与类融合。历史个人正是通过对人类文化的贡献，创设和延续了精神生命，达到了永恒的个体价值的实现。

那么，人们何以没有对人的类本质和个体本质作分别考察呢？其中的一个原因是：人们看到，当把任何一类物质的规模缩小到极限，再进一步缩小就不再是该类物质（假如能作这样的抽象的话）这个质的限度就是该类物质的个体。所以，个体表示着一类物质的质，不同类的物质之间的区别，都是从个体的质上确定的。这即是个体确定物质的"类别"。但是，当人们把个体的质作为类的规定时，此时的个体又是对个体共性的抽象，它源自于实际个体,却又不等同于实际个体,但无论如何,类的本质可以从个体中找到并被把握。然而,个体的人不仅作为人类的基本单元体现着人类的本质,与其他人一起同其他类别的物质存在发生联系,同时又在人类的群体中作为一员而同他人发生类内联系,不过这时的个体,不再是体现着类别的个体,而是作为特定的类内群体中的个体,这样的个体是承担着类内个体与个体关系中的某一角色,是一实际个体,体现的是个体本质,所以,个体本质不是人类与其他类物质相区别的人的类本质,而是在社会中人与人相区别的本质。所要说明的是"他是什么人",而不是"人(类)是什么"。

2

如前所述,马克思把人的类本质规定为"自由自觉的活动",马克思为何作如此规定?如众所周知,世界上不同类的物质相互区别的本质特征和根本标志,在于它们具有不同的性能,从而与周围环境发生不同方式的作用。人类自动物进化而来,它与动物的根本区别就在于人对人的世界的创造。只有从人创造人的世界的对象性活动中,才能够揭示出人的本质,人类的这种对人的世界的创造,正是人的自由的自觉活动的结果,从这一意义上讲,自由的自觉的活动是人类作为一种区别于动物的本质表现,是人类本质力的确证。

然而,人所有优越于动物的特征,人的类本质的存在只有人作为类存在物存在时才有可能。劳动异化使人丧失了类本质,凡是属于类的、精神的机能往往变成维持个人生存的手段,自由的自觉的活动往往为强制性的劳动所代替。而人同他的类本质相异化,"说的是一个人同他人相异化,以及他们中的每个人都同人的本质相异化"。即人与人关系的异化,可见,对于自由的自觉的活动具有决定意义的是人类在生产活动中所形成的社会关系。因此,从人的现实活动永远处在社会关系之中,社会关系构成其人和人、人和社会之间相互作用的方式和状态。它的动态表现就人的社会活动而言，人不仅作为类而存在，而且他必须同时是作为一个个体而存在，正是每个个体的特殊性，使他成为一个现实的个体，在此，个体与类的关系既不同于个别与一般的关系，又不同于部分与整体的关系，显然，人学的"类"角度研究和"个体"角度研究不能偏废。由于我们从来没有完全失去过类本质，资本主义工业劳动只是暂时遮蔽了人的自由自觉的活动。而从"个体"角度研究人，则相对要具体得多，可以进行逻辑的或量化的分解、规定。这种从"类本质"的研究转化为"个体本质"的研究有着不可忽视的意义，它表明对人的理解的具体化的思维趋向。

那么，"一切社会关系的总和"是怎样决定每个人的个体的本质的呢？马克思是在物质生产实践的发展将不断引起生产关系和其他社会关系的变化中，去理解不断变化着的人的个体本质的。不仅不同的社会实践条件和不同社会制度下的个体具有不同的本质，而且个体在自己成长的不同阶段也会形成不同的本质。一个社会的社会关系状况如何，这个社会的经济结构、政治结构、文化结构就怎样，人和社会的生存与发展状况也就怎样。社会关系把每一个个体与整体联结起来，我们可以说，整个社会就是由各种各样的社会关系所编织成的复杂之网，每个人就是网上的纽结。社会关系是把个体与社会凝结起来的现实结构力，个体与他人的任何互动都具有个体与社会互动的特性，即触动他人这一纽结而触动整个社会关系之网，进而触动整个社会。个体在社会关系面前并不是消极被动的，因为，任何现实的社会关系本身都是他们创造和建构的结果，同时，他们又根据自己的价值尺度不断变更、调整、重构着社会关系。这是从一般的意义上揭示出个体以社会关系为中介与他人、社会的价值互动的可能和意义，要使这种价值互动的可能和意义导向实际的可行性，就必须承认个人实践活动的普遍性和条件性。因为，每个人的实践既不是某种纯粹的个人行动，也不是一种抽象境况（时间、空间、他人）中的实践。现实的个人的实践必须面对两种最基本的事实：第一，与他人的关系；第二，人所寄居的社会、历史和文化。正是这些可以通过经验观察到的社会性规定，才给每个人的实践创造提供了必要性理由和必然性基础，并因此制约着每个个人的本质的形成和发展。

具体地说，父母（首要的他人关系）这一对社会关系的遗传素质直接决定个人的自然属性（个体的自然因素、生物因素还不能仅仅归结为遗传因素，前者比后者更广泛）。

人的自然因素、生物因素以人的社会因素为中介（即自然向人的生成）主要通过中枢神经系统起作用。中枢神经系统一方面执行着表象、概念、判断等反映人与世界的关系的职能，另一方面执行统一、调整和协调人自身机体内部及其所遭遇到的社会环境相互作用过程的职能。随着人的发展，人的自然因素、生物因素在很大程度上实质上已作为"第二自然"了。这就是说，只有在社会中，在"人按照美的规律塑造物体"的实践活动中，人的自然存在才成为属人的存在，而自然对人来说才成为人。如果站在演化心理学的立场来看，我们应当对于今天的工业社会的生产流程进行符合智人原始心理架构的、友好的环境界面。因此，我们在探讨个体与首要他人——父母这一对社会关系的相互作用时应防止两种倾向。一种是，将父母这一对关系的遗传素质对个人的生存与发展，实际上构成了人的心智——人格的内在环境的生理基础作用排除在外，或是作为本能性的潜在力量，而不是把他看成是个人与社会发生相互作用的能动力量。或者至多是从反常型态（福柯看到，让一个精神病人承认自己是疯子，是很古老的西方医学程序）中阐述它们对于个体实践活动的意义。这种社会决定论，为了突出社会的作用，把人降到了受社会要素支配和控制的灵长目生物体（"穿裤子的猴子"），把个体看成是社会得以表现自身的工具，贬低了人的价值和存在的意义。其理论思维的重心总还没有超越个体与社会两极思维的模式。在社会决定论的思维模式中，实际上把本来属于每个个体所独特具有的自然潜质（且这些自然潜质恰恰有力地塑造着人），统统归并到社会质中，这样一来，虽使人社会化了，却与人化或化人背道而驰。正像人类不可能离开其生活的大地，作为个体的人也无法摆脱父母这一对社会关系的遗传素质的影响和制约。任何人都无法选择自身，人被降生到这个世界上来之后，就只能是他自身，他可以选择一切，但无法选择自身；他是唯一的。因此，也正像任何人都不可能忘记生养自己的父母，即使刻意地去忘记自己已经不再亲爱的父母，这刻意本身也证明他所能忘记的限度一样。我们也不能忘记个人行为源头之一的父母遗传素质的作用。帕斯卡尔曾告诫人类：人们总是忘记与自己交朋友，事实上这是最重要的。我们也可以说，人离人最近，又离人最远。这是说，我们每个人都是人，都首先是自身的实体性存在，人之实体首先就是指人的生命机体，即身体。当我们说某人是人时，首先意指的是他的形体、还是他的社会性、精神性呢？我想从人的一切现象的寓所、常驻点的意义而言，自然可以把父母这一社会关系的遗传因素看成是人之"本"。人犹如灯盏，人之实体（自然生命机体）如同灯本身，人的展现（人的社会文化性）好比灯光及其所及的范围。光不能离灯而独存，人的展现不能离开机体而独在。这是符合马克思的思想的。马克思"现实的人"的思想之逻辑起点就是人的生命存在，这是马克思实现人的研究转向的重要步骤。

对个体本质研究中的第二种倾向，则是片面夸大人的自然因素在人的个体本质形成中的作用。比如弗洛伊德的心理学的获得性遗传理论，脱离社会的实际条件单纯研究其心理侧面，虽然弗氏的理论还有些合理的地方：比如精神分析学说在研究人格发展时重视追溯人的生活发展史，追溯童年经历和家庭状况，这种重视事物的连续性发展的理论和认识方法与个体本质的生成变化性是相吻合的。但是，弗氏的心理学的获得性遗传理论离真理毕竟太远。心理通过生理途径的遗传是存在的，那是在动物界。动物随着其生物机体的产生和发展成熟而由遗传自动地获得其种属的所有基本心理行为特征。但人就没有这样简单了，因为他摆脱了完全听凭自然选择的命运，具有了自为的文明。因此，从人的本能（自然因素占主导）生活与文明的关系来说，人的正常的本能生活是其文明生活中的一部分，这两者之间一般不存在什么对抗性的矛盾，因此也不存在谁"剥削"谁的问题。弗氏之所以提出文明"限制""剥削"了性的问题，其根本原因就在于他认为性是人的中心和基础，是人的一切需要之本，而人的其他需要都是附属于或由性派生的，因此这些需要所消耗的心理能量都"必须从性欲中节省下来"。弗氏的理论至少违背了人类今天能够享有并且还在继续发展的文明这一显见的事实。福柯曾为此指出，我实在不知道什么是无意识的意志。

在以往的观念中，人们把心理与生理严格区分截然对立起来，这和把人的自然属性与社会属性截然对立相关联。在我们看来，它们不仅是统一的，而且所谓的生理机制也是"人的"、是"社会的""文化的"，不是纯自然的。"社会的""文化的"因素就是使人成其为人的光。

值得注意的是：人的个体本质是由一切社会关系的总和来说明的，而社会关系的总和作为个体与群体、社会、类的关系的中介，既不专属于个体，又不专属于群体、社会、类，而是凝结和汇聚着个体与其他形态的主体的多重特征。关注人的发展和社会进步，我们就必须关注和高度重视社会关系的变更和建构，促使它朝着有利于人的自由全面发展的方向发展。

3

对人的类本质与个体本质的辩证关系在作概念界定的时候已有阐述，在此主要从辩证逻辑的角度，对此一问题作进一步梳理。

诚如前面指出的，马克思将人的类本质归结为改造对象世界的实践活动，只不过他强调了实践的"自由自觉性"的一面，对于实践概念的规定是不完备的，正如马克思后来补正的是，明确指出实践的首要目的在于生产满足人们的物质生活需要的资料这一事实。

与以往的哲学家不同，马克思反对抛开社会历史性去抽象地谈论人的类本质。在马克思看来，人作为人都具有实践本质，这是人所共有的性质，但它的现实存在却是各不相同的，是具体的。人只有在一定的社会关系中，把类能力内化到自身，才能获得人的现实的实践性本质，成为现实的个体主体。而社会关系是个人在生产实践活动中的社会结合形式，处于不同社会关系中的个人必然具有不同的社会性质。因此，人的现实本质只能是社会性的本质。实践性本身就蕴含着社会性，也只能通过社会性而存在，而社会性也就是现实的和具体的实践性。离开社会性，实践性便失去现实意义，变成一句空话，人也就失去具体性，成为一种单纯的自然生命存在，而不再是现实的人。这种人的类本质与个体本质的辩证关联表明：

1. 人实际上是个体与类的统一体。黑格尔在批判康德的错误时发现，要使康德关于人具有超越现实时空限制的能力的设想不至成为空洞的假设，唯一的出路是把人不仅理解为"个人"，而且理解为"社会的人"，即理解为一个类的存在。只有这样才能理解不同的，处于现实实践活动中的个体活动及其活动的结果所具有的类的统一性。而人的类的统一性也是解释人类文化继承性的逻辑前提，从人类与动物诀别的时候起，作为个体的人就注定表现为既是个体又是类，个人只有在社会、类的生活中才能安身立命，从生物进化来看，在没有形成人类独特的社会群体之前，生活在动物群体中的人始终缺乏严格的规定，时而经常走回头路，重新步入动物式的生活中去，所以，人注定是离不开人类群体，人类群体也必然离不开独立的个体（当然不是某一个体）。个体与类互为其存在的逻辑前提。所以，我们既不应像古典理性主义那样，过分偏爱"理性"（它体现人的类特性，是分析宇宙、人生与社会和谐性、有序性的逻辑依据），过分强调类本质对个人的价值和模塑，当然，也不应像现代非理性主义那样，过分倚重于研究个体存在，把人的真正基质看成是以情感、情绪体验面貌呈现出来的个人的内心世界。从"人是理性动物"到"人不是理性动物",再到"人是实践的社会存在",这表明了马克思在人的本质问题上超越个体与社会、类的两极思维模式的倾向。

2. 诚如上述,人的类本质与个体本质的统一在思想方法中也可以得到印证,人们通过思维把握个体去体现类的本质,这时的"个体"实质上已不再专指某一特殊的、现实的"个体",而是对个体共性的概括和抽象,这个"个体"本质上是关于"类"的科学规定,是来源于实际个体的"思维个体",但是,这种抽象由于适用于任何个体,人的类本质又可在个体身上把握。不过,这种思维中类本质与个体本质的统一,恰恰在于它们之间的区别,人的个体本质与类本质的区别是人的类内本质与类间本质的区别。人的类本质可以在现实的个体身上被把握。这表明,在每个个体以外并不存有一个类本质,无论是个体本质,还是类本质都通过个体的实践活动而得到体现。因而,我们不妨称人的个体本质是人类的类内本质,它体现人类个体之间的本质区别。而把人的类本质称为类间本质,以表明人类作为整体、总体与其他类事物的区别。需要说明的是,这种类间本质是通过处于社会关系中的个体来把握的,但我们的着眼点并不是个体人的社会关系,而是个体的人作为类与他类事物的本质区别。也因此,从某一层面上讲,人的个体本质与类本质从实质上是合二为一的,但又是从人处于不同的关系角度来看,才有这样的区分,当然,这丝毫没有消解这种区分的必要和意义。

3. 从人类社会发展的历时态角度看,人类社会就是由无数在存在时间上有限的个体所汇聚成的无限的前赴后继、绵延不绝的人流。仅此而言,人和动物的区别不大。也就是说,如果个体只是从父母那里获得了生物遗传机制,然后又通过繁衍新的个体的形式把自己的生命存在和类的延续结合起来,那么,在这个层面上,人的存在和动物就没什么区别。但是,个体与类的历时态联结是以文化为中介的价值联结。对于人类而言,文化是其特有的遗传方式，因为有文化的存在，人类才可能把不同历史阶段创造的价值成果不断地积累起来，传承下去，使类本质不断实现。就个体而言，他在接受了人类积累的文化成果，这就使个体本质的实现的起点比父辈及前代要高，在此意义上而言，个人的本质的实现并不是纯个人的事情，而是"人类性的历史事情"。正是文化这一中介，使处于一定历史条件下的具体个体，超越实体性存在的有限自我，个体成了真正的人类个体。个体也就不仅仅是共时态存在的社会有机体的一员，而且是历时态存在的人类主体的有机部分。这深刻地表明人的个体本质与类本质的实现是相互依存、相互促进的。虽然，在具体的历史条件下会发生根本性的矛盾，不过这种矛盾只是人类自我相关性的矛盾。是一种可以自己属于自己的存在，是一种自相缠绕，首尾相接的复合过程的矛盾。因此，那种由历史而带来的人的片面性发展，正是人在全面发展过程中所要极力改变的，到那时人的类本质与个体本质的实现达到了真正的统一。

三 个人与黑格尔的现代性哲学反思

从以上脉络中可以联想到，资产阶级社会是原子式个人占据主导地位的社会。如此背景下，有必要重新确认一下黑格尔的市民社会理论。黑格尔透过对市民社会的低评价而对国家至上的基本认定，意在用绝对精神统摄自我与非我、特殊与普遍、个人与社会、个人与国家诸对立双方，这一用理性他者取代理性的位置的思路，仍属近代意识哲学的思维框框，终难以承诺消除现代性危机的重任，而马克思到市民社会人的实践中去寻求人的解放的路径，为我们找到了值得肯定的消除现代性危机的出路。

1

第一个真正将市民社会作为政治社会相对概念并与国家做出学理区分的是黑格尔。M. Riedel 指出，黑格尔沿用与传统政治学家几无差别的市民社会这一术语,却第一次使其"政治的"与"市民的"状态分离了,国家中产生了非政治化的社会,将关注重心转向了经济活动。① 正是在这一意义上,黑格尔赋予了市民社会这一传统术语以现代意义。

我们知道,在市民社会与国家的关系问题上,西方思想家在寻求对现行政治制度做批判分析时,渐渐形成的是社会先于国家而在,国家只是处于社会中的个人为达致某种目的而形成的社会契约论的产物。依黑格尔,视国家为社会契约的观点是错误的,国家的本性"不在于契约关系中,不论它是一切人与一切人的契约还是一切人与君主或政府的契约","契约是出于人的自发选择,在这一出发点上婚姻与契约相同。但就国家而论,情形却完全不同,因为人生来就已是国家中,乃为人的理性所规定,纵使国家尚未存在,然而建立国家的理性要求却已存在","由于国家是客观精神,所以个人本身只有成为国家成员才具有客观性、真理性和伦理性"。② 既然人无法回到前历史时期,主观精神被客观精神所扬弃就是正途。人是被规定着过普遍生活的。由于人的这种概念,黑格尔的辩证法显示了"国家是一真实个体"的纯正演绎:说国家即是个人、是有机体,乃是意指全体生命表现在一切部分生命中的自我特殊化,亦即是说唯有在全体与国家的生命中,始可以发现诸部分的真实生命——个体,以及部分生命与全体生命的同一。正因为他排除他的偶有与短暂的单纯内容而保留他的普遍性,所以国家仅是个体他自己的客观化和永恒化。个体是潜在的普遍性,国家不仅是现实的普遍性,而且又是如此单纯的个体实现化与客观化。

黑格尔的这一国家概念,毫无疑问,因现有的国家均缺乏此

---

① 邓正来、[英]J. C. 亚历山大编:《国家与市民社会——一种社会理论的研究路径》,中央编译出版社1999年版,第87页。

② [德]黑格尔:《法哲学原理》,范扬、张企泰译,商务印书馆1961年版,第254页。

种概念而显示出国家与个人的紧张关系，往往被人们非难为"为了宇宙理性及其辩证过程和客观结构而牺牲具体的个人"①。这种非难是不是完全合理，对此下判断不会是简单的事情，司泰思却认为黑格尔是说：国家应该和概念一致。"国家并不是从外部强加于个体而又泯灭个体性的外来权力，与此相反，国家即是个体自身，而且唯有在国家中，其个体性始能实现。"因此，"国家乃是自由的最高体现。"从哲学上讲，这就是：在主体对面的东西，不应该是主体异在的东西。国家应该属于民众，国家不属于政府，不属于社团，不属于"旧的钱箱"……国家应该属于"主体"，即国家的民众。只有这才是"自由"。谁正确地理解了黑格尔的自由概念，谁就能知道，一个"自由的国家"是什么。②《小逻辑》里这样说："自由正是一个在自己的它在中守在自己身边的东西。"③《美学》里又说："在真正理性地组成的国家中，所有的法律和机构都无非是自由按照自己的本质规定性的现实化。如果情况确是这样，那么，个别的理性在这些机构中只能找到它自己本质的规定……那它也不是同与它异在的东西，而是只同它自己的结合。"④黑格尔的这些说法与其说是反对个体而拥护国家，毋宁说是意在为符合普遍的人类精神，而必须消除国家的缺失。这就要进行"政治教育"。⑤甚至，撵跑"秘书处"（在列宁那里，是撵跑官僚机构）。黑格尔的这些考虑无疑使我们更好理解为什么"我们在迄今发表的历史哲学讲演录原文中很难找到黑格尔直接对当时普鲁士的称颂，尤其难以找

---

① ［奥］马丁·布伯：《人与人》，张见、韦海英译，作家出版社1992年版，第173页。

② ［美］司泰思：《黑格尔哲学》，曹敏、易陶天译，台北黎明文化事业公司1984年版，第431页。

③ 中国社会科学院哲学研究所西方哲学史研究室：《国外黑格尔哲学新论》，中国社会科学出版社1982年版，第314页。

④ 同上书，第315页。

⑤ 同上。

到人们想象的那种大量乏味的谀词，……至于黑格尔在何处直接断言普鲁士当时已是历史发展的顶点，我们至今尚未找出"①。

当然，在黑格尔那里，如果不仅仅是从语义学的角度来理解"个别的人只是些环节罢了""国家是在地上的精神"之类的话，那么由于黑格尔认为他所面对的时代，是尚未充分发展了的时代，在那里，人有了自我感，感到自己是一切的出发点应当而且可以在政治、宗教和道德等方面实现自己的本质和力量。但是，这点还没有实现，还是处在"自在"（潜在）状态，还不过是形成一种核心，这个核心向所有方面，向政治、伦理、宗教、科学方面进一步发展的任务已委托给我们的时代。这样就决定了黑格尔在表达他建立近代国家意向时，一方面，他认为近代国家区别于古代国家，区别于东方专制主义，关键就是要以人为基础，其原则应当是尊重人。他说："在近代世界人要作为人在其内在性中得到尊重。"② 国家作为理性的实现是适应每个人的理性意志的。另一方面，由于国家是伦理理念的现实，是作为显示出来的、自知的实体性意志的伦理精神，它是较个人目的高一层的目的，"人们应该尊敬国家，尊敬这一整体，而他们是其中的肢体"③。因此，真实、普遍、正当与理性的国家目的就可以要求牺牲个人目的。

由上面的论述我们可以清楚地看到，为了说明黑格尔关于国家与个人的关系，仅仅简单地考察一下《法哲学》中提出的伦理哲学是不够的。因为，它只能被看作是可以具有各种倾向阐发的结果。这种阐发的结果不仅无法全面把握黑格尔的哲学精神，而且失之公允。例如，黑格尔在《法哲学》中说"民众就是不知道自己需要什么的那一部分人"④ 和黑格尔在1817年写的

---

① 薛华：《黑格尔对历史终点的理解》，中国社会科学出版社1983年版，第55页。

② 同上书，第73页。

③ ［德］黑格尔：《法哲学原理》，范扬、张企泰译，商务印书馆1961年版，第281页。

④ 同上书，第319页。

《评1815年和1816年符腾堡王国邦等级议会的讨论》一文中的话对照一下的话，这些指责的中肯性本身就会受到质疑。黑格尔经常反复急切地要求，必须教育民众，以使其知道自己需要什么。黑格尔想积极地把民众知道自己需要什么放到当时政治的天平上。民众有"权"知道，他和国家、和参政是什么关系。又如，黑格尔的《基督教精神及其命运》这一笔记中有如下一段话："在每个人自身都有光明和生命，他是为光明所有；他不像一个本身不发光而只能反射光芒的物体那样被光照亮，而是他自身的柴炭被点燃，闪耀自己的火焰"。黑格尔这里所谈及的"每一个人"与以国家为最高目的究竟又如何理解呢？我们认为，在这里，仅仅将此归结为黑格尔的理论体系与方法之间有矛盾，是缺乏足够分析的，不如说，黑格尔式的思辨辩证法引入了一种高度灵活的语义结构体系的连贯一致性，这种体系是一种自我规范的体系，然而，这种体系并不是一旦达到了某种水平，就固置、稳定在那种水平上。相反，它建立起它自己的自我规定、自我克服的过程，它所采取的方法就是不让任何事物丧失掉，而是使它们在其本质的要素中得到保存和重新肯定。这一观点，同样适用于黑格尔对市民社会的把握。

2

黑格尔"市民社会"观所隐含的逻辑极其复杂，此处仅从市民社会与国家关系角度出发，讨论基本上局限于确认市民社会在道德层面上的地位。《法哲学原理》"市民社会"一章中"需要的体系"，就是我们重点讨论的内容，就黑格尔对市民社会的人的存在状况的描述，大致可以归纳出如下几个基本要点：

1. 市民社会中人的独立却不自足的规定。黑格尔认为市民社会的人具有独立性，却缺乏自由、缺乏个性、缺乏完整性，完整的个人发展受到种种限制，个人的行动自由是局部的，因而，个人在市民社会中并没有自足性。具体地说，黑格尔是透过市场这一具有高度自律性的体系来界定社会的，这种透过市场模式而赢获的市民社会观，因其强调这种社会受制于自身的因果规律而明确了它与政治社会或国家的区别，亦即关注特殊利益的非政治化的私人领域与关注普遍利益的政治化的公共领域的区别。黑格尔认为，在市场经济中，人们不仅有追求私利的自由，而且有追求私利的可能，因为现代世界造就了一种受其自身规律调整的为古代世界所不知道的市场。在市场上，每个人都以自身为目的，其他一切在他看来都是虚无，由于这些仅是个人，而不是普遍的目的，所以，它们便是他的需要——他的吃、喝、住、穿等等的需要。当然，它们并不一定是物质上的需要，但这里所指出的，乃是他们这些需要必然均为个人和自私的需要，而不是普遍性的需要，市民社会或市场的核心是特殊性原则。但是，如果个人不同其他个人发生关系，他就不能达到满足自己需要的目的，因为个人只是运用其他一切个人作为达到其目的的手段，而在同样的状况下也同样为其他的人所运用。所以，由此产生了一种互相限制、互相依赖的系统。黑格尔说：在追逐一己私利的过程中，会形成一套互相依赖的关系，某甲的生计、幸福和法律地位与某乙的生计、幸福和法律地位紧紧地联系在一起。这便形成了"需要的体系"。在黑格尔看来，人类精神的根本普遍性就在互相依赖中显现出来，纵使是当某人只为自己的目的而劳动时，在实际上，他仍不得不为普遍目的而劳动。在增进他自己的目的实现中，也增进普遍的目的实现。显然在这里，黑格尔的市民社会概念汲取了亚当·弗格森与亚当·斯密的一些观点。然而，黑格尔认为，由于市场规律的性质决定了它的盲目导向和机械导向，所以市民社会各个部分之间并不存在一种必然的一致性或和谐：因纯真的利他之爱而丰富起来的和谐是宗法家庭的一个基本特征，而以契约性攫取为标志的市民社会则不然，它是"一个私欲间无休止的冲突场所"。人通过表象和反思而扩张他的情欲，像动物的本能那样，并把情欲导入恶的无限，以致市民社会所有个人虽然独立，可事实上还是不自由的，没有生命力的，不完整的。

2. 以劳动为核心把握市民社会。市民社会的主要活动或本质活动是攫取性的。然而，这种攫取是契约性的，而不是暴力的掠夺，换言之，契约必然是建立在契约双方当且仅当拥有满足对方的需要的手段基础上的。黑格尔曾经条分缕析而又委婉曲折地指明，人不能直截了当地去占有单纯外在的东西，人必须通过"自己的劳动"去创造交换手段。在黑格尔看来，"每个人在为自己取得、生产和享受的同时，也正为了其他一切人的享受而生产和取得"。因此，便产生出一种共享有的财富。值得重视的是，黑格尔发现个人通过劳动实现自己，是扬弃市民社会中普遍与特殊分离的因素。因此，所谓"需要的体系"恰恰可以被视为一种"劳动的哲学"。早在《精神现象学》中，黑格尔已认识到，劳动形成着人的品性，不仅在人成为人的自我完成过程里的人是劳动着的人，而且，首先在他人承认其为人这个互相承认过程里的人是劳动着的人。在《哲学全书》和《法哲学原理》里，如同在他的"体系"里那样，黑格尔考察劳动问题，首先是在"市民社会"这个阶段进行的，只有劳动才给市民社会表明出它之所以为市民社会的典型内容来。

不过，我们应该注意到，黑格尔在谈"劳动"这一概念时，过于偏重主体际的劳动关系，而没能同时像马克思主义创始人那样注意人与自然之间的关系。他之所以不能，乃是因为在他看来，劳动的客体即"自然界所直接提供的物资"[1]，乃是"一种特殊的精神"[2]。并且，黑格尔认为，市民社会条件下的劳动不合乎"劳动"的概念，不但需要的满足和劳动没有活的联系，需要和劳动之间构成一条长长的链条，个人不能掌握这一链条，他的劳动不能满足自己的需要，而能满足他的需要的东西又不是来自于他自己的劳动，因此，作为链条上的一环，个人不能不依赖于别的环节，依赖于别人，而所有个人都要依赖别人，都受一

---

[1] ［德］黑格尔：《法哲学原理》，范扬、张企泰译，商务印书馆1961年版，第209页。

[2] 中国社会科学院哲学研究所西方哲学史研究室：《国外黑格尔哲学新论》，中国社会科学出版社1982年版，第12页。

条链条的限制，所以个人的自由、个人的全面发展从整体的广泛联系来看，其前提还不存在。而且，人借以创造自己的劳动，甚至会成为压抑自己的力量。当然，黑格尔在看到市民社会中劳动和需要的联系并不是完美和谐时，这并不意味着黑格尔像马克思那样说出了需要和劳动之间的长长的链条在资本主义市场经济条件下有局部或大部脱环的危险，最终必然导致社会瓦解。这不仅因为，黑格尔没有把劳动和需要的矛盾像马克思那样看得严重，而且，在一定的意义上，正如马克思指出，黑格尔"只看到劳动的积极的方面，没有看到它的消极的方面"①。

对市民社会伦理层面上的不自足地位的救济，只能诉诸国家。在黑格尔看来，市民社会在进行一种"抽象的超出"，总是越过已有范围不断产生需要，提供满足需要的手段，呈现出一种"恶的无限性"，一种无节制、无度的情景，其结果是无节制的享受和无限度的贫困和匮乏，因此，撇开国家来看市民社会，它就只能在伦理层面上表现为一种无政府的混乱状态，而对这一混乱状态的救济，只能诉诸整个社会进程中唯一真正的道义力量，即国家。

不论我们对黑格尔的市民社会作何评判，黑格尔对市民社会中人的发展阶段评价不高，当人作为市民社会中的成员时，不过是"具体的观念"，处于低于精神的阶段，市民社会的人不是现实的人，市民社会的问题在于特殊性的发展和膨胀，在于个人主义过分滋长。这就必然导致特殊和普遍的矛盾，个人和社会的矛盾。这种矛盾表现为普遍虽然支配着特殊，社会虽然支配个人，但特殊却表现为脱离普遍，个人却表现为游离于社会。也可以这样说，市民社会的整体性，表现为整体的非整体性，市民社会人的社会性表现为人的非社会性，表现为孤立个人的杂多性。黑格尔一方面从历史主义出发肯定个人作为一方，个人的社会性作为另一方的分裂是一种进步，同时，在另一方面，这种分裂总是一种有待克服的缺陷，不管个人如何想独立，也不能摆脱社会性东

---

① 《马克思恩格斯全集》第三卷，人民出版社2002年版，第320页。

西的支配，因为个人的分离性只是现象，他们的社会性是本质。这就不难使人看到市民社会个人至上这种趋向不是至极的、本质的、不可超越的。而这种超越所可能凭藉的道义资源必须把"教育"考虑在内，"教育是绝对的东西的内在环节，并且有无限的意义"①。然而，对于这种教育的真正本质，我们不应产生误解，它既不是一种能自然地和毫不费力地强加于个人的精神，也不是由国家用强力使个人接受的整个道德准则，它首先是个人特有的工作。根据这种理解，教育更明确地表现为"解放以及达到更高解放的工作"，也就是说，是"推移到伦理的无限主观的实体性的绝对交叉点，这种伦理的实体性不再是直接的、自然的，而是精神的、同时也是提高到普遍性的形态的"。"正是通过这种教育工作，主观意志才在它自身中获得客观性，只有在这种客观性中它才有价值和能力成为理念的现实性。"② 黑格尔的这些话，虽只谈及市民社会中的个人，但它同样适用于国家。如果我国要达到世界历史水平，社会主义要在这个全球化的世界上为国家寻找到一种新的角色定位，它就应该适应自己的变化，特别要提高国家到"普遍性的形态"，或按吉登斯的说法，我们需要不断加以完善的是一种更加具有世界大同色彩的民族——国家观③。

显然，这需要教育，这样的一种教育工作无论对个人或对集体，都是与严格的纪律不可分的。黑格尔甚至大胆地说："人只是通过教育和纪律才成为真正的人。"④ 国家对市民社会的保护和超越所应诉诸的力量也许不在别处，就在纪律之中。人要求得到人的尊严和自由，就必须接受教育、强加于人的纪律，以便培养人们学会行使自

---

① ［德］黑格尔：《法哲学原理》，范扬、张企泰译，商务印书馆1961年版，第203页。

② 同上书，第202—203页。

③ ［英］安东尼·吉登斯：《第三条道路：社会民主主义的复兴》，郑戈译，北京大学出版社2000年版，第134页。

④ 中国社会科学院哲学研究所西方哲学史研究室：《国外黑格尔哲学新论》，中国社会科学出版社1982年版，第375页。

由，以及保持此一成果。黑格尔还认为，必须对官吏进行伦理和思想教育，以便使"大公无私，奉公守法及温和敦厚成为一种习惯"，"从精神上抵销"行政工作的"机械性"。① 想必，黑格尔在此谈的、与教育相适应的纪律是"抵销机械性"的纪律，因而，可名之为"解放"的纪律，它主要不是通过强制，而是"通过它激励的精神和追求目标，体现着共同生活的唯一可能的保证"②。

3

黑格尔对市民社会与国家的学理区分，以及个人于其间的道德身份的确认，无疑是与黑格尔时代所面临的问题分不开。在哈贝马斯看来，虽然黑格尔并不是第一位现代哲学家，但他是第一位意识到需要检视现代性的哲学家。现代性的话语，虽自18世纪末以来，名称一直不断翻新，但却有一个主题，即社会整合力量的衰退、个体化与断裂。从晚期经院哲学直到康德，虽已表达出现代性概念，然而，只是黑格尔才透过对现代性的检视，首先发现了包蕴个人主义原则在内的新时代的重要原则——主体性。在他看来，一旦我们提出：从主体性原则及其内含的自我意识结构中能否获得某种关于现代世界，并同时指导现代世界的标准规范，从现代精神中如何能构造一个内在的理想形态等等问题时，主体性原则就被证明是一个片面的原则。这个原则虽拥有空前的力量，高扬了主体自由和反思，然而，这个原则也销蚀了作为社会整合的宗教力量，又使人们体验到与伦理生活方面的整体性的疏远，异化；虽说市场的兴衰取决于个人主体的能动性，个人主体的能动性也需要在经济领域得到发展，但是，市场并不是"永动机"，那种不考虑经济发展的任何限度，任由市场自由运作的社会可能

---

① ［德］黑格尔：《法哲学原理》，范扬、张企泰译，商务印书馆1961年版，第314页。

② 中国社会科学院哲学研究所西方哲学史研究室：《国外黑格尔哲学新论》，中国社会科学出版社1982年版，第376页。

会产生大量的经济不平等。因此，黑格尔不只一般地指出市民社会那时存在尖锐的贫富对立，而且更进一步把这种对立与生活世界和谐统一起来的理想状况对立起来，并极其深刻地指明无论是赤贫者，还是暴富者，都没有处在真正的理想状态。贫者没有过理想的生活，是因为他们没有理想生活的客观条件，同时他们的劳动不是自由欢乐的活动。富者也没有过理想的生活，因为他们在自己现成享受的东西当中是"不自在"的，与其说是他们占有这些东西，莫如说是这些东西包围着他们。这就是现代性危机的表现之一，即自我与非我的矛盾。因此，黑格尔的《法哲学》、《精神现象学》中的一个重要思想是：人类自我意识的发展所迈出的决定性的一步，就是承认自己只有通过对立物才能存在，而以屈从或同化异己的方式决不会达到真正的自我意识。即便我作为主人为了自我欲望的满足而奴役他人，也永远不会获得真正的自我感觉。因为"被一个依赖于我的人承认是毫无意义的。相反被另一个独立的自我意识承认则完全是另外一回事，那将给予我的自我意识以真实具体的确证"。可见，黑格尔对现代性批判的基本思路是：用理性他者取代理性的位置，从内、外对主体中心主义之理性进行颠覆。为此，黑格尔提出了一个总体性概念即绝对理性、绝对精神，以调和自我与非我、特殊与普遍、个人与社会、个人与国家等矛盾，在哈贝马斯看来，这种调和仍落脚在近代意识哲学的思维框架中，以此超越现代性，终难遂愿。

看来很清楚，黑格尔对市民社会、国家作概念式的把握去消除现代性的危机，因在其调和论中潜存着深刻的矛盾，终归是一句空话，正如当代一位评论者所说，"黑格尔显然不能找到一种解决贫困问题的办法，这岂不是表明他依靠自己的哲学而作为一个社会哲学家的失败吗？因为黑格尔哲学的目的在于把总体性系统地包括进来，而这意味着要克服一切矛盾和异化"[①]。

[①] 中国社会科学院哲学研究所西方哲学史研究室：《国外黑格尔哲学新论》，中国社会科学出版社 1982 年版，第 303 页。

只是包括哈贝马斯在内的西方许多学者，不愿看到马克思关于市民社会等问题解决的路径不同于黑格尔，从而为现代性找寻到了一条值得肯定的出路。诚如查尔斯·泰勒（Charles Taylor）指明："黑格尔，一如其后的马克思，不相信一个自主的、不受调整的经济领域会产生令人满意的结果"。"不仅作为市民社会一部分的经济过程需要接受调整（这部分地是在市民社会内部进行的），而且它只有通过与国家这一更高级的统一体相整合才能避免毁灭。"① 不过，泰勒勘定，由于马克思援用黑格尔的市民社会概念，并把它几乎完全地化约为经济领域而减损了黑格尔概念的诸多意义。事实上，泰勒无法理解马克思之不同于黑格尔的市民社会观，其根源取决于马克思和黑格尔的人学立场的不同。黑格尔视为主体、视为真正实在的，是人的抽象的各种规定性，因而，在他看来，人不过是在精神展开的过程中出现的一个阶段。当人作为市民社会的成员时，不过是"具体的观念"，处在低于精神的阶段。换言之，黑格尔把人超出人之上或之外的东西看成是本质，市民社会的人不是现实的存在。与此相反，马克思认为，尽管市民社会的人是存在种种缺陷应该加以克服的人，但是，这样的人才是现实的人。市民社会之外不存在现实的人。在黑格尔那里，国家应把市民社会的特殊性提升到普遍性之中，依靠国家的力量来克服市民社会，抽象地说，即靠国家这一精神，具体地说，靠君主立宪国家的官僚政治来克服市民社会。与此相反，马克思认为，国家夺去了的类本质，夺去了共同性和普遍性。因而，要克服市民社会，恢复人性，只有依靠现实的人，依靠在市民社会内感性活动的人来完成。当马克思对市民社会的分析从法哲学的分析向经济学的分析步步前进并且日益具体和深入时，随之而来，人的自我异化这个词的内容也愈加丰富和具体。从巴黎时代起直到逝世之前，马克思专心致力于从政治经济

---

① 邓正来、[英] J. C. 亚历山大编：《国家与市民社会——一种社会理论的研究路径》，中央编译出版社1999年版，第26—27页。

学方面分析市民社会，不外乎是因为，他认为必须通过市民社会的人自身的实践来完成市民社会人的自我异化的克服，而这市民社会的人又受经济运动全面支配，所以，要到市民社会的人实践中寻求人的解放，无论如何必须从政治经济学上对市民社会进行研究。但是，这种立足于政治经济学的研究，必然区别于从纯粹经济的层面出发，把社会的公民素质的衰落等等人的问题化约为一个经济问题的做法。对此一说法，容待别处剖析。

四　人的需要与价值原则

在黑格尔的市民社会概念中，倘若它能够顺利展开活动，它可被看作通过需要形成的人们联合的普遍化，以及准备满足需要的手段和供给方式的普遍化。因此，我们从价值论的立场出发，对需要的人本意蕴、人的需要的可"分解"性、超越性等特点应当作深入的分析。并指明科学技术的运用实质在于人的需要的表现、人的能力的运用。强调对人的需要认识的重要性，阐明把握需要体系的核心——个人需要与他人、社会需要有机统一的价值原则及在当前市场经济中的变通原则的深远意义。

20世纪后期，人的需要问题的讨论再度升温，其实质是为了更深刻地把握人类以往和当今的实践活动对人类生存与发展的需要的制约和影响。人类对自身需要及其满足需要方式的把握是不断发展的。尽管人类不可能达到对自身的生存与发展需要和满足这种需要方式最终的、完全意义上的把握，但是，毫无疑问，基于人的需要问题的进一步把握。也日益成为人的价值实现的重要一环。

1

对人来说，本质重要的当然是属于人所独有的"人的"需要。如果说一切生命存在物都有其特殊的需要以及满足自己需要的能力。它因而与众不同或出类拔萃，那么，我们就要问什么是人特有的需要？

从价值维度看。人的需要既然是"人"的需要，那在理解何谓"人的需要"的问题时，我们首先面对的是学界关于需要的主体即需要者是谁的问题上的两种意见：一种是把需要的主体泛指为生命有机体。把需要看成是一切生命的普遍属性；另一种是把需要主体特指为人类。把需要仅视为人的特性。我们认为，既然人的需要是从动物乃至生物的生存状态那里获得生长点的，人的需要自然与动物的需要有着千丝万缕的联系。这里并不是要在一种非此即彼的逻辑之间进行选择，同样正确的是，人类的产生并不是给自然界添加了一个新的物种，演化到今天，人的生存方式毕竟和普通生命存在有着本质的区别。因而，在需要的主体问题上，我们既不能割裂，更不能将其混淆。那么，我们就要问什么是人特有的需要？从价值维度看，人的需要既然是"人"的需要，那么，这种需要应是符合人的本质或本性的需要，而不是"非人的"。那么，何谓"人的"和"非人的"，马克思在《德意志意识形态》中说，一条被水里移到它所不能适应的环境中的鲸鱼。如果它具有意识的话，那么它必然感到它生存的环境是一种"非鲸鱼"的环境，是和它的鲸鱼的"本性"发生悖逆的环境。马克思以此喻说资本主义社会中的工人的境遇，在资本主义条件下，工人对资本家来说不过是"物"。虽然，在自然面前人第一次站立了起来，在资本面前人却仍是奴隶。所以，工人的存在是一种违背人的本性的"非人的"存在。结果，人只有在运用自己的动物机能，满足自己的生理需要的时候，才觉得是人，而在运用人的机能满足人的需要时，反而觉得自己不过是个动物。

尽管马克思在《德意志意识形态》《1844年经济学哲学手稿》等著作中，用人的本性与环境（主要是指社会条件）的互相适合与否来区分"人的"和"非人的"需要，这称不上是对人的需要的科学定义，甚至只是一个解释学循环，但它对于排除一切对人的需要动物式规定，坚实地引导人们一步一步地接近人的需要本身的意义，而不是动物式的情欲的确具有重要的方法论意义。人的需要之所以不是一个容易予以确切规定的定义，不正在于"人的"需要超越了动物性的狭隘需要，因而也超越了并永远超越着它自己么？人的需要甚至超过了人为的满足这种需要而能够计划和想出的一切。不过，在这里马克思的如下思想是明确的：所谓"人的"需要即符合人的本性的需要，是有利于增强人的本质力量和巩固人在世界中的主体地位的需要。

最能体现人的本性的需要，使人成其为人，是人的劳动的需要。随着人类社会各种物质与精神财富的迅速发展，经济学已经充分证明了商品的价值源泉只是普遍的劳动（包括一切具体的劳动在内）。这时人们就发现劳动才是人之为人异于其他动物的最根本之处。随后，人类学又证明，人类从猿类进化而来的根本原因和动力就是劳动。这样，劳动就成了人区别于其他动物的最基本的标志。而且，"动物只生产它自己或它的幼仔所直接需要的东西；动物的生产是片面的，而人的生产是全面的；动物只是在直接的肉体需要的支配下生产，而人甚至不受肉体需要的影响也进行生产，并且只有不受这种需要的影响才进行真正的生产"。[①] 可见，真正的人的需要只是在不受肉体需要的直接支配时才有可能。真正的生产使人的存在对象的自然日益成为"人化的自然"，因而作为"自然存在物"的人日益成为作为"人的自然存在物"的人。正是在这一意义上，马克思甚至说，人们的"需要即他们的本性"[②]，"按人的方式来理解的受动，是人的一种自我享受"[③]。因此，马克思把人的需要视为生产内在而不可分割的要素和推动力。强调需要像劳动一样，体现着人的能力、人的自由发展的水平，这就凸现了人的需要概念的一个重要测度，就是人的存在和发展状态的问题。

---

① 《马克思恩格斯全集》第三卷，人民出版社2002年版，第273页。
② 《马克思恩格斯全集》第三卷，人民出版社1960年版，第514页。
③ 《马克思恩格斯全集》第三卷，人民出版社2002年版，第303页。

2

马克思不会停留在一般的意义上去谈人及其人的需要。即从绝对抽象的角度去规定人和人的需要。要使人的需要成其为人的需要，必须使劳动按照最符合人性的方式进行。这实际上就是作为同一个过程的人的解放和自然的解放。亦即通过建立人与人的平等和自由的社会关系和运用科学技术提高生产力的过程。由于人与人的社会关系和人与自然的关系相互制约，因而，作为表征着人与自然关系的科学技术的运用，必然成了人与人的社会关系的"指示器"。正如卢卡奇所说："资本主义的社会制度（物化）剥夺了人作为人的本质。他所拥有的文化和文明越多（即资本主义和物化），他就越不可能是一个人。"① 不过，卢卡奇等西方社会批判思想家，往往把资本主义社会产生的人的异化归罪于科技本身的进步，把科技本身与它的资本主义应用之间的关系混淆起来，将科学技术看成是"魔鬼为了消灭人的价值而铺设的道路"（哈贝马斯语）。对此，马克思早就说过："利用机器的方式和机器本身完全是两回事。火药无论是用来伤害一个人，或者是用来给这个人医治创伤，它终究还是火药。"②

可见，在科技与人、社会的关系上，马克思不仅强调科技对社会的决定作用，同时还强调决定科技形成和发展的社会基础。强调科学技术对人有什么价值，最终还是取决于人类自己的需要和能力发展的程度。科学技术日新月异的发展，既可以成为人类福祉和建立真正平等社会的凭藉，也可以造成新的问题：文化断裂和人性戕害。人本身的发展越全面，科学技术对人的价值就越丰富，越能与人的需要相适应。所以，要想认识科学技术对人究竟有什么样的价值，有哪些价值，除了要了解科学技术的属性，更重要的是了解人

---

① ［匈］卢卡奇：《历史与阶级意识——关于马克思主义辩证法的研究》，杜章智、任立、燕宏远译，重庆出版社1989年版，第152页。
② 《马克思恩格斯全集》第四十七卷，人民出版社2004年版，第443页。

本身的需要和能力。不仅要真正理解符合人性的需要是什么,而且,更为重要的是知道如何合理地满足人的需要。

对人的需要及其合理地满足需要的方式的把握,既是一种事实性认识,又是一种价值判断。人因其需要的无限性和广泛性区别于其他一切动物。表明人的需要是复杂的。从结构上看,人的需要可分情感的、理性的、生理的、心理的;也可分为物质的、精神的;长远的、眼前的;长久的、短暂的等等。这里实际上表明的是人的"具体需要"可以分解为抽象程度不同的各种"抽象需要",人的"具体需要"向着"更抽象的各种不同需要"的可"分解"性,这样就形成了错综复杂的人的需要体系和轻重缓急的人的需要满足的价值顺序。例如,人的饮食的需要就可以"分解"为人对粮、肉、油、菜的需要,对炉灶的需要、燃料的需要,对各种炊具、餐具的需要,对烹饪技术、美食的需要等等;而上述任何一种需要又都可以"分解"出多种需要。例如,对炊具、餐具的需要就可以"分解"出人对冶金、铸造的需要,制瓷制陶的需要,木器加工的需要,冷藏防腐设备的需要等等;同样的逻辑,冶金、铸造、制瓷制陶、木器加工、冷藏防腐设施等需要,还可以分别"分解"出更多的"特殊化"了的需要。这种需要系统形成了一个由简单到复杂、由低级到高级、由具体到抽象逐渐递升的需要体系。对不同的主体和相同主体的不同发展阶段,处于不同层级的需要具有不同的价值。再从需要的特性看,人的需要具有新新不滞的超越性。"已经得到满足的第一个需要本身、满足需要的活动和已经获得的为满足需要用的工具又引起新的需要。这种新的需要的产生是第一个历史活动。"[1] "新的需要的产生"被马克思强调为"第一个历史活动",是因为新需要的产生使人的需要和动物的需要从质上区别开来。动物和它的生命活动是直接同一的。它并不把自己与自己的生命活动区别开来,人则能够把自己的生命活动作为自己的意志和意识的对象。因而,作为人的感性的生命活动的观念上的起点,即人的需要总有

---

[1] 《马克思恩格斯全集》第三卷,人民出版社1960年版,第32页。

以意义的选择和理性的权度为内涵的意识寓于其中，使人的需要最终脱开了自然系列中的动物的本能需要。这充分表现在：人的需要的产生和实现不仅依赖于他周围环境的某些条件，而且还依赖于某种每当他要求实现，就在他面前消逝的东西。从此一意义而言，人的需要的产生和实现是以一种处于一切世界体验彼岸的对象为前提的。确切地说，人的需要并非仅仅在动机过剩的情况下才去超越世界上一切可能的事物，去创造一个向往和敬畏的幻想对象。甚至可以说，人在自己的无限追求中，以至于在一呼一吸之间，始终以一个相应无限的、并非有限的、彼岸的对象为前提。即使他并不知道怎样来称呼它。这实际上正是建基于人的物质需要之上的人的精神需要的最大特性，这种精神需要的无限性总是涉及到人类的无限使命（表现在艺术、宗教、道德之中）。

人要努力超越他在世界上所遭遇到的一切，这就意味着：人注定会被一个颇具悲剧色彩的难题所困惑，这就是：个体想要完成的社会行为的时空范围，总是远远地超出他在世间生活的时间限度；而且，一个人愈是出于社会道德的要求而尽职尽责、积极行动，上述难题对他来说便愈突出，愈使其感到人之有限，愈带有悲剧色彩。因此，从个人的需要的立场来看，历史的确有些像"愚人的故事"。然而，若是从整个人类的需要的立场来看，这个表面看来毫无价值的故事便不乏伟大的精神意义了。

面对复杂的需要体系，人们在追求需要的满足过程中，有时会遇到使人感到顾此失彼以至无所适从的价值冲突。甚至会使人感到"不知自己需要什么"，陷于一种价值迷失状态。豪克甚至对我们的时代作了如下描述："今天，对于许多人来说，无论是本能还是传统都不能告诉他们必须做什么和应当做什么。他们甚至不再知道，他们自己究竟需要什么，于是乎就只好随波逐流了。"[①] 今天高度发展的物质文明，使我们的需要变得复杂和精

[①] ［德］古茨塔夫·勒内·豪克：《绝望与信心：论20世纪末的文学和艺术》，李永平译，中国社会科学出版社1992年版，第25页。

致起来，给予我们许多享受的快乐。然而，当有些复杂和精致的东西对我们变得过于昂贵的时候，往往也是离开人的生活、人的生命的本源意义、人的能力的全面发展越来越远的时候。因此黑格尔说，知道人需要什么，尤其是知道自在自为的意志即理性需要什么，是深刻的认识和判断的结果。深刻地理解各种需要的本质和共同基础，理解自己和他人、社会的需要是什么，理解合乎自己的能力的需要所依赖的社会条件是什么，是我们把各种需要统一起来，合理地解决追求需要的满足时所遇到的价值冲突的关键。

把握自己和他人、社会的需要的矛盾，之所以是把握人的各种需要的矛盾统一体的关键，就在于个人需要和他人、社会需要之间的矛盾，揭示了各种需要联系和发展的最深刻的本质。体现了人的需要问题上的主观和客观的辩证统一。

就个人需要和他人需要、社会需要之间的关系看，毫无疑问，个人自身的需要是有意义的，人的活动总是从自己的需要出发，而不总是按照别人的需要来发展和塑造自身。人应该实现自我需要。不然，就谈不上人的主体性。即便是想从他人的需要出发，做有益于他人的事，首先要满足的是自身能力的发展的需要。如果个体自身都不能获得一定的能力发展，何谈有益于他人。这是不是就是"主观为自己、客观为别人"呢？是不是每个个体主体都主观为自己、客观上就能造成每个主体自由发展的状况呢？亚当·斯密等资产阶级思想家早就提出的这一社会设想与资产阶级的实践早已否定了这一观点。

实际上，作为社会的个体人的自我需要。并不是通常以为的，意味着自私自利的开端（在语言逻辑上说，"我"是第一个具有最大普遍性的概念，是以承认一切人、甚至一切物都有一个"我"为前提的。否则，人无法使用这个单词），就其正面向度而言，不可能不涵贯"真""善""美"等价值期许，而满足需要的方式也便不可能没有"真""善""美"等价值尺度内在其中。这是因为，从个体而言，人的自我需要总是与他人的需要、社会的需要相联系并从属于社会的需要，归根到底由社会需要决定的。而从社会而言，一个务实的社会，总是在尊重和保护个人需要的前提下使所有个人发展的合理需要都有益于他人。当然，这还不是社会提倡"尊重、保护他人的需要如同尊重、保护自己的需要"这种崇高的理想，因为，这样提倡的前提是要像卢梭看到的那样，我们要采纳另一句格言："你为别人做的，就是希望别人为你做的。"①

务实而不失理想的社会，所倡导的并力求协调自我与他人需要的关系的目标是温和的，温和的目标还不是一种高尚的目标。它是一种基于人的平和的天性或自发的善意，它所倡导的格言远不是完美的。但也许更有用，它倡导的是："人们在追求自身需要满足时，不能妨碍他人需要和利益的实现。"这句温和的格言，没有崇高的色彩，更少令人激动，但它也少苛求，更容易做到，因而，它在现时代具有历史的普遍性和正当性。与过去的体制相比，市场经济体制确实为人的需要的实现和个性的扩展提供了更好的条件。因为对现代化大生产来说，既不需要政治主体，也不需要道德主体。它所需要的只是使现代化大生产得以正常循环的生产者或消费者。所以市场确实在一定程度上使人从政治层面和道德层面的重轭下获得解脱。在市场之中，政治与道德也被纳入市场的轨道，或者说成为一种市场需要，管理者不能简单地用道德律令和政治命令对人的活动进行干预，市场的动力来源于独立的个体的利益需要，市场是一个彻底世俗化的社会，市场中的人由政治人或道德人转变为经济人，人似乎不必有政治理想的追求，也没有了崇高的道德意识的反省。但是，这并不意味市场中的人可以随心所欲，我行我素，毫不理会社会和政治的约束。更确切地说，市场不再像以往一样，把对人们的道德要求神圣化，而是作了温和的变通，这确是面对世俗化的现实的必要调

---

① ［法］卢梭：《论人类不平等的起源和基础》，李常山译，东林校，商务印书馆1962年版，第156页。

整，没有了崇高，人能够生活。人类全部历史证明了这一点。但是，没有起码的温和则活不下去。这是因为温和与野蛮相反。因而大致上是文明的一个同义词。

当然，我们也并不是因为市场中的"现实不合乎理想的崇高"而否定"高远理想的真实性"。现实存在与理想之间的张力，为人类试图按照自己的理想改变世界的活动创造了广阔的空间和必要的前提——生产力前提，在不断提高生产力的同时，努力在社会关系方面把人从其余的动物中提升出来，人类将获得自己历史的新境遇，在这样一种新的境遇中，我们找到了真正符合人的"天性"，找到了个人需要与他人和社会需要统一的真实的历史基础，这就是马克思所说的"人的本性是这样的：人只有为同时代人的完美、为他们的幸福而工作，自己才能达到完美"① 的时代到来。

在此，马克思将人的需要与人性的完美有机统一起来，昭示了这样的一个价值真理：每个人在追求自身需要的实现时，都应该努力找到一个这样的着力点或出发点，以使在追求自身需要的实现时，自觉自愿地成为为他人、为社会的需要而工作的人。

五　马克思与个人的真实存在

马克思从未从绝对、抽象的角度来规定现实的个人，依马克思的观点，个人之所以是个人，在于他具有类特性，他属于这个"类"。个人之所以为现实的人，还在于他是社会存在物，具有社会特性。更为重要的是个人还与单个他人不同，他具有与他人不同的个人独特性。

纵观许多从传统解释框架出发对马克思哲学所作的解析，或者绝口不提自我，或者至多只是指出现实的个人，即构成历史的真实主体的重要，而极少具体阐述现实的个人的生活意义、现实

---

① 《马克思恩格斯全集》第一卷，人民出版社1995年版，第459页。

的个人的积极性以及自我意识、自我选择、自我责任等等问题。以至于在这种话语的隐性逻辑中,"自我"并不是马克思哲学的问题,或者至多把马克思的"自我"概念等同于"人类的自我"概念,而不是"个别人的自我"概念。在这样一种逻辑牵引下,有人,如施蒂纳直接批评马克思把"我"变成为一个人,而"人只是一种理想,类只是一种理想"[1],伯恩斯坦等人则指认出马克思以"无产阶级"代替了"我"[2]。如果,这种指认具有合法性的话,那么,马克思哲学就可能隐匿着将人变成一种与现实存在的个人相对立的非现实的东西,乃至"现实的个人不是人"的逻辑矛盾。我以为,要摆脱这种对马克思哲学的解读模式,唯有在更深一层的理论语境内,呈现出马克思主义的"现实的个人"概念的真实视界。在此,我们主要考虑到马克思的对手,施蒂纳对费尔巴哈的"类哲学"批判的合理性,阐明现实的个人自我独特性的意义。

1

当代马克思主义哲学研究中的一个重大课题,是如何把握马克思哲学思想发展进程的逻辑视界,在这一问题的当下讨论中,有人将其概括为五大解读模式[3]。我以为,这五大解读模式并不是绝对的,它只代表了各自理论思路的典型模式,因而,我们必须把各种解读模式话语之间的关系看作是某一可能的谈话中各线索的关系,因每一模式存在的具体形态是复杂多变的,所以,这种谈话不以统一着诸说话者的约束性模式为前提,谈话的公度性本身就在谈话之中。从这种解释学的观点来看,我以为,关于马

---

[1] [德]麦克斯·施蒂纳:《唯一者及其所有物》,金海民译,商务印书馆1989年版,第196页。
[2] 刘小枫:《现代性社会理论绪论——现代性与现代中国》,上海三联书店1998年版,第232页。
[3] 张一兵:《回到马克思——经济学语境中的哲学话语》,江苏人民出版社1999年版,第2页。

克思哲学思想的"两次转变"的解读模式，较真地把握了马克思哲学思想发展的逻辑进程。马克思哲学思想发展进程中的第一次转变是指：从唯心主义转向费尔巴哈式的人本学唯物主义，这一次转变并不是自觉开始创立马克思主义。与这一次转变时期相关的重要文本包括《克罗茨纳赫笔记》、《德法年鉴》时期的文章、《1844年经济学哲学手稿》及《神圣家族》等。第二次转变发生的重要文本包括《关于费尔巴哈的提纲》、《德意志意识形态》等。这次转变是真正自觉创立马克思主义的思想革命。

在这两次转变中，费尔巴哈的哲学具有特殊的地位，这就是作为黑格尔哲学到马克思哲学的一个中间环节。或者说，费尔巴哈的人本主义为以人的解放为旨归的新唯物主义的创立提供了某种前提和内在根据，并且，马克思解构了费尔巴哈的人本主义，才最终走向新唯物主义。此外，就本文的题域而言，施蒂纳在1844年10月发表的《唯一者及其所有物》中，对费尔巴哈人本主义的毁灭性打击，也成了马克思哲学思想转变的理论激活点，这不仅体现在《德意志意识形态》中，对施蒂纳的批判所占的篇幅最大，几乎占了全书的十分之七，而且，恩格斯在1844年11月19日给马克思的一封信，对此作了提示。恩格斯认为施蒂纳用个人，即利己主义的"我"代替了费尔巴哈的人（类）是对的，而且是"重要的"，并提出要"把它翻转过来之后，在它上面继续建设"。如何翻转呢？恩格斯指明，"简言之，如果要使我们的思想，尤其是要使我们的'人'成为某种真实的东西，我们就必须从经验主义和唯物主义出发；我们必须从个别物引出普遍物"，而不要"像施蒂纳那样陷在里面"。[①] 就马克思的思想进程来看，此时的马克思会基本赞同恩格斯的此一想法，但也会有进一步的思考。一方面，施蒂纳对费尔巴哈人本主义逻辑的确触到痛处，这是使马克思最终与费尔巴哈人本主义彻底决裂的原因之一。由此，施蒂纳的利己主义的"我"的"独自性""唯一

---

① 《马克思恩格斯全集》第四十七卷，人民出版社2004年版，第330页。

性"成了马克思后来"现实的个人"概念形成的批判性出发点①。当马克思在《德意志意识形态》中确认费尔巴哈对感性世界的理解的局限性,确认费尔巴哈的人是"一般人"而非"现实的历史的人"时,马克思所确认和肯定的正和恩格斯一样,是施蒂纳对费尔巴哈批判的合理成分。另一方面,马克思认为这还不够,在专门批判施蒂纳的章节中,马克思指责施蒂纳批判的不彻底性。施蒂纳在批判费尔巴哈的同时,也无条件地接受了费尔巴哈的幻想,并以此作为自己立论的根据。因为,当施蒂纳谈到,"成为一个人并不等于完成人的理想,而是表现自己、个人"。"我的任务"并非是"我如何实现普遍人性的东西,而是我如何满足我自己","我"只欲图发展自己,而不是发展人类观念、神的计划、天意、自由。"我"不承认任何使命、"我把一切都归我自己所有,如同我使自己工作、自我发展,都是作为这个我自己那样:我不是作为人而发展人,而是我作为我自己发展自己"②等等关于个人生存的看法时,他与费尔巴哈一样,是把我、个人同现实的历史、现实的物质生活分割开来,因此,当"唯一者"认为"类"概念是一种抽象时,这个对一切构成"我"的压抑和束缚的东西拒绝之后的"我",竟也是一种抽象的臆造物,这当然使马克思厌倦。

那么,马克思是在什么意义上扬弃了施蒂纳的理论和观点的呢?

我们注意到,在《唯一者及其所有物》一书中,施蒂纳主要是反对现实的个人之外的形形色色的"类"和"总体"的压迫。相对于费尔巴哈对宗教的批判,并把批判的结果,即"上帝"归结为"一般的人"或"类",施蒂纳所进行的是"人"

---

① 参见侯才《青年黑格尔派与马克思早期思想的发展》,中国社会科学出版社1994年版,第251—279页。

② [德]麦克斯·施蒂纳:《唯一者及其所有物》,金海民译,商务印书馆1989年版,第402页。

的批判，"人"在施蒂纳那里成了批判的起点，"一般的人"被否弃之后，凸现出来的是以"独自性"为"全部本质和存在"而以"我"相称的个人。施蒂纳据以批判的一个有效武器是形式逻辑。在施蒂纳那里，不再像费尔巴哈那样提出"什么是人"的问题，他为自己提出的问题是"谁是人？"。以他看来，前一个问题是要诉诸概念的，后一个问题则意味着提问者在说出概念后的自明自白。如果以概念去考察，"在你和我那里只看到'人'"，这在施蒂纳看来，实际上"就是将基督教的考察方式推到了极端"，因此，"人的宗教只是基督教宗教的最后变形"。根据人的宗教"一个人对于另一个人来说，无非只是一个概念"，这就潜含着逻辑上的自相矛盾：每一个现实的个人，因为他与"人"的概念不相符合，或因为他并非是"类的人"，故而是一个"幽灵"。为此，施蒂纳慨叹道："人们在多少世纪长的过程中让这些'自相矛盾的判断'通行无阻……更有甚者，在这长时期内，只存在非人。有哪一个人能与他的概念相符合呢？"在与概念相符的意义上，"现实的人只是非人"。施蒂纳由此还寻找了导致这一自相矛盾的根源："人们寻求我的本质。它并非犹太人、德国人等，而却是人。'人是我的本质'。"[①]

此外，施蒂纳对以"类"哲学的批判为后起的"生存（Existellz）主义"所深化，生存哲学的集大成者雅斯贝尔斯把人的生存规定为："我本来所是的东西就是自身存在的大全）自身存在即是生存。""生存"不能作为对象用"一般意识"来把握，因为，"生存"不是一个概念。从形式逻辑上讲，一旦涉及概念，它必然既是种概念又是类概念。凡概念都是从种与类的关系中，从他者中获得自身意义的。"生存"之所以不是任何概念的种概念或类概念，是因为"生存"仅从自身中获得意义。易言之，"生存"永远不能由任何普遍法则或者永恒有效的客观条件

---

① ［德］麦克斯·施蒂纳：《唯一者及其所有物》，金海民译，商务印书馆1989年版，第197页。

所规范①。当代某些"施蒂纳学家"已注意到《唯一者及其所有物》是对"生存主义"的论证,这是因为,施蒂纳所说的"我"的"独自性"作为"我"的一种属性,可以与"无"相互论证,而"无"可直接理解为对一切加之于独一的"我"的规范、枷锁的破除。施蒂纳似乎无法不遵从"唯一者"的"独自性"的冲动和快乐,攻击一再指向我们的文明,他提出:"我们的弱点在于我们寻求一个'共同体',一种联系,在于我们对于共同体有一种理想。一种信仰、一个神、一个观念、一项为一切人的帽子!如果把一切人置于一顶帽子底下,那么当然不会有人需要在他人面前脱下帽子了。"②他直接批评马克思:"有的人发明和提出了要求:我必须成为一个'真正的类存在'。"③并且,专门点出马克思的《论犹太人问题》一文。

　　施蒂纳对马克思的批评是否正当?我们知道,在《德法年鉴》上发表的包括《论犹太人问题》在内的马克思的两篇文章,其基本的哲学观点是费尔巴哈的。马克思试图运用类本质和个体的感性存在的分离来分析问题。他指出,当时资本主义社会存在的一个最基本的事实是:在私有财产统治下,人过着天国和尘世的生活。即政治共同体中的生活和市民社会中的生活。在政治共同体这一领域中,人作为公民,过着符合自己"类本质"的天国生活;在市民社会中的生活,人作为私人和同其他人相对的利己主义者,过着不符合他的"类本质"的尘世生活。因此,个人在市民社会中,是异化了的感性存在:原属于人的世界、人的关系和人的本质现在都离开个人而存在。因此,马克思将人类解放理解为,不仅在抽象的政治生活中,而且在现实生活中,都须

---

　　① 方朝晖:《重建价值主体——卡尔·雅斯贝斯对近现代西方自由观的扬弃》,中央广播电视出版社1993年版,第65页。《德国哲学论丛(1996—1997)》,中国人民大学出版社1998年版,第108页。

　　② [德]麦克斯·施蒂纳:《唯一者及其所有物》,金海民译,商务印书馆1989年版,第225页。

　　③ 同上。

把人变成"类存在物",成为自由个人的联合体中平等一员。这实际上,是青年马克思以人的社会类本质,即人类应有的本真状态为价值设定,去规范人的现实。按施蒂纳的论点,马克思的这种观点确实有将人变成一种与现实存在的个人相对立的非现实的存在的可能,因为以这样的理论设定,与人(类)的概念不相符合的人即是非人,而诚如施蒂纳已说的,"并非是因为符合'人'这一概念方才是人性的"[①]。我们以为,在此,施蒂纳对青年马克思的批判是击中要害的。

因而,由于施蒂纳对费尔巴哈人本主义颠覆的促动,同时,也由于没有了"天职""任务"和"使命",而从人类既有的文明史中出逃的施蒂纳的"我",第一个以鲜明的主我态度对"现实的个人"的肯定,虽是抽象的肯定,却也会推动马克思去寻求真正的"现实的个人"。施蒂纳的理论教训是:在普遍、特殊和个别的辩证法中,他只看到个别,把一般抽象同现实具体、把"人的本质",以及国家、民族、社会等"普遍物"同个体存在割裂和对立起来,且对后者也是纯思辨地加以解释。如此,施蒂纳从"我"、从经验的、肉体的个人出发,本可接近纯粹经验的现实领域的门槛,却因其理论的偏执而止步,马克思的理论运作,正是始于施蒂纳的驻足之处。

2

再说马克思与费尔巴哈的关系,这在哲学史上是引人注目的。马克思是带着从黑格尔那里获得的巨大的历史感接受费尔巴哈影响的,因此,历史和逻辑表明,马克思因受惠于费尔巴哈哲学的启示超越黑格尔的同时,也因倾心于黑格尔哲学的历史感而超越了费尔巴哈,这表明马克思的人学及其自我学说,无法从费尔巴哈那里汲取营养。费尔巴哈对自己当下所做的工作也作过明

[①] [德]麦克斯·施蒂纳:《唯一者及其所有物》,金海民译,商务印书馆1989年版,第191页。

确的厘定。他言明:"目前的问题,还不在于将人之所以为人陈述出来,而是在于将人从他所沉陷的泥坑中拯救出来。"即"从神学中将人的哲学的必要性,亦即人类学的必要性推究出来,以及通过神的哲学的批判而建立人的哲学的批判"。至于,"将人之所以为人陈述出来"①,则是下一代人才能做到的事。在历史的联系中,这后一件事是由马克思来做的。关于这一点,恩格斯指出:"费尔巴哈没有走的一步,必定会有人走的。对抽象的人的崇拜,……必定会由关于现实的人及其历史发展的科学来代替。这个超出费尔巴哈而进一步发展费尔巴哈观点的工作,是由马克思于1845年在《神圣家族》中开始的。"②

马克思对费尔巴哈的根本超越,用马克思的术语来说,可以概括为:把费尔巴哈的"直观唯物主义"转变为"新唯物主义""实践的唯物主义",即"共产主义"。这是两种具有不同立足点的唯物主义之间的区别。旧唯物主义,亦即"直观唯物主义"的立足点是市民社会,它在社会历史领域中是从孤立的、自私的和抽象的个体出发,因而,它只注重个人的自然属性。费尔巴哈曾明确指出,类作为一理论抽象,有两种含义:其一,是指与"我"相对立的"你",即与特定的个体(主体)相对立的其他一切个体;其二,是指人的自然(本性)。③ 从费尔巴哈对"类"的含义的规定中,已使自己的理论潜在陷入"二律背反"的两难境地的危险:一方面,费尔巴哈为贯彻感性原则而诉诸其基本形式是个体性的"感性存在";另一方面,又偏执于抽象的"类"概念。因而,当他把感性存在看成只能是单个的个人或个体,而去谈论"人"谈论"类本质",并用"我和你的统一"这样的术语去表达特定个体与其他同类个体间的关系时,就难免

---

① 《费尔巴哈哲学著作选集》上卷,荣震华等译,商务印书馆1984年版,第120—121页。

② 《马克思恩格斯选集》第四卷,人民出版社2012年版,第247页。

③ 《费尔巴哈哲学著作选集》下卷,荣震华等译,商务印书馆1984年版,第428页。

显得牵强和神秘。最后，费尔巴哈的"直观"只得求助于"肉体性"，把"肉体性"提升为一种本体论原则，藉此以他的新哲学同思辨哲学抗衡。他说："如果说，旧哲学的出发点是这样一个命题：'我是一个抽象的本质，一个仅仅思维的本质，肉体不属于我的本质'，那末，新哲学则以这样的命题开始：'我是一个现实的感性的本质，肉体总体就是我的自我，我的本质本身'。"① 费尔巴哈的这种肉体本体观被法兰克福学派成员阿·施密特（A. Schmidt）称呼为"肉体存在主义"。

　　接着费尔巴哈的"肉体存在主义"往下说的尼采声称，"要以身体为准绳"。② 因为，只有以身体为基础的真理才是真理。当代女性主义则声言，"男人用理性想问题，女人用身体想问题"。③ 这种"身体优先论"在对待"人的现象"上的庸俗性，不禁使我们想起当年费尔巴哈的一些颇为有名的话，例如："在妻子后面还有孩子"，因此，"爱无可抑制地使你更进一步"。④ "肉体本体论"的哲学坚核由费尔巴哈提供之后，尼采和福柯敏锐地识察费尔巴哈指明的箴言："其实，身体、肉体是必然与自然相联系的最本质、最根本的对立物。主要的形而上学原则是植根于精神和肉体的冲突中，而且仅仅植根于这一冲突中。先生们！只有这个冲突才是万有的秘密、世界的基础。"⑤ 这一箴言促成尼采和福柯进而构想本能冲动反抗精神诸神的革命，在他们看来，无论文化制度、政治秩序或个体生存，都应以自然性的身体为基础，以此将作为权力的一个工具的自我转变作为个人自由

---

　　① 《费尔巴哈哲学著作选集》上卷，荣震华等译，商务印书馆1984年版，第169页。

　　② ［德］尼采：《权力意志——重估一切价值的尝试》，张念东、凌素心译，商务印书馆1991年版，第172页。

　　③ 刘小枫：《个体信仰与文化理论》，四川人民出版社1997年版，第472页。

　　④ 《费尔巴哈哲学著作选集》下卷，荣震华等译，商务印书馆1984年版，第427页。

　　⑤ 侯才：《青年黑格尔派与马克思早期思想的发展》，中国社会科学出版社1994年版，第72页。

的工具的自我。"反对人的存在的普遍必然性。"① 当费尔巴哈把人的感性存在首先看成人的肉体性，宣称"肉体是人的本质"时，实际上，将人的肉体看作是一种给定的东西，看作超时间的、超历史的、代表了人性中最稳定的部分。十分清楚，费尔巴哈的"感性存在"是针对被黑格尔作为逻辑学开端，并主要是从时间性角度进行考察的抽象存在（绝对理念）而提出的。这样，当费尔巴哈以一个唯物主义者的身份去考察历史性的人时，"历史在他的视野之外"。当福柯重新审察"肉体是人的本质说"时，已经察觉传统哲学的片面，根据福柯的分析，肉体并非什么固有的，它也是社会或权力构成的，是历史地被规定的。用巴瑞·斯马特的话说，福柯著作中的肉体并不是一个生物学的概念，而是一个历史的概念。在对唯心主义抽象的人性、人的本质说的讨伐这一点上，作为后人道主义者福柯与马克思可谓殊途同归。但与后人道主义不同的是：马克思并不是舍传统之根而从人之本能、欲望的解放中寻求人的理论表达。

因为，新唯物主义的立足点是人类社会或社会化的人类。在这一表述中，马克思指明了新唯物主义既从联合的和社会联系的现实的人类出发，又从符合人性的社会出发。在这里，马克思已经消解了费尔巴哈将人以自然存在为基础相互联结起来的那个"无声的类"、自然的"类"，强调一种在自然的"类"之上的人与人联结起来的社会的"类"，把人从个体和类的关系主要转变为人与社会的关系。这对于新唯物主义而言，确有重大的转折意义：从个体和类的观点出发，必然只能是在旧有的逻辑中从类到个人之间的理论摇摆。而从人与社会关联的观点出发，势必要研究积极活动的个人之间的全部联系，而这些联系在马克思看来源于"现实的个人"，"积极实现其存在"②

---

① 王治河：《扑朔迷离的游戏——后现代哲学思潮研究》，社会科学文献出版社1998年版，第134、139页。

② 《马克思恩格斯全集》第四十二卷，人民出版社1979年版，第24页。

的活动，因而，像费尔巴哈那样，将人仅看成"感性的对象"是不够的，人的存在本身是一种"感性活动"。

与费尔巴哈不同，构成历史的真实主体的活生生的现实的个人，不是指他们的肉体存在，而主要是作为个人感性活动的物质生产，生产活动构成个人生存的基础。马克思提醒费尔巴哈，对人的感性存在的本体论证明不应当开始于对自己身体的迷恋，也不仅仅说"如果你因为饥饿、贫困而身体内没有营养物，那么你的头脑中、你的感觉中，以及你的心中便没有供道德食用的食物了"之类的观点就完事了。这还仅仅是一个形而上学的逻辑命题。我们"须要跳出哲学的圈子并作为一个普通的人去研究现实"。① 无论是从神到人、从逻辑学到人的类本质，还是施蒂纳的个人和"无"，这都只是"在观念上的超出世界"，实际上，"就是哲学家们面对世界的无能为力在思想上的表现。他们的思想上的吹牛每天都被实践所揭穿"。②

为此，马克思哲学的新视界是从做一普通的人去面对真实的社会生活和历史情境开始的。由此，马克思看到：现实的个人总是遭遇到一定的物质生存条件，所以，"这里所说的个人不是他们自己或别人想象中的那种个人，而是现实中的个人，也就是说，这些个人是从事活动的，进行物质生产的，因而是在一定的物质的、不受他们任意支配的界限、前提和条件下活动着的"③。与施蒂纳那种无条件的绝对自由的个人（实际上是自我＝幽灵）不同，这是在现实中的个人，现实中的每个个人有许多现实的需要，"正因为如此，他们已经有了某种职责和某种任务"④。"如果使这个我脱离他的全部经验生活关系，脱离他的活动，脱离他的生存条件，脱离作为他的基础的世界，脱离他自己的肉体，那

---

① 《马克思恩格斯全集》第三卷，人民出版社 1960 年版，第 262 页。
② 同上书，第 440 页。
③ ［德］马克思、恩格斯：《费尔巴哈——唯物主义观点和唯心主义观点的对立》（《德意志意识形态第一卷第一章》），人民出版社 1988 年版，第 15 页。
④ 《马克思恩格斯全集》第三卷，人民出版社 1960 年版，第 326 页。

末他当然就不会有其他职责和其他使命。"① 马克思在这里用了如此多的"脱离"一语,来把握现实的个人,与后来海德格尔把握人生此在确有相似之处。在海德格尔那里,把握人生此在就像人们去把握海藻团一样,不管你抓到它的什么部位,你都必须把它整体拖出来。把握某个个体,为的是同时把与此相关联的整体连带着加以把握。因为,人生此在不可能从世界中走出来同世界面面相对,它总是已经处于这个世界之中的,总是与他人一起处于一个共同的处境之中。这在马克思那里,则意味着现实的人的个体性是个体存在的总体性,人的个性、自我的独特性不是一种"粘合"的东西,因而,也不能像施蒂纳那样靠"减去"个人一切社会群体特征和类特征的方法来认识和把握。马克思曾讥讽式地谈到施蒂纳,因为他每天都在吃着世界历史,"世界历史又每天生产他,生产那作为他的产物的唯一者,因为他必须吃、喝、穿"②。在此,马克思向我们表明,人的确是具体的现实的个体,但人的总体规定性却不是个体的特性,而是由物的生产形成的新的群体生活。人是个体,但社会生活中结合起来的人才是历史的现实的具体的,人之所以能成为历史主体,恰恰是由于他自身构成的社会性生产活动,这是马克思转而使用人类("人们")来说明生产的原因。

归结起来说,马克思从未在最一般的意义上去谈人,即从绝对的、抽象的角度来规定现实的个人。卢卡奇认为,马克思"总是认为人同具体的总体性,同社会相联系"。这并不意味着"个人"在社会、历史面前是微不足道的。作为哲学范畴,作为马克思历史观的范畴的"现实的个人",既是"小我",又是"大我",他对于社会、历史说来,在究极的意义上更值得看重。依马克思的观点,个人之所以是个人,在于他具有类特性,他属于这个"类",正是历

---

① 《马克思恩格斯全集》第三卷,人民出版社1960年版,第326页。
② [德]马克思、恩格斯:《费尔巴哈——唯物主义观点和唯心主义观点的对立》(《德意志意识形态第一卷第一章》),人民出版社1988年版,第33页。

史发生的生产才使人最终脱离动物，才有人类所独有的"类"的特性。个人之所以为现实的人还在于他是社会存在物，具有社会特性，更为重要的是个人还与单个他人不同，他具有与他人不同的个人独特性，舍此，个人就不是具体的有个性的个人了。有个性的个人实际上就是真正的自我，不过，还需要重申的是：这个"自我"并不是离开了物质生产的历史条件，离开了一定的人与人之间的关系的"我"，海德格尔对此在生存论的分析，尤其是他对出位的强调，毫无疑问与马克思是指向同一向度的。

六　自由主义之形而上"自我观"

我们看到，人道主义话语掩盖了当时马克思主义者所支持的政治现实。但是，在自由主义理论中，"自我"不仅是一个政治哲学概念，它更是一个形而上的概念。康德型自由主义的"自我观"，使其面临着难以解决"本体自我"与"经验自我"的矛盾。这个矛盾源于康德对"自我"性质的分析，康德的"自我观"的实质是对现代性理论的合乎逻辑的申述，但潜藏着"本体自我"与"经验自我"的对峙与越界的可能。霍布斯、卢梭从自然状态中的"原子自我"到社会契约中的"共同自我"的极端发展可导致消灭"自我"。海德格尔对个人主义或"原子主义"形而上的总根源的批判，因为是哲学上的，而非政治上的，所以，一直未进入政治哲学视域。现在的问题是：将自己表现为理念人这个事实为什么应该显示能够有效地消除非本真的人？我们发现，与近代启蒙思想家的社会解释比较，当代自由主义要迎风而立，就势必要先道德化一点，社会化一点。

1

按照霍布斯、洛克的自然状态说，人是生而自由的，自由首先以自然权利而存在。要求自由的意愿乃是人类根深蒂固的一种意愿。这种意愿不仅为对自己的行为能负责任、神智健全的成年人所具有，而且连小孩也有。因此，康德克服了霍布斯、洛克的自然状态学说从"是"中推出"应当"的自然主义谬误后仍然宣称，自由乃是"每个人据其人性所拥有的一项唯一的和原始的权利。"① 在康德看来，我们与生俱来的自由，是一种天赋的权利，当我们从自然状态过渡到文明状态之后，这一自然权利是保存着的。这种天赋的自由既为天赋的个人权利，它们就不属于政治权利，而属于自然权利。因为，它们不是出自某种能构成这些权利的政治制度。它们直接依附于主体，即一个作为主体的人、一个自我。

对于康德比霍布斯、洛克在更高、更抽象的意义上确立的自然权利概念，深得黑格尔的赞许，他指出："康德哲学曾经由于下列这一方面而获得广泛的传播和接受，即认为人在他自身中即可发现一个纯全固定的、不可动摇的东西、一个坚实的重点，因此只要人的自由没有受到尊重，他就不承担任何义务"，"这个原则的建立乃是一个很大的进步"。② 我们注意到，康德在论自然权利时，贯彻了自己的先验哲学原则，把权利概念定义为纯粹理性的一个原始概念，完全先验地从自我中推演出来，证明它是关于自由存在物彼此具有必然关系的概念。③ 继康德之后，罗尔斯因应时代的挑战，提出了他的"公平的正义"理论，他试图做的工作就是进一步概括以洛克、卢梭和康德为代表的传统社会契约论，使之上升到一种更高的抽象水平。自由的优先性和对最少受惠者的偏爱构成罗尔斯正义论中最具特色的部分，罗尔斯为了论证选择正义原则的公平性，构想了"原初状态"和"无知之幕"两个概念，藉此以排除近代启蒙思想家契约论中的社会历史因素。罗尔斯认为，在原初状态中，人们之间相互冷淡，相

---

① Kant, *The Metaphysical Elements of Justice*, translated by J. Ladd, Indianapolis: Bobbs–Merrill, 1965, pp. 42–44.
② ［德］黑格尔：《哲学史讲演录》（第四卷），第289—290页。
③ ［德］康德：《历史理性批判文集》，何兆武译，商务印书馆1990年版，第105页。

知甚少，他们是根据游戏理论中的最大的最小值规则（maximin-rule）从事一种指导社会基本结构设计的正义原则的选择，即选择那种其最坏的结果相比于其他选择对象的最坏结果来说是最好结果的选择对象。经过推理，罗尔斯认为，在原初状态中人们将会选择处于一种"词典式序列"（lexical order）中的两个正义原则：即首要的平等自由原则，其次是机会的公正平等原则和差异原则的结合。

总起来看，以罗尔斯为代表的新自由主义都秉承了传统自由主义理论奠基在个人权利概念之上的一贯做法，假定社会是由独特的个人组成的，每个个人先天地拥有一个超验自我，并作为其认同的自我（the self），这种自我先于其目的和价值。

这里，我们发现，一般人都把自由主义视为一个政治哲学的理论，所关注的主要问题是政府的权限，与"自我"这个形上学问题没有任何关联。这种识见，实际上遗漏了真理的一半而过于偏狭。其实，社群主义者迈克尔·桑德尔在质疑新自由主义的正义原则的根据时，已经识察到，自由主义对此问题的论证隐含着一个形而上学的假定："自我"概念。自我概念不仅是一个政治概念，它更是一个形而上的概念。这样的一种自我概念不是由个体所选择的善构成的，而是把自我等同于一种做自由选择的能力，人的认同不需要靠任何外在于它的东西就能够建立起来。换言之，"要确定任何诸如我的目的、抱负和欲望等等的特性，也就意味着在它们之后有一位主体'我'。'我'必须先于任何目的或属性而出现"[1]。这是因为选择特定的目的是以具有选择能力为前提的，而"自我"正是选择能力的载体。

桑德尔进一步针对罗尔斯所谓"天赋并非私有财产而是公共财产"的著名论点，尖锐指出，由于罗尔斯坚持认为个人对由运用他们的天赋才能而带来的利益和财产并无提出特殊要求的

---

[1] Michael Sandel, *Liberalism and the Limits of Justice*, Cambridge: Cambridge of University Press, p. 19.

道德权利,这样,罗尔斯就不仅把个人同他的社会和历史属性脱离开来,而且与其自然属性亦剥离开来了,因此,桑德尔将罗尔斯等自由主义者提出的"混沌未凿的自我"(the unencumbered self),看成为没有牵累、没有负担的自我。它是一种"彻底地脱离肉体的主体"(a radically disembodied subject)。这种对自我的了解是笛卡尔以来现代人对自我的了解。现代人视自我为一个可以独立于外在世界而存在的实体。虽然,Amy Gutmann 等人指责桑德尔在此误读了罗尔斯的自由主义,我自己对此的论证不会有多大意义,除非我们重视罗尔斯自由主义的"前提预定"。可以一般地说,"没有构成性特质的空壳"式的自我,或"孤独的自我"构成了自由主义理念的形上基础。

在罗尔斯及其当代所有分享其方法的自由主义家庭的理论尝试中,潜含着一个形上学的"自我"概念已经明确后,我们现在转而看看对这类尝试的评论。根据许多人的说法,当代自由主义是启蒙时代自由主义精神的延续或翻版。启蒙思潮强调普遍理性与个人自由原则,当代自由主义也就强调普遍理性与个人自由原则。但是,这些在启蒙时代形成社会进步动源的原则,在 20 世纪最后 20 年里,却显现出与西方社会的脉动脱节的症象,① 而使知识界反对连连。思其所以如此,大概与有关自我的性质的看法密不可分。

我们知道,罗尔斯自称为"康德主义"的《正义论》问世,标志着康德型自由主义(Kanitan Liberalism)显学地位的确立。但是,康德型自由主义思辨的规范力与理论盲点同在。他们总是面临难以解决"本体自我"(the noumenal self)与"经验自我"的矛盾。因为它所依赖的抽象"自我"观念,无力对公共与私人作一种有效的区分,这种"无力也使它无法处理诸如性别问题和家庭问题等

----

① 汪宜桦:《自由主义哲学传统之回顾》,《自由主义与当代世界》("公共论丛"第六辑),生活·读书·新知三联书店 2000 年版,第 17 页。

等"①。这个矛盾,脱胎于康德关于自我的性质分析。在康德看来,"人是这样一种动物,如果他生活在自己的类的其他个体中间,那么,他就必须有一个主人。因为人肯定会滥用他相对于自己的同类所拥有的自由,而且,虽然作为理性的造物,他希望有一种给自由规定全部界限的法律,但是,他的动物性的自私爱好却诱使他,一旦有可能,就使自己成为法律的例外。所以,人需要一个主人,这个主人能够战胜人自己的意志,强迫他服从一个普遍有效的意志,从而使每一个人都能够得到自由"②。然而困难在于,这个主人不能在人类之外,而只能在人类自身中寻找。这也就意味着,这个主人无论是单独的个人,还是由若干精选出来的人组成的集团,都依然是会滥用自己的自由、同样需要主人的人。

康德之所以如此观察的理由,在于康德本体论哲学区分了"大我"与"小我",并且"大我"(即由范畴规定的我或语言、文化、逻辑形式规定的我)与"小我"(即由时空规定的自我或形相的我)并存,且以"大我"为主导。③ 因此,康德在这段话里所说的"人"(humanity),其语义是指"人类",从先验哲学体系看是指逻辑上先在的先验主体,而不是具体时空中的经验性个人,是指"本体自我"而不是现象界的你或我。两个世界不能截然分立,但也不可随意替代。与此纯粹理性体系相一致,康德对权利作了相应的两分,他把权利体系分成以先验的纯粹理性的原则为根据的自然的权利,和由立法者的意志规定的法律的权利。前者是每一个人天赋的权利(又称为"内在的我的和你的"),它不依赖于经验中的一切法律条例;后者是获得的权利,是以普遍的自由法则基础上的法律条例为根据的权利。④ 康德对

---

① [美]约翰·罗尔斯:《政治自由主义》,万俊人译,译林出版社2000年版,第17页。
② 李秋零:《德国哲人视野中的历史》,中国人民大学出版社1994年版,第121页。
③ 谢遐龄:《康德对本体论的扬弃》,湖南教育出版社1987年版,第13页。
④ [德]康德:《法的形而上学原理——权利的科学》,沈叔平译,林荣远校,商务印书馆1991年版,第49页。

权利的如此两分，依自己的逻辑是不得不接受的，但是，他把自由作为整个纯粹理性体系的"拱心石"（这与他把自由看成是唯一的一种天赋权利是一致的）的心向，却将自由问题形而上化或本体化，从而潜藏着将其他不同性质的问题却可能是同等重要的问题视为从属性的。当新自由主义把康德的形而上学理路或问题框架（problematic）中的问题展开出经验性问题时，势必便是用自己的问题框架拆散、重组康德哲学。譬如，"在讨论问题时，康德型自由主义者用'person'或'individual'来替代'humanity'或'the noumenal self'，这就转换了概念的含义"[①]。这里涉及的问题，重要的倒不仅仅是转换了的概念的含义，真正重要的是围绕"个人""人""本体自我"等范畴展开的那些话语性实践，以及这些实践中的政治运作：我们注意到，在康德那里，对自我（个人）范畴的思考被视为"小"、并与其潜在的高量级对应词"大"一起引入一个形而上的领域，其中词语的等级关系可以造成语义的替换、类同和取代。也就是说，"小"并不仅是"大"的对立面，而且是"大"的等级中的一阶，是两者之间较次要的一个。"小"与"大"这一语言机制的作用使我们感到蒂森的判断与我们是一致的，蒂森指出："尽管康德有理由拒绝赫尔德对他的学说所做的解释，这种解释认为在他的学说中个人成了类的祭品，但是赫尔德正确地感受到了那种强调国家的新转变，这种转变最后终结在黑格尔的客观精神即国家的学说中。"[②]

事实也的确如此，由康德肇始，国家和法的问题在德国古典哲学中始终占有较大的比重。这是否就是直接意味着个人被视之为小，国家被视之为大？对此一问题的回答并不会是简单的。康德的本体论哲学将"自我"区分为"大我"与"小

[①] 王宾：《自由主义的双重含义》，《开放时代》1998年第4期。
[②] 李秋零：《德国哲人视野中的历史》，中国人民大学出版社1994年版，第124页。

我",目的是应重建形而上学给"自由"一个本体论地位的要求。但是,自由概念是纯粹理性体系的拱心石,对"自由"不能有经验知识,否则,自由就成了纵容人欲横流的任性。考虑到康德哲学的这一时代任务,我们可以断定的是,康德重视纯粹思维也即重视人的类存在(社会存在),比重视语言,把语言看成是人的天性的语言哲学家,更进了一步。[①] 在此种思境中,康德型自由主义者如果真像他们自认为是"康德主义者"的话,那么,他们从个人角度对国家所进行的批评就不可能超越一个思维形式及其语言已经事先命名并规定好的等级关系。"人是目的"也无法直接等同于"个人是目的"乃至"'小'我是目的"。如荷兰的人权问题专家范·霍夫把西方的人权学说分成洛克学派和康德学派,认为前者具有更利己、现实的性质,而后者则以更社会化、理想化为特征,并说康德派的观点"更容易符合现代国际人权法"。[②] 应该说,霍夫是准确地把握住了康德人权思想的实质。

然而,应当在此指出的是,康德将"小我"置于"大我"之下并不意味着他背离了个人主义和启蒙事业。这就涉及了自由主义与个人主义的关系问题,无疑,自由主义包含着个人主义这一特点。但是,自由主义除了我们习以为常的"英—法"之分及"英美—欧陆"之分,还可有"消极—积极"或"自在—自律"的界分。Leoandr Kierge 认为,康德的思想中既体现出自由主义的一般特性,也体现了德国自由主义的特殊问题。卢克斯也曾就法国式的"个人主义"与德国式的"个人主义"作过明晰的区分:"法国人所说的'个人主义'的含义是否定性的,标示着个人的孤立和社会的分裂,而德国人的理解则是肯定和积极的,意味着个

[①] 谢遐龄:《康德对本体论的扬弃》,湖南教育出版社 1987 年版,第 12 页。
[②] [荷兰] 范·霍夫:《亚洲对人权普遍性概念的挑战》,载刘楠来、P. R. 比伊尔、陶正华、F. 范·霍夫编《人权的普遍性和特殊性》,社会科学文献出版社 1996 年版,第 21—22 页。

人的自我完成和（最早的浪漫主义者除外）个人与社会的有机统一。"① 这就不难理解，在个人与国家之间，康德虽然更加看重个人，但在权力问题上，他却更加信任国家的致思取向。我认为，康德的观点实际上是对现代性理论的符合逻辑的申述。现代性的理论并不旨在解放个人，而在于把个人组合成民族国家的公民，现代社会的成员。同时，由于现代自我观及其思想语法是与民族性的观念同源同生，我们很难，甚至不可能像笛卡尔一样，把"自我"想象成某种自成一体的，个人独有的内心场地。

可是，在康德型自由主义思想家的理论诠释中，相较于法律的或实在的权利，康德更注重自然的权利或应然权利，却变成"每个人（在某种状态下）都是相互淡漠、先于社会的存在，有其任意选择人生目的的自由"的无根性解读。这种信念当然可以符合某些理论家建构其社会哲学之需，但是，也容易遭到诘难：我们的问题是，在现代社会，我们还能以霍布斯或洛克的自然状态说，作为指导社会基本结构设计拟真之理论起点吗？

2

然而，在17世纪思想家中，霍布斯用三言两语便打发了"自然状态"这个概念，却是流传下来了，引用最频繁且最有名的。它引起许多人的关注，且已是现代社会哲学、政治哲学和社会学的公认的出发点。塔尔科特·帕森斯认为，"我们或许可以把社会科学的整个发展历史，看作是一个对霍布斯这一隐喻的漫长的、迄今仍无定论的论战过程。"② 霍布斯的命题让我们产生了一系列的困惑，即这种现代社会科学范式是如何形成的？在霍布斯生活的时代中，是什么激起他对"自然状态"的可怕意象？

---

① ［英］史蒂文·卢克斯：《个人主义：分析与批判》，朱红文、孔德龙译，中国广播电视出版社1993年版，第22页。

② ［英］齐格蒙·鲍曼：《立法者与阐释者——论现代性、后现代性与知识分子》，洪涛译，上海人民出版社2000年版，第70页。

在鲍曼（Z. Bauman）看来，霍布斯是一种幻觉的受害者："他自以为从已经崩溃了的、完全由人所建立起来的社会控制体系的陈迹中，瞥见了自然状态的本真形态。"① 在这里，鲍曼所讲的"幻觉"的制造者是霍布斯遭遇到的英国革命时代，当时社会失序，从霍布斯的生活世界中涌现出令人忧虑的异端分子，他们是预示着即将来临的社会的先驱。由于这个经验，霍布斯从人类学和心理学的前提出发来探讨个人在社会政治秩序中的权利与地位问题。这位不是从理念而是从既认的经验出发的英国人也是诉诸人的本性的，但人的本性主要地不是像格劳秀斯那样被归结为所谓"爱社交性"，而是被归结为对一己之利害的理性关怀和权利诉求。霍布斯将自然权利定义为"每一个人按照自己所愿意的方式运用自己的力量保全自己的天性——也就是保全自己的生命——的自由"，那么，什么是自由呢？霍布斯在《利维坦》第21章《论臣民的自由》中开宗明义指出：自由就是一种没有外在干扰而能移动自如的状态。任何自然物，包括人，只要在这样的状态下，就是"自由的"。因此，在这种情况下，每一个人对每一样事物都有权利，甚至对彼此的身体也有权利。所以，只要每一个人对每一样事物的这种自然权利继续下去，任何人（不管如何强悍或如何聪明）都不可能完全地活完自然通常许可人们生活的时间。于是，霍布斯指出，人们也具有某些能够促使他们在战争的自然状态与和平之间更倾向于后者的激情。为了确保和平及实施自然法，人们就有必要在他们之间共同达成一项契约，根据这一契约，每个人都同意把其全部的权力和力量转让给一个人或一个议会，而其条件是每个人都必须这样做。

与卢梭相比，霍布斯的主权全部转让说与洛克有异，但与卢梭正好吻合。鲍桑葵指出，"霍布斯在论述政府与国家的统一时使用了卢梭在论述公共意志、道德人与真正的统一时所用的词非

---

① ［英］齐格蒙·鲍曼：《立法者与阐释者——论现代性、后现代性与知识分子》，洪涛译，上海人民出版社2000年版，第70—71页。

常相似的词语。"他举例说，霍布斯坚决认为，"主权必须存在于意志之中，这个意志必须是真实的，并且必须把它看成体现或代表社会意志的。"① 但是，卢梭不同于霍布斯：卢梭的公共意志不是像霍布斯那样意指存在于有形的确定的个人身上的基本属性，即人格化的君主或某一行政权力，而是小我的良心聚合与逐级放大。从小我聚合到大我形成，整个过程是同一质的化合放大，最后结果是透明，同一的道德板块，并无"他者"杂质出现。② 至此，卢梭的思维理式又突然与霍布斯的相交通。我们可以说，无论是霍布斯的彻头彻尾的世俗立场上的经验政治学，把政治的统一视为用某个人或某些个人（按这个词的一般意义说）的意志代替公共的意志；还是卢梭的把此岸世界道德化的先验政治学，把政治的统一看作为建立在公民良知的道德批准上。如果把这两种理论推向极端形态进入实践形态，就会消灭"自我"。这是因为，对受伽利略以来的自然科学方法影响的霍布斯而言，人的理性思维被归结为一种"加"或"减"的计算。这种"计算"在社会、国家学说上的运用，使他找到了在他那里作为社会的最后和最初组件的个人：个人既是对既成社会作减法计算时减到不可再减的基础性因子，又是由加法计算以重构一种社会时的初始性单元。自然法被视为理性的指示，但这理性与卢梭讲的德性无关，由于霍布斯对人性的悲观主义基调，致使霍布斯认为，国家这"有死的上帝"给了人们以和平和保卫，它有权要求参与立约的人们对它和代表它的元首绝对服从。统治和服从在这里压倒同意与和谐，个体意志以契约方式的联合最终取消了个体意志。所以，霍布斯的社会契论并非是自由主义的。不过，在哲学上他是一个"伟大的界定者"，他在《利维坦》一书中讨论

---

① ［英］鲍桑葵：《关于国家的哲学理论》，汪淑钧译，商务印书馆1995年版，第125—126页。

② 朱学勤：《道德理想国的覆灭——从卢梭到罗伯斯庇尔》，生活·读书·新知三联书店1994年版，第87—88页。

"自由"及其相关问题时，显示了英国人的独特看法。后来的英国政治思想家，包括洛克与密尔，在论述"自由"时，大体上都循着与霍布斯相近的关于"自由"的定义。再说，对于卢梭的思想而言，查尔斯·泰勒认为，有三件事情似乎是不可分割的：自由（不受支配），不存在角色划分以及一个高度统一的共同目标。为了避免陷入互相依附的异化状态，我们必须全都依附于作为良知的公意。泰勒指出，"这已经成为最可怕的同质化暴政——从雅各宾党人到本世纪的专制政权——一成不变的公式。"①

对这其中的根由的分析，黑格尔等人已用"一种更复杂、更深刻的理性主义"对全部启蒙哲学理性体系作了检讨，与此处的问题意识相关，我们可转入另一境域，而援引海德格尔对良知的分析。海德格尔强调，"良知向来是我的良知"，而所谓的"公共良知"，它无非是"常人的声音"，只是此在的"可疑的发明"② 至此为止，海德格尔的"总在沉默的样式中言谈"的良知与康德的作为内部要求的良知无疑在很大程度上具有一致性而带有强烈的主体性哲学趋向，这也无疑还停留于"近代思维方式"的范围之中。与卢梭认定，使人区别于动物的特性在于人的"自由主动者的资格"，"社会的自由"在于人们服从"自己为自己规定的法律"，便有了"道德的自由。"③ 且把公意和个别意志和众意区别开来的思维方式也无二致。在"把人思考为主体。所有对人的思义都被理解为人类学"（海德格尔语）的近代思维方式支配下，卢梭的由"公意"系着的"社会的自由"，即"道德的自由"，势必会堕陷为具有普遍约束力的"公共良知"或"常人的声音"。这恰好导出"服从公意的人是自由的"，"任何

---

① 查尔斯·泰勒：《承认的政治》，载汪晖、陈燕谷主编《文化与公共性》，生活·读书·新知三联书店1998年版，第311页。

② [德]海德格尔：《存在与时间》，陈嘉映、王庆节译，生活·读书·新知三联书店1999年版，第319页。

③ [法]卢梭：《社会契约论》，何兆武译，商务印书馆1987年版，第30页。

人拒不服从公意的,全体就要迫使他服从公意……人们要迫使他自由"① 的卢梭悖论。然而,与卢梭、康德不同,海德格尔哲学竭力要抵御的恰恰是近代思维方式,因此,他并没有最终将良知归结为主体的东西,虽然"此在在良知中呼唤自己本身","呼声无疑并不来自某个共我一道在世的他人",但"呼声出于我而又逾越我"。② 所以,海德格尔所说的"常人自身被召唤向自身",绝不是指像近代社会契约论思想家那样回到自我的孤独的、无世界的内心,"不是把它自己推进自己本身的某个内部,从而使之与'外部世界'隔绝开来。"他所说的"自身",也不是指笛卡尔式的"那种能够变自己为判断'对象'的自身,不是那种对其'内在生活'扰扰好奇无所驻执地加以解释的自身,也不是一种以'分析方式'凝注于灵魂状态及其各种背景的自身"。③ 也就是说,"自身"不是人类学或心理学对象意义的"自我",这些只能是一个形而上的人的概念,这里的关键在于理解此在的特征,就是他必须走出自己才能生存,也就是说,主体或自我始终处在世界之中,也始终处在与他人的共在之中。因此,海德格尔致力于探究"在"的意义,反对一般"在者"的执着,在否定了"公共良知"之后,他并没有陷入孤独内心,而是始终将"此在之本真存在"与"世界"和"共在"看作是不可分割的。因为,在"现象上",我既不先经验我自己,然后再经验世界,也不是相反,先经验到世界,再经验到我自己,而是在经验中,它们是同时给出的。并且,海德格尔哲学撇开自我概念而只从"此在"的概念来研究人的存在,其中重要的意图就在于避免"私人意见"与"公众意见""私人生存"与"公众之役"的两分。在《关于人道主义的书信》一文中,海德格

---

① [法]卢梭:《社会契约论》,何兆武译,商务印书馆1987年版,第29页。
② [德]海德格尔:《存在与时间》,陈嘉映、王庆节译,生活·读书·新知三联书店1999年版,第315页。
③ 同上书,第313页。

尔告诉我们:"'私人生存'违反了自己的意愿而确证了为公众之役的情况,是形而上学地有条件的(因为是从主观性的统治中产生的)设施与委任,是存在者的公开状态施于把一切事物无条件地对象化这回事中去的形而上学地有条件的设施与委任。"① 在这里,我们可以读出海德格尔从生存论的视角批判了西方文明中所谓"真正的哲学"的个人主义或原子主义的形而上学总根源。这一批判所达到的深度及其影响,因为是哲学上的,而非政治上的,所以,一直未得到政治哲学的重视。实际上,依事情的实情来讲,作为一种后自由主义话语的社群主义可以成为批判个人主义、自由主义的理论资源,但海德格尔的生存阐释对以个人主义为"真正的哲学"的西方文明的批判,以及对在当代出现了"大众社会"(mass society)或"大众的平庸"(mass mediocrity)的批判,却更具有范本的意义。可以大致不错地说,对海德格尔的"此在"概念的"领会",根本上摧毁了自由主义的作为自然状态中即已充分确立了的形而上学的"自我"概念,这已绝不仅仅是止于类似于黑格尔那样的哲学家,首先把"自我"置入社会关系中去理解个人自由、权利及其与社会、国家之间的关系本质。对海德格尔来说,"自由"是一种"现身情态"(Befindlickeit),是站出来、领会(vern‐stehen),即只是让存在作为存在自身来相遇而与之同一。

3

虽然,我们在这里无法论及所有关于"天赋自由"及其与此密切联系的从"自然状态"到"社会契约"中的自我观的细节与脉络,但是,这并不妨碍我们给出一个基本的评价。如果说,我们承认,对自由权利的要求乃是植根于人的自然倾向之中,是根植于人心,受于天赋的权利,而且,承认这种观点,并

---

① [德]海德格尔:《海德格尔选集》(上卷),孙周兴选编,上海三联书店1996年版,第362页。

非完全没有实际意义。那么，人们出于种种原因，通常都乐意使他们的自由受到某些对社会有益的控制。例如，他们承受负担、责任和义务就不是不自然的。因为，人之为人不能承受"生命之轻"。实际上，它们常常是人们所渴望得到的，并且还构成了真正人性的一部分特性。因此，他们愿意接受约束，乃是同他们要求自由的欲望一样都是自然的，只是前者源于人性的社会倾向，强调的是人性的经验性特征，而后者则植根于人格的自我认同的一面，强调人性的先验性特征。

由于，自由主义的主要关怀是个人自由的维护问题，虽多歧义的"个人自由"问题，其核心是人的"个体性"（individuality）与"自主性"（autonomy），因此，可以说，自由主义的"自我"观偏执于人性的先验层面，他们对人性的形上预设极易导致过于原子化，他们的自由观欠缺人性的社会学层面的基础性考察。职是之故，自由主义只能在经验层面，而不是在普遍性、必然性的意义上承认，人或自我并不是孤立地活着，也不是仅为自己而活着。这样，一个有意义的组织起来的复杂社会，在自由主义那里，终究只是个我的利害权衡的对象。因此，对霍布斯来说，那由个体自我的利害所发动的理性对"利维坦"的论证自然并不带有丝毫崇高感和任何温情；对洛克来说，国家是一个"看守人"，它是一个庸俗的人间象征，不具有任何圣化的意义；对卢梭来说，其要务是要"改变人性"，改变的是人的社会性，而不是人的自然本性；而对当代自由主义来说，从其备受批评以及与近代启蒙思想家的社会解释模式比较看来，如果还想在思想战场上辉煌，就必须先道德化一点，社会化一点。在此意义上，我们赞同黑格尔的如下看法。他说："说到自然权利，在一种自然状态中的权利，我们立刻知道，这样一种自然状态乃是一个道德上不可能的事情。"[1] 再说，由于自由主义问题框架的结构性

---

[1] ［德］黑格尔：《哲学史讲演录》第二卷，贺麟、王太庆译，商务印书馆1960年版，第244—245页。

特征是：在私人生活和公共领域之间划定分界线。当他们考虑诸如，分界线应划在什么地方？如何制定法律条文？如何保证个人自由不在整体福利中失落？等等具体问题时，所依凭的终极根据仍只是抽象的形而上的"自我"概念，把"在我之内"和"在我之外"的区别以及联系设为前提，即先设定一个孤独的自我，然后讨论这自我如何与其所寓居的生活世界和肉体相联系以及如何透过这肉体的某种窗户去看外部世界，从而预设了分界线的先在性，把一个人的目的、目标及价值视为可以与自我分割的部分，视为外在于自我的部分。如果依此来理解人的存在，一个人的目的与价值对他而言将只具有偶然性。而一个把所有价值只作为选择对象的理论是无法说明人的生命的深度。尽管，罗尔斯为此而遭受的各种指责和批评提出了辩护。反复申明"原初状态"学说不再依赖于近人所热衷的纯粹人性论假设，多次强调"原初状态"和"无知之幕""没有任何关于自我本性的形上学含义"，而不过是一种必要的理论前提预制，即作为一种"代表设置"（device of representation）。但是，罗尔斯在"我们的人格认同"和在"我们的自我观念"或"我们想要成为的那种个人"这类短语使用上的踌躇，以及"对形上学说是什么的问题，没有任何为人所接受的理解"[①]的遁词表明，在它的各种前提中，或者在它的论证似乎需要的东西中，没有任何与其他形上学说不同的或相同的关于自我本性的形上学说的辩护，很可能会不攻自破。毋庸置疑，正像 Alan Ryan 所说，现代西方人所继承的不是一个自由主义，而是许多自由主义。自由主义的立论根据和内容往往针锋相对，因此，对自由主义的形上"自我"概念我们必然需要坚持两种态度，一方面，我们必须意识到孤立的个人或

[①] [美] 詹姆斯·A. 古尔德、文森特·V. 瑟斯比编：《现代政治思想》，杨淮生等译，商务印书馆1985年版，第123页。

"原子主义"①的还原论、原欲自然主义的取向——只要是"本真自我"之所欲,就是神圣不可侵犯的——是完全错误而十分危险的政治伦理原则;另一方面,不论原子的独立性还是对"他者"的一切关系的否定,都意味着原子不是孤立的存在。因为独立和对"他者"的否定都以"他者"的存在为前提。问题是应该怎样看待"他者"。如果,将"他者"当作"不是一个不同于他的存在",这喻示着它们在构成原子世界的资格上是平等的。因此,"原子主义"也可提供说明人的世界中人与人之间平等的逻辑。而自由与平等本来就都是自由主义承诺的现代价值目标。究各国历史和文明史时,我们却发现,并不是所有的政治社会制度都认为自由是每个人都具有一种自然的和基本的权利。

七 政治哲学与个人

众所周知,现代政治哲学中那些根本的二律背反集中反映在个体与社会的二律背反之中。从形而上学追问的方式上看,现代政治哲学中缺失一个普遍性的个人概念作为其哲学的基础,从个体的前提出发达到共同体,而个体又被设想为自由自主的个体,这都体现了现代性困厄。黑格尔意识到的现代性问题却不再针对现实性。就此而言,在如何诠证一个充分而周全的个人概念问题上,应该把马克思历史唯物主义看作是对现代政治哲学所面临的历史困境的回应。

1

所有的政治哲学均假定了某种人性。或者说,政治哲学及其核心主张——人在本性上是政治性的——确然奠基于一种关于人之自然的形而上学理论。因此,任何关注政治哲学的人,人的哲

---

① [德]吕迪格尔·萨弗兰斯基:《海德格尔传》,靳希平译,商务印书馆1999年版,第204页。

学自然而然便成为首要关注的对象。这一点在存在主义那里表现得特别清楚。众所周知，可称为存在主义者的虽然是个松散的圈子，但这并不意味着它完全没有一个中心。存在主义者与众不同之处在于：强调在要成为什么样的人的选择方面，每个人应该力争成为真正的个体，并强调把选择的可能性作为人性的关键因素。很显然，存在主义者相信，在进行个人的选择时，他也是在为人类进行选择。这样一套观点是具有政治意义的，正如萨特自己所认为，存在主义有时看来非常像政治哲学。

但是，严格说来，主张存在主义的信条同得出某种特定的政治哲学结论不一定比肩为伍。这一辨析是不可缺少的，它能够解释宽泛意义上的存在主义者各怀不同的信仰——信仰纳粹主义（海德格尔）、自由主义（雅斯贝尔斯）和共产主义（萨特）——等等事实。① 正如我们所看到的，存在主义诉诸个体乃是与其所关切的打开"存在"这个问题之被理解的视野相关。或许，在这个意义上，存在主义的首要标志不在于强调个人概念，而在于坚持人是存在的揭示者。也几乎可以说，在于坚持人存在着，并没有固定的人性来指导他或最终保证他的选择是"正确的"。只要这个区别的根本重要性受到承认，存在主义的个人规定就不会"像一个对象那样成为一个做完了的、完整的、结束了的东西，而是永远向未来开放的、充满了各种可能性的东西"②。用海德格尔的话语来说，人从根本上就是"在世界中存在"的这么一个存在者。"在世界中存在"意味人和世界的相互维持，人以一种完全投入的方式投入这个世界或源始地融身于世界。所以，海德格尔讲他主体和客体完全没有分开的 Dasein（可翻译为汉语语汇中的"祛价值的""生灵"），藉此来探讨人的本

---

① 韩水法：《政治哲学中的个人概念》，载单继刚、孙晶、容敏德主编《政治与伦理——应用政治哲学的视角》，人民出版社 2006 年版，第 97 页。

② [德] 海德格尔：《存在与时间》，陈嘉映、王庆节译，生活·读书·新知三联书店 1999 年版。

性（如果海氏允许我们用这个词的话）和它的意义。他在悄悄地为此在的存在本身进行各种规范性的分门别类（即利用一种基督化的人类学，以资有条理地表达出此在生存的结构）的同时，马上又将它们一一加以摧毁。以致后期海德格尔在思考人的境况时总是不说"人"（Menschen）而是偏爱把人称为"终有一死者"（die Sterblichen）。

　　进一步说，存在主义关于个人的视野，其目标从一开始起就不是指向社会化起点上的社会公民，而是努力揭示一个生灵即此在生存结构的全部。因此，如果说政治哲学的个人规定通常在于揭示"一个生灵的政治层面的最为一般的特征"，那么存在主义的个人规定似乎就处在与它相反的方向上。① 因此，拿海德格尔来说，他在政治问题上所受的蒙蔽，被认为在于他的观点既不允许对政治进行独立的常识性理解，亦不允许存有一个"自然的"与其他领域分离的政治生活领域。他轻蔑哲学人类学、政治学、历史学等等学科关于"此在的行止、才能、力量、可能性与盛衰"的研究，就像他轻蔑任何其他学科只就作为个体的个人的某一些属性来规定个人，其他的性质都被假设是存在的做法。针对这种假设，他认为，个人的规定在这些学科中是"以非源始的方法得出的东西"，② 是由传统形而上学执着于存在者而不是存在本身的致思趣向决定的。

　　在这里有一点变得清楚了：政治上的以及政治哲学上的个人概念是建立在传统的形而上学基础上的，或是建立在传统哲学的实体主义基础上的。而这种基础按照一般传开来的想法来说已被包括存在主义在内的当代哲学和自然科学的成就证明是不可靠的。但在我们看来，从政治哲学的目标来看，这个一般传开来的关于拒斥形而上学实体的人的概念的想法需要揭明其限度和边

---

① ［德］海德格尔：《存在与时间》，陈嘉映、王庆节译，生活·读书·新知三联书店1999年版，第19页。
② ［英］彼得·F. 斯特劳森：《个体：论描述的形而上学》，江怡译，中国人民大学出版社2004年版，第71页。

界。对于20世纪的某些分析哲学家来说,对形而上学的苛责,最终流于肤浅。就此而言,分析哲学即便有着种种不同的观点,但如果把它放到与存在主义的对立中加以界定,也是靠谱的。按照分析哲学的观点,一个作为实体的个人概念是政治理论上所必需的。因为,作为实体的个人,他们在社会中所具有的性质,也是使得他们需要做出决定以及承担责任,或者鉴于他们的状况需要有人为他们做出决定的必要前提。如果作为生灵的个人行为与他人以及其他的物质物体交织在一起,被世界迷惑,满脑子里全都是粘黏成一团的"世界",不能确认和再确认任何事物,人在这个世界上的生存就是难以常识地想象的。而物质物体对我们的确认系统来说虽然是基本的,在所有可行的主要范畴中,只有物质物体范畴才有能力构成确认殊相的时空框架。但是,光有物质物体这种基本殊相,还不足以用来对人进行确认和再确认。为此,有必要把人看作基本殊相。强调人是基本殊相,实际上就是强调人所经历的经验和意识活动可以独立于具体的人而存在的或被谈论。这是斯特劳森意在用分析的方法梳理出我们日常思维活动中混杂的人的概念,重估形而上学历史地位的观点。按照斯特劳森的观点,"人的概念应当被理解为一种实体的概念,这样,无论是赋予了意识状态的谓词还是赋予了肉体特征、物理情景等的谓词,都同样可以应用于那样一种个别实体。"[①] 这里,描述个体的实体概念所意味的就是一种对实体—属性这样一种存在结构的描述。作为实体的个体,在斯特劳森的分析之轭下,它的本质就承载各种性质,并且由于这些性质而与其他个体区别开来。于是,个体也就可以被哲学解释为一束性质,但是不能够解析为一束性质。因为,个别实体作为"这一个",本身不可能再有任何言说,任何言说都只涉及它的性质,而不能触及它本身。而这一束性质都属于"这一个"实体并因此而成为人的性质。

[①] 韩水法:《政治哲学中的个人概念》,载单继刚、孙晶、容敏德主编《政治与伦理——应用政治哲学的视角》,人民出版社2006年版,第97—98页。

分析哲学关于个体的这种规定当然是一种形而上学规定。尽管如此，鉴于政治哲学是哲学的一个分支，因此，政治哲学要以一种普遍正义为原则调解个体之间的冲突。就不能不首先借鉴分析哲学的这种个人规定。因为，"在政治哲学里，所要达到的目的乃是以一束政治性质来指称一般个体，这些个体之间的差别原本就是政治哲学需要做出如此一般规定的理由和根据"。[1] 这至少包含着这样一个重要意思：政治哲学原则上只能在社会秩序与个人自由充满张力的社会中证成。为了在人类本性之中调解个体化与社会化的紧张关系，政治哲学对个人的规定不是采用一个个体实体所包括的所有性质，而是采用所有这些性质之中的能够普遍化并且必须普遍化的那一束性质。因此，所谓普遍化，即是指这些性质是属于每个特定的个体的。可是，它又必须是直接联系着其他许多性质（社会、经济、文化等）。并且正是在此处才确使正义规则最大化它的涵盖。这就是说，当政治哲学提问什么是正义时，它其实是在寻找一种希求可能实现的东西，一种既是普遍适用又是充分考虑每个个人特殊性的普遍的政治规范，亦即追求一个使其指称和语言表述上环绕接近的个人概念，具有最大的概括性和充分的张力。所以，马克思认为，在理想的共同体中，每个人的自由发展是一切人的自由发展的条件。

　　诚然，要是我们发现一种政治哲学对个人的规定既是普遍适用的，且它实际地包含于作为实体的每个个人的性质之中，那确实完全脱离了历史真实。事实的情况是，从所有的人都是人这个形而上学观点出发，并不能推断出任何在政治上具有特殊意义的东西。用另一种方式来说，没有一种既有的政治哲学能够"铁板一块"到在形而上学意义上的政治的自决自为者与覆载所有个体的一般个人概念之间不存在半点缝隙。因为，如同人类生活和思想的一切领域——宗教、道德、法律、经济——一样，政治也有其特殊的区分。故此，既有政治的正义理念所反映的人及其

---

[1] [美]约翰·罗尔斯：《政治自由主义》，译林出版社2000年版，第318—320页。

平等首先是政治公民及其政治平等。正因为如此，政治哲学思考所有的人生而自由、生而平等的基础，显然不是基于普遍人性，相反，是把并不是为每个个体所具有的性质普遍化的必然结论（这一点可被理解为是"一个推论"）：正如在林林总总的现代政治哲学里面，个人的规定往往以理性健全以及成人等等性质为前提，这等于把未被赋予以及未被完全赋予与自为者兼容的政治性质的那些个人排除或搁置起来。甚至法国《人权与公民权宣言》所谈论的人的自由、平等的基础也不是所有人均无区分的状态，而是一种排他型的政治模型及其关系：某些人属于特定的民族。这就是说，一旦涉及国家和政治权利，《宣言》也不再谈人了，而是谈论国民，由此放逐了个人概念。而既有的政治哲学，比如罗尔斯的公平正义的理想或理论设计，一般总是把"我们的本性"中的许多方面的性质单列出来，将其政治方面的性质"当作特别要紧的部分"来讨论，并将所关注的焦点"汇集于具有终生成为正常而充分参与合作之社会成员的个人身上。"① 人们不难看出，罗尔斯所谓的正义规范，仅仅是"正常而充分参与合作之社会成员的个人"的规范，而此种原则本身构成的正当性要求来说，它们并不自动地对不具备心理上或生理上正常能力的那样一些个人有效。在这里，后者作为个人的个体的一部分性质，即个人的政治性质被抽取之后，虽然一个个人之为个体依然实存的理由没有丧失，但是在其关涉权利的确定和享有的情况下没有将他们的实存条件考虑在内。

如果这一点被接受了，就不需要进一步思考为什么现代政治哲学既声称充分地考虑每个个人实存的一般条件来制定规范，但是，作为一种规范学说却又在原则方面所要避免和反对这一点。否则就会导致瓦解理论内在一致性的危险。这意味着谁不能纳入到"正常的人"的权力范围之中，谁就不享有公平的正义。简

---

① 韩水法：《政治哲学中的个人概念》，载单继刚、孙晶、容敏德主编《政治与伦理——应用政治哲学的视角》，人民出版社2006年版，第98—101页。

单地说，在政治哲学里，无论是权利的考虑，还是规范的制定，实际上并不是让所有个人的政治性质受到同样的重视和对待。这种实质平等的政治法则曾被亚里士多德作这样的描述，他说，"所有人都持有某种公正观念，然而他们全部中止于某一地方，并且未能完整地阐明公正一词的主要含义。例如，公正被认为是，而且事实上也是平等，但并非是对所有人而言，而是对于彼此平等的人而言；不平等被认为是，而且事实上也是公正的，不过也不是对所有人而是对彼此不平等的人而言。"① 可以清楚地看出，缺乏一个普遍的个人概念，被当作是政治哲学一般结论。

2

当然，在政治哲学的论述中，能够提出一个真正的普遍性的个人概念是一回事，使它有效地成为活生生的政治现实则是另一回事。我们认为在一个个体中把本质的东西挑选出来是很困难的，因为当我们这样做的时候，是把理性作为划界的尺度，而且，又把理性假定为不言自明的东西，理性只是在自作解人，难免陷于自己不明真相而妄加裁夺的困境：无论如何，在我们看来，认为正义理念在某些个人实体中，比如在理性与合理性能力尚不健全或已经丧失的个人中不发挥作用就是不正当的，将他们挡在所制定的规范的门外来为理论自身消除疑虑，这自然是一个化圆为方的念头。从这里，我们可以领会到在政治哲学的论述中，个人的概念在不同的上下文中就具有不同的意义。即便是在同一理论或学说中，其所指称的个人也没有在个别和普遍之间的实质沟通。事实如此，当现代政治哲学关注如何使社会联结成为正当的问题，将个人权利/权力提到凌驾于一切其他价值的首要地位时，亦是如此。由此造成了政治哲学框架的裂痕及其内在原则的不周全。而且，更为重要的是，哲学或许可以设想一种永恒

---

① 颜一编：《亚里士多德选集——政治学卷》，中国人民大学出版社1999年版，第91页。

的、普遍的个人概念，这样的概念只是在如下两种情况下才能保持：即人类社会群体出现这样的情况：正如"我们"所说，他们的成员"像一个人一样"思考、感觉和行动。因此在某种意义上统一了人类。我认为，这正是普遍的个人概念存在的形而上学条件，但从德国哲学传统中看，这只是在遥远的未来正义，且非常罕见的情况下出现的。另外一种情况是，作为实体的每个个人自己为自己制定的规范，且是在任何时候都有效的规范。就像施蒂纳的"惟一者"学说所表明的。进而，在这里每个人仿佛如同堂吉诃德那样："为自己找求满足并由自己来执行刑罚。他相信堂吉诃德的话，他认为通过简单的道德诫条他就能把由于分工而产生的物质力量毫不费力地变为个人力量。"[①] 在此境地下，既没有并未参与制定规范却施行在其个人身上的情况，也没有任何作为实体的个人处于从属于他人的关系。简单地说，也就是没有自为者与他为者[②]的区分。

后一种情况当然更是错觉：因为个人被区分为自为者和非自为者，尤其是关注这样一种区分，对于政治哲学"理论的内在一致性，对于所主张的原则的正当性证明，乃是一个必要的基础"。[③] 正是在这一点上，真正的自为者首先不能是施蒂纳的"惟一者"，即作为个体人的完全的自我满足性，完全的自足自立性，自己凭借自己的内在所有能够不借任何外物便足以自我规定、自我支撑、自我存在。人们很容易认为，像这样来谈论自为者是没有任何意义的。因为，这再一次说明，没有任何方法去确

---

① 《马克思恩格斯全集》第三卷，人民出版社 1960 年版，第 395—396 页。

② 自为者是指完全独立的政治个体，即一个形而上学意义上具有能够自主地做出决定并且对此决定及其后果承担责任的个人（即正义"主体"的首要含义）。与此相对，所谓非自为者是指在一个共同体之中，未被赋予或未被完全赋予与他人（自为者）兼容的政治性质，他们只是历史关系的承载者，因而相应地，一些社会、经济和文化等性质对他们也就暂时地成为付之阙如的他为者。

③ 韩水法：《政治哲学中的个人概念》，载单继刚、孙晶、容敏德主编《政治与伦理——应用政治哲学的视角》，人民出版社 2006 年版，第 100 页。

认这种纯粹的实体。当人们认定个人的规定需要在社会制度的结构之中,在某种程度上,自主自为者把自己看作个体的实体概念就变得很虚弱了。居住在地球上的,并不是在孤独的对话中与自己交谈的"人",而是相互谈话、沟通,思想和行动可以理解或者要达到给定目的的"人们"。这种将行动和沟通理解为紧密联系的观点,使思想变得具有实践性了,它成为人们之间的实践,而不再是个体在他自己选择的孤独中所进行的活动。从这一视角来看,亚里士多德很正确地把"合群"视为一种人的最根本的天性。"合群",如果按其最完整的意义来理解的话,很可能就是体现了人的政治和社会的根本性质,或者说人类仅仅为了生存,就必须进入社会及其政治性的存在结构。① 因此,倘若我们从根源上来理解自为者和他为者的区分。此区分虽有作为实体的个人形而上学的根源,它却主要是就人与社会的关系而言的。按此区分这个自为者和非自为者的个体方面的差异就是从社会的畛域和视野来规定自身的。换句话说,自为者和非自为者的区分的朝向不是个人的自然性质,而是构成个人规定的社会性质,其个人的政治身份是由那个群体的社会习俗、惯例和法律来考虑的。这种态度就与在欧洲宏大的社会理论中要摆脱一种单纯的个人主体性宰制的理论脉络有着特殊的关联。在欧洲社会主流理论之中,即使当其想谈"个体的独立自尊"时也依然得诉诸把自己的准则的普遍化(康德),或"类的存在"(黑格尔),或分工、生产力及与其相关的社会关系(马克思)等等社会性质。

这里正是谈论欧洲社会思想传统之中关于社会与个人关系的适当场合,因为近年来常常有人反复地说黑格尔是理解现代个人主义批判的恰当的传统背景,又因为提出这种主张的人妄以为现代个人主义批判的思想奥援尽在于此。可是再没有一种主张比这一种更适宜于制造这么多的混乱,甚至把混乱延烧到马克思。首

---

① 颜一编:《亚里士多德选集——政治学卷》,中国人民大学出版社1999年版,第86页。

先，有一种说法看来是可疑的，说在关注作为普遍性的主体与作为个体的主体对立的调解模式时，无论是黑格尔的法哲学，还是马克思的社会理论，所提出的带有倾向性的解决方法就是忽视个体的主体。其次，如果认为黑格尔在功能上需要把社会与个人的冲突放到伦理领域当中，反对社会原子论而漠视自由主义为现实界中个体性所进行的合理辩护，那么伦理总体性的观念看来不适宜被黑格尔看作是"个别与一般的一体性"。[①] 相反地，它会把伦理总体性所潜藏着的主体间生活关系的交往理性说成无足轻重的某种实质性的伦理观念，该观念把国家看作是扩大了的家庭关系；这可能是人们在想象中依然用古典国家理想来表述黑格尔提出的现代社会概念系统。

值得注意的是，黑格尔的伦理学说已为其哲学体系内相关部分所统摄，其伦理领域因遍及包括家庭、社会、政治意志的形式及国家机器等各个领域，实际上他的看法要更复杂。按照黑格尔的看法，在考察伦理时永远只有两种可能的观点：一种是从普遍性的实体性出发的观点；一种是相反地从"现实性的偶性"的单个人出发的观点。后一种观点"是没有精神的，因为它只能做到集合并列"，它把伦理的实体不是理解为"精神"，而是理解为个体的偶然堆积的东西。[②] 首先必须理解的是，黑格尔强调，"使人成其为人的"，是精神。[③] 这一命题处在黑格尔的《宗教哲学》绪论的第一页，这就已经直指本质地证明，他的精神概念并非是人类学的，而是指基督教的逻各斯。这样，我们便容易理解："伦理性的东西就是自由，或自在自为地存在的意志，并且表现为客观的东西，必然性的圆圈。这个必然性的圆圈的各

---

① [德]于尔根·哈贝马斯：《现代性的哲学话语》，曹卫东译，译林出版社2004年版，第47页。

② [德]黑格尔：《法哲学原理》，范扬、张企泰译，商务印书馆1961年版，第173页。

③ [德]乔·威·弗·黑格尔：《宗教哲学》，魏庆征译，中国社会出版社1999年版，第3页。

个环节就是调整个人生活的那些伦理力量。个人对这些力量的关系乃是偶性对实体的关系，正是在个人中，这些力量才被观念着，而具有显现的形态和现实性。"① 这段话揭示了伦理性的东西具有"绝对的权威和力量"，与黑格尔认为应该依靠法治建立制度化的自由的观点是一致的，同时也阐明了个人是必要的。但如果个人就其普遍本质而言"只是作为一种偶性的东西同它发生关系"，那么可以说，"个人存在与否，对客观伦理说来是无所谓的，唯有客观伦理才是永恒的，并且是调整个人生活的力量。因此，人类把伦理看作是永恒的正义，是自在自为地存在的神，在这些神面前，个人的忙忙碌碌不过是玩跷跷板的游戏罢了"。② 因此，在黑格尔那里，"作为普遍性的主体"，始终优先于"作为个体的主体"或具体的个人。"在伦理领域中，这一逻辑的结果则是更高层次的国家主体性优先于个体的主观自由"。③ 这种对伦理的逻辑过于绝对的表述，似乎已使黑格尔的法哲学成为迪特·亨利希所谓的"绝对制度论"："被黑格尔称为主观意志的个体意志，完全依附于不同制度的秩序，而这些制度是论证它的惟一法则。"④ 由此看去，黑格尔的攻击者的主要疑虑有了充分的理由？

其实，黑格尔的说法讲出来的东西，就是调和城邦原则——实体的普遍性——与基督宗教原则——主体的个别性。在如何达到理解普遍的个人概念的正确进路方面，提出了富有启发意义的观点。但是，首先，黑格尔无意用哲学概念去改变破碎的现代社会生活和政治生活。由于这个原因，科耶夫曾说，黑格尔的惟一道德训诫是："个体必须按照他生活在其中的民族的风俗习惯生

---

① [德] 黑格尔：《法哲学原理》，范扬、张企泰译，商务印书馆1961年版，第165页。

② 同上。

③ [德] 于尔根·哈贝马斯：《现代性的哲学话语》，曹卫东译，译林出版社2004年版，第47页。

④ 同上书，第47页。

活（只要这个民族的风俗习惯符合时代精神，也就是说，只要这些风俗习惯是'稳固的'，能抵御革命的批判和攻击）。"① 对黑格尔来说：可为哲学家接受的历史现实的首要性非因其理想而因其存在。因此，按"理"说，伦理领域应将自身在国家中，严格地说是在政府及其最高形式君主立宪制当中具体化和表现出来，但在黑格尔的建议当中，这一点并不明显。黑格尔仿佛如同"希腊人比较有节制"一样，他们都只是在追问宇宙的逻各斯，而不是去追问历史的主宰者。这个前提，最初造成了那些用来描绘我们社会历史的概念，如"世界历史""世界精神""人"等等，几乎不带任何政治含义。这些概念一经产生，便立刻成为历史科学的非常恰当的引导性观念，但它们没有对政治科学产生显著影响。很明显，在黑格尔的客观唯心主义历史观中，由于世界精神在其发展的所有阶段，只有在少数头脑中展现自身。因此，个体最多也只是因为他所处的历史时刻的机缘而在正确的历史时刻，出生在正确的民族中，因而这个人的出生就应和着这一具体时期的世界精神的展现。

黑格尔的这个观点不论所持原则是怎样的片面，但理解个人与社会、历史关系的本质的这种意图本身总会关联到马克思的那个思想，这个思想是，按照必然规律发展的社会历史是一个颠倒过来的绝对精神自我发展的历史。这里要说的不是马克思坚决颠覆了黑格尔，即把对世界历史的"解释"变成对世界历史的"创造"，而是说，要理解马克思论证的核心及其特有的个人观，必须从黑格尔的历史辩证法与马克思的政治哲学关系入手。阿伦特说明了此种情况：他说，正是在马克思那里，与黑格尔哲学最直接相关的概念"才显示出它们的政治意蕴，而这是一个完全

---

① ［法］科耶夫：《黑格尔导读》，姜志辉译，译林出版社 2005 年版，第 71 页。

不同的故事了"。①

那么,这是一个怎样完全不同的故事呢?

抽象地说,在本文的题旨内,马克思把普遍性的个人的形成看作是个人的改变与社会制度的总体变革运动相互渗透的统一。具体地说,这里普遍性的个人按其内容是客观自由与主观自由两者的统一。因此,按其形式,普遍性的个人就是要根据普遍的社会历史规律和原则和个人的自主能动性这个自变量而规定自己的行动。在马克思的论述中,比如在《路易·波拿巴的雾月十八日》中,个人的能动性作用也可以作为一个规范性问题而加以解释。当有自主能动性的人们清楚认识自身利益,他们就会在理论上选择最好的社会政治秩序。从这些想来,现在我们就已先行领会了马克思对"每个人的自由发展是一切人的自由发展的条件"的解释,这种解释,马克思最初在诠证《共产党宣言》时就已提到过,在那里我们获悉了个人隶属于他的阶级。社会主体是个体主体的基础。但这仅仅是从阶级斗争的角度来看的。这就是说,现在就须知道,关于马克思让个人完全作为阶级成员便忽视了个人的看法,可以说是还根本走不到关键问题处。对马克思的走样解释是通过将客观规律误解为一成不变的、永恒的、从来就存在着的结果。为了避免可能的误解,要说明一下这里涉及的个人仅仅是那种社会集团的代表,即"阶级的个人",在性质上与其相反的是"有个性的个人",它相当于马克思的政治哲学之中的"普遍的个人"。这就是马克思如下论证的涵义:"阶级的个人"实质上是个人被剥夺了一切个性之后其生存条件完全受偶然性支配的个人,即"偶然的个人"。"偶然的个人"不是字面的"任意的""不确定的"个人之别名。它实际上反映的是作为实体的个体的独有的特征,在数目上保持单一,而它的本质中却存在着相反的性质。或者说,个人之"悖论"式存在即是受

---

① [美]汉娜·阿伦特:《黑暗时代的人们》,王凌云译,江苏教育出版社2006年版,第84页。

"偶然性支配"的存在,亦即"阶级的个人"是按"悖论"或类本质异化来理解的个人。"这正是由于他们作为个人是相互分离的,是由于分工使他们有了一种必然的联合,而这种联合又因为他们的相互分离而成了一种对他们来说是异己的联系。过去的联合决不像《社会契约论》中所描绘的那样是任意的,而只是关于这样一些条件的必然的联合……,在这些条件下,各个人有可能利用偶然性。这种在一定条件下不受阻碍地利用偶然性的权利,迄今一直称为个人自由。"①

这里的引证显然需要回归到对卢梭的批判。在马克思的历史唯物主义学说中,在引入人们的生存条件(现存的生产力和交往形式)概念时,马克思的观点的前提是,"在社会中进行生产的个人——因而,这些个人的一定社会性质的生产,当然是出发点",因而,这个出发点,也就是个人不再能够依靠在自然状态中靠自己生存,他们必须与他人联合,组成一个共同体的根据。在历史唯物主义看来,卢梭在探求人的社会联合这一概念中做出了他的贡献,他所描述的社会契约并非只是一个规范性理想,而是对资产阶级社会中个别与普遍对立这一历史问题的回应。然而卢梭从个人的前提出发达到共同体,而个人又被设想为自由自主的个体,这都体现了他的现代性困厄。其所理解的社会契约属于超越历史之外的纯粹规范性的范围,因此之故,任何超越原子化社会中个人生活的异化的问题,就其本身来说,永远不能想象了。卢梭在企图解决资产阶级社会的问题上所走到的死胡同,作为一个历史问题来看,是其自然主义的必然结果。所以,在卢梭那里马克思看到的只是一位自然主义崇拜者,这位崇拜者"通过契约来建立天生独立的主体之间的关系和联系的'社会契约'",仅仅只是"18 世纪大踏步走向成熟的'市民社会'的预感"。② 换句话说,类本质异化在马克思那里只是在社会发展的特定历史阶

---

① 《马克思恩格斯选集》第一卷,人民出版社 2012 年版,第 202 页。
② 《马克思恩格斯选集》第二卷,人民出版社 2012 年版,第 683 页。

段中产生的,因为对他来说,秩序不是一成不变的,也并不是独立于人的意志,它们体现的是社会历史的规定性。

因此,在这个意义上,我们最后可以说,重要的是在如何诠证一个充分而周全的个人概念问题上,应该把历史唯物主义看作是对现代政治哲学所面临的历史困境的回应。

八 反黑格尔派的群众史观

前已表明,西方文化的一大问题就在于找到确立自我解释学的可能性。问题是:西方在多少世纪中发展起来的自我解释学,什么能够成为它的客观基础?就此问题而言,自我解释学的意识并不仅仅基于恣意和偶然而发生,而是根据特定的规范或标准而发生的,这些标准可以对每一种人类意识,也可以对某个特定的群体主体,比如某个语言共同体,发生效力。这是一切声称要发现人类某种客观解释学(也许是某种人道主义,也许是某种人性学说)可能性的基础。这样,在某个特定群体主体、民族、种族,或者某个更小或更大的共同体之内,对某种特定的主体哲学逐渐形成了特定的含义,这种含义对该群体成员发生效力,被他们所理解,而且他们以群体的每个其他成员对该含义的理解为主体际交流的前提。既然客观本质始终是对特定群体主体而言的,那么何种本质对于个体而言是客观的,就取决于个体是否归属于该群体主体。

从方法论的角度看,不是一开始就得给予他们自己某种可能发现的人类本质,或者这样来界定此本质。马克思认为,规定人类本质之意义的,首先是历史性的实践。在马克思早期,他提出可以把黑格尔主义主体哲学视为基督教日耳曼教义的自我关注悖论。确切地说,就是在"神圣家族"当中,追求获救当然意味着关注自己,但这种关注以弃绝自己的形式出现。按照马克思之见,这一基督教日耳曼教义的悖论实质是反群众史观。黑格尔派的反群众史观无疑促使自我关注在我们的现实生活中变成某种可疑的东西，因为和关注他人利益，或者和客观的群众利益相矛盾。

有鉴于此，1844年《神圣家族》以实践的唯物主义为主导，通过考察黑格尔派在精神这个论题上的反对群众的、政治的、神学的多个维度，为重新定义合乎时代精神的主体哲学的可能路径留下了深刻的标记。唯物史观在其产生之初，就希望澄清黑格尔的唯心主义体系的性质。但唯物史观并不是要借助超乎寻常的理论权威得到普遍真理。依据《神圣家族》的观点，唯物史观描述了"世俗的胃"与身外世界的关系，并揭示了黑格尔派的"心灵的深处"如何因此落入感性之物。我们阅读《神圣家族》仿如黑格尔吹嘘的"全体"真理的洋葱皮被层层剥去。通过马克思对"精神"的思考以及对哲学家（作为历史的"证人"）的嘲讽可以洞察到人类思维中的某种普遍倾向，即超凡脱俗是人类思维的广泛的共通性，它是人类的政治的神学的思维的反映。而黑格尔派使西方哲学沉溺于形而上学关于真理问题所思虑过的一切可能性本身，必须在精神和群众、哲学和日常意识等议题之间所造成的应予突破的隔膜的场合中努力。只有这样，我们才会同情并理解那种对思辨的形而上学和一切形而上学的谴责，同时领会那种将它与对神学的政治的种种前提的批判配合起来的做法。就像在1844年《神圣家族》中那样，就像在那里、在实践领域里体现了历史唯物主义的时候那样。

于哲学上和政治判断上，马克思等人在使用"神圣家族"一词谴称青年黑格尔派时，语气中带着嘲讽、轻蔑。这是因为这些人的做法完全偏离了对历史的真实研究，他们把自己奉为主体、神物。若我们把对群众的蔑视称为文化野蛮，则无一哲学家会赶上"神圣家族"那样过分。它给自己造成绝对哲学界限，在此偏狭中，轻视尘世的感性。若我们要公开它的秘密，就必须让群众史观关照和批判非群众史观之迄今为止的未尽之意展示出来。但如此多的人反对黑格尔哲学体系，却严重忽视了该体系是政治神学。在我们看来，忽视此主要事态，如同忽视黑格尔哲学是哲学一样。关于马克思认定的时代精神，其至高之事是领会群众的存在和意义。

黑格尔派以绝对精神为前提，宣扬精神和自然、哲学和政治、思想和行动的二重化，同时从事主体主义的启蒙规划。启蒙在其起源中就表达出西方文化中普遍蔓延的真理和意见、群众和精神、群众和少数杰出个人等等的二重化。可以看出，启蒙虽反对信仰，却也是一种"宗教"。黑格尔以辩证的方式展示了他的哲学之宏观宇宙构造区别于流俗识见的二重化。他的哲学要害在于，自上而下地勘定神人秩序：神、理智本质、超人理智、物质世界、人、群众以及畜类。或者，从公共崇拜的神（比如，上帝）、真理到个体的臣服和庇护。从历史和辩证法看来，这既是关于世界秩序的赓续或中断和政道之历史变更，也是作为这样指点出来的关于政治思想绝对权威的重建。然而，正如19世纪自然研究在普遍的革命中发展了一样（例如，哲学在达尔文进化论面前暴露了自己夸耀的"绝对精神"的奥秘："一切被当做永恒存在的特殊的东西变成了转瞬即逝的东西。"①），哲学也在展开实体的重封密锁，这被我们说成是马克思哲学重述精神和自然差异的背景。现在，我们的出发点不是如黑格尔体系那样自上而下，而是自现实个人的物质需要系统开始；或者说，现实的个人生存就是这个存在序列的起点。

1

黑格尔的学说不是局部的，而是整个体系植根于一个特定民族无论何时对人间正道之神学的关联之中。从黑格尔学说之基督教背景转圜出发，正当政治秩序的哲学基础在于"辩证法"和"历史"。

在黑格尔哲学的真实意义被马克思揭示出来以前，"历史哲学"这个词已然相当流行，并且被各种类型的人和处在不同意

---

① 《马克思恩格斯选集》第三卷，人民出版社2012年版，第856页。

识形态中的人使用,包括那些理论家和历史学家的使用。马克思洞悉青年黑格尔派和黑格尔本人的唯心主义观点依然深陷在德国民族性的泥坑,因此,他认为存在一种不言而喻的东西:这就是每个民族,不管他自觉还是不自觉,都有一种历史哲学。比如,黑格尔历史哲学让绝对精神作为绝对精神去创造历史,所以,它制造的历史行动也"仅仅是德国人本民族的事情,而且对德国来说也只有地域性的意义"①。与此同时,法国人和英国人至少都坚持认为,对历史现实的认识也是有其哲学基础的,那就是感性世界的基本原理。现在,人们可以把"人类历史乃是抽象精神的历史"理解为这样一个观点:除了哲学的、思辨的大脑活动或者符合精神本身的逻辑之外没有任何别的历史(知识)。就此而言,只有合乎哲学家意识到自身创造力的世界精神的东西才能被认识。但如果人们把"合乎哲学家意识"这个词以及公共教条把哲学视为"把握真理或永恒秩序的努力"联系在一起,那么黑格尔历史哲学的那个观点也会呈现出另外一个意义。在马克思看来,黑格尔历史哲学正是最后通过绝对知识代替全部人的现实,证明它自身是基督教日耳曼教义。在黑格尔那里,"实体""绝对""上帝"就像一支统一的军队在同一的哲学旗帜下战斗着。

首先,关于黑格尔的历史哲学,我们通常想到的,就是一种通过理性至上论来对作为经验的、公开的历史及其性质进行抽象否定。除此之外,人们也谈到作为黑格尔的历史的绝对精神的材料,这种材料是通过哲学家观审、因而也同现实的群众相脱离的哲学家意识的活动和变化而获得的。简言之,黑格尔把现实的哲学家个人变成自我意识的人,变成不再受对象世界约束的绝对精神。按照黑格尔理性主义来把握历史哲学的概念标准,不得不说,世界获得解放的能力就应归结为:把少数头脑作为落实那种"客观必然性"加以利用的唯一抽象能力。最后,在现代世界

---

① 《马克思恩格斯选集》第一卷,人民出版社 2012 年版,第 174 页。

"获得自由"的能力不得不停留于反对宗教的批判。在现实的政治和社会实践中,这种客观必然性是通过强迫不自由的人变成自由体现出来的。这里要说的重点,与其说是黑格尔哲学遇见政治的时候,他总是把政治自由当作自己哲学信仰的俘虏,毋宁说,黑格尔哲学理性至上论触动了它的对抗者即人民至上论。他也不得不以"政治本来又不过是神学的借口而已"① 撤退到自己的主体性中。

因此,就黑格尔派历史哲学的关切而言,马克思区分了历史哲学批判和历史神学并非历史哲学批判。或者说,历史哲学批判的严肃主张并不是说世俗的应服从宗教神学的批判,而是政治国家这些世俗的东西落入历史并不像它所声称的那样是世俗的批判。问题的关键是,一个国家存在,它的"在"在哪里?在于人们通常认为的"警察科学"那里所遇到的学术观点?还是在于认为现代国家的各种机构运行?抑或在于认为以现代的形式造就这个社会的政治首脑?不言而喻,通过这样的追问,马克思看到,《神圣家族》中的黑格尔派是把实体了解为主体——实际上是把"有目共睹的属性当作由他发明的规定塞了进来",这等于说是用名称或言辞更正着世人对国家的理解。对马克思而言,黑格尔派照此非现实的理智本质造出的国家,这个国家"在"根本上到处都还藏着呢!问题实质在于,在德国的理论家那里存在的是历史神学而非历史哲学。在 1840—1844 年即德国哲学斗争时代不断讨论着如何能够"从神的王国进入人的王国"这样一个重要问题,就是一个明显的例证。

在这里绽露了一个难题。若此处表明,思辨哲学确实呈现出历史"哲学"或历史"神学",则或许应区分形而上学的主体与现实的人类个体或有限性。但如何可能按此行事呢?马克思看到,思辨哲学依附一种手法,也就是,它佯言拥有哲学(静观)能力,但其实是一连串的"思想"的运动,如同"果品""忽而

---

① 《马克思恩格斯文集》第一卷,人民出版社 2009 年版,第 311 页。

表现为苹果""忽而表现为梨、忽而又表现为扁桃",美、善、真、宗教都是黑格尔的政教体系之"诱饵"。因此,这种哲学之追求自身最高目标所依靠的方法有它自身的基本特征。这就是,一个观点成为另一个观点的"饵料","其中一个吞噬一个",最后同"自我意识"交织在一起。至于它认为只有借助于"不信神"才能摆脱"神的王国"而进入"人的王国",则这种"观点"顶多不过是"观点"和"用观点来评判观点",而"神的王国"对于现实的人来说之宗教抚慰由此加以保留。马克思看到,对德国历史哲学来说,恐怕对现实历史不置一词才满足这个要求。所以,从马克思的观点来看,整个德国古典哲学中没有历史这个词,而只有强调现实世界会被知识或概念所决定的观念的历史,这种历史"在历史方面描述了'真正的神正论'"①。

人们可以看出,没有"真正的神正论",无论在"存在"的或"本质"的方面,都没有永恒不变的观念世界,没有相应的主体哲学,没有超凡脱俗的、脱离物质群众的主体。与此同时,立足于这种意识形态之上的历史哲学当然就有理由来推究存在之法——"存在"与"本质"符合。

在这里,对我们来说,可能存在着两种类型的法:能够被改变的法和不能被改变的法。不过,我们在这里,只有在这些大而化之的笔触中才能摸清楚:所有存在者都服从于它们不能改变的法。但是作为理智存在者又怎么会服从于那些它们能够改变的法?如果历史按照思辨哲学的这种区分来对待真理,那么,对哲学家的何以是最大立法者的问题的追问确实而且在多大程度上逐渐成为历史性的?我们的意思是说,黑格尔哲学所展示的"法"的优点并不在于"新",而在于诱使读者把思辨的阐述看成"法"。思辨哲学的创造即判断就可以自诩为"法"即"政治正确"。这就意味着,这一点在多大程度上可以适用于上帝——上帝是否拥有那些他自己能改变的法?面对这个问题,黑格尔派只

---

① 《马克思恩格斯选集》第一卷,人民出版社 2012 年版,第 181 页。

能去猜测。像上帝的那些并不神圣的行为（例如他与恶发生联系）在黑格尔派眼中是那样深奥费解，首先是因为它把政治的问题仅仅当作是对时事问题的重新解释来处理。于是，我们注意到，黑格尔派因为局限于宗派之见，所以在这个问题上确实不怎么相信"上帝只有一个化身"。他们似乎无法知道，此哲学或彼哲学是否如"缸中之脑"般来自群众"这一锅不纯的稀粥"①。但是，有一点是肯定的，此哲学只会承认自己正确而彼哲学错误，反之亦然。假如人人为"上帝"，岂能获得最高真理！所以，人人为"上帝"的真理性依赖于属于黑格尔派自己的更高的原理，即"有多少事物就有多少化身"②。当我们理解到黑格尔哲学是这样一套开动出来的功夫的时候，我们才可以看到，为什么黑格尔"规定"哲学（"绝对知识"）是人类崇高而恒久的努力，而非人的随便一种行为。

看来，黑格尔哲学最天才的辩护是，只有唯一一种"正确的"哲学，在这一"正确的"哲学降临之前，所有哲学皆以为自己是强大有力的，它们竟把自己的"一家之言"冒充为"人间正道"。黑格尔认为，群众就是这么干的！"如果历史按照群众的这种态度来对待真理，那么这样一来，群众的判断就是绝对的，准确无误的，是历史的规律。"③ 在黑格尔那里，这种在他看来是在我们"之中"常常发生的事情，显然他的哲学不能为之提供任何场所。因此，真理对于黑格尔派来说必须"规定"。马克思看到，"规定"在此实际上是说，他们只想确立对现存的事实的正确理解，但他们并不想提出"政治对历史进程的真正历史性的干预"④ 的要求。历史的现实的关系在黑格尔主义法学、政治学中成为永恒的概念。在这里，概念因具有现实性、独

---

① 《马克思恩格斯文集》第一卷，人民出版社2009年版，第282页。
② 同上书，第278页。
③ 同上书，第285页。
④ 《马克思恩格斯选集》第一卷，人民出版社2012年版，第176页。

特的本质，既不存在发展，也不存在飞跃，政治在永恒不变的意义上就是合理共同体的概念在哲学家头脑中的固定概念。

这样，从整体上看，现代德国哲学对历史问题的探讨，给自己划定的活动范围主要在于政治史，即联系德国的国家哲学和法哲学所具有的主导地位及其对观念演化史的专注。那么，所有这些伟大的专注所讨论的是什么问题，才能促使它们集中视线，专注于所讨论的特定论点？按照前面的讨论，一般地讲来，思辨哲学并不仅仅是围绕观念、思想、概念的主观循环，而且它一半在为其正义承诺一种周全形而上学体系，因而同时可以认作是黑格尔主义所信奉的新教政治神学的推论。比如，把神学中的奇迹的角色与黑格尔理性主义"特有的自打包票"（施米特语）或如先知般预见未来进行比较，这可以导向理性立法者问题的一个深刻向度。这个向度深刻表示在柏拉图—黑格尔哲学的理智寻求里。在这里，理智的意义约略相当于我们所说的已完成的哲学。

一般来说，个人对智慧的"爱"无可厚非，但黑格尔哲学不愿重犯古希腊人在"哲学本质"这一问题上的老毛病：个人对哲学的追求最终不过被迫编制了一份个人灵魂内在秩序表。对黑格尔来说，哲学就是真理，是创制生活尺规者或给予法律者，而在此说的不完全是希腊哲学凭靠政治英雄来创制出生活尺规，而更是就黑格尔绝对精神之立法者本性——发现目的的自我实现——而言。

譬如，黑格尔哲学宣称自己是一种客观现实性的哲学，尤其包含有一种绝对完满的对上帝和神性事物的认识。在马克思看来，这种认识是人的理性所完全不能掌握的，但在黑格尔派看来却是可以通过他的哲学而实现的。青年黑格尔主义者如施特劳斯断言，必须利用国家的制度和措施把哲学家吸引到宫廷中去。这里，黑格尔对伦理国家的看法其实已经完全被肤浅化了。黑格尔本人对政治领域的领会是，一个国家如果没有等级区分及职业分工而独立化，这样的国家犹如高度发展的动物机体没有器官功能的分化，这是不符合与一个绝对中心联系之完满的理智原则或

"上帝的仁德"①的。在熟悉黑格尔辩证法的马克思看来,关键在于,一个特定国家是不是功能健全,理智原则必须有或者为了一个第三者即一个旁观者,它才能得到检验。而黑格尔哲学说,"有第三者,而有一个第三者,就有了哲学,因为哲学不仅把一种存在、而且还把思维,亦即自我作为上帝的命题的谓项,认定上帝是两者的绝对同一性"②。现在的问题是,这个第三者或旁观者又位于何处呢?总是动身太迟的"密纳发的猫头鹰"只能被当作政治权威来引证了。最终说来,问题就是,理智原则应当为着一个哲学家而经受检验是什么意思。这意味着,在黑格尔那里,哲学家—立法者地位决定了他是历史的旁观者——如同上帝并不认为现实世界属于"它自己"一样。这里有一个好处:只要哲学家是沉思的、冷漠超然的,就不会被事件不可抗拒地涌动卷走。"哲学家是事后［post festum］才上场的"③,并以此方式获得"立法者"的殊荣。这样,对黑格尔自己来说,理论和实践的一致实现,不在于哲学家帮助民众自己提升至哲学的高度,而在于哲学家的眼光转向历史,是在精神的不断解放中达成的。

但对马克思来说,黑格尔这样的历史意识连同内在具有一支世界精神的先头部队的先锋主义阐释是非辩证的,甚至是反辩证的。按照马克思的观点,辩证法的辩证性不在于一个精神的体系降临,而在于承认从连续的历史到间断的历史,承认不是少数头脑,而是工人阶级即将带来新的世界秩序。在加上引号的"选民"问题上,"英法两国的无产阶级中有很大一部分人已经意识到自己的历史任务,并且不断地努力使这种意识完全明确起来,关于这一点在这里没有必要多谈了"④。这条路是马克思洞察出来的。面对法国大革命、巴黎公社、工人大工场生产等等事件场

---

① ［德］黑格尔:《小逻辑》,贺麟译,商务印书馆1980年版,第174页。
② ［德］黑格尔:《耶拿时期著作（1801—1807）》,朱更生译,人民出版社2017年版,第280页。
③ 《马克思恩格斯文集》第一卷,人民出版社2009年版,第292页。
④ 同上书,第262页。

景，哲学家在进行思考之前，真理就已经具体发生了。马克思主张说，若工人阶级"能够扮演这个角色，就必须在自身和群众中激起瞬间的狂热。在这瞬间，这个阶级与整个社会亲如兄弟，汇合起来，与整个社会混为一体并且被看做和被认为是社会的总代表"①。当黑格尔辩证法的理性内核被马克思碎裂成两半时，我们就有可能理解辩证法何以与事件（独一无二的、非普遍的）学说勾连了。我们就需要依靠追溯马克思对欧洲主要大国中工人问题的考察来标明此看法之最初的基本特点了。

因为，西方传统认为政治是人类生活的决定因素。作为历史的结果，在理论方面，它把经济差距塑造成人类（或人种）学差距，并把无产阶级及其广大群众作为低贱的第三等级、第四等级与有产阶级区分开来。对人们、宇宙还有上帝而言，如此根本的等级制，作为中世纪残存，实际上对现代意识形态政治概念的塑造也是决定性的。这一被政治浪漫派证明了的即被意识到的所谓"世界天命"，仿佛是高于人的存在者。在这一态度下被理解的政治理论，仍然与神学问题关联紧密。这个政治理论，继续用某种形而上学的态度来描述自己的任务即人作为理性的生物的普遍而崇高地实现。任何一种哲学，当它与这个政治任务发生联系，总是要在一个问题上面要么与之契合，要么与之冲突。这个问题就是哲学解释最高者或最高权威的方式问题。当传统形而上学中的最高和最确定的实在即上帝被抛弃后，人与历史就替补它的位置并成了两种新的世俗实在。甚至直到今天，它们作为两个新的创造者主宰着一种哲学理解和满足一种哲学思想，仿佛从这个地方来就可以理解人从哲学以至生物学的"目的"这个称谓做出来的事情。

毫无疑问，在我们刚才讲述的这个德国哲学里，就存在这样的对立：一方面，基督教日耳曼教条同样需要对人的创造性行为的肯定，而另一方面，这种创造性行为恰恰正是它想要加以否定

---

① 《马克思恩格斯选集》第一卷，人民出版社2012年版，第13页。

的。对那些满腹狐疑和想要追求启蒙的人来说，后世关于黑格尔的"有神论的"解释与"无神论的"解释或许具有同样的启发性，其中所包含的固有的难题性已经在劳动、行动以及对"群众"的革命性质的理论分析方面渐次凸显出来了。在这方面，最令人费解的是，马克思说，以前的一切形而上学"都已化为绝对的批判的英明同绝对的群众性的愚蠢的关系"[1]。过去从来没有人这样直截了当、这样露骨地宣称，哲学的基本"意图、趋向、解答"只是为了超越普通理智、进而由此成为哲学。如果黑格尔派认为，哲学本身既不为群众所作亦不会为群众而配制，它就会是政党偏见和宗派论战。

现在我们还可以从这一视角中知道，首先让地位、身份、品级这些抵抗民主的东西都摆出来了。在这样的对立中，哲学家自诩的真理并不被群众所掌握。如果考虑到我们这里所说到的，哲学家一直自视甚高，喜欢追求智慧，同时还有顺带将他发明的关于"群众愚蠢"的理论发表，那么我们必定要领会哲学家何以如此工作，这种工作是以认识"谁是愚蠢"的可能性而完成那种绝对主体所完成的工作。但与黑格尔派认为"群众"是"一锅不纯的稀粥"[2]、是一堆属于用肤浅的方式不得不被历史提出来讨论的杂多的意见这件事本身展开而言，黑格尔派看来或多或少是绕不开对群众性对象进行研究的。因为通过世界包括群众的世界，哲学才存在、发展起来。换言之，黑格尔哲学即使为了研究自己、崇拜自己也得从贬低、否定或改变群众性对象中得到享受。可见，从少数思想体系至今仍然相信精神定义的实体性，陷入凭精神的真确概念就能领会诸如社会学、国家学，而且可以从这些概念推演出其余一切的话，即使"真正的"哲学也更加不怎么能摆脱它与"群众打交道"的命运了。与此同时，如果我们还记得马克思如何嘲笑黑格尔派概念法学、概念国民经济学，

---

[1] 《马克思恩格斯文集》第一卷，人民出版社2009年版，第283页。
[2] 同上书，第282页。

那他就马上会明白概念的构造在不同的哲学中会有多么不同的价值，而这种不一致又必定各有因由。相信我们现在可以断言，一门学科所运用的概念越普适、越抽象，人们就越难用它表述现实，就越可能与意见为伍。从这里可以明白，"一"和"多"被当作黑格尔派种种对立而受到了形而上学的礼遇。黑格尔补充说，"从概念来看"，"抽象的多"需要作为"一"或者"精神"中矛盾的东西重新被扬弃而存在①。所以，从马克思观点来看，黑格尔学说可以有很多不证自明的方便的前提：一方面，哲学不必认识到群众自己会提升到的哲学的高度，但另一方面，哲学根本不必自贬至群众，应与群众划界。"界"是思辨哲学赖以开端的事情，即构成"哲学界"。由此看来，与群众史观比较，黑格尔之为"哲学界"居功至伟的哲学的本质是一种颠倒的世界形成，一种居于上对下的倒错，一种智者对愚民的塑造关系，一种居于最高的、最终的、包揽一切的思想的崇高位置。

在这样的情况下，黑格尔历史哲学如何开头就几乎已经是无所谓了，他自己忌惮的原子论的政治学就几乎无所谓了，因为照后者看来，个人的自主的意志本身就是国家的创造原则。所以，让黑格尔随便怎样开始吧，也许立刻就碰到那种开头遇见的困难，即：每个想要谈论其他人（例如这里的群众）的愚蠢，或者想要让这样的谈话足以令黑格尔派哲学家自豪，自然都必须设定"他自己并不愚蠢"，而且在此也有意表现出德国人之对其他民族—国家而言存在可统治的历史任务的优越感。可见，在黑格尔哲学所关心的事情中，作为"精神"、作为"绝对知识"和作为"主观性的群众"的概念起着多么重要的作用。但这样起的作用是从德国哲学之"先进"与德国民众之政治"落后"中才表现出来的。因而，一再激发起对理论与实践的关系在哲学上的兴趣的，首先是因为不是德国而是其他国家敢于革命，其次是因

---

① ［德］黑格尔：《小逻辑》，贺麟译，商务印书馆 1980 年版，第 174、123 页。

为在信仰上的分裂及其基于两种具有同等优势的黑格尔左、右派在德国并存。鲍威尔、施蒂纳的纯粹的批判尽管有其革命意义，但仍然是个人主义的哲学和反群众的。马克思发现，现代自由社会的巨大政治讽刺之一，正是看上去似乎要激发一种个人主体把世界当作其能动性和创造的文化社会形式，最终产生的并非是有趣的个性，而是社会，即人类生活本身的齐一化。"自我安慰"或自欺是黑格尔派理论的本质。

今天，只有政治上的迷信还会妄想，群众只是经由哲学来体现历史的绝对精神的材料。马克思认为，这些被哲学宣布为"精神的对头"的人，因为他们不知道在哲学中有自己相应的表现，还因为仅仅适合这个或那个相关哲学家所熟悉的诸神战争把他们当作精神的"废物"加以摒弃，但事实上，群众是最具创造力的，这恰恰是被隐晦的黑格尔派的奇思怪想包裹着的事实，即使在最显白的语言中也是如此。由于真理是通过语言揭示出来的，而我们自己已经身处语言习惯之下，诸如"从现象上来说""从本质上来说"或者"哲学上认为"就是这样一个习惯，这习惯对我们来说或对围绕启蒙规划而构造政治解放模式来说是可利用的，而且无论如何都是容易理解的。然而，此情况引起过各种关于语言哲学的争论，我们在此就不追究这些争论了。只有一点须得从这里去弄清楚一些：为什么"群众"在日常生活里没有使用"精神""世界观"这些词？此问从令我们来讨论其可追问之处的马克思的辩证法中就可看出来。这既是因为在历史上起作用的群众尽管聪明但却"不说出来"，而哲学家自诩聪明，这一切被写下来的哲学早就被说出来了，且带有情绪。他们的唯心主义哲学体系"之所以不肯承认这一点，是因为它已宣告自己是历史的唯一创造因素"[①]。但是，群众会觉得这样的"种种真理"已经一目了然了吗？为什么群众想从根本上由实践而非语言方面来吃透"自由、平等"这一类已有的概念？与此同时，群众就

---

① 《马克思恩格斯文集》第一卷，人民出版社2009年版，第262页。

一眼盯住：在唯心主义所臆想的"圣物"中"没有用德语给我们提出任何一种思想。表达它的思想的语言还没有产生"，正是在这个地方，马克思看到，"群众给历史规定了它的'任务'和它的'活动'"①；反过来，如果按照思辨哲学的循环说法，竟然就连创造性与愚蠢之间也是难解难分的。

从理性主义的政治正确来看，群众性政治运动和鲁莽或愚蠢之间自古以来就存在一种内在关系，也许这种关系能给我们一点启发。显然地，马克思恰恰不会沉溺在对黑格尔非群众史观的抽象中。与其说这是由哲学造成的，还不如说是由德国生活的实践形态和经济现状造成的。就此来说：只要不透过哲学独一无二的概念滤镜，自由、正义就是人民群众的生命表现。这绝不是一种事后追认。看情势，我们必须最先把从施特劳斯到施蒂纳的整个德国哲学批判的效果摆出来，因为唯心主义是为了让我们远离和害怕群众。其实我们连这样的说法——我们到群众中去就是我们自身的此在在着——都不能说，因为诚然如马克思所说，迄今为止的全部历史活动和思想通通归属于"'群众'的思想和活动"。但仍然值得注意的是，当我们生活的全部成就并不能从哲学（永恒）问题的视角得到圆成时，在此却出现一个不能回避的问题②：马克思所标举的"普通人理智"的情况在何处并如何符合人作为类存在物的实现？是什么承担并指引了这个实现的使命？对此我们说，最后成为实践中的东西也是历史中"普遍性的现实的共同性"。

2

黑格尔主义以虚假的自由方式先验地造出了抽象的对立，即"作为积极的精神的少数杰出个人与作为精神空虚的群众、作为物

---

① 《马克思恩格斯文集》第一卷，人民出版社2009年版，第285页。
② 同上书，第285—286页。

质的人类其余部分相对立"①。如果黑格尔主义把这一对立物扩展为仅仅是哲学家们所熟悉的万神殿里的诸神的战争,当其激烈到足以把人类按照"精神"和"精神的对立物"划分阵营时,不仅能够用这一想象的对立物给群众下定义,而且还能够发明出新(既不旧又不合主流)的对立即关于精神世界或者说是政治的对立。在其中,我们可以看到那种特定政治现象的含义:迄今为止曾经存在过的政治制度都建立在此一方与彼一方(治人者/被治人者)的关系的政治(政府)过程中。如果现代政治的本质在于确定哪些群众可以被称作人民,另一些则不配享有这一资格,那么,自由,这种关系中的自由,并不是指个人自由,而是指精神政治的自由,自由认同和被迫认同就是精神政治的本质。

唯物主义也把关注现实物质利益的政治运动看作富有精神的政治运动。在这方面,马克思曾援用1840年代初的热门话题即"犹太人问题"来说,认为犹太族群要求自由而又不放弃自己的宗教,这就是在"从事政治",在提出与按照自己的意愿选择信仰自由而非与被迫认同相符合的条件的自由。选择意味着克服和超越某种特殊社会要素,意味着判断和政治。而人类判断始终面临着一个它无法掌控的现实,所以它仍然必须完成不能完成的与现实"和解"的任务。当犹太精神世俗化了的时候,鲍威尔还不敢按现代犹太人和基督徒获得自由的能力在于经商牟利的能力的观点来表达政治解放的思想,而社会形势的发展以及政治理论的进步已经说明这种观点本身陈旧过时了。这里,马克思在试图突破对问题的神学提法时,政治问题,就意味着进而应该正视政治解放与人的解放之差别。

此时可能有这样的事:黑格尔主义对群众获得解放能力的定见是根深蒂固的。马克思鼓励我们从作为黑格尔派虚拟的"敌视进步的'人格化的对头'即群众,从作为政治神学的黑格尔主义主要象征的拜物化——"一小撮杰出人物"等这些使我们对政治理解能力受到限制的诸多羁绊中解放出来。或者从非哲学

---

① 《马克思恩格斯文集》第一卷,人民出版社2009年版,第291页。

的角度看，马克思要求我们知道，关键问题在于弄清楚黑格尔主义是如何走到把群众的因素绝对排除在于哲学活动之外这种地步的？这个问题当然关涉形而上学问题的根本。马克思首先从这样的角度解释，即黑格尔那些关于现实问题的著作，乃是阐明所有精神可被定义为当代精神的宏论。它关涉整个体系。它是充满特定政治性的并体验着他自己受到现实问题感动或改变的本体基础。但是政治现实所指并不是某种形式的政府合乎理想或者逻辑上逐渐上升的最高级。政治现实按其生态或活的统一体说来乃是在历史中、在绝对知识中实现真正的伦理国家。换言之，黑格尔相信的是，诸如自由之类的恒久观念激励自我实现并塑造着历史。而正如我们所见，上帝，这一政治化的唯一主体也是黑格尔唯心主义自我实现的热心保护人。由此，黑格尔不会以"非政治的"纯粹性思维（因为政治生活充满"五颜六色的"个人分歧）去彰显历史主体本身。马克思指认，黑格尔哲学的真诚在于它热情地相信社会应该满足完成意识建构绝对者的任务的条件，也就是在哲学中要求不该不加证明地设定什么，或者说，应该剔除当下流俗之见，这种意见认为，绝对者或上帝仅仅是哲学担责的一种假说。对于黑格尔来说，这种意见会令人对神人秩序产生误判，只是我们无法通过理性排除这些意见。所以，黑格尔认为，同以往的哲学不同，"他能把哲学的各个环节加以总括，并且把自己的哲学描述成这种哲学"①。这话的意思是说，所谓全部哲学史都是他的哲学的逐步前进和事实上外在的发展。通过他，哲学才深入到思维，才达致真理。但说话者（黑格尔）意识到，他所做的事情会和其他一群名声不怎么好的"哲学家"联系在一起并扬弃他们做过的事情。

这话当照马克思的意思来理解。黑格尔实际上做的是一种特定的职业活动，就像法律工作者"执法"一样。在现代社会，

---

① ［德］马克思：《1844年经济学哲学手稿》，人民出版社2000年版，第101页。

哲学家是"公民"。哲学原本是任何人都可能或可以从事、却因社会分工而不是每个人都可能或可以以之为生活方式的活动。但黑格尔或许不愿承认这一点，他直认不讳地认为自己是"参与"哲学活动，但绝不会成为他们（群众）这群人中的一员。换句话说，"哲学"仅仅在其他哲学家做的事情意义下是贬义词，因为它们是拙劣的冒牌货。真正的"哲学"这个词与没变化毫无瓜葛，"因此，他的科学是绝对的"①。马克思认为，这是对自身完全非批判的态度。黑格尔派还洋洋自得地说："我们不应该再隐瞒，对福音故事的正确理解也是有其哲学基础的，那就是自我意识的哲学。"② 假如是这样，我相信黑格尔所不知道的，是他的哲学只能是对德国唯心主义"断言的天真"的一点补充。因此，绝不能够要求其对"非对象性的、唯灵论的存在物"的空谈加一道堤防。而对那必将走向解体的形而上学，黑格尔确实是半信半疑的，或者更准确地说，黑格尔越是在某种范围内克服抽象，其主—谓判断结构，尤其是笨拙的形式与生动的辩证法内容之间的冲突，便越是以形而上学的方式增强着，哲学发展似乎在19世纪的国家（特别是普鲁士国家）思想中达到顶峰。正是在这一意义上，马克思立刻指证了形而上学"在德国哲学中，特别是在19世纪的德国思辨哲学中，曾经历过胜利的和富有内容的复辟"③。

如果黑格尔派客观知晓此事发生的规模，或者如果鲍威尔尤其客观地知晓法国唯物主义感兴趣的如下事情——18世纪法国的机械唯物主义理论附和笛卡尔的物理学假说来促成17世纪的形而上学的衰败，与其说这是哲学造成的，还不如说是因为人们对这种理论运动本身是用资产阶级社会的物质利益同他的政治利益发生冲突来解释的，是用当时法国生活实践归纳出来的理论来

---

① 《马克思恩格斯文集》第一卷，人民出版社2009年版，第206页。
② 同上书，第342页。
③ 同上书，第327页。

解释的。而且一般说来，它是对现存政治制度、现存宗教神学和形而上学的抵制。也就是说，在人们足够长久地把上帝与其他有限性并列作为一种设定之后，也是意味着形而上学在实践上信誉扫地而令哲学改头换面的本质。如果鲍威尔对此果真有客观了解，他怎么还能从黑格尔那里知道，自然神论和法国唯物主义是"承认同一个基本原理的两个派别"①？其实，鲍威尔应当从黑格尔那里知道，如果他尚未忘记此处在谈哲学，那么他就不能以他所"虚拟的群众"作为借口来理解其中的事情。换言之，即使在把存在视为绝对概念的黑格尔学说中，形而上学也还仍旧是"物理学"。因为马克思在此明确看到，"黑格尔的神奇机器让'形而上学的范畴'（从现实中抽出的抽象概念）跳出使它们溶化于思想的'单纯性'中的逻辑学范围，并采取自然存在或人类存在的'特定形式'，也就是说，让它们显现出来"②。至于体系的最初形态，我们对它只能从它所留下的一些破缺性的废墟来进行不充分的想象了。

我们今天要说，政治黑格尔主义最有可能的是，它不像政治亚里士多德式的（如古典政治）主张，后者把政治看作明智（实践智慧）的思想。在黑格尔关于政治权威的来源论述中，"好政治"的建立根本不是一个民族和一个国家获得它或者得不到它的事；"好政治"就是最高的存在的方式。在黑格尔眼里，假如尊重个人意志的原则被公认为是政治自由的唯一基础的话，这样的观点总是可以随时从这个或那个着眼点出发来被接受的，与观点的主观之不同相适应，显示出来的国家的权力安排、组织或机构随之而异。因此，在黑格尔眼里，民主政治只是出名而已，而且如此出名已经成为非常可疑的事了，已是一种永无休止的商谈或党派口水政治的这样吹吹那样吹吹后的伪假之事了。对于黑格尔，看起来，"虽然以人民的状况为依归，可是把人民仿

---

① 《马克思恩格斯文集》第一卷，人民出版社 2009 年版，第 336 页。
② 同上书，第 339 页。

佛看作是不主要的而且偶然的"①。而出现这种情况的时候，我们还根本看不准：至少是由宗教、艺术和哲学等等各种精神力量决定了的一部好宪法的可能性。这种宪法不但"得到了更高的承认"，而且"确定了它的绝对的必要"②。由于在整个18世纪，欧洲社会极度关注法国大革命，甚至痴迷于此。这对黑格尔而言也是如此。黑格尔把法国人在他们的政治实践中已经展示出来的东西在反对政府和反对自由派的思考中极端地推向终点，以致近视的政府和同样近视的自由派误以为，在那里，现代国家的存在是符合它的本质的，而马克思在那里所看到的却是黑格尔的启蒙："当时的普鲁士人有他们所应得的政府。"③ 当然从马克思的角度看，黑格尔依然只是思想而已，这毫无疑问。黑格尔主义是具有调和的意识形态政治含义的，所以，他所择取的政治的看法应该同整个国家和国家伦理联系起来。但只要他使用"政治神学"的终极立场，那么他的出发点就是人的非自主性，人的先天的与后天的能力的非自足性。照此，黑格尔理性主义强调的并不是为人自己的生活建立内在、理性的根据的可能性，而是人有确信（有信仰的确信）。这里主要是说，国家在他的心目中是绝对的目的本身④。在这个意义上，黑格尔几乎站在启蒙的反面了。

一旦黑格尔把人的意愿和"应该"嵌入形而上学语境中来时，他的政治发明不得不借助于形而上学或"精神"来思考"群众"范畴。例如，假如我们把量变到质变的辩证法论述用在经济领域，便足以让我们在经济领域激发的阶级对立的语境中进入每一个涉及物质利益的课题。马克思认为，人们不再像从前的

---

① ［德］黑格尔：《历史哲学》，王造时译，上海书店出版社1999年版，第48页。
② 同上书，第46—48页。
③ 《马克思恩格斯选集》第四卷，人民出版社2012年版，第221页。
④ ［德］黑格尔：《历史哲学》，王造时译，上海书店出版社1999年版，第54页。

目的论者那样看待历史变化，相反，他们认为，只有把变化放在诸如物质利益这样的局部合理性语境中讨论才有意义。但是，黑格尔将人的意愿和应该放置到了某种形而上学语境之后，它便表达了这样一种认识，即由哲学加以分隔。如果在绝对者中设定受分隔者，而受分隔者使绝对者与它对立，然后，又把双方当做这种永久不变的两极彼此对立起来，那么，随之出现的一种在质上崭新而剧烈的分隔（化），比如，财产集聚并超越一定的"量级"变成政治"权力"，就从所谓中立化经济的领域转变到政治权力领域。从"权力"的本义上讲，它是朝向某个目标迈进的行动力、发挥支配的影响力以及对其他个体的宰制力。政治变得比以往更形而上学化了。在黑格尔那里，也许因为他把革命内化为辩证法的原则，所以，这种政治本质只是在思维中、在哲学中才表露、显示出来，在现实的运动中却是隐蔽的。用马克思的话来说，只要撇开不谈这一对立物（即作为"精神的对手"的群众）的现实运动，那么，"关于群众的意义和存在"，"所能说的只不过是某种完全不确定的、因而也是毫无意义的东西"。因此，马克思看见青年黑格尔主义根本没有为黑格尔哲学解体"动过一个指头"[①]。

在马克思发表这番话时，尽管实际上是用在批判布·鲍威尔等人宣扬的唯心史观身上的，却也是适用19世纪而成为这个世纪的不祥的谶语。在伴随黑格尔主义"每日每时以群众的愚钝无知来证明它本身的超群出众"[②] 的政治咏叹调中，这个哲学分隔的进程同那个所谓左翼和右翼的"救赎政治"联动起来而不断发酵。在黑格尔派在"绝对的'一开始'"就不允许"群众"变化的"臆造"中[③]，群众毫无疑问就不存在了。亚里士多德对人下的定义——"政治的动物"，翻译成拉丁文就是"社会的动

---

① 《马克思恩格斯文集》第一卷，人民出版社2009年版，第295页。
② 同上书，第199页。
③ 同上书，第285页。

物"。看来,被抽象出来的"群众的社会"只有"笨拙的理论或者理想的"笨拙的政治算术才有可能。这意味着对马克思来说,"群众的社会"乃是以种种方式(例如,君主教育的理想或公民宗教的理想)从哲学所准备的社会形式中被排除出去的社会。既然人的社会性本质上与政治性密切联系,那么,在一种关于统治的神学意义上而非社会学的意义上,"群众的社会"才会被排除出去。被排除出去的"群众的社会"之所以是一个真实的本质,首先就只在于有一个受专制者统治的社会和它相对立。

此外,还应指出,这里所有关涉的现实利益问题其实均已变得具有了政治性。比如说,在法国议会的辩论中,或更准确地说,"在法国的实际生活中,犹太人实际上也并没有受到基督教特权的压制,然而法律却不敢确认这种实际的平等"[1]。布·鲍威尔认为,在法律和国家范围内,人为了能够获得普遍人权,就必须牺牲"信仰的特权"。在此,布·鲍威尔试图让公民只相信一种信仰,以此达到解决信仰冲突的政治解决。马克思立即指证,它的错误在于,只要把这个局部的政治矛盾看作"普遍的"矛盾,就会触及政治解放的可能性(或者不如说:不可能性)和人的解放之间的矛盾关系。布·鲍威尔在政治上实在无足轻重,因为,当精神被证明不可能应付他们自己创造的人造物,即自由的政治国家的"异化"同足够庞大的群众面对时,他们通常都求助于把政治精神化(神化)的做法。这意味着,他们以自认为大大高于"政治本质"、其实是大大低于这一本质的方法去寻求解决自己的矛盾。我们这个充满了重述"人是政治动物"的主张——除了理性之外还有信仰——的世纪,几乎就是一部关于这些趋势、意图的深刻的教科书。

从马克思对政治的领会看,若根据黑格尔主义的打通知识和信仰之政治思想的意义,则貌似采取了一种更高的、但其实是更空洞的姿态。因为,渴望得到满足的并不是现实"利益"和

---

[1] 《马克思恩格斯文集》第一卷,人民出版社2009年版,第315页。

"热情",而是"一种思想"或理性、正义、自由；与此相应，哲学家的讨论则是采取一种崇高的姿态，因而它不仅必须经常为自己制造出对立面，而且在他的"职业状态"方面，也就是在他的思想方面，必然具有了公然反抗不合公理世界的"身位"。因而，在外观上，他也为不理性的政治类型即救赎政治打开了大门。而顺着群众的立场说话，对于群众的热情的重要性，问题在于政治感情而非受热情蒙蔽"去自欺欺人和俯首听命。应当让受现实压迫的人意识到压迫，从而使现实的压迫更加沉重；应当公开耻辱，……而各国人民的要求本身则是能使这些要求得到满足的决定性原因"①。马克思在这里完全真实地呼吁，人们要想站起来，仅仅在思想方面是不够的。关键在于，对马克思来说已经是直接要铲除产生哲学偏见和现存国家的现实基础了。当一个普通人说有少数杰出个人和群众的对立的时候，他并不认为自己说出了什么非同寻常的东西。尤其是在当代，似乎人人都有世界观，人们不得不承认任何有别于哲学家的人、任何有别于我的你，等等。因此，在这里，从世界观看，还可以说到人民和所谓诸众之间的对立，但其间的所有争论并不陷入要不要或该不该有少数杰出个人参与社会秩序建构的政治偏见中。这个偏见早在人类之初就被冲淡了：一个没有少数杰出个人的社会就不是社会。所以，这个偏见，凭直觉所指尤指少数杰出个人所指的"群众"问题——用马克思观点之极其简洁的方式说，就是在历史上如何能够实现人数众多的、而非仅仅由少数人组成的群众的现实利益。

  对我们来说，最紧要的问题是要关注政治实践在何种程度上体现了群众的现实利益。马克思说，群众是历史活动的承载者。群众之令马克思感动处在于他不会用思想的枷锁套在现实的感性的头上。他的身上依然有着哲学家已经失去的、因而有更广泛的理解的无数可能性。假如人们再回头看看黑格尔派的理论就会发

---

① 《马克思恩格斯文集》第一卷，人民出版社2009年版，第6—7页。

现，群众作为传统唯物史观阐释视为根基的政治主体，是被黑格尔派的"群众性"理解撕裂或抛弃了。近几十年来，在英美和欧陆的政治思潮中并没有被再获得重新规定。福柯的"鄙民"、德勒兹与加塔利的"游牧民"、奈格里的"诸众"、朗西埃的"没份的那部分"等等，它们所具有的历史或社会学意义上的特征，无非是这群缺乏实体的"群氓"，相对于权力，将以"倒错"或"极限"的姿态现形为"对民主之恨"。在黑格尔主义精神政治的"如意算盘"内，所谓不凭自己的良心和情感来生活的"群众"，是相对于可由法的或国家的形式规定的自由和天职之间先定和谐的人。只要有另一个（精英）存在，一个（群众）就不存在；或者说，沿袭思辨反思哲学，仅仅"根据其绝对的性质在登场时将立即发表与众不同的'箴言'"[①]，群众性就必定作为受分隔者而无力保留（扬弃）并且永不失去这种形式靡定、反复无常的固定特征。今天，我们如马克思那样质询起黑格尔的辩证法的"精神空虚"，通过揭露绝对精神的全部伎俩——无外乎"不断地变为精神的空虚"，要给哲学一个新的意图和出路，即使在历史观方面也不能忘记，绝对精神始终有一个对其施以狡计的对手。这个对手就是"群众"。

3

马克思哲学是通过多么复杂的曲折的道路，也就是首先通过反宗教的斗争然后间接地也是通过政治斗争的道路才走向现代的历史运动。当我们说"须要'把哲学搁在一旁'……，须要跳出哲学的圈子并作为一个普通的人去研究现实"[②] 时，其实我们的意思是，哲学家曾经与神学家分享的区分、定义特别是托词不再有效。现在的人们已经不再知道，那在当今时代已经成为共同财富的东西，那在19世纪德国哲学界被一切具有形而上学思维

---

① 《马克思恩格斯文集》第一卷，人民出版社2009年版，第283页。
② 《马克思恩格斯全集》第三卷，人民出版社2009年版，第262页。

和宗教情感的人视为如临大敌的东西和卑贱的事物,在当年是通过艰苦的斗争赢得的。这些东西里面尤其包含着一个信念,即那过去人们根本不敢想象的东西,如今成了经验领域里的事情。我们所讲的狭义上的哲学,例如,这里通过黑格尔这个人想出的绝对观念,或许比群众信念更严格,但在实践上以为能够达到在现实中实现这个绝对观念的地步,往往是因为绝对观念并不绝对;或者用恩格斯的话说,这个观念如何说也说不出来。① 今天,如何把握绝对观念对同时代人的实践的政治要求的高度,如何为之保持一种将来之来临或一种许诺与兑现的辩证运动,这是马克思哲学的思考以及它的真正贡献所在。假如人们不再回头清理黑格尔派,就会发现,将群众作为传统唯物史观阐释视为根基的政治主体,被"群众性"撕裂或抛弃了。但我们不能忘记,全世界可能不都拥有同一个哲学,在通向真理的阶梯上大多数人的协作是绝对必要的,不仅在史实上,也是在马克思哲学实践基础上。因此,在认识到人是更复杂的动物、是人的全部活动和全部状况的基础之后,如果哲学还能够发明出新的范畴,促进这些变化,那么像它现在正在做的那样,就须重新满足群众的需要。在这种情况下,理论哲学的任务就完成了,而实践哲学却刚刚起步。这就是我们对马克思当年尚且受到黑格尔、费尔巴哈影响的时候,却能自己开辟出一条道路的重新考量。

九 人的目的、意志与社会运动

社会运动的轨迹是在多种社会要素包括人的目的、意志的相互作用中不断拓展的。这种轨迹是在众人的活动所形成的合力中实现的,但却又有着不以活动中某一个个体、集团的主观愿望和意志为转移的驱力和动机。当认识和顺应了这种总体性运动方式和趋向时,人的活动的开展和目的的实现,就能顺利进行。为

---

① 《马克思恩格斯选集》第四卷,人民出版社 2012 年版,第 224 页。

此，就要坚持马克思一再强调的在"自然历史过程中""自觉活动过程"与"自我认识过程"的统一中把握社会运动的重要原则。

1

在社会历史的认识中，将社会现象与自然现象联系或对立起来加以讨论，把对社会的认识纳入到自然——社会的巨系统中加以审察，赋予社会认识活动以宏观的历史背景，这是社会历史分析的方法论原则之一。

从发生的意义上说，社会是广义的自然的一部分，但是，从人文进化的角度而言，社会是独具"人文结构"，从而区别于自然的"异质存在"。因此，从本质上看，社会运动过程就是"人们自己创造自己的历史"的过程。在自然发展史上，人的总体能力比动物强，表现为人能借助自然界来满足自己的需要、征服自然界。这种活动的合目的性的重要表征，就在于人能使自然界反对自然界本身，以使强有力的自然对象互相削弱，并发明工具，从而达到征服自然、满足自己的需要的目的。在黑格尔看来，人类的这些发明是属于精神的，所以应当把这种工具看得高于自然界的对象。而在恩格斯看来，工具的发明只是创造了人的劳动的开始，是人与动物诀别的标志。这种诀别表现在动物仅仅是利用外部自然界，单纯地以自己的存在来使自然界改变，而人则通过他所做出的改变来使自然界为自己的目的服务。人离开动物愈远，他们对自然界的作用愈带有经过思考的、向着一定的和预期的目的前进的特征，并创造自己的历史。在这里，人征服自然的过程，也同时表现为人驾驭社会运动的过程。换言之，人对物、人与自然之间的关系，也有人对人、人与人之间的关系的内蕴；反过来说，人对人、人与人之间的关系，也有人对物、人与自然之间的关系的内涵。因此，人要最终在自然关系方面，同时也是在社会关系方面，从其余的动物中提升出来，只有一种能够有计划地生产和分配的自觉的社会生产组织的出现才有可能，正像一般生产曾经在物种关系方面把人从其余的动物中提升出来一样。而这样的一种人与自然、人与人之间的关系中所取得的最终自由的、体现人的最终目的和意志的历史，在社会主义制度建立以后，才刚刚揭幕。

2

社会运动既是基于生产力和经济运动的客观的、有规律的"自然历史过程"，又是人们追求和实现自己目的的"自觉活动过程"，这是一个统一过程的两个方面。正如恩格斯所说，在社会历史领域进行活动的全是有意识、经过思虑或凭激情行动、追求某种目的的人，任何事情的发生都不是没有自觉意图的，没有预期目的的。而这些意图、目的及其活动，又往往彼此冲突。结果就造成了社会运动与无意识的自然运动相似的情况：每个从事历史活动的个体行动的目的虽然是预期的，实际产生的结果却不是预期的。这种行动目的与结果的分离，就社会生产的层面看，在于有计划地生产和分配的自觉的生产组织远没有形成。所以，具有自觉意图的人的活动造成了社会运动，而人的活动又受社会运动规律的支配。

仔细分析，人的活动可有两种境界：一种是非自觉的境界，即活动主体对自己的历史活动所产生的结果处于无知的、非预期的状态之中。另一种是自觉的境界，即活动主体能够意识到他们自己活动的目的，并对自身力量的使用进行控制，表现为对自身活动目的、方式、过程的自觉定向调节和组织。当然，无论是自觉的，还是非自觉的活动境界，都贯穿着活动主体的预期目的，非自觉的境界并不等同于盲目、无目的的境界。人们历史活动的最终目的，在于创造出具有能满足主体需要的客体，使社会运动发生合乎主体需要的主体性效应。然而，并非是人们的一切活动都能获得预期的结果。事与愿违，或最初看来有利于人们的结果，从总体和长远来看却妨碍人们的正常生存与发展，或总体上利于人们的生存与发展，却要经历"阵痛"，这些情况均不少见。

人类历史的许多创造往往是人们非自觉的历史活动的结果。原始人创造了他们的社会制度，但是，他们并没有自我意识到这种创造。原始人是在对自己的历史创造活动的结果——原始社会制度的建立及其意义——的非预期中，从事历史活动的。在人类社会的发展长河中，有相当多的历史运动就是以这样非自觉的形式形成的。而人们要确立在社会运动过程中的主体地位，就要去发现和掌握在人类社会历史上为自己开辟道路的一般运动规律。以人类自身的历史发展和历史经验作为认识现实自我参照的一面镜子，从历史看现实，在对人类历史活动的损益得失的反思中理解现实、调节行为，创造未来，这就是以史为鉴。以史为鉴，一方面表明了人们对自己历史活动及其结果的关注和追求自身活动最好结果的目标；另一方面表明了前人的历史活动的结果，在前人的历史创造中往往是非自觉的，前人对自己的历史活动的意义和得失，由于历史认识的主体和历史认识的客体的内在自我相涉、自我缠绕，因而是不明晰的。而后人则能借历史这面镜子，理解前人历史活动中的因果联系，从而有可能对从事前人相同类活动所将产生的结果进行预测，因此，在前人那里的历史活动是以非自觉的形式出现的，而在后人那里则往往是以转化了的、自觉的形式完成着与前人同类的或相仿的历史活动。因此，社会的运动就是在历史活动主体的自觉与非自觉两种境界的辩证统一中进行的。史鉴作为历史活动主体自我认识的一种自觉形式之一，表明了人们抛弃了借助于猜测、幻想来把握社会运动的人类社会自我认识原始形式。黑格尔把精神的发展看成一个由非自我意识到自我意识的过程。同样，人们对自己的历史活动也有一个从非自觉转化为自觉的永无止境的过程。今天的现实是历史上人们的活动造成的，今天人们的活动又必将创造出明天的现实。

3

从合理的范围上看，历史活动无非是人们实现自己的目的、即恩格斯说的"总的合力"。历史活动无非是将人的意志、愿望变成现实,历史活动就是意志的活动,社会运动中的必然就是人们各种意志力的交合。

从直接的意义上讲,社会运动不过是追求着自己目的的人的活动而已。正是人们"过日子、经营事业、生儿育女、生产物品、交换产品等等,这些事实形成事件的客观必然的链条、发展的链条,这个链条不依赖于你们的社会意识,永远也不会为社会意识所完全把握"。① 就是说,社会运动的规律,在相当大的成分上可以说是人们的社会活动规律。但是,社会运动规律作为社会总体的存在和发展规律,并不能自在地、直接地等同于人们的活动规律。严格地说,人们的活动规律不仅是个体的、也有集团和类总体的。个体的、集团的、类总体的活动规律各有自己的表现形式和适用范围,因而,不能把人的活动规律与社会总体运动规律直接等同。只有当人的活动顺应了社会总体运动规律时,人们才成了社会结合的主人,社会运动的规律才不再作为人们异己的规律和自在的形式制约着人们的活动。此时,人的活动规律与社会运动规律也就以内在一致的、而不是以分离的形式起作用了。

问题的关键是:特点各异的个体的、集团的、类总体的活动规律,主要集中表现人的历史活动的意志和目的的差异,怎样调谐这些历史活动主体的意志,使高扬的主体意志,而不是互相抵销的主体意志与社会运动中以合力形式表现出来的主体意志相契合,从而与社会总体的运动规律相一致,这是当代社会实践的新异点。因此,在人的自觉活动和意志作用中,去探寻人的活动规律,是正确认识社会运动规律的重要前提。恩格斯的"合力论"所阐明的人的自觉活动和意志作用规律与社会运动之间关系的论断,则为我们提供了研究人的意志与社会运动的一个基本方法论原则。

---

① 《列宁全集》第十八卷,人民出版社 1988 年版,第 340 页。

4

如果把社会的运动，看成称得上具有重复性这一特点的话，那么，这种重复性只是指引起事件的原因和结果之间关系性质的重复性，是"思想的进程取决于事物的进程"这种特定因果联系的重复性。从这一意义而言，社会历史也像自然历史一样，存在着客观规律。社会运动变化在总体上的趋势和结果是受制约的、有确定性的，只不过这种确定性本身又受人的活动包括人的目的、意志的制约，因而，社会运动又不是直线的、单向的、一义的。人的意志是从人的需要和意识中产生出来的一种指向性，它支配着从事历史活动的人的行动。历史表明：人民群众、社会中的大多数人的意志和人心所向体现了社会运动的主导方向，代表了时代的精神，预示着社会发展的未来。在这里，人的意志和社会运动的必然就像两条同一条源头的河流，经过漫长的分流后，又汇合成一条，体现了社会历史运动的合目的性和合规律性。随着社会的发展，人民群众创造历史的自觉程度越高，他们的意志和目的就愈益具有真理的性质，并且以客观的历史必然的形式体现出来。可见，历史唯物主义关于社会运动一般规律的原理和人民群众在历史上的作用的原理，只是揭示同一社会运动过程的两个方面，当我们对社会运动规律与人的活动规律作辩证的界定和辨析时，它已内在地包含着社会运动规律与人的活动规律的结构之间所有的逻辑同构关系。

在整个社会历史的演进过程中，尽管人们的历史活动的目的与愿望常常不能现实化，某个历史活动主体的意志往往在与他人的意志的相互作用中被抵消、被削弱，但是，人们的历史活动始终在进一步发展，人类社会的运动总是朝着进步的方向、朝着人类解放的道路决然而行。当我们考察历史进步动力的起源，追溯到人们的利益和需要以及目的和意志，很容易会产生困惑：人们的利益、需要上的差别从而目的与意志的差别和冲突，几乎可以使他们活动的作用、目的、意志互相抵消，怎么还能推动社会前进呢？要回答这一问题，有两点是值得考虑的：第一，个体的人的特殊性决定了他的利益和需要的特殊性，从而决定了他们历史活动目的和意志的特殊性，以及由此而来的差别和冲突，但也不应过分夸大这种特殊性、差别和冲突。个人作为群体的、社会的、人类的成员，他们的共同性所规定的利益和需要的共同性，行动目的和意志的共同性，及由此而来的一致和协作，同样是不容忽视的。而且，随着社会的发展，尤其在21世纪的今天，问题的后一方面更为重要，这是因为个人的利益和需要仅仅靠个人是不能维护和满足的，只有在全体的、社会的乃至人类的共同努力中，在群体的、社会的乃至人类的共同利益得到维护和共同需要得以满足的条件下，个人利益和需要才能从根本上得到维护和满足。就是在那种极端私利的社会中，也存在群体的、社会的、人类的共同利益，这些共同利益也不是随意任人侵犯的。所以，人们的历史活动在相当大的程度上不是作为个人特殊活动的集合，而是作为全体的、社会的、人类的共同活动去推动历史的。因而能够表现为整体的有特定方向的历史行动的合力，成为历史运动的动力。第二，人们利益和需要上的从而也是行动目的和意志上的差别和冲突，都实际地参与了历史活动总结果的创造。各个人的意志融合为一个总的合力，历史运动的合力之所以能够造成历史的进步，主要是因为进行历史活动的人民群众的利益和需要大体上趋向一致，实质上就是指历史运动合力的形成和变化符合历史活动的主体即人民群众的利益、需要和意志。所以，符合人民群众的利益和需要的行动目的和意志，不但不会抵消、削弱，而且必然成为历史运动合力中的一个正向有效分力，从而得以现实化。

5

社会现象十分复杂，对社会运动的认识，就好像面对一个多面体，每次总只能从一个特定的视域去首先把握它的一个或几个相关的侧面，并以此为理论分析的着眼点而逐步地理解和把握其他方面，进而实现对该多面体的全方位把握。历史唯物主义正是从生产力和经济运动对于整个社会结构变化的最终决定作用出发，来建构人类社会总体结构的一般模型并揭示社会运动本质的。这是一个相对确定的角度和相对稳定的思路。同时，历史唯物主义也从多方面的立足点、角度、思路来设法全面地理解社会运动。历史唯物主义也从人们历史活动的自觉能动性的角度来考察社会运动。社会运动是由具有自觉意图的人的活动创造的，而人的活动又受社会运动规律的支配。历史唯物主义把矛盾的两个方面统一起来，既避免了旧唯物主义脱离人的历史活动去理解社会运动，把社会只了解为自然存在物，从而不可能说明那种具有社会内容的意识现象的根源和性质的困境；又超越了那种只是限于把思想动机看作社会运动最后动力的水平。在历史唯物主义看来，人们在历史创造中的自觉能动性，突出地表现为他们在历史活动中目的的指向性和意志的现实化运动。归根到底，人们是为了满足需要去从事历史活动的，需要是人们历史活动的驱动源。人类的生产以及生产所要解决的社会与自然的矛盾，正是人类一种满足需要的基本活动，而且是一种最典型的现实化活动。无论是生产、交换等满足人的需要的活动，还是由此产生的社会关系，都强烈地显示出人们在这些历史活动中的合目的性和意志的指向性，社会运动中的一切存在物及其关系都是"为我"的存在，人的目的和意志在这些存在物及其关系中，如同一种普照的光，它决定着它里面显露出来的一切历史现象的比重。正由于此，马克思从一般劳动向自由劳动的转化这一角度指出，劳动尺度本身"是由必须达到的目的和为达到这个目的而必须由劳动来克服的那些障碍所提供的"。① 这就是说，一般劳动转化为自由劳动的前提和结果，必须由劳动是否合目的性这一尺度来衡量，那种

---

① 《马克思恩格斯全集》第四十六卷（下册），人民出版社1980年版，第112页。

违背人的意志，不是为了满足人的需要的"为生产而生产"显然是一种历史的谬误。可见，人的目的和意志虽导源于人的需要这一物质因素，反过来却可以作为一种制导力量，规定着从事历史活动主体的认识方向和历史实践的动力。当然，人的历史活动中的目的和意志，也还只是人的需要的产生到需要的付诸行动这一链条中的一个基本环节。不同于唯心主义的是，马克思主义创始人透过千百万人的历史活动的目的和意志的光怪陆离的表面，揭示了隐藏其背后的并制约人的目的和意志的客观需要，揭示了具有自觉意图追求一定目的的、充满激情的人们背后的动因，并且把它归结到历史活动的主体在社会运动中的动力作用这一问题上，这种动力作用表现在历史活动的主体与客体之间的相互作用之中，表现为社会矛盾推动社会运动，尤其是社会基本矛盾对于社会运动的决定性作用。不过，对社会运动动因的这种深层透视，已是历史唯物主义变换、调节了对社会运动进行观察的"社会照相机"的视角，从"人的自觉活动"这一角度，重新回到了历史唯物主义建构社会总体运动结构的一般模型，这一相对确定的角度和相对稳定的思路上来了。

卷四 人的发展

一 人的全面发展问题的逻辑

笛卡尔，虽以自我觉醒著称，但其实是发现了一种哲学的沉思，这就是一种用宗教技术来建立哲学话语的开端。确切地说，笛卡尔尝试在那个哲学或宗教假设——我身上是否存在我认识或不认识的他人——之间进行边界勘定，以便为科学认识奠基。这在历史上具有开创意义。不过，这是另一个问题。笛卡尔操心那些"灵魂深处"的事情，依然落在西方文化之历久弥新的"自由"意识和"拯救"愿望。现在的问题是，反对笛卡尔以来的主体哲学究竟要反对什么？是反对获取人的知识的所有企图？是反对人的自我牺牲？是反对灵魂深处的革命？是反对某种合理性构成？或者仅仅反对自我的幻觉？我想，从西方传统获得的东西，不管怎么说，对于人们想用来加强自我修为、自我锻炼的方法来说是必要的，而我们需要自我解释学的客观基础。因为我们要更宽阔地用历史性实践来取代哲学沉思。譬如说教育，就可以清楚地看到，教育制度如何从学以成人、如何从人的全面而自由的发展等理念获得自己的合法性证明，而这些理念之所以被吸收或者被证明，那是因为它们使教育的某种知识或者某种合理的方式得以贯彻和落实。

在一定意义上，人的全面发展理论乃是历史唯物主义视野中的自我解释学。我是说，从广义上看，历史唯物主义当然包含了类似"人的科学"的东西，"人的科学"当然是一门历史科学，而所有的这些关系是极其复杂的。可以说，人的全面发展学说以前一直是教育精神的践行，它现在已经提升为历史唯物主义核心范畴。对这个问题，我们尝试通过非常具体的历史理解来分析它。在此，先简略地说，人的全面发展问题实际上可分析为三个互相关联的层次：一是"何谓人的全面发展"；二是"人为什么应全面发展"；三是"人的全面发展何以可能"。指涉人的全面发展问题的探讨，大都以上述三个层次为轴心而运作。

1

何谓人的全面发展？

其一，人的发展全面与否关涉的是人的一种存在状态，当属存在论问题，[①] 而不是认识论、知识论的问题。如果认为，因为这里存在着认识的关系，于是所有其他类型的关系，都必须统摄于它，那就错了。认为一种认识关系，不是纯粹的、理性的，它就不能成立，我想，这当然是传统认识论的观点。但是，不得不承认它可以因错误而撤销。而对于我们当前问题的意义可归存在论地领会，它根本就没有想到。人的生存是一个直接的存在论事实，是一个无须经过沉思就一清二楚的事实。所以，人的生存不是一个问题，由生存这一事实引出的人如何有意义地去生存才是一个重要且构成意义的问题。

换言之，属于知识论论域的"何谓人的全面发展"这一问题，只有转换为"如何获得人的全面发展"这一存在论问题，才具有意义。这是因为，人现实生存中的任一意义都必须以人的身心感受为落脚点，否则便不属于人现实生存的意义而只是思想的意义。与当代生存哲学不同，马克思研究人的生存状态的出发点不是作为"想象的主体"，而是作为"真实的主体"的"现实的人"。正是由于出发点不同，所以当代生存哲学注重的是对"孤独的个人"的精神状态的分析，而马克思注重的则是对现实

---

① 张文喜：《对人的全面发展问题的思考》，《浙江社会科学》1996 年第 3 期。

的个人在生活过程中的全部关系的分析，尤其是生产关系的分析。从对人的生产活动的分析入手，乃是破解生存之谜的一把钥匙。也许我们从知识论的论域中，很难描述人的经验、感受等人之存在状况，在知识论意义上"不知道"我们身心发展的全面与否，但既然我们亲身地经验着人的各种生存状况的感受，因而，在存在论意义上却知道（不是知识论意义上）这些感受。这就是说，对人的全面发展问题的解答力图揭示的，不是什么是人的全面发展状态这样一种以静态的目光去理解的人之生存状态，而是关于怎样才能获得人的全面发展这样一种将生存理解为历史过程的人之生存状态。进而言之，在知识论界域里，对"何谓人的全面发展"的回答逃不出把人的全面发展状态描述为一些明确的指标，开列各种"全面"性的名单的栅栏，而这只不过是哲学家在解释世界，不仅不能真正理解人们的生存状况，反而会遮蔽人之现实生存的意义。认识在历史上和权力关系相互联系，就是最明显的例子。由此，我们以为，对关乎人生意义——人的全面发展问题——的追究，应落脚于"人的感性活动"，即改变世界的实践。

其二，之所以我们只能从实践中真实地去体验、观省人的全面发展的实现，而不能由此逆推人的全面发展的情状原来是什么。这不仅因为实践是思想的界限，而且因为它同时也是人的价值的界限，凡是不可实践的都没有价值。易言之，我们不应该从一种绝对的人性价值标准、超社会的纯哲学本体论层次来对"何谓人的全面发展"作先验界定。我们撇开特定的社会历史结构及它对人存在的制约，或看不到人的存在根本上只能是一种社会存在、关系存在，即实践存在，又如何确定人之存在的全面性呢？马克思正是洞悉此一问题的形而上学陷阱，才转换了此一问题的提问方式，把对"何谓人的全面发展"的追问转换成对获得人的全面发展的方式的追问，即马克思是以在什么条件下才能实现人的全面发展的话语方式来思考这一问题的。

其三，对人的全面发展作明确而完整的定义，也就意味着可以预制人的全面发展的统一模式,先验地排斥它是客观的。如果有一个统一模式,那么,这一模式是否会变得僵化?如果没有统一的模式,人的全面发展是否会成为难以捉摸的幻影?不管怎么说,在马克思那里,没有将自己构成对象加以把握的东西,而马克思对此一问题的解决,是建立在超越"个体主义"和"整体主义"在人的发展问题上的僵硬对峙的思想方法基础上的。马克思认为,人不但是一种个体存在,而且是一种类存在,个体和类之间存在着十分复杂的关系,以至于我们很难在现实中将这两种存在形态分开,个体与类的融合不是外在的整合、结合,而是基于两者存在结构内在关联的契合,是个体类化和类个体化的双向运动。因此,我们必须遵循"个体即整体(总体)"这一亦此亦彼的思维取向来思考问题。个体是人之最根本、最真实的存在形态,人的全面发展归根结底只能落脚在人类个体的发展上,人的个体性一个重要的特点就是它的特殊的自我主体肯定方式,这是人与人之间的差别性,从人的个体性的差别方面而言,全面发展的人没有统一的模式。但个体性中一般的主体感性内容又为每一个人所共有,从这一角度来看,全面发展的人又不是漫幻神游。马克思的如下思想正是上述立论的根据:在个体性中存在着一种主体感性体现其本质力量的能力。这种能力作为"天资"而存在于个人身上。① 但能力的具体发挥各不相同。"即使在一定的社会关系里每一个人都能成为出色的画家,但是这决不排斥每一个人也成为独创的画家的可能性。"② 这即是说,人的发展是个体性中各类一般的能力的发展,至于这些能力在每个个体现实中的表现样式、发挥程度则不可限定为一个统一的模式、范围。

人为什么应全面发展?

---

① 《马克思恩格斯全集》第三卷,人民出版社1960年,第347页;《马克思恩格斯全集》第四十六卷(下册),人民出版社1980年,第225页。

② 《马克思恩格斯全集》第三卷,人民出版社1960年版,第460页。

人应该全面发展，如同人应该自由一样处于人类自我意识系统的不被反思的层面中。但是，任何一种"应该"都有可能是不应该的，假如我们不愿服从习惯、兴趣而想寻求思想的意义，我们总能怀疑一种未经反思的思想。因此，对人应该全面发展这一信念必须经过反思而正面指示其明晰性。

在一定意义上，追求超越是人的本性，人是超越了动物的存在，所以，以动物为参照系就成了人的超越性研究的逻辑原点。动物的存在是一种自然而然的有限存在，和动物一样，人的存在仍然是一种有限存在。在某种意义上我们可以说，动物和人的生存、进化、发展，首先都是寻找适应生存方式的过程。在适应方面，动物有着天然优势，所谓如鱼得水，显示出其与环境的充分协调的高度适应，我们称之为"完善"。不过，完善绝不是指进化程度的高下，在这里，完善仅指适应程度。因此，鱼的行为是完善的，人的行为却可能是不完善的。从人的发生角度看，在体质方面，人是一种"未完成"的生物体，人的器官是"未专门化的"。在形态方面看，人又是"匮乏的"。因此，有些生物人类学家说，人是"易受损害的，易遭危险的"生物，甚至是"被剥夺了生存能力的存在物"。当然，这样一种自然主义的理解是成问题的。按照这种认识，马克思所描绘的异化图景乃是人类由采集—狩猎时代转渡到工业时代所带来的智人大脑引发了这种那种不适应的结果。但是，我反对这种貌似唯物主义实为规范主义的理解。因为，人要适应生存就必须能够以不同于动物肢体活动的实践活动来超越自身存在的限制性。在马克思看来，动物只存在着一个生存问题，而没有发展的问题；人虽然也有一个生存问题，但生存必须通过发展自身来实现，否则生存下去将是很难的事。① 人如果不能在更多的方面或更高的程度上超越自然（既指物理自然、人的肉体自然，也指社会领域中或文化中一切

---

① 韩庆祥：《关于马克思"人的全面发展"涵义的商榷》，《哲学研究》1990年第6期。

对人的存在而言具有外在制约性的因素），逐渐从自然中获取愈多的自由，人就只能更多地依赖和从属自然，乃至被逐出生存世界。而人对自身的超越，每一次都带着人对自身的生命存在状态的有意识的反思，反思的动力就在于人由于没有动物的高度适应的便利，而企图优化生存状态的愿望。为此，人首先在人的精神世界中构建起优化的生存图景，这个生存图景的核心就是新的人格形象和新的生存境界，而这种新的人格形象和新的生存境界的建构又反过来引导人的自我超越活动并构成为根本的价值取向。

由上可见，人在生物学上的弱点，恰恰是人成为超越性存在的起点，"是人类文化产生的条件"（弗罗姆）。正是某些物种的高度适应的完善，也高度地限定了物种的属性、功能，中止了它的发展，在此一意义上，完善即停滞，"适应即自我限制"（托马斯·哈定）。同样，也正是因为人一生下来就是不完整的，一切要靠后来的实践来弥补，所以，人的脆弱性、不完善性，使人的完善有了必要，也正是人的器官与功能的非专门化，使他的发展"向世界敞开着"①。从而使人的全面完善有了可能，可见，人应该全面发展并不是劝导性的行为规范，而实质上是受制于人之存在的人性表现和命令。

人的全面发展何以可能？

在西语中，development（英）、développment（法）和 Entwicklung（德），均有"显现""展现"的含义，因而照相底片冲洗中的"显影"也用这个词，这层意义是"发展"概念的最本质的含义。这就是说，"发展"乃是已有的东西的展现，是从一种存在状态到另一种存在状态的过程，是从潜在向实在或从可能向现实转化的过程。如果这样来理解"发展"概念，那么，所谓人的发展就是人的诸种潜在能力的开发、发挥和展开。这种发展之所以可能，既有生物根源，也有社会根源。

---

① ［德］蓝德曼：《哲学人类学》，彭富春译，戴晖校，工人出版社 1988 年版，第 11 章。

拉马克的生物进化论指证生物天生具有向上发展的能力,弗罗姆认为,个体的存在都包含着人类的全部潜能,具备着人类那种无限发展的可能性。如果说这些理论含有一定的科学成分的话,那么,还必须从本质上把实践作为人的发展并使发展全面性的可能向现实转化的根本依据。马克思开创的实践活动对象化方法,或人的本质外化还原方法,把人当成"实践的存在物",认为人内在的本质必然外化为实践活动,因而把外在的感性的实践活动作为映现人内在本质、内心世界的一面镜子。这种方法的实质是以实践活动尤其是物质生产活动为镜,来观人性。

人最初的超越自然的活动主要是在物质生产领域中,由于人的生产是主客尺度相统一的,因而,"动物的生产是片面的,而人的生产是全面的。"不过,人的超越取得实质性突破的还是在精神领域,在精神领域,人借助于具有象征性的语言符号系统为中介对对象作非实在、象征性的把握,勾画出现实中不存在的图景,并通过实践将其现实化,人由于具备了具有象征性的语言符号系统,因而突破了物质活动的限制,就有了在逻辑上构造任意一个可能设想的世界,可能世界可以是现实的也可以是非现实的,甚至是永远不能成为现实的世界。可能世界中的人的发展是理想性的,总是合乎人的目的的,正是人的精神活动所构建的可能世界引导并推动实践活动,使可能世界转变为现实世界而优化人的存在境界,使得人类的现实活动对于人类最高目的——人的能力充分而自由的发展——而言,在某种意义上构成一种完整性、全面性。换言之,精神活动使人在有限的物质活动中未能得到发展的能力得到了象征性的发展,借助于这种象征性发展,主体的人格在物质活动中受限制的特殊或特定的发展也就得到了某种补偿,构成了人格的某种完整性。正是人的物质活动、精神活动及其相互渗透、相互作用统一于人的整体的实践活动之中,才统一了人的存在的是与应该、客观性和主观性、现实的有限性与可能的无限性的矛盾,从而为我们提供了一个完整而全面的人的形象,而免于分裂为具体领域里的"片面人"。

2

　　解答人的全面发展问题,首先应科学地揭示人的本质。对人的本质的认识直接决定着对人的全面发展的规定。人越了解他自己的本质,他深蕴的愿望、气质以及他之所能,他寻求渴望什么,他的实践活动的价值选择也就越符合人之为人的本性,越能实现人的目的,越能达到自我实现、自我确证。

　　弗罗姆以其对社会文化之于个人心理品格的巨大作用以及两者互动作用的辩证分析,尖锐地剖析了现代资本主义条件下人的品格性质,指出市场型品格定向是现代人的基本特征:在人格市场上,人的"价值原则"与商品市场上的货物估价原则并无二致。人格出卖的情况如何,虽与人格因素(才能、意志等)有关,但最主要的是这些人格因素能否适应于人格市场上的需要。换言之,人格在市场上似乎绝对自由、但实质上却只是一种外在角色、外在特性的伪装而已。弗罗姆的此一分析的警示意义是普遍的。人们在现实人生中,有时不知道或者并不真正知道自己作为合乎人之目的所需要的是什么东西,所渴望满足的是什么东西,有时似乎知道,但结果发现并不知道。如同易卜生戏剧中的人物皮尔·盖恩特那样,让名声、地位、成功等东西淹没了自己的真实自我,最终发现自己不过是一个洋葱头,当人们一层层将其剥开时竟找不到它的内核。因而,陷入人的发展与人的本质的背离。从此一意义上说,寻找人的真正本质既是一种是的探索,又是一种应该的探索。从人之"实然"洞彻其"应该",进而由人之"可能是然"洞彻人之"将来实然",这就是对理想人性、人格实现过程进行价值学探视的逻辑进路。①

　　对这一逻辑进路的追问可进一步发现,人性可能性的不断实现的理想有两个层面:一是,人应当是什么?二是,人应当做什

---

① [美]马斯洛:《人性能达到的境界》,林方译,云南人民出版社1987年版,第112页。

么？前者是关于人之存在的理想，后者是关于人之行为的理想。只要我们深入追溯人的行为现象的本质，就可以追溯到人格存在本身，发现各种行为现象的"人格源泉"。此为两层面的联系。两层面的区别在于，我们可以一种人之存在的理想有利于人的完善及人的现实生活来约束、规范人的行为，但是，我们知道（实际上感觉到）一种人之理想存在对人的现实存在有益，并不意味着我们知道什么条件或知道什么条件却无法使这一条件立刻实现，因此，实际的人的发展常会陷入"我知道什么是对的，可是我做的却是错的"（拉丁语格言）困境，或如列宁说的历史常本该走进这一间房子，却常走进另一间房子。看来，人会做"错事"，岂止无心，甚至有意。所以，"应该"的行为还受着条件的限制，理想人格的实现过程不得不被许多中介性因素所限制，扭曲、变形也在所难免，走的是一条"之"字形的曲径。马克思曾充分阐明了人的发展的中介性、关系性，乃至走向反面的异化性，但是，这不是原有的人的全面性的丧失，不是由人向非人的转化，而是人们还没有创造出丰富、全面的社会关系并将其置于自己自觉控制之下的结果。在这个意义上，异化所造成的人的片面性是人们创造社会关系过程中的必然现象，既然是"人们创造的，所以人们能够认识它"（维柯），进而通过生产力的高度发展和全面的社会关系创造必将扬弃异化。

3

马克思说："在某种意义上，人很像商品。因为人来到世间，既没有带着镜子，也不像费希特派的哲学家那样，说什么我就是我，所以人起初是以别人来反映自己的。"[①] 那么，人是如何以别人来反映自己、确认自己的呢？人作为"实践的存在物""社会存在物"决定了每个人都只能是通过实践成果，即劳动产品的比较看到自己的创造智慧和才能，达到自我实现、自我确证

[①] 《马克思恩格斯文集》第五卷，人民出版社2009年版，第67页注（18）。

的。在竞相取得较好的劳动成果以超越他人的过程中，又不得不迫使劳动主体充分发挥自己的智慧和才能以进行劳动创造，这同时又是实践主体的发展和完善，可见，实践是人的发展的本体根源，也是人的发展水平、状况的标准。在以别人来反映自己，以自己的劳动产品同他人的劳动产品进行比较时，每个人的智慧与才能的发展状况就呈现出差异性，对这种差异的分析我们必须区分两个维度，即逻辑的或价值的原则和事实的原则。

与个体的有限性相比，类存在是一种超越性的，那些具备丰富类特性并将其极力发挥的人拥有超越性的理想人格，是全面发展的人，从一般意义而言，从逻辑或价值的维度看，因个体存在都包含着人类的全部潜能，具备着人类那样无限发展的可能性（弗罗姆），因而，人人都能成为全面发展的人。这种理想人格的平等性是马克思主义的基本思想：每个人的充分而自由的发展是个人自由发展的条件。

虽然，在逻辑上，人皆可以为尧舜，但事实上并不是人人都能成为尧舜。马斯洛正是从事实的维度出发指出：人的潜能、天赋等人性力量的充分实现"只有在为数很少的人那里才是相对完成的'事态'。在大多数人那里，自我实现只是希望、向往和追求。"[1] 这里他揭示了人的自我实现，人的发展水平、状况具有相对的性质：其一，少数全面发展了的人达到的卓越境界似乎到达了人们翘首以望的人格大厦之顶，但是，他们仍和一般人一样，是某种尚未实际生成的东西，每个人的自我实现必须在人类相互联系着的主体性关系整体中才能完成，理想人格只有站在作为主体的他人肩膀上，才显其为崇高，这就必然要求每个人的自我主体与同样作为主体的他人在自我实现中互为目的，又互为手段，并在社会生活中求得相互间目的与手段关系的和谐统一和发展。其二，人的全面发展是一种理想目标，也是人的现实的发展

---

[1] ［美］A. H. 马斯洛：《存在心理学探索》，李文湉译，林方校，云南人民出版社1987年版，第144页。

过程。作为理想境界，它既不与神交通，也不在来世，而在人的现实实践中，没有因心灵洗涤后与神同在的迷狂与喜悦，有的只是与人的现实生存与发展相关联的"人伦日用之常"那样的"现实关怀"而非宗教练习形式，这种建立在平凡的实践基础上的理想人格境界是超越的，而达到理想人格境界的道路和方式却是平凡的。正是方式的平实承接着理想人格的现实可期许性。其三，马克思的人的发展理论，不是诉诸一般的人性论，而是着眼于实现人性本质力量所必需的社会历史条件和实践方式，在马克思看来，人的发展的相对性，实质上是人的实践条件发展、人的发展可能性空间差异的相对性，实践条件能为人的发展提供多大的可能性空间，人就有可能在多大范围、程度上得到发展。由于实践条件总是不理想的、不确定的，因此必然会使人的发展偏离自我实现的理想人格目标，这恰恰是人的发展通向自由王国的必要环节。

二 教育与人的全面发展

在我们的问题范围内，教育无疑是最令人困惑的。这就是说，人在教育中可以是一个教育主体。教育主体，也就是他能够教育，或者他可以被教育，等等。在人类中，每个人都有一席之地，或者至少有以自己的方式走向未来的可能。自我就是这个人在一种教育关系中和他自己所具有的关系类型。数千年来人类建构的很多关于教育的理想：譬如行为矫正，或者网瘾戒除技术等，但是，遗憾的是，这些教育技术已经不再探究它们的理论基础了。而我们可以把人的全面发展理论就看作这样的尝试。

我们现在以教育与人的发展关系为题域，以马克思关于人的全面发展观为参照，检讨近现代教育的得失，以便提示出全面教育的真义，即有效地并使其按自身特点和整体协调一致的方式培养人的以实践活动、理论认识活动、审美活动为主体结构的能力结构。

世界上任何发展，从本质上讲是人的发展，发展应以人的全面发展为基本尺度。现代科学的实践证明：人对外部世界的掌握越来越赖于对自身的掌握，依赖于全面发展的人的生成，而人不可能全无外援就能克服和超越自身的历史性和局限性，全面发展的人的生成，不仅有赖于社会的政治、经济和文化环境的培育，也需要通过各种积极的文化促进方式加速其生长发育。其中，现代与未来教育无疑起着不可忽视的"助产婆"或"桥梁"的作用。马克思在《资本论》中揭示了未来教育的真实意义就在于："它不仅是提高社会生产的一种方法，而且是造就全面发展人的唯一方法。"①

1

教育本身历来是全面发展的人之社会生长的重要条件。教育是培养人的事业，培养人于现实境遇中提升人生境界，既是教育的出发点，又是教育的过程，还是教育的归宿。在一定意义上说，任何一个文明化的人都是教育的产物。

"教育"是一个外延和内涵都非常宽泛的文化概念。在西语中，"教育"一词开始于西塞罗在翻译希腊文 Paideia 时找到 humanitas 这个词。humanitas 在拉丁文中的原意是"人性""人情""万物之灵"。而 Paideia 相当于我们今天的"文化""教育"的概念。② Paideia 的目标不在于就孩子而言孩子，而是面向孩子要成为发展的人、完善的人。从此意义上说，这种教育贯穿终生，不断追求尽善尽美的境界。西塞罗等用 humanitas 来表达教育理想，即通过"教育"而使人获得完整、圆满的"人性"，也用这个词来表示具体的课程体系，即古罗马时代成为人，即"公民"或"自由民"所必修的课程，包括哲学、语言、修辞、历史和

---

① 华东师范大学教育系编：《马克思恩格斯论教育》（修订本），人民教育出版社 1986 年版，第 230 页。
② 朱红文：《人文精神与人文科学——人文科学方法论导论》，中共中央党校出版社 1994 年版，第 162 页。

数学等。而且，那时的教育不同于近代以来的职业或专业训练，而是为臻于人性的理想境界进行修身的一种形式，基于妥善安顿人生的目的，近代职业教育或专业教育，是以近代科学技术为核心内容的，是建立在"工具理性"之上的，指向的是自然世界，是对自然的操纵和利用，而古典教育（尤其是人文教育）则是以人本身为目的，是以人性的完整、丰富、全面为趣归，尽管只能是"原始的丰富"。古代的人文教育这种人的指向，与近代世界的致思倾向在现实人生境遇中的实际导向是有很大不同的。

从古希腊和我国先秦时期起，就提出了培养德智统一、身心和谐的人的思想。孔子的礼乐精神和"全人"教育具有鲜明的人的意义。孔子的全人教育是以培养知情意三者和谐圆满人格为目标的教育，臧武仲、公绰、卞庄子、冉求等人是在智慧、无欲、技艺等特定方面远超于众人的大家，普通人很难具备其中之一。而孔子以为兼备四者也不完全，他以为兼此四者的长处，再加上礼乐的修养才为完人。孔子提示的全人目标是如此鲜明。

礼乐的修养何由显现如此重要？音乐的精神是和谐，礼的内核是秩序和节度，秩序和节度乃和谐的条件，因此，音乐中当然有礼的要素。像音乐中有礼的要素一样，礼中也有音乐的成分，礼与乐是互为内外的东西，所以"内和则外顺了"。把相反性格的礼乐概念这样统摄于人情的根底，并据中和之原理引向融合统一，这是儒家礼乐论的特征。"成于乐"与"游于艺"其内在的心里欲求和外在的客观规律，即欲求与法度合一的理想境界，正是孔子所提倡的"从心所欲不逾矩"相通的理想精神。

全人教育蕴涵着孔子所执著的价值信念与所赞赏的行为进路，孔子将这种理想境界定位定格，实际上希望情感与理智、意欲与法度、审美与道德等相互对待的要素得到和谐统一，进而达到人与人、人与自然融通和谐的和平世界。可是孔子不期待以高远而神秘的方法来追求这种境界，但确信可以通过礼乐教育实践来提升人生境界。这种在平凡中求奇崛的人生哲学既是孔子思想的特点，又是儒家思想的长处。

马克思则通过对劳动唯物辩证的分析，抓住了"现实的、活生生的人"，真正发现了人的完整的本质。马克思从培养全面发展的人这个角度来考虑未来教育时，提到智育、体育及综合技术教育，这是在发展个人全面生产能力这个范围内谈问题的。①这种言说方式彻底消除了传统的空对空的言述格局。

由上可见，教育对于全面发展的人的生成的作用基础是，它通过特定而丰富的培养、开发、引导等方式，改善着人和人性的社会文化生成，使之具有一种独特的人生价值生长意义。近代西方启蒙思想家（特别是以爱尔维修为代表的法国启蒙思想家）之所以把教育看作为一种改造人性、道德乃至社会的关键手段，其原因正在于此。尽管爱尔维修唯心主义地夸大了教育积极的文化作用，但是从一种社会文化动力学的视境中看，他的观点是合理的。当然，当我们说，教育是人之文化生长的一种基本条件时，所指的教育形式不仅包括德育教育、社会政治思想教育，也包括社会化的文化科学知识教育或系统化的学校教育。

2

人是一种文化存在，文化实际上也是一种对人的设计，它规定着人的生存方式、生活方式、行为方式和思维方式，它规定着自我价值的实现方式。文化蕴含着教育、培育人的品质的功能。而社会文化背景或氛围的构成主要是凭藉社会教育来实现的。社会成员的理智水平、精神风貌以及社会整体的文明程度等，都有赖于教育。作为一种"信息社会"的现代社会，"知识爆炸""技术主宰"、交往与沟通空前频繁，而信息的传播、社会交往沟通的实现，根本的途径还是教育。

不过旨在培育全面发展的人的教育，并不仅指职业教育、实学教育（主要体现在科学技术、经营管理、商业金融等方面）。

---

① 冯建军：《论人的体脑结合＝人的全面发展——兼与韩延明同志商榷》，《教育论与实践》1995 年第 1 期。

尽管，从社会主义初级阶段的特定历史条件看，在相当长的一个历史时期内，我国教育发展的总趋势恐怕还会是实学教育占主导地位，即便如此，我们的教育观念和实践却不应该偏狭到连所谓智育第一也成了升学第一、文凭第一。马克思和恩格斯认为，教育不仅实现着科学知识的再生产，而且还在传授知识的过程中产生了努力追求理论系统化的需要，而这种需要也在推动理论本身的发展。然而教育主要还是依靠对人的全面培养来加速科学技术的发展的。在大工业生产条件下，教育的经济职能必然日益突出，而大工业的发展本身必然要求人的全面发展，一方面，"个人的充分发展又作为最大的生产力反作用于劳动生产力"①，另一方面，在培养人的全面发展的同时，也促进了作为大工业支柱的科学技术的传承与发展。

从现实的社会去透视、反思我们的教育和时代，如何在批评与辩护之间做出恰当的权衡？

我们的时代、周围世界是技术塑造出来的，即便是不发达的国家也在竭力重复着这个技术化的过程。生产的技术化和社会组织形式的科层化是我们时代的显著特征，或许是我们这个时代无以逃避的过程，作为一种普遍的历史存在和过程，它们有其合理的方面。同样，作为大工业生产和科技革命产物的近代学校教育服务于对外部世界的理性把握和技术征服也具有历史的必然性。实学教育占据大学讲坛的中心，学校作为大工业生产劳动力的培养基地，作为科技研究和开发的信息库和人才库，对近现代社会生产、科技发展和物质进步起到了极大的推动作用。

但是，正如马斯洛所认为的，造就科学技术人才的科技教育，不应该也不可能是"纯科技"的教育，而只能是集科技与正确的价值观、高度的社会责任感于一身的全面的教育。反之，教育在为人类生存提供必要手段时，却会限制人类自身的全面发

---

① 《马克思恩格斯全集》第四十六卷（下册），人民出版社1980年版，第225页。

展。我们从某种意义上可以说，人类社会的生存和进化就是寻找适应和超越的方式过程。适应性的教育其"适应"效能越高，那么其"超越"的可能性就越小。事实正是这样：教育在近现代的历史发展过程中，充分发挥了人类与生存环境适应的功能，但却使本应具有的尊重人的价值、发展人的潜能，使人获得完善，超越自身的限制，增进人本身的幸福的人本主义意蕴渐渐失落。在这样一种历史情境中，人们以为知识及依靠知识征服自然而获得物质财富就是人生的全部意义，忘记了知识的真正意义是什么，忘记了知识、财富与人生的真正关系是什么，学校的课程体系、教育观念和教育方式也出现了严重的片面性：曾经被奉为经典的古典课程和人文课程受冷遇、遭排挤。只重视知识的灌输和技能的训练，而忽视心灵的教化和人格的培养。在大工业生产、科技和经济大潮冲击下，学校教育被工业化和模式化，为有效地培养社会所需的"标准型"人才，学校把教育组织成类似工业生产的过程，用统一的课程、技术、工艺流程，把受教育者"制造"成标准的"教育商品"。这种教育实质上只把受教育者作为劳动力来看待，实际上是把受教育者作为工具，作为具备"工具性格"的专业人。把人硬化成一个部件、一个"器官"（马克思曾以此语形容旧分工制下的工人）。人的主体地位、自我价值丧失了，人的创造性和想象力被压抑了，人争得一纸文凭，一个普通认可的符号和资格，为的是在与同伴的竞争中，在大工业生产的流水线上争得一个聊以维系生存的位置。

这种"适应性"的教育仅把经济价值作为衡量教育得失的标准，而把"意义与价值"系统这一作为人的世界的基础抛至脑后。一出生就要受几年、几十年这种教育的现代人，自觉不自觉地形成这样的幻觉：认识是他们的首要任务。于是他们愈受教育，思想就愈被包裹在一层坚实的知识硬壳之中。做人的学问、生命的学问，对崇高的道德价值的追求，对非道德的崇高价值，如审美的、宗教的乃至精神的快乐追求，都被这物化的喧闹世界冲决得如"游魂"一般。古代知识分子以"修身齐家治国平天下"为人生准则,今天已无可奈何地变为"齐家治专业"了,进而人的实现、自我创造、心灵境界等问题则因与时代隔膜而变得遥远了、变得隐蔽而不明显了。与此相应,"适应性"的教育仅将自然科学知识算作真知识,而将具有陶冶人的性情、关乎人的终极意义的人文、社科知识拒斥在知识之外。

现代社会分工愈复杂,技术的发展对个体职业技能的要求就愈提高。对任何个体来说,不仅是平常的人,即使是"天才",他之作为被教育、文化所培养的人远甚于作为文化的形成者。今天工业社会中几乎每个成员都陷入了"专业的陷阱"。马克思在《资本论》中指出,旧分工"压抑工人的多种多样的生产志趣和生产才能,人为地培植工人片面的技巧",致使"工人变成畸形物","从根本上侵袭了个人的劳动力"。[①] 难道现代人还必须为生存适应再付出这样沉重的代价吗?难道我们一定要为了更高的发展进化而牺牲今天的专化、适应和相对完善?我们的时代毕竟已是高度分工的时代,因而怎样努力"适应",又不断地"超越",在适应和超越中把握中道,这是一个健全的社会和健康的、全面的教育所必须解决的问题。教育理应承担起培养完整的人格,凸显人生价值,给人的目标关怀、价值关怀提供支持。

3

物质文明并不就是人类的终极目标,而是人不得不借用的途径,人类的最高目标和使命是实现每个人的自由而全面的发展。人无疑是通过实践才得以诞生的,是通过对象化的创造才自我实现的,即由非我确证自我,由非人确证人。但这样一来,原来与他直接同一现实就成为它的对象,成为他的外在现实,一种疏远感随之而生,这使他越来越难以通过改变外在事物来改变外在世界那种顽强的疏远性,从而使之成为自己的外在现实以确证自己。人类学会了创造工具,同时在使用工具的时候,工具"人

[①] 《马克思恩格斯文集》第五卷,人民出版社2009年版,第417页。

化"为手的延伸,手也"物化"为工具的延伸。卢梭那对"专业人""工人是使用机器的机器"这一人类古老的忧患,又成了 21 世纪工业文明恶性膨胀的一个预警信号。然而,人类进化本身并没有让人屈从于工具,迫使人这样做的是工具本身。于是,人的确证本来应该是由人创造的对象化的世界确证的,但现在却只能通过"理想"、通过人的内在世界来创造现实而加以实现了。实际上却只能靠自我确证来实现了。并且,文明越发展,这种自我确证就越是成为人之为人所必须,最终发展到它转而成为人类活动的一种"理想"需要,发展到不是为创造对象而自我确证,而是为自我确证去创造对象,而这正是"人以一种全面的方式,就是说,作为一个总体的人,占有自己的全面的本质"[1] 的特点。

马克思认为:"财富表现为目的本身,这只是少数商业民族——转运贸易的垄断者——中才有的情形。"[2] 马克思认为,人类的最终的命运应当是致力于"生产出他的全面性;不是力求停留在某种已经变成的东西上,而是处在变易的绝对运动之中"。[3] 也就是使"人类全部力量的全面发展成为目的本身"。[4] 但人类活动的不同样态对于实现这一目的的作用各不相同。改造自然、社会的生产劳动有着十分实际的目的,即满足吃、喝、住、穿的需要,但是,人跟对象的关系不单纯是占有、享用和消耗,除此之外,别有更超脱、更深刻的一面,那就是人要在对象中求得自我实现。实学教育往往忽视了劳动的更深一层的意蕴,仅仅将劳动的目的单纯地看成是满足人的需要。人,无论作为类,还是作为个体,其劳动都有超出维持自身生存的更崇高、更伟大的意义。不管他们本人是否意识到,他们的劳动都改造着自

---

[1] 《马克思恩格斯全集》第三卷,人民出版社 2002 年版,第 303 页。
[2] 《马克思恩格斯全集》第三十卷,人民出版社 1995 年版,第 479 页。
[3] 同上书,第 480 页。
[4] 同上书,第 480 页。

然，创造着人类文明，推动着社会进步和自身的发展。生产劳动不能仅仅从创造物质财富、满足人的需要方面来考察，把满足肉体生存和享乐的需要看成是劳动的唯一目的，这样的劳动只是异化劳动、雇佣劳动的代名词。在本质上，构成自由活动的生产劳动是人的自我生成活动，是人的潜能的发挥。它以实在的、直接现实的方式去实现发展人的能力这一目的。而审美活动对发展人类的能力有着与生产劳动不同的意义。

马克思认为，艺术具有"发展不追求任何直接实践目的的人的能力和社会的潜力"的功效（这里所说的艺术活动是广义的人类的一切审美活动）。只有在不追求任何直接实践目的的时候，人的活动才能不受任何外在目的的制约而变成真正的自由活动。这种真正自由的活动，乃是使人类的能力得到全面而充分的发展和发挥的理想条件。审美活动就是一种自由活动，可以说它是整个人类历史尚未达到自由王国境界时的一块自由王国的领地。审美活动使人在有限的实践中未能得到发展的能力得到某种象征性地发展，借助于这种人的能力的象征性发展，主体的人格在实践活动中受限制的特殊或特定发展也就得到了某种补偿，构成了人格的某种完整性。这也就是审美教育的重要意义（赋予审美教育以特别重要的意义，席勒开其先河。蔡元培当年倡导"以美育代宗教"，亦为对艺术活动对于人生重要意义的充分估价）。审美活动所构造的审美的理想世界对于现世人生具有补偿和超越的效能。人类理论活动的意义也莫过于此。

人类现实的活动的基本样态除实践活动、艺术活动外，还有理论活动。人类理论活动的目的超越了主体的直接有限的目的，在人类实践活动的基础上建立了一个观念化的、象征的世界，超越了人类实践活动的有限性、狭隘性，使得人类活动从根本上远离了动物的活动。亚里士多德将"非实用的纯粹认识"置于人本质的最高处，在他看来人的一切忙碌都是为了赢得比忙碌更有价值的生活。怎样的活动称得上有价值呢？这就是认识活动。而最高的现实活动则是哲学思辨。我们固然可以批评亚里士多德过重推崇理论认识活动的倾向，但我们不应否认亚氏的"人是理性动物"这一对人本质界定中透射出的可贵的理想主义热诚。亚氏何以将形而上学的思辨活动看成是人类认识的最高阶段呢？这是因为思辨认识不以外物为对象，能渗透无限，是真正的圆满自足。常人所谓的永恒、无限就是指他一生或其想象的终极，只能是在某一时间单位内部的绵长，因此，人们对只囿于作为语言前提即言语者而存在的永恒、无限获得真切的确认。人无法脱出自己的想象而去谈永恒、无限，这使永恒、无限成了某种心情的表达。哲学思辨，正是为了创造一种无限感、圆全感，这是哲学思辨创造的世界，越过了这条边界，哲学思辨就只剩下语言的外壳或人所不能通晓的语言。

　　人的活动结构是人的活动能力的基础，而人的能力结构则是人的活动结构的内化。因为，人的具体能力是多方面的，在依据人的活动结构划分人的能力时可作多视角划分。我们从实践的观点将人的活动结构划分为以生产劳动为基础的人的实践活动、理论认识活动、艺术活动三个基本结构，相应的人的能力可划分为实践活动能力、理论认识能力、审美活动能力三个基本活动能力结构，而人的全面发展则是三个基本活动能力结构的有机统一的发展。在人的三个基本活动能力结构的有机统一中，凝结着人的自然属性和精神属性，易言之，在人的三个基本活动的有机统一中，"感性的人"和"理性的人"或人的"生命冲动"和"精神活动"才真正发生相互对流，达到有机统一，二者互为前提、互相渗透，成为人的生命活动密不可分的两个方面。

　　尽管从思想方法而言，可以将一个有机整体的人的能力结构割裂、分离成实践活动能力、理论认识能力、审美活动能力，但从具体教育运作看，我们不能把教育对象分解成按"部分"教育，并且人为地割裂各种活动能力培养之间的有机的、紧密的联系。全面发展的人，正是按各种活动能力自身的特点和整体协调一致的方式发展他的能力。全面的教育过程，是人的各种活动能力按其自身的特点和整体协调一致的方式综合培养的过程。杜威从人性角度研究教育学指出:"最广义的教育问题"就是"怎样能最有效地改变人性"①。在此,我们也可以说,最广义的教育问题,就是怎样能最有效地培养人的各方面和活动能力,并使其按自身的特点和整体协调一致的方式发展他的能力

三 人及其全面发展的二重路向

萨特和福柯对马克思主义人学的读解,给马克思主义对人的思考带来了很大的影响,为我们重新思考"人的解放"的内涵,及其个体与类能力发展的逻辑、马克思历史理论本身的逻辑和现实人的发展的实践逻辑的检讨提供了有益的思想资源,有助于坚定确立"每个人"的全面发展的社会主义价值理想。但是他们自己的学说和问题无关,或者人们并非在人学问题的范围内才找到人的问题的基础。换句话说,这种人的解放的基本假设,就是我们必须从生产劳动、从科学技术等去发展人的问题的求解的途径。

马克思学说的宗旨不是人类获得拯救,而是人类解放。我想,获得拯救和获得解放并非同一回事:获得拯救是从基督教开始的,而人的解放则是从马克思开始的。从古至今,哲学家从未严肃对待那些生产劳动者。那些被哲学家看来被先天能力不足排除在历史过程之外的人们正是那些直接参与物质生产的人。在马克思的著述中,"工人"何以被想象为是不能完全具有语言、政治、经济等等能力的主体,这不单单是非合理的政治安排,而是整个社会的生产关系之间的矛盾使然。这就进入了事情极为复杂的体系。马克思为此对人类解放这个根本目标的内涵、结构和发展规律作了深刻的探究,发现了人类解放的真正力量源泉是建立在生产劳动基础上的实践活动,从而在自由文化中作了真正的批

---

① [美]约翰·杜威:《人的问题》,傅统先、邱椿译,上海人民出版社1965年版,第156页。

判超越，达到了一种既有现代理论高度又非常务实的所谓新人道主义。他称之为共产主义。① 然而，时代变了，对马克思提出的总问题理解的歧误可能会作为一种代价永远伴随着不定的智慧，但我想，智慧却决不至于蒙了脱不开的阴影而消歇或萎落。

1

要了解世界和世界的问题，须先了解提出问题的人，了解人为何要提出如此这般的问题，从而才可能了解人对其提出的问题的解答。似乎与此相契，20世纪的许多西方思想家对马克思重读的焦点是人，而隐伏其中的运思张力是：力图消解马克思学说中的"现实的人"。在此审慎地举出如下人物：卢卡奇、萨特、阿尔都塞、福柯等等，虽然他们的问题意识会有不同，但他们都曾对马克思的人学作过批判。一般说来，萨特和福柯的观点可谓代表了现代西方思想家对待马克思人学问题上两种极端形式。在思维向度上作意趣对举，我们不妨称以萨特为代表的一方为"填补"派，以福柯为代表的另一方为"解构"派，在此无意具体地研究他们之间的差异和对立，只是指出这两派在对马克思人学探究的起点、目的上倒了个儿：一派是从"无"到"有"，另一派是从"有"到"无"。这两派虽然在对人的解放问题上有种种形式上的不同，但在实践层面上，都消解了人的自由与解放的可能。

萨特写作《辩证理性批判》的基本用意是运用"辩证理性批判"的方法，在马克思主义哲学的"人学空场"地带建立一种"人学辩证法"。正是马克思主义哲学本身存在着一块"人学空场"，导致马克思主义哲学在我们这个时代停滞了、僵化了，它需要存在主义哲学的"医治"。

依萨特之见，对于人的哲学研究来说，具体个人的诸种生活因素，如家庭、周围环境、心理、情感、两性关系等等"中介

---

① 杨适：《人的解放——重读马克思》，四川人民出版社1996年版，第3页。

因素",比所谓人的"生产关系""社会关系""社会结构"一类的因素更为具体,也更为重要。剥除这些因素去考察人,只能看到一具没有血肉的骨骼,看不到活生生的个人,这些因素就构成了对人的横向总体化研究的要素。要研究完整的个人,还需进行纵向总体化研究,即研究个人的生存史和成长史。在萨特看来,马克思主义是用社会历史来解释人,这使它具有把握人的社会历史之宏观结构的优越性。但在方法上隐含着"非人主义"的巨大危险。因为它往往容易把人们引向一个极端:即不再把社会历史的宏观结构看作是人的产物,而是将其当作凌驾于人之上或先定于人的存在和活动的所谓"客观结构",最终淹没人本身。因此,萨特认为必须反马克思之道,用人来解释社会历史的方法,即反过来从具体的个人出发,分析他的具体存在及其与他的世界的诸种关系的总体,进而追溯到他的特殊社会总体性。萨特期待他的这一以具体个人的实践为对象,去再现社会历史本质的方法,能真正"填补"马克思主义这一典型的现代理性主义社会批判理论的"人学空场"。值得注意的是,萨特所要"填补"的被马克思"遗忘"的人是绝对自由的人,人的自由不仅具有其绝对的本体化的一面,也具有其具体境况的一面。由此而来的是否有能力参与政治、经济、文化等等事务,并非依靠社会历史的必然性,而是处境中的自由。

充满吊诡的是,后现代主义思潮在六十年代崛起的时候,其矛头所向,直指西方自启蒙运动以来形成的以"人"为本的观念和全部认识,对人们赖以认识和把握周围世界的种种概念一律重新加以审视。利奥塔说,"后现代"以对一切"宏大叙述"的怀疑为特征,其中便包括了对于整个形而上学认识论的怀疑,而这意味着迄今为止所形成的"人"这一概念的自我解构。[1] 福柯的"知识系谱学"从理性主体的人开刀,断言当代西方知识方向发生

---

[1] 盛宁:《人文困惑与反思——西方后现代主义思潮批判》,生活·读书·新知三联书店1997年版,第133页。

了深刻的变化,已经颠覆了人和主体性曾经占据、作为现代思想的主要焦点的中心地位。19世纪的马克思主义曾向把人视为宇宙中心、视为先于世界、不受质询的最本原的动因的人道主义发起过挑战,它提出一切文化的、社会的现象,尤其是人的自我,都必须置于不以人的意志为转移的因果关系链中加以理解,它坚持人的自我是由一系列的外部因素,特别是经济的也就是阶级地位这一决定因素所界定。福柯认为,尽管马克思的经济分析研究发现了"人"这个范畴的不充分性,但是正是人文科学的真正发展,才证明现代人道主义的人不仅具有局限性,而且是昙花一现,会像画在沙滩上的面孔一样消失。这是因为人文科学所导致的精神分析学、结构人类学和语言学的崛起,又简单化地将马克思主义归结为经济决定论而丢弃,按语言学的范式将"人"视为各种文本的汇聚。然后,后结构主义又把文本决定论的逻辑推向极端,它彻底切断了"能指"与"所指"的联系,这就使"人"从此失去了最后的一点根基,成了一种没有最终所指的能指符号的位移和置换。福柯所谓的"人"的消失,说的正是这个意思。

"人"既不存,"理"将何在!因此,在"后现代"社会中,那些从根本上主宰着人的行为的,诸如"绝对精神""全人类解放"这样一类本质或终极理想,即利奥塔心目中的"宏大叙述"[1]、一种人们由此去引导他人行为的理论分崩离析了。因此,福柯不仅拒斥马克思历史概念中的目的论因素和关于历史动力的观点,而且还怀疑一般的解放主题,尤其反对把解放与自由等同起来。正是这样,"后现代"实在并不是一个新的时代,它只是对"现代"曾经努力,并声称已经获取的某些特征的改写,而尤其是对所谓人类普遍解放这一点所提供的合理性进行改写。在后现代的话语中,不仅"人类解放"这样的概念已然失效,与其相关的诸如阶级、民族等概念也统统被视为基要主义(本

---

[1] 盛宁:《人文困惑与反思——西方后现代主义思潮批判》,生活·读书·新知三联书店1997年版,第9页。

质主义）而受到拒斥。后现代主义向马克思主义宣战，其全部构思立足于这样一个前提：马克思主义也同迄今为止的其他任何一种有关人类社会历史的认识一样，都只不过是一种说法而已，只不过是一个文本，是与客观现实断裂脱节、毫不相关的能指符号，因此，正说反说均可。① 这种试图从根基上掏空马克思主义而将其视为仅仅是一套话语建构，充其量不过是在纯理论层面上的推理性游戏。但是，就人们接受某个后现代主义者行使他们的话语自身来说，它之所以让人听起来有些道理，秘密就在于后现代主义理论本身已与客观实际相互隔膜，因此，它们对马克思主义的阐述也只不过是"文本"的再阐释，实在不足以动摇具有坚实的历史实践依据的马克思主义的人类解放学说。

值得指出的是，当利奥塔把"人类解放"的神话看成是法国大革命留下的思想传统时，显然只能是指被纳入了空想社会主义那一脉，因而当他把"马克思主义"也与启蒙运动挂钩时，他对"马克思主义"的理解，实际上已是"话语的平移"了，因为他所谓的"人类解放"并没有经过马克思的"从空想到科学"的扬弃。还有，当福柯抱怨马克思主义在权力问题上犯了"经济决定论"的错误，这实际上是第二国际"正统的马克思主义"即"科学的马克思主义"对马克思主义的读解，这又是错位了。这里，我们不得不说，一件每时每刻都要重新做的事情就是不断厘清什么是马克思主义。

与"后现代"的议事日程上"人类解放"不再作为一个问题被提出截然不同的是，在西方哲学史上还没有一个流派能够像存在主义这样具有如此强烈的人学意识和价值关怀感。萨特的"历史人学"所要解决的根本问题，就是人的自由（在西方人和马克思那里，自由和解放原是相同或相通的。②）在社会历史"构成"发展中

---

① 盛宁：《人文困惑与反思——西方后现代主义思潮批判》，生活·读书·新知三联书店1997年版，第281页。

② 杨适：《人的解放——重读马克思》，四川人民出版社1996年版，第49页。李秋零：《德国哲人视野中的历史》，中国人民大学出版社1994年版，第206页。

如何实践和展开的问题。所谓用"人解释社会历史而不是用社会历史来解释人"实质上还是一个如何证明人的绝对自由的问题。也正是这种强烈的人文关怀,左右了萨特等存在主义者,使他们过多地执着于人的当下存在经验和心理情感现象,因而不由自主地滑向价值个人主义和行动主义。萨特的自由理论所具有的"抽象理性主义"缺陷,实质上,在实践的维度上,消解了现实的人的自由和解放的可能,在此,萨特与后现代主义实是作了一次不情愿的拥抱。

2

在马克思那里,根本的问题是人的解放问题。在社会历史条件的意义上,他把共产主义视为人类解放的决定性环节,因而,这两个词在他那里常常是同义语,不过他指出:"共产主义本身并不是人的发展目标",正确了解的共产主义和人类解放二者不能等同。差别在于:人类解放从根本上来说是人自己站立起来获得自由自主的发展过程,自己实现自己的过程,是把人的能力发展成为社会历史发展的目的本身;而共产主义只是扬弃现存市民社会异化的行为,它只是人类达到"下一段历史发展的必然环节"。扬弃异化的共产主义结束了人类的前史,是人类真正解放的起点而绝不是它的终结。

值得提及的是,在1894年,当有人要求恩格斯找一段能够概括地表达马克思主义基本思想的题词时,恩格斯说:"除了从《共产党宣言》中摘出下列一段话外,我再也找不出合适的了:'代替那存在着阶级和阶级对立的资产阶级旧社会的,将是这样一个联合体,在那里,每个人的自由发展是一切人的自由发展的条件。'"[①] 马恩的这一思想在许多地方反复得到阐述:在《1844年经济学哲学手稿》、《神圣家族》中提出并在《德意志意识形态》中得到进一步发展的"个人向完整的个人的发展"的思想;在《资本论》中提出的"局部个人和全面发展的个人"的概念;

---

① 《马克思恩格斯全集》第三十九卷,人民出版社1974年版,第189页。

在《德意志意识形态》中提出的"共产主义就是排除一切不依赖于个人而存在的东西"的命题,等等。

显而易见,上引马恩思想的一个重要质点是:侧重于单个主体的自由全面发展的程度来衡量整个人类主体的发展水平。而与此意趣相对,唯理智主义者黑格尔却告诫我们:"一个志在有成就的人,他必须,如歌德所说,知道限制自己。反之,那些什么事都想做的人,其实什么事都不能做,而终归于失败。"① 歌德也说,人的才能最好是得到全面发展,不过这不是人生来就可以办到的。每个人都要把自己培养成为某一种人,然后才设法去理解人类各种才能的总和。② 黑格尔、歌德在这里似乎主要是从类,而非个人的意义、从类的尺度理解人的全面发展。

在人类和个体这两个层次中,将人的全面发展的落脚点,由"类"转向"个体"包含着值得辨析的二重理论意蕴和致思趋向,也必然是哲学视域的根本转向,因而预制着对人和社会历史问题的种种不同理解。

就逻辑的向度而言,人的全面发展总是与现实的、具体的主体同在,它并不是一种无现实具体人格的逻辑形式,它存在于每一个具体主体在世的过程中,即展开于现实的、有生命的个人实践过程中。"人"和"人类"的概念,是从"现实的、有生命的个人"那里取得本原上的依凭的。

实践唯物主义从人的实践和实践的人出发,它最后的落脚点无非是全面发展的个人。实践唯物主义将个人问题纳入自己的逻辑系统,把"每个个人"的全面发展确定为自己价值系统的出发点,这恰恰是现行的辩证唯物主义体系所忽视和批判的。实践唯物主义把个人全面发展的程度视为我们衡量人类社会发展重要尺度,这是符合现代悖论逻辑的,现代悖论逻辑反复证明的是:类不仅不能概全个人,而且作为总和的类必然不属于个人。个人

---

① [德]黑格尔:《小逻辑》,贺麟译,商务印书馆1980年版,第174页。
② 何怀宏:《珍重生命》,广东教育出版社1996年版,第68页。

也具有不可通约、不可归类、不可还原的非同一性的一面，任何对个人分析与综合的抽象所达到的类概念真实，都是以牺牲个人活生生的真实为代价的。

马克思在早期谈人的本质和异化问题时，以"类"分析为轴心，在后期著作中则较多地用"每个人的全面发展""个人的全面发展"代替"人的本质的实现"这一术语，这不仅体现了其浓厚的历史理性，而且，也反思性地认识到，人们力图对人作抽象概括，把握人的共同的类本质，把人的本质归结为静态的每个个体都具有的共同性，这无以解释人的完满性、丰富性、整体性。人的本质是每一个体都"应当"具有的。就此而言，人的本质对具体的人类个体主体存在的优先，意味着以这样的一种一般的模式去塑造个体，以"类"的尺度去评判个体的发展状况，在此，人的本质实际上会被视为一种不变的、理想性的东西，它既然是人的原始的本质，又是历史预设的理想目标。这正是早期马克思对人的把握的思路，到马克思成了马克思主义者，也就是新的世界观诞生的时候，马克思就力图对人作理性具体的分析，不仅要说人是什么，而且更要说现实的人是什么，或说人是怎样的。因此，普遍的人的本质只是规定了人的发展方向，这种发展方向在化为现实以前只是一种可能，它的实现方式始终受到各个不同的、具体个体现实的历史变化着的存在方式的制约。也正是如此，历史境遇中的各个主体的才智也并不完全相同，成就理想人格的方式上也应"随才成就"。王阳明曾告诫其门人说："你们拿一个圣人去与人讲学，人见圣人来，都怕走了，如何讲得行。"[①] 拿一个圣人与人讲学，喻说着以超验的规范或圣人模式去塑造人，这种外在的强制结果则是普遍原则与个体存在之间的紧张：所谓"怕走"，便

[①] 杨国荣：《心学之思——王阳明哲学的阐释》，生活·读书·新知三联书店1997年版，第237页。

形象地点出了这一层关系。这种以同一的行为模式强加给每一个人,也就是在人的可能性的预设方面采取权力的方式。在社会主义社会的历史上曾发生过,取消个人的个性,取消人的主体性,应该说这是与人的解放背道而驰的。

就马克思历史理论的逻辑而言,马克思把个人的发展状况作为判断人类进步的价值标准,是因为个人的发展关联着人类解放这一最终目标:人类解放离不开每个人的全面发展,每个个人的全面发展恰恰表明外在于人的力量已为人的自主活动所驾驭,个体以至人类都已成为自身关系的主人。因而,马克思指出,共产主义社会中每个个人的全面发展,不是基于人的本质复归的要求,而是建立在自觉的自我意识及其掌握客观规律基础之上,它同整个社会历史的发展是一致的,同生产力的高度发展相一致,是个体与类的矛盾的真正解决。

在此,我们的确感受到:马克思主义作为一种哲学,一种突出关注人的解放的高度理想主义哲学,在思考人的存在和发展、人与类的关系时,也不能不"忘却"某一个人或某一个人之某一时刻的"存在事实",而寻求某种较大可能性和普遍性的客观解释,但这种解释的"客观性"并不意味马克思主义哲学对"人"的"遗忘",乃至出现萨特所认为的马克思主义哲学对于人类社会历史中的"生产关系""社会关系""社会结构"以及"本质""客观必然性"的寻求,是用抽象的普遍性来掩盖、甚至消解人本身的"非人化"。萨特有所不见:在马克思那里,往往对生产关系的矛盾和对个体与类的矛盾作一种贯通的论述:当着一定形式的生产关系不再能够使处在这种关系中的个人获得个性的承认和发展,这种生产力同时也就变成了生产关系的桎梏;当着生产力只是表现为一种类能力,从而凌驾于个人之上、统驭个人而同个人相乖离时,"个人生产力"和"社会生产力"的异化也就在一定的生产关系中发生了。马克思认为"生产力与交往形式的关系就是交往形式与个人的行动或活动的关系",① 他断言,"在真正的共同体的条件下,各个人在自己的联合中并通过这种联合获得自己的自由"②。马克思还看到,当生产力与交往形式一致时,人的才能就能够得到充分发挥,但当二者不相容时,人的才能就只能在某一方面发展,从而使人成为"片面存在",即所谓"这种存在的片面……只是对于后代才存在的"。③ 这表明,人的全面性与片面性具有历史相对性。

就人的现实的实践逻辑而言,历史的发展曾是以个体的牺牲换取类的进步,历史曾经这样需要过类的生存与发展。从分析的角度,我们不可能不要自我牺牲的义务,却还能继续这一人类自我解释。不过,马克思绝没把个体与类矛盾发展抽象为僵硬的程式,在马克思看来,即使在以资产阶级社会告终的以个体牺牲换取类能力发展的时代,个人也会有相当的发展。④ 而一旦这种类能力的发展愈益以牺牲个人的全面发展时,类的极权形式最终彻底暴露了类的自杀机制,因此,要获取类的持续进步,一个根本性的历史转变在于人,因为个人是类的具体存在,只有个人的生存质量才能显示出类的生存质量。人类历史的社会主义阶段已经或正在开始这种历史性的转变。如果说,整个人类历史像一个逐渐成长的人(弗兰西斯·培根语),那么,可以说社会主义已经走出了经验与智慧相对缺乏的孩提时代,社会主义建设主体——人的素质和作用的问题,已成为整个社会发展中最具根本性的方面。社会主义经济建设的规律要靠人去认识和掌握,社会主义建设的成果是为人的全面发展服务和由人来评价的。换言之,是否促进或有利于全面的个人的形成和发展,成了衡量社会主义是非得失的评价标准的标准。那么,何谓"全面发展的个人"呢?

---

① 《马克思恩格斯选集》第一卷,人民出版社2012年版,第203页。
② 《马克思恩格斯选集》第一卷,人民出版社2012年版,第199页。
③ 《马克思恩格斯全集》第三卷,人民出版社1960年版,第80—81页。
④ 黄克剑:《人韵——一种对马克思的读解》,东方出版社1996年版,第416页。

对此，除了我们前面已经有所揭明之外，马克思还有一个较为确定的说法，"全面发展的个人"是指不受外在力量，如自发形成的社会分工体系等支配、并能够充分和全面发展"本身的才能的一定总和"① 的人。

因此，那种在类的意义上理解全面发展的个人，只是建立在似乎是"自明"的常识（"闲谈"——海德格尔义）基础上的：即作为个体主体不可能在人类活动的所有领域里达到很高的高度，但是，如果有许许多多人能在各自不同的领域内都达到很高的高度，那么，这就已经可以说是人的全面发展了。② 这似乎是说，在个体的片面发展之外，还另有人的"类"的全面发展。这似乎又要我们相信，只有这样理解，才足以表示对于人的发展的理想性、超越性有了适当的尊崇。黑格尔说得好"惟有当理想性是某物的理想时，则这种理想性才有内容或意义"。像这种屹立在现实的、有生命的个人之外的全面发展的人的理想，事实上就只是一个空名。

超越"常识"的关键在于：个体发展之"全面"的含义，不能规定为在许多或所有的人类活动领域内的"无所不能"，这种"无所不能"的规定，不单会导致对人及其全面发展的理解适得其反的后果——人是无所不能的存在，导出人是无所规定的存在。而且，这种无所不能所导出的无所规定，必然，也就是人的无可解释、无所事"事"，结果是"无所不能"成了"无所能"的同义语，这里正有萨特的对人自由的非逻辑、非理性的哲学解释方式的影子。

这种规定对人说来是不幸的却也还是真正的幸运：正是人有所规定、有所限制，人才有所倚仗，才有所创造，也才能为人所认识。不仅是个体，人类也有大限。从历时性看，人的自我意识的三个不同层次是前后相续地发生的，一是人相对于自然的自我

---

① 《马克思恩格斯全集》第三卷，人民出版社1960年版，第76页。
② 何怀宏：《珍重生命》，广东教育出版社1996年版，第68页。

意识，一是个人相对于群体的自我意识（只有个体的自我意识达到时，人才谈得上所谓个性），一是人类相对于群体（民族、阶级）的人类整体的自我意识。在当前国家与国家之间还存在着不公正、存在着阶级对立的条件下，自觉的人类命运共同体意识还远未形成，而自由的重要构件之一就是自觉的自我意识，就此而言，人类远没有达到在个体那里所表露出的自由的程度。人类对自然条件的约束的摆脱可谓日益明显，但无论如何人类不可能离开其生活的大地，这对个体也一样，当一个人被降生到这个世界上来之后，就只能是他自身，他可以选择，但无法选择自身。

或许，我们可以或应该这样理解，人的发展的"自由"的"可能"过去是、现在是、将来仍然是人类为之求索、为之思想、为之奋斗的理想，而人的发展的"自由"的限度又总在提示人们追求其自由理想的合理方式，而只要人走在追求自由发展的理想途中，人就总是处于"片面—全面""目的—手段"的相互龃龉、相互缠绕之中。歌德说："只要人类一直在努力奋斗，他便会犯错误。"康德说："只要人类是一直在犯错误，他便要努力奋斗。"① 康德对歌德的语义转换是意味深长的，因为，在康德看来，上帝拥有完善，而人类只拥有丰富，正是人的本质的缺陷才造成人的本质的丰富。"丰富的个性""丰富的本质"（马克思语）正是我们唯一能够祈求和分享的荣耀。因此，"全面发展的个人"作为一种"终极理想"，如果它不是一个超验的范畴，那么，它对于我们只能是一种"悖论"意识。我们说，人的解放至境有待创新。它并不就这样存在于一个非时间的星空当中，而有一些像康德那样的星相学家，他们能够说出什么是人类解放的终极话语。人类解放有待实践，有待创造。这确实是马克思提

---

① 张志扬：《缺席的权利——阅读、讲演与交谈》，上海人民出版社1996年版，第252页。

示给我们的任务。

四 人的全面发展之主客体关系

　　为了克服笛卡尔以来的自我问题,我们并不需要摆脱主体—客体解释学。从这个观点来看,对于人的全面发展的内涵,人们已从不同的角度作过考察,在主客体关系视野内,人的全面发展可以从与客体的关系中去理解,也可以仅仅从主体方面去理解。两者的区别在于,前者侧重于主体指向客体时的状态,是外向的、客体化的,最终将在客观对象中实现自己;后者侧重于在被主体改造了的客体中反观主体自身的状态,是内向的、主体化的,结果将达到主体对于自身价值实现的心理体验。显然,我们所讲的人的全面发展,并不仅仅是人的某种类似于神人互相缘发的生存境界及其心理体验,或在现代技术构架中,人似乎在创造和使用它,可实际上它却在按照它的格式蓄养着人类、安置着社会,似乎还将成为衡量人的生存状态合适与否的唯一尺度,从而是脱离人、敌视人的"机械"状态。

　　马克思认为,整个历史无非是人类本性的不断改变而已,"也是个人本身力量的发展的历史"。而未来的共产主义,人类是在最无愧于和最适合于他们的人类本性的条件下进行物质变换的。在这里,马克思指明了人的发展方向,即在未来,人应在什么样的条件下来协调人与自然、人与社会、主体与客体的关系。正是在这一意义上,可以把马克思主义的人的全面发展归结为按人的发展来改变世界。

1

　　在传统理论中,发展即是事物由低级的、简单的状态过渡到高级的、复杂的状态。在当代,由于系统论、控制论、信息论和生物技术的兴起及其普遍的方法论意义,有些人用新的语言重新表述了这个见解,认为"发展即指事物从一种质态转变为另一种质态,或从一种运动形式中产生出另一种运动形式的过程,特别是指人类所处的现实世界中从低级向高级、从无序向有序、从简单向复杂的上升运动。"① 实际上,无论是将发展理解成从低级到高级、从简单到复杂,还是加上从无序到有序,这三种提法本质上是一致的,它们统一于有机化的概念,事物的简单状态、无序状态,即是有机化程度较低状态;反之,即是有机化程度较高的状态。不过,经重新表述的发展概念是建立在实践唯物主义基础上,从主体方面去理解的发展概念,与传统的仍然带有"客体的唯物主义"(马克思用"纯粹的唯物主义""直观的唯物主义"来指称的旧唯物主义)特性的发展概念有原则的区别。传统理论只是从客体方面来理解发展概念,将发展看成是对自在的客观世界某种性质的事实性描述。因而,"世界是自在地由低级向高级发展的"。

这一关于发展的哲学形而上学命题,可以上溯到亚里士多德的"目的因"学说,即认为世界上存在着一种发展的目标,万事万物都向着自我完善的或是由低级向高级的方向发展。这一学说成了中世纪哲学中的"自然主义谬误"的思想根源。"善"本是一个伦理学和价值学范畴,在中世纪哲学中却具有了本体论的意义,即自然存在的都是善的,自然法则不仅是自然的秩序,也是伦理学的原则。"至善",这不仅是某些人的任务,而且也是一项集体的任务。现在更清楚的是,由此把存在换成应该存在得到宇宙的保证。以后的种种发展思想都以这一基本思想为建构框架。例如,近代的唯心主义哲学家莱布尼茨把"单子"从知觉程度较低的无机物到全智、全能、全善的上帝,排列成一个由低级向高级的发展过程。

真正说来,传统理论对马克思主义的发展概念作客体的唯物

---

① 肖前、黄楠森、陈晏清主编:《马克思主义哲学原理》(上册),中国人民大学出版社 1994 年版,第 151 页。

主义理解，与对达尔文进化论真义的误解存在着一定的联系。

纵观生物进化史很容易产生一种直观的印象：生物是从低级向高级进化的，高级的生物产生于低级生物之后。因此从低级向高级的进化似乎可以看成进化的方向。这种对进化概念的最大误解就是把进化混同于发展。

事实上，我们要从达尔文的进化论中读出进化即发展是困难的。达尔文的自然选择进化论为斯宾塞比较恰当地表述为"适者生存"。但是，何为"适者"？其标志为"存"，而何为"存"者呢？其证据恰又为"适"。[①] 这种对进化的循环说明，表明了虽然适应度有一个严密的定义，但是把它作为进化的方向并不理想。这是因为适应度的指向从全局和大时间尺度来看是很不稳定的，这是由于适应的相对性及条件的依存性所引起的。生物进化中的适应是非常局部的和近视的，在某种环境下的适应通常意味着对其他环境的不适应，眼前的适应往往孕育着将来的不适应。我们很难说，人和细菌相比哪个适应度大，这完全取决于环境条件。因此，根据"适者生存"的标准，进化中无所谓高级和低级，寄生虫和退化的动物同高等动物一样，是进化的产物。比较适应不同环境的生物之间的低级和高级同比较不同环境的低级和高级一样，是没有意义的。这表明，生物学上特定意义的进化完全以"适者生存"为尺度，根本无济于区分"低级"与"高级"，所以进化的概念并不天然地包含发展的意义，既不包含某种目标，也不暗示某种方向。特别是与某些人的常识相反，进化不能被解释为向着人类出现的方向前进。

达尔文本人之所以在进化论中没有为我们提供一个清晰的、具有确定含义的发展概念，这与他不想把生物的进化乃至人的产生当作事物运动内在的必然过程，而是强调一个物种产生的随机性，强调进化与发展的区别有过清醒的认识分不开，作为自戒，

---

① ［英］W. C. 丹皮尔：《科学史：及其与哲学和宗教的关系》，李珩译，商务印书馆1995年版，第426页。

他在笔记本上写有这样一段话:"关于不同类型的生物不应该去谈论高级和低级。""正如从动物的角度看,人只是一种不完美的动物,从人的角度看,动物也不过是一种不完美的人罢了,它只不过还缺乏人显示的那些优势。"(兰德曼语)所以,从哲学上看,用"发展"和"倒退"、"低级"和"高级"来描述生物界乃至整个自在世界的性质只能是出于人的目的和需要,可见,发展只是个规范性概念。这是因为,"发展"首先必须是低级到高级的进化运动,没有"低级"和"高级"概念就没有"发展"概念,它们几乎构成同义语的关系,要突破这种靠概念的摩耶幻术来维持自己的循环定义的僵局,关键在于说明何谓高级、何谓低级,这从客体的唯物主义立场出发是没有出路的,因为,要在一个系列的运动变化中确定低级和高级、确定发展,必然地或者以终点、目的为参照,或以系列之外的他物为参照,而当我们确定了客体世界的无限性,也就否认了它的起点和终点。这时要确定低级和高级、确定发展,就只有超越这一系列去寻找参照物。而超越自在的客体世界的运动系列,必然把我们的目光引向与自在的客体世界相对峙的主体——人本身。因而,唯一的出路是用"低级""高级"的概念去规范进化,承认进化创造出更高级的类型。然而,这样所谓进化、发展,就不仅仅是客体的自在性质了,还涉及主体,必然地与人紧密联系起来。因为,低级和高级不能在客体自身中找到根据,"我们自己就负起了权威地宣判何者为高级、何者为低级的责任"。[①]

离开人的视野去直接地或逻辑地理解世界上一切事物的发展,只会产生"其中没有一件事不是可疑的"(笛卡儿语)形而上学和虚无主义。只有深入揭示发展的人本意蕴,我们才不会像旧唯物主义那样只是对现实世界以直观的形式去理解,从而实际上只承认世界的运动变化、否认发展。而当我们把现实世界的运

[①] [英] W.C. 丹皮尔:《科学史:及其与哲学和宗教的关系》,李珩译,商务印书馆 1995 年版,第 589 页。

动当作人的感性活动、当作实践去理解,从主体方面去理解时,我们看到了人的目的、需要为世界所赋予的价值,看到了世界的发展只能是对人的愿望合乎目的的由低级向高级的运动、向着人的生成过程。由此诸种人类大脑处理如知情意的程序实际上都可以被视为"适应器",也就是人的生存价值"适应器"。

2

我们既可以从系统论的角度来理解社会有机体,把社会分解为系统—要素、动态—静态、层次—模型等等,也可以从主体、从人的活动和发展的角度去分析社会有机体,马克思在《哲学的贫困》中指出:每个历史阶段的人,既是他们本身历史的剧中人,又同时是剧作者。这一论断深刻地揭示了社会有机体的特殊性。当我们从人与社会、主体与客体关系的视域,揭示社会各种关系的自组织过程,并进一步深入到人的行为、生活方式、情感方式、文明与文化等方面时,这是一个更广泛的社会关系的发散过程,究其实质就是人的发展过程。

在关于衡量社会发展尺度的问题上,人类经历了由单纯的经济增长的片面性认识逐步转变为多视角的全面性认识,经历了一个认识的深化过程。值得注意的是:人们在重视社会发展的综合尺度时,突出了人自身的发展。这一理论走势是符合马克思的历史唯物主义的基本精神的,也是人们对社会本质特征认识的一种深化。如果离开了人这一绝对价值的统摄,人们就必然会陷入把社会发展的各种现象、发展的具体阶段、甚至发展的手段当作发展本身,而人自身就被反主为客,成为那些原本作为手段的迷途。

总而言之,在主体、实践、价值的立场上,社会发展本质上只能是人的发展,人这一元价值规约着其他一切价值,并使它们真正成为发展的,社会的全面进步实质上即是人的全面发展。对这一命题还需作如下补充:

首先,社会发展与人的发展的一致只能合理地理解为:社会发展过程在终极意义上，也是人作为绝对价值自身价值的实现过程。但是，人本身这一价值并不是一种抽象的实体，而是具有功利的、伦理的和审美的需要以及与此相适应的现实创造能力的特殊的现实存在，我们既强调能力和需要作为属性依附于物质实体，同时也强调这些需要和能力只有在人与社会、人与自然的矛盾对立中才能现实地被确定。离开能力和需要，离开了人与社会、人与自然的矛盾运动及其创造物谈人是抽象的。

基于此，马克思恩格斯对"人的全面发展"的论述，与历史上同一主张的论者的最大区别之一，是立足于社会形态或社会制度变更的层面，曾较多地强调把标志社会形态发展的生产方式或生产关系作为社会进步和发展的根本尺度，因而，把"人的全面发展"与理想社会制度紧紧联系在一起，甚至视为同一事情，这可谓抓住了问题的根本。恩格斯揭示说：当十八世纪的"农民和工场手工业工人被卷入大工业的时候，他们改变了自己的整个生活方式而成为完全不同的人，同样，由整个社会共同经营生产和由此引起的生产的新发展，也需要完全不同的人，并将创造出这种人来"，他们是"能通晓整个生产系统的人"，而不是"只熟悉整个生产的某一个部门或者某一个部门的一部分"的人，"这样一来，根据共产主义原则组织起来的社会，将使自己的成员能够全面发挥他们的得到全面发展的才能"。[①] 在这里，马克思、恩格斯把理想的社会和人的全面发展作为外显方面和内在方面的表现，它们只是历史进程的不同侧面而已。类似的思想在《德意志意识形态》中得到重新表达。马克思、恩格斯在此书中，从三个方面对全面发展的个人达成的客观条件作了阐述，还特别强调了首要的"经济前提"。[②] 其道理还是在于，人的全面发展的实现首先植根于主体对使用价值之需求的充分满足和主

---

① 《马克思恩格斯选集》第一卷，人民出版社2012年版，第308页。
② [德] 马克思、恩格斯：《德意志意识形态》，人民出版社1961年版，第506页。

体作为全面的生产力对社会资源的无限开发，这一过程也是物质财富无限丰裕的社会对个人全面发展的外在印证。

其次，实践唯物主义从人的实践和实践的人出发，它最后的落脚点无非是全面发展的个人。这里必须指出这样一点，马克思主义的价值理想所确认的对现实的个人的关注，并非指世界的存在是为某个个人、私人而存在的。人的长处主要还不在于单个人的智力和体力，而在于社会的组织，在于社会的结合力。因而，在要求"排除一切不依赖于个人而存在的东西"的同时，要求实现"联合起来的个人对全部生产力总和的占有"。换言之，"自由人的联合体"是个人自由全面发展的社会形式，而个人的全面发展是其内在价值定向。因此，个人问题、个人全面发展的程度自然是我们衡量社会发展的重要尺度。

从人类社会主体的角度而言，在自由人联合体中，个人的全面发展与社会的全面发展实际地达成了和谐一致，即"人的全面发展"就是指谓每个人的全面发展，它反对只让社会成员的一部分人发展而不让另一部分人发展的片面性。较之社会主义社会，共产主义社会不是首先使一部分人或大部分人，而是使每一个人都得到全面发展，因为每个人的自由发展是一切人自由全面发展的条件，因此，共产主义社会使人的全面发展具有高度现实性、普遍性、彻底性和人性。才使社会的全面发展与人的全面发展取得真正的一致和最后的实现。

3

"全面发展的人"是马克思主义的理想人格形态。任一种关于人的哲学都有自己特有的理想人格形态。它直接与西方人讲的"得救""自由"，马克思主义讲的"人的解放"，以及东方人讲的"解脱""得大自在""成仁"的生存境界的终极体验相关。它是人性完善过程中所达到的非同寻常的阶段。

在中国智慧看来，人生理想的终极境界——至诚之境、得道之境和透悟之境既不是一种"什么"、也不是一种"怎么"。既不是主观的,也不是客观的。既非主体的,也非客体的。既不只是有,也不只是无。当然,也绝不是一种夹生不化的中道。讲它是"世俗"的就失其高远终极的寥廓境界。说它是"伦理的""社会政治的",就又忘了它"夜静春山空"的自然纯净的一面。因而,它只能是有无相生、主客相融、虚实不二而成就于人生体验中的终极境界。

而在为西方哲学提供发展张本的柏拉图哲学中,把世界分裂为"真正的世界"与"表面的世界",他把每一事物的意义,从而也把人生的意义寄寓于抽象的"真正世界",即"理念世界"。号召人们撇开虚幻的现实世界(现象界),去追求至真至善的理念世界。一个人如果把握了最高的"善"的理念,便有资格充当国家的最高统治者,即"哲学王"。哲学家变成了统治者的老师或谋士。相承于古希腊思想的近现代西方思想家曾以各种方式追求过这样一个目标,即在人的本性中找到能配得上自由的素质,而真正的理想境界即是意味着这种素质的开显,对大多数思想家来说,只有理性配得上自由,或能够长久地享用自由而不反受其害。整个近现代西方文明就是对于这种能维持住、调弄好自由的理性机制的追求。因而,把人的全面发展视为按照理性的要求行为,满身理性修养的"理性的人"认为,达不到理性水平者不能成为发展的主体,甚至参与不进发展。因此,两千多年的西方旧哲学总以为生活、人生不过是在我和物之间、主体与客体之间建筑思维之桥达到对事物、存在之本质——"常在"的认识。

由上可见,中西传统文化在通达人的发展的终极境界上,呈现出清晰可辨的思想特性:中国的境域型思维方式与西方的概念型思路的分际。张祥龙先生在《海德格尔思想与中国天道》一书中,对此有精到的分析。

西方哲学对人格的思辨探讨,在方法上深受数学的影响,近代哲学家追求确实性而将哲学数学化,可说是对古希腊人对数学偏爱的一种获得性遗传。希腊人发现,通过把诸如只代表土地的平面形状的三角形等几何形状的形式转换,即脱开数学知识曾经赖以出现的经验环境和内容，人并没有丢掉任何本质的和有理性含义的东西，反而能够面对"三角形本身"，而非某种三角形。由于这种纯形式的发现，在感性经验层面上被遮蔽的众多微妙的几何和数学关系能够更便捷、更清晰地揭示出来，而且，"形式"和"形状自身"不仅是不变的、永恒的、因而在可推演和相互牵连的意义上具有内在的生命与和谐。所以，毫不奇怪，对于古希腊哲学、数学家而言，数学不仅仅意味着一种更普适的理性手段，而且，只有通过"形式"，人才能达到事物本身、存在本身，才能进入到一个可被理性切身理解的敞亮世界之中。没有这种存在论意义上的开启力和演绎力，抽象化、形式化和体系化就只是叠床架屋之举而已。这种有改天换地之能力的"形式"，如果用后来西方哲学中流行的"概念"来表示，就有丧失这种有发生力的形式中所包含的存在论识度的危险。由于概念及其构架（思想前提）的抽象切分和排列的本性，整个传统西方哲学以普遍与特殊、现象与本质、主体与客体、语言与对象的分裂为基本理论前提，以探究这二元双方之间的某种关系为目的。与此相应，西方哲学家用概念哲学的方法和分类原则将人性切分成自然性、社会性，或理智、意志、欲望等数块，关于人生意义和理想人生形态的讨论势所必然地只能滞于观念理性形态。由于这些概念构架造出的区别和偏执，尤其是其现成的、无法根本沟通的各种存在状态，人与人，特别是人与自己陷入了片面的分裂争斗，永远无法突破主客、彼此的区别而融为一体，因而，通过概念显示人的理想终极情境和存在意蕴，其"揭蔽"与"遮蔽"总是同时发生，西方传统哲学之弊就在于由于概念的强制构架把揭蔽与遮蔽割裂开来，人生的无穷之意就给抹杀了。

而当我们转向中国古代思想家的境域型思维方式时，理想人格境界因其不可被概念规范而不会成为任何意义上的现代对象，不论是知觉的对象还是名相概念把握的对象。尽管中国古代也出现过概念型思维建构的理想人格学说，如先秦的墨家，但中国古代求智慧者的思想方式主流是境域型的、非概念的、引发式的。

这种思维方式总是抛投和引发出了一个境域，一个超出了任何现成支点的视域。自身的构成永远是相互的构成与张开，只能表现为面而非点状或线状的，它意味着一种不同于西方的言不尽意思想方式、说话方式和人生境界。对此我们可援实例作比较分析：西方伦理学的一个主流传统，把求知与求善等同起来，有人认为，这是西方伦理学区别于中国道德学说的关键所在，中国思想家对知识可没有这么执着，他们毋宁说是轻视知识的，对中国思想家来说，道德是意志的锻炼，而与知识无涉。不过，先哲们虽然轻视知识，却非常看重"学"。这里所强调的学习与西方的数学逻辑、概念思辨式的学习不同，它追求的不是一种现成存在者的一种知识、一种技巧、理论和意识状态，而是能进入生存境域（时）的"终极能力"。它没有固定的追求"对象"，而且恰恰是要追求既不受制于对象而又能维持于现象（缘起）境域之中的能力。这种学习是非线性的、即益即损的。所以，孔子"好学"绝非只是出于希腊人科学精神的"好奇"，也不就只是为了博学多能，而是为了入乐境而得至乐。"其为人也，发愤忘食，乐以忘忧，不知老之将至云尔。"《论语》中有患难，有深忧，更不离人生际遇，却不被现成状况摆布的"乐"，读之令人感动之极："人不堪其忧，回也不改其乐。贤哉，回也！"说这是一种美德已不够了，因为非有至性的发现而不能为其乐。显然，中国先哲心目中的理想人格不只是知识渊博，有逻辑推理、概念抽象的能力，或坚守道德规范、敬天守礼；还应是对"时"有如影随形的敏感，能入境之人。不论孔子、老子，还是惠能对于"学"的这层深义都了然于胸。这样，中国先哲推崇的理想人格就不是西方意义上的哲学大家（如柏拉图）、殉道者（如耶稣），而是入时从化者，如孟子推崇孔子为"圣之时者也"，如庄子推崇的"应于化而解于物者"。

马克思主义对理想人格问题的考察，无论是考察问题的坐标系统、出发点，还是建构原则都不同于中西传统思想。

马克思主义作为一种主体能动地"改变世界"的哲学，不同于历史上以"说明世界"为己任的哲学,它把主体及其活动引进观察世界的参考系,就使它避免了对世界本质和规律如西方旧哲学所带有的静态的、不变的、抽象的、概念木乃伊式的描述,同时,马克思所建构的理想人格具有的"可操作性",比之于中国式的"天人合一"的理想境界,更契合人的终极天性,并因此对人类有着长存不息的魅力。

具体地说:马克思主义哲学以实践为基础来理解人与世界、主体与客体的关系。并指明,主体现实的本质力量对外部世界的有效掌握达到什么范围和程度,外部世界就能够在这个有效的范围内和程度上成为对主体有意义的现实客体,反之外部世界在何种范围和程度上成为对主体有意义的现实客体,就相应地表现和确证主体的本质力量对外部世界的有效掌握达到什么范围和程度。马克思主义在实践基础上的主客相互适应的世界,超越了西方旧哲学的"主客二分"的世界,它也不同于中国式的主客相融的人的天机盎然的原发世界,然而却没有窒息人的超越本性,而沦为机械唯物论。马克思主义哲学立足于实践呼唤人的全面发展的实现,并不只是在人仅仅作为生产力的模式中才能完满展示。他们反对"人作为单纯的劳动人的抽象存在"①。他们所铸就的"自由劳动""自由王国"等等新的历史范畴,是从可能来考察现实,并从可能来创造出新的现实的丰富想象力的展示。

总之,西方思想家探求理想人格时,若找到终极意义的载体或可理解的"什么",思想就走到了尽头。还是中国先哲追寻的成境者的那种既不能把握为任何形而上或形而下者却又时机化在人生中的体验不会有尽头。在马克思看来,它们都涉及"怎么"的问题,易言之,理想人格的达成是一个"到底如何可能的"问题,而不仅是一个"到底是什么"或"不是什么"的问题。马克思只是提出了这样的思路:人作为主体,只有能动地用理论

---

① [德]马克思:《1844年经济学哲学手稿》,人民出版社2000年版,第63页。

和实践的方式把握客体，主动地、有选择地、创造性地改造客体，在主体的对象化活动中自觉实现人的目的，在客体的改变了的形态中确证主体的力量，同时也使主体本身得到全面、自由的发展。

五　人的全面发展问题的方法论

根据马克思的观点，重新厘清人的全面发展的意涵与界域，并不断赋予崭新的向度与诠释，是我们每一个肯定人的全面发展价值的人所必须严肃面对的时代课题。这一课题所涉及的不是含义解释问题，因为在多数情况下它所表示的外在含义是清楚的，根本不需要解释。确切地说，所涉及的课题意思表示是，实践哲学而非理论哲学。

1

诚然，对"人的全面发展"问题的解答与每个人的个人情怀、感受及学识相关。事实上，正如学术界所理解的那样，马克思针对特定的问题背景分别从哲学、经济学、科学社会主义层面对此问题加以论述，而这些论述带有马克思个人的鲜明特点。而且人的存在过程是在时间中展开的。人在时间中宿命般地意识到他的有限与他面对的无限。人的有限存在对人生具有一定建设性的否定特征。它在使人类个体意识到什么之时，同时也使他意识到不曾意识或体会过什么。从这一"究元"的意义上说，对此一问题的任一种视境都永远无法回答"人的全面发展的情状是什么"，而只能实践地追问"怎样才能获得人的全面发展"。换言之，我们只能从时间的展开中去真实地体验人的全面发展的实现，而不能由此逆推人的全面发展情状原来是什么。正因此，人的全面发展绝不只是个认识问题，而是人类的伟大实践。

人生的基本价值，无论你持何种立场，都不仅仅是通过分析的方法获取的。诸如人为什么要全面发展、为什么要求自由等表达人生意义的命题，其意义几乎全离不开内在的体验。譬如，自由这一基本价值是现代人普遍接受的观念，但为什么人应该自由，却没有更深的理由来证明。或者说，它文化根源和历史根源是十分明显的。有了明显性这一规则，因而卢梭说，人生来是自由的。而熊十力则认为是自我体验的结果，是本心的自我"呈现"。我想，人的全面发展这一关涉人生在世的生存论理念，也当如是观。我们人类要生存、要发展，必须要有某种最基本的、自明的存在规范，以指导人生，没有这种规范，人就无法生存、无法成其为人。

因而这种规范也就有了决定人的发展是否合乎人的某种根据。这种规范具有全人类性。例如，纳粹的罪行必然会引起公愤；不同文化背景的人有相似的正义感，等等。为什么？回答只能是实践，实践是人的现实生存世界的基础，在本质上是趋向全面发展的。现实的实践之所以要趋向于全面，主要地根源于人类的主观目的性和理想的本质。正是人类现实实践才能统一科学与人、事实与价值、现实和理想、客观性和主观性，从而为我们提供一个完整的人的形象，而免于分裂为各个具体领域里的"片面的人。"

与此同时，我想，人的全面发展问题是一个境界问题。境界是存在者实现存在的状态，生命存在的意义在于获得一种境界，每个人作为存在就要完全地实现其存在，这就是人生的意义。作为生命境界的人的全面发展并不是靠知性思维所能了悟的。因而，从根底处讲，并不能就事论事地对其意涵进行界定，它在三种意义上是无限的。其一，就它不表现为知性认识的对象，而能作为哲学辩证的对象而言，它与一切具体的认识对象处于完全不同的层次，它处于无限的层次，它是一个外延无限延伸的对象。其二，就它不是一个具体的认知对象，而是一个历史地变化着的视界而言，它也是无限的，它只能为我们部分地领悟和把握。其三，它是人类在任何时空存在中都具有的东西。这里的"具有"并不是"具有"某种工具或手段，而是与人的存在同源同在的意思。正因为它与人的存在同源同在，因而，也就成了人类历史向善的根据、源头，而不是具体的价值标准，它具有无限的多样性和包容性，构成了人类历史多元统一的基础和根据。因此，仅仅依靠规范的概念推导无法完全把握人的发展问题的深刻内涵。

不过，既然我们是在探讨人生境界问题，就必然要诉诸人的理性，只是必须限制这种理性的有效性，以免理性的扩张和语言的遮蔽吞没人的丰富性。

2

从现实的社会关系出发去理解人的全面发展问题，可以发现人的全面发展是在人的物质生产和物质生活活动、人的社会生活活动、人的个性发展中得以表现的，这三个最基本的、至少是必要的方面构成了人的全面发展条件系统的基本构架。

人要发展，首先必须生存。因而，无疑要依赖自然，这不仅指人的肉体起源而言，同时也指人的历史存在。人之为人，首先在于凭借自己的活动越来越广泛地依赖和利用自然，而不是摆脱自然。就物理自然而言，它所提供的资料使人类得以存活繁衍；就人的生物自然而言，它不仅为人的理性和精神提供了载体与寓所，而且得到合理引导与满足的本能和情感也会具有超自然的、属人的特性与价值。我们很难设想一个没有本能、情感而只是充斥着理性的人是一个全面的人。当然，人对自然的依赖还表现在其他自然形态上。

在人与自然的多维的、多向度的、甚至是异质的多重错综复杂的关联中，相互交织着两个主题：人对自然的依赖与超越的双重变奏。人如果不能在更多的方面或更高的程度上超越自然，逐渐从自然中获取愈多的自由，人就只能更多地依赖和从属自然，人对自然的依赖正是以人对自然的超越为前提的，对其他动物而言，不存在对自然的依赖问题，因为它们从未超越自然，从未打破自然存在的链条，它们本身就是自然的未分化的一部分。而人则不然，他凭借自我意识和自主活动超越了自然，因而，他才反过来在越来越广泛的范围内依赖自然。在人与自然关联的多层次、多维度的复合体中，人与自然之间的物质变换和能量交换的关系，是人与自然之间最典型和最基本的关系。人与自然的物质变换与能量变换的水平，直接反映了人对自然的把握水平。在人类的思想史上，马克思第一次把生产力与人的本质联系起来，认为生产力的发展也即是人的本质力量的发展。生产力不是外在于人的单纯的物的增长，我们不仅仅只从社会技术形态来规定和发展生产力，生产力同时是人的生命活动的积极展开，因而，我们应该从社会主体形态来评判、规定生产力，要使全面发展的人成为可能，必须以实现交换基础上的生产和交往的普遍发展为前提。这一前提正是大工业文明的发展提供的。因此，人的发展"具有经济的性质。"另一方面，社会也不能以片面的经济增长为自己的目标，而要使经济的增长服从于人的需要和全面发展。不能始终把人的发展限制在既定的经济条件内，而要以人的全面发展不断促进生产力的发展。只有这样，全面发展的社会和全面发展的人才会互相生成。

不过，依马克思的厘定，作为目的本身的人类能力发展的自由王国，只存在于物质生产领域的彼岸，自从人类有了剩余劳动，就有了物质生产活动的此岸与彼岸的对立，而对立的实质是劳动时间和自由时间的对立，即维持生命所必须进行物质资料生产活动的时间与可以用于从事科学、艺术等等发展人自身能力而自由支配的时间的对立。扬弃这种对立必须以生产力发展到一定高度为前提，只有当谋生所需的物质生活资料的创造问题的解决不以牺牲占人口大多数的劳动者的能力发展为条件时，人类主体才有可能把目的转向人自身的能力全面发展上来。这实际上也就是自由时间增多的过程。在马克思看来，整个人类的发展，就其超出对人的自然存在直接需要的发展来说，无非是对这种自由时间的运用。值得注意的是，这里讲的"自由时间"并不仅仅具有数量的性质，而且具有社会的质的规定性。其一，可以自由支配的时间在生产力发展的不同阶段会有不同的性质，资本家为解决必要劳动时间与剩余劳动时间的矛盾，采用一切科技手段，不断提高劳动生产率和资本的有机构成，但由此产生的剩余劳动时间并不归工人所有，资本家窃取了工人为社会创造的自由时间，因而这种自由时间的性质深刻着资本对雇佣劳动的对抗关系。其二，自由时间是处于历史过程之中的社会矛盾体，其本身既不能确证劳动者个人对它拥有可以自由支配的天然权利，更无法说明在自由时间之外的劳动是自主的、自由的。而在劳动时间里的活动若是不自主的，那么在劳动以外的自由时间及其活动在本质上也就不可能是自由的。因为，在劳动时间里，个人把劳动仅仅当作谋生的手段，感到负担、奴役和痛苦，即便有了较多的可以自由支配的时间，但劳动时间和自由时间的对立依然存在，而处于这种对立中的自由时间，一定与自由时间本身的意义相悖。将劳动视为痛苦的人，为了消释他在劳动时间里淤积的生理紧张、心理压抑和精神空虚，他完全可能将酗酒、赌博、纵欲作为闲暇消费的对象和内容，那就根本谈不上在自由时间里发展自己。

因此，扬弃劳动时间与自由时间的对立还有赖于社会关系的根本改造，其直接的社会条件就是实现劳动的普遍化。其结果形成了劳动时间与自由时间互相渗透、互相促进的新型关系。一方面，自由时间具有了生产劳动的性质。人在自由时间内的发展同时也就是劳动力在扩大规模上的再生产。人运用自由时间学习各种科学文化知识、陶冶自己的精神、培养自己的多种兴趣，发挥和发展自己的各种能力、丰富和完善自身，把自己变成新的主体。当这种在自由时间内获得新的发展的人投入到生产过程中时，就会大大推进生产力。另一方面，劳动时间也具有了自由的性质，劳动成了自由地发挥和发展人的才能的场所。这时个性的劳动也不再表现为劳动，而表现为活动本身的充分发展。此时，尽管劳动似乎是由外在目的规定的，但外在目的失去了单纯的外在必然性外观，被看作个人自己自我提出的目的，劳动成了以发展自身能力为目的的活动。也只有在此时，人类才对具有自在给定性和外在制约性的社会领域中的"自然"因素取得依赖与超越的全面关系。

人与社会的关系向来是马克思学说关注的焦点。无论在何种情况下,"各个人的出发点总是他们自己。"这一认定显然包括共产主义社会在内。而且,这是一个完全可以凭感性经验确定的客观事实,因为个人固然归根到底受整个社会的生存条件的制约,但首先和直接的是受个人生活条件的制约。然而,同样明显的是,虽然个人在任何情况下总是从自己出发的,但由于在一定的意义上他们的存在并不是"唯一的",由于他们的需要、本性以及他们求得满足的方式把他们联系起来,所以,他们必须要发生一定的社会关系并相互制约。由此可见,社会关系对个体的制约性绝不能单纯从对个体的否定性意义上去理解。事实上,社会关系恰恰是现实个人赖以存在和发展的唯一可能的形式和条件,对个体的否定性只是社会关系的一种规定性、一个方面,它只在一定历史发展阶段或一定历史条件下突出出来。而且,即使是这种否定性,也是个体发展所必须采取的形式。

因而,在如何发展主体自身的问题上,马克思与西方大多数哲学家提出了两种相反的模式,反映在对待客观环境(社会)的改造上,它们又表现出两种全然不同的方案和设想。马克思提出的是以改造客体特别是社会为中介来发展主体(个人)的方法,其依据是个人与社会的联结以及对象化的原理。施蒂纳(也包括现代西方哲学中的大多数哲学家)则抛掉社会这个对象,让"唯一性"的"我"即主体在自身中打转。施蒂纳采用了一种以主体为绝对本位的方法,认为要改变社会环境,必然先改变作为社会主体的人。反之,人如果不发展自己,未获得改变,仍然是"旧人",那么,社会就不能更新。施蒂纳既是无政府主义者,又是虚无主义者。马克思则认为,确立个人对偶然性和关系的统治,以代替关系和偶然性对个人统治的任务,并非像施蒂纳所想象的那样,要求"我发展自身"(这是即使施蒂纳不进行忠告,每个人也一直在这样做的),而是严正要求摆脱一种发展方式，即资本主义发展方式。而这个由现代关系提出的任务和按共产主义原则组织社会的任务是一致的。[①] 在这里，清楚地表明个人的发展与实现是通过社会获得的，个人对社会、集体（阶级整体）的依赖是客观的、必然的，同时社会本身也还有个真实性、合理性以及对个人的依赖问题。

个人与社会或集体相互依赖，使得个人与社会在价值存在特性上具有同等的价值本源意义和本体意义，在根本上不存在价值的优劣先后。因此，私有制社会的不真实性、不合理性在于个人与个人、个人与社会之间有着根本的价值关系的冲突，只有在消灭阶级和私有制的情况下，个人的发展和运动才消除了异己关系和异己性，才"使一切不依赖于个人而存在的状况不可能发生。"只有在此时，集体或社会才是真实的，并是个人"全面发展其才能的必要条件。"集体或社会的真实性不仅取决于它存在与发展的客观必然性，而且也取决于它存在与发展的普遍合目的性，即它的存在能够为个人的全面发展提供真实而充分的社会发展条件。这是马克思唯物史观所持的关于社会或集体的真实合理性的辩证的真理论与价值论相统一的基本立场。同样，马克思对个人发展的正当性也予以同样的真理与价值统一的科学论述。这就是，个人发展的正当性取决于他是否有利于个人全面发展和自由联合这一根本目标。因此，它既代表每一个人自身的人性需要，也必须合乎每个个人共同获得全面自由发展的普遍价值目标，而不是一己的、自私的或排他的。

以上所述把个人和社会在价值关系上看成是对等互补关系，着眼于个体与整体、个人与社会或集体之间价值关系的共谐和统一、生存和发展上的共存共生。当然，现实生活远比理论分析要复杂，生活的逻辑不总是按理论的逻辑运作。个人发展与社会发展发生矛盾时应如何运作料理？

---

① 《马克思恩格斯全集》第三卷，人民出版社 1960 年，第 347 页；《马克思恩格斯全集》第四十六卷（下册），人民出版社 1980 年，第 225 页。

首先，应反对任何把个人与社会或集体分割开来、对立起来的企图，要求人们从价值创造的根源和价值发展的理想层次上来理解两者之间的关系，而不是从当下的价值享用或占有角度来认识这种关系。

其次，当个人价值需求与社会价值满足发生矛盾时，可能是因为个人不合理的期待，即以自我纯主观的需求来要求社会和他人。此种情况唯一合理的价值判断和决定是个人服从社会整体。另一种情况是，个体的价值需求和利益是正当合理的，而矛盾的根源在于社会制度的不健全。在此种情况下，则要求社会本身改变其不合理的制度。当然，任何一种社会制度或个人价值需求的合理性、正当性都是相对的。

再次，社会与个人价值对等互补是以社会整体的共同进步和每个个人的全面发展为价值导向的，其目标在于最大限度地创造社会和自我的价值。那种只为自己利益而不为人类社会利益的个人发展是不高尚的，而不顾个人利益只顾社会利益的发展则是不人道的。因此，从根本上说，它体现了社会进步和个人全面发展相统一的马克思主义的社会理想。

具有普遍性的个人是历史实践的结果。实践的本质是环境的改变和自我改变的一致。实践具有的对象性一面，常为人倍加重视，但实践也有非对象性的一面，即通过人对自身的改造，不仅享有了实践的成果，同时也克服了人自身的局限性，达到人的自我更新、自我确证和自我实现，即主体的再生和重建。这乃是实践活动更为深层的本质，所谓改造即克服对象及人本身的既有状况（"是"），达到一种应有（"应该"）。因此，当人们苦恼于手段和目的、社会本原或个人本原、是与应该的二重对立，寻找不到过渡的途径和转化的环节时，人类实践却是每天都在不断解决并再产生这类矛盾。在这个意义上，人的全面发展是一件必须每日每时都要重新做的事情。但是，看起来，"生活的智慧"在不知不觉中实现着社会与个人、手段与目的的结合，以及客观性的主观化和主观性的客观化，这就是实践高于理论的结果。

个人成为完整的个人（而不是片面的狭隘的人），整体成为保证个人全面发展的条件（而不再是凌驾于个人之上的力量，不是束缚个人发展的桎梏），这不是靠在思想上而是靠现实的实践实现的，是由现实的物质条件造成的。因而个人的发展必然同社会的职责、使命联在一起。现实的个人并不像动物、植物一样，在其发展中没有职责、使命和任务，他只需要从自身出发，运用自身的力量，随其所欲、自然而行。现实的个人总是同他的生活条件密不可分。因而，职责、使命、任务等等具有观念的形式，但却非主观设定和人为杜撰，而是有着客观内容和根源的，它们是个人的现实生活条件在观念中的表现，是与个人的需要相联系的。如果"我"即个体脱离其全部的经验生活关系乃至脱离其自身的肉体，那么，他当然不会面临职责、使命的压力。可是，在现实世界中，个人是有许多需要的，而需要本身就已是职责、使命的规定。因此，那种把承认或确立人的职责、使命、义务等看成是将个人的生命贬低为手段和工具的观念，从认识的根源上讲就是将职责、使命、任务同个人的生活条件分割开来，并对其孤立考察的结果。马克思甚至认为，共产主义就是职责——个人全面发展这一职责的实现和现实："个人的全面发展，只有到了外部世界对个人才能的实际发展所起的推动作用为个人本身所驾驭的时候，才不再是理想、职责等等，这也正是共产主义者所向往的。"

人作为一独立存在的个体，他自身的特性一方面体现在人与自然、人与社会的对象性的关系之中，另一方面也蕴藏在他自身的内部结构之中，即人的个性发展。

确立个性的内涵是个性全面发展研究的逻辑起点，个性首先是一种个人的特殊性，简言之，就是"不像任何其他人"，没有表征个人所特有的性状和特征，个性就无从谈起。但是，个性并不简单地就是个人的特殊性。这是因为，其一，就个体而言，个人具有不可置换性，他虽确是一个具有独立性和自觉意识的存在，"这一个"不是"那一个"，但是，群体和群体之间也同样具有个别差异。由于个性与共性的相互联结,任何对个性特点的界定都是相对的。其二,单纯的人的独特性、差异性的发展是毫无价值可言的,在事实上也不可能实现。不仅如此,按个性发展的趋势,人们之间的独特性又是与其间的共同性呈同步发展状态:人越有个性,个性越发展,就越有集体性和共性。因此,真正表现人类共性的个性并不一定与不同人之间的差别相符合,着重点似乎在于获得能够发挥人的最大才能的真正个性。这样的个性则是"特殊性"与"主体性"相统一的,而个人的主体性应是个性的内涵核心和坐标原点。

所谓主体性是主体在对象性活动中表现出来的自主性、能动性、创造性等特征。能动性即主体自觉、主动地认识和改造世界(包括主体自身)的特性,表现为主体活动的目的性、预见性、选择性等;创造性即主体对现实的超越性,亦即非重复性;自主性即主体的自我完善性,表现为主体的独立性、自由性、自为性等。"三性"之上,自主性是主体的一种基本属性,是主体发挥能动性、创造性的前提。

自主性、能动性、创造性等都是主体(即个人、群体、社会)活动的共同特征。参与活动的主体都是活生生的具体的个人,每个人都有不同的生理和心理特征系统、个性倾向系统,如需要、兴趣、理想、世界观等等。意识特征即自我意识系统。它们都参与制约着个人主体活动的效能和主体性的发挥,并形成了自己作为活动主体的个性本质力量和人格力量,这种力量作为能力和动力源与主体的社会整体的特性—自主性、能动性、创造性等结合在一起,构成了创造世界历史的"合力"。

总之,人的个性即是作为具有社会性的个人的具体的、独特的主体性。就个性的发展与社会发展的关系而言,其关键在于"和谐",中国的儒家文化,将和谐视为正天地、育万物的不二法门,个性发展与社会发展的关系自不例外。总体原则应是:就个人的特殊性发展而言,能动的个人是塑造自我个性的主体,人的个性的形成决不单单是社会关系总和与个人既定的主观因素结合后受动的产物，有个性的个人不甘于受动性，而主动地、有选择地塑造自身的个性。社会关系等条件和某些主观因素，经过个人主体性的能动选择作用而内化为主体的个性。因此，个人应从自己的特殊性出发，依据社会客观条件，选择适合自己特点的个性发展方向和途径，而社会则应承认个人特殊性的客观必然性，为个人的选择创造良好的社会环境，而不能强求一律，把个人模式化。社会应该是人的自我实现的基本单元，而不是一个抽象的名词。就个人的主体性发展而言，个人要勇敢地对自己的命运负责，积极主动地创造并利用社会为个性发展所提供的条件，不能消极被动地顺应社会环境。而社会也应承认个人需要、利益存在的合理性，承认个人有成为自己命运的创造者的自由和能力，充分认识到个性的全面发展既是社会发展的活力所在，又是社会发展的目标所系。

在现实生活中，个人之为个人，最重要的根据就是他的个性，有个性的个人是一个真正完整的人：他既具有类的特征，是类特征的个别表现形式，由此他和动物区别开来了，又具有人的社会现实性，是社会表现、实现和起作用的个别形式，由此他和其他群体中的人区别开来了，同时还具有自身独特的个性，使自己成为一个具体的、活生生的个人，由此他和他人区别开来了。有个性的个人还是充分实现其主体性的人。在马克思那里，要实现人的主体性，不仅要依赖物质的手段改造外部世界，同时也要依靠人的精神实践——要求每个人都必须在思想深处把人都当作目的而不是手段来对待。简言之，人的主体性的实现就是主体和客体的统一，也即人的全面自由和解放，人的主体性的深层内容就是在主体的外在能动性背后同时存在着的人的精神自由。

以主体概念为核心的西方近代认识论，对主体的研究实质上服从于对外部事实的研究，这一点已在理论上预示着现代社会中人服从于物、人性受制于物性的荒谬现象的出现。近代人片面强调主体的能动性和自我与世界的对立而忽视了统一。结果，人们只知道到世界中索取，世界不仅刺激而且制约了人的意欲，它暗中牵着人放心外逐。当近代人成了征服者的时候，也就将人和自然的分裂强调到极致，尽管这是近代科学独立发展的前提和人自身独立发展的前提，但是，固守人与自然、主体与客体的分裂必然令人难堪，生态危机、环境恶化等实际上就是人的生存意义的危机。近代主体论哲学视野中的人是残缺不全的。这种哲学以对待物理世界的方式去对待心灵世界。然而，人要确立一种真正的主体性，过一种真正属人的有依归的生活，就必须既注重对自然的认识，又重视人的内心体认和人格修养。在注重修心养性和立心立人方面，中国主体哲学恰与近代西方主体哲学相互对待。中国人的修心养性观念归根结底建立在人与自然本应和谐这一古老的观念基础上。但中国主体哲学也有其局限性，这就是自然科学理性的贫弱。因而，只有重视德性、操守和内心修养与重视认识自然并举，才能促进社会的全面进步和个性的全面发展。

结束语　哲学家的能力

我们一直在谈论"自我"。但自笛卡尔以来至今,人们依然对"自我"一词的使用感到困惑。大家知道,马克思曾经认为,人们可以跳出哲学家的圈子认出自己的阿波罗、自己的雅典娜、自己的宙斯。如果跳出现代哲学家的圈子,则人们未必不会认为:之所以存在自我释义学的困境,仅仅由于有着前仆后继的、旨在解决这些问题的唯物主义或唯心主义之各种尝试。因此,这里出现了在宗教和哲学之上形成的自我和由并非在宗教和哲学问题范围内创造的自我之间的差异。"为了消除这种'自我规定着的概念'的神秘外观,便把它变成某种人物——'自我意识';或者,为了表明自己是真正的唯物主义者,又把它变成在历史上代表着'概念'的许多人物——'思维着的人'、'哲学家'、意识形态家,而这些人又被看做是历史的制造者、'监护人会议'、统治者。……这样一来,就把一切唯物主义的因素从历史上消除了,就可以任凭自己的思辨之马自由奔驰了。"[①] 如果从马克思这段话来思考和解读,就会蓦然感到,他必须远离德国传统,因为按照此传统,德国哲学家的能力所限,全不注意盎格鲁—撒克逊人的视野。换句话说,这种自我释义学的基本假设,就是我们必须在我们自己身上找到一个被深深隐藏的真相。在此,马克思并不建议我们以那样的方式去思考哲学或主体性的真相,但却采取这样一种立场:从它出发又可能走向那样的思路。无论如何,我们在

[①] 《马克思恩格斯选集》第一卷,人民出版社2012年版,第182页。

多少世纪中发展起来的自我释义中，可以发现最为考验哲学家能力的问题是：什么能够成为自我释义的历史唯物主义论说的基础。

要说明这种在德国影响深远的历史方法，就必须从它与一切哲学家的幻想的联系出发，必须从这些家伙的独断的玄想"能力"出发。马克思认为，从这些家伙的实际生活状况、他们的职业和分工出发，是很容易说明这些"能力"的。可是，大家知道，马克思也用了各种不同的定义来描写哲学家的能力，特别致力于把哲学家对哲学所施加的、有实际影响的目光敞开。说哲学家之所以有能力，乃是因为他们为了哲学的目的"能够"克服施于专家之上的、有限者的限制，这是一个总的说来超越知识类型的区分而有待深化的观点。如果哲学家在这个意义上自然可算"有能力的"，我们就需要讨论非哲学家的事务与哲学家的事务在何种层面上不是一回事，或者在何种层面上两者具有平等关系。如果我们用了类似马克思那样的岗位描述的方法来讲述"哲学家是谁"这个问题，也就澄明了哲学家与非哲学家能力的人为角色区分，这里的用法也意味着我们对"根据能力"这个问题所做的最为批判的回答。我们该去理解为了超越我们种类的本质，让哲学家去真正发现一种新的能力的想法。

这么说来，基于岗位描述，"哲学家的能力"可能暗示了一个非常困难的主题。因为，在那些我们认可为哲学的作品中，我们很少"看见"对这个主题的处理。有人说，这不好比是哲学家对他们自己所干的事情写评语吗？我们认为，无论如何，这话说得过于武断。事情的原委看起来竟然是：当我们开始领悟我们在何种程度上可以省去哲学时，"哲学家的能力"问题才可能与我们照面。如果我们承认这个领悟，那么学院的哲学教育的立足点是否依然有益于整个民族文化呢？在所有人寻找、发明"能力"的今天，这些老问题显得极为急迫和重要。

1

什么是哲学家的能力？说到哲学家的能力，我并不想介绍一些深奥的原理，告诉大家康德是怎么样定义哲学家的能力的，霍布斯又是怎么看待哲学家能力的。以前的主流看法是：我们在回答之前，先要问应该由谁来回答这个问题的问题。随后又有的看法是：我们之所以未能理解哲学家身上的能力，是由于我们本身不是哲学家。但实在说来，这是一种迷惑的循环论证。这不过仅仅是从否定意义上说，要讲清楚哲学中已经被理解的东西，有时是困难的。柏拉图说，什么叫存在，不问大家都知道，一问大家都糊涂了。所以，凡是感觉到世界上有很多哲学问题却不知道怎么回答的人，我相信就是定义哲学家的能力可以选择的简易出发点。在我看来，不是从概念的角度，而是从一种思想如何生产出来的角度描述，哲学家的能力中首要的方面，在于开始追问，在于问问题，尤其是问日常世界中公认的智慧者不想问或来不及问的问题。

人们可能认为，我的这个陈述是大胆荒谬的。由于对哲学常有失望的洞见，我们会常常自问，我感觉到世界上有成千上万的哲学问题，也不知道怎么回答，我能相信我自己有哲学能力吗？我感觉到什么是哲学家的能力，而它是难以言喻的，这不是很矛盾吗？乍一看，情况似乎就是这样。而其中的理由，可能在于"哲学家的能力"首先是某种含有两种截然相反含义的东西（例如，若选择德文词汇中的"das Vermögen"的沿着"能力"的理解方向，还会需要对它与"资产"的译解方向产生矛盾的解释），某种只有作为名称时才统一的东西，并且是从名称之深处发展起来的种种民众偏见的动因。人们大概有可能在谈论"哲学家的能力"动态持有的原因时，也承认，他们一直在某种意义上采纳终极视角，认为进行着哲学思考的主体能力或多或少是有悖于"哲学"这一行当本身的。我们在希腊哲学课堂上或许就曾听过，并非作为精神史上"第一位哲学家"的柏拉图才自知什么能够毁灭哲学。尼采，这位很晚才排遣掉从叔本华那里继承来的对黑格尔哀怨的诽谤和轻蔑的哲学家，曾说："即使没有黑格尔这个人，只要我们（与所有的拉丁人相反）本能地赋予'进化''变化'以更深刻的意义、更丰富的价值，那么，我们德国人也是黑格尔的信徒。"① 作为批评，下如此断言的用意都相同：狠批"哲学"这一运思方式。让我们称它为：哲学家的能力满足于解构哲学。但不可对这个悖论有所误解，要是没有这个悖论，那哲学家何以具有应时应景意义上的哲学建筑？确实如此，要是"哲学家"这个概念指的就是我们通常所说的哲学家——那个旧的、著名的"自我"，民众偏见之谨慎的抵抗者——那么这些哲学家的哲学至多是些"柏拉图的注脚"，而非"给苍蝇指明飞出捕蝇瓶的路"。

在此，好像我们已经从哲学家的能力问题转到"哲学是什么"的问题。它与亚里士多德论"灵魂的能力"的类似这方面的系统阐述相似。受希腊人影响，感觉的能力不能算作哲学意义上主体的主观状态及能力。在哲学的古典时代，柏拉图看到，基于感觉能力、智力，知识就是不可能的。当时的怀疑主义者怀疑的核心问题即"直接感知外在事物是否可能"。言下之意，人的感官自豪的地方在于对"超感性的东西"有一种能力，后来的谢林把它叫作理智直观。在今天则让人很容易地联想到古代智者的"人是万物的尺度"这一命题，也可以与自然哲学家假定的"干与湿""热与冷""爱与恨"的不同存在种类扯上些关系。对于柏拉图而言，自然哲学家拿时间和情况的变化作为他们对智慧热爱的根据，就好像"我们是小孩似的"，这是给我们讲童话。人们应当把它看作普通的理智。它只不过意味着在一阵风吹过来后脸上感觉凉快一些这种一向想到的事情。因此，古代原子论哲学家德谟克利特把真实的本原看作原子和虚空，其余的一切都是意见。"只有按照意见才有冷，只有按照意见才有热，而实际上只有原子和虚空。"② 康德则强调："普通理智只有在能够看到它的规则被经验所证实的时候……才可以使用。"③ 因为很少

---

① ［德］尼采：《快乐的科学》，黄明嘉译，漓江出版社2000年版，第288页。
② 《马克思恩格斯全集》第一卷，人民出版社1995年版，第21页。
③ ［德］康德：《未来形而上学导论》庞景仁译，商务印书馆1978年版，第166页。

强调哲学家享受那些生活观察的庇护权,而是更多地强调寻求"精神中固定不变的东西"① 的能力,或者相当于说,柏拉图向我们说到了哲学已经走过的一条道路,这条道路呈现了,哲学如何从最初的尚且纠缠于感官世界的阶段出发,向前发展,最终摆脱了感官世界。这是人类精神在整体上走的一条道路。

可是,谁愿意让一个哲学史家就这样得出结论呢?首先,从"精神中固定不变的东西"来看,哲学家的(以"人的"自居)"能力"大都以"潜能"的形式存在。因为它涉及所谓"我的心灵":我有看的能力,我睡觉时没有看,看对睡觉的我只是潜能;我有死亡的能力,我在讲课时没有死,死亡对讲课的我只是潜能。至于哲学家的能力,应寻求话语中确定的东西,亦即精神中一种固定不变的东西,但这并不意味着,凡"人"必定有此愿望。这也就明确指出,它也是一种潜能。而问题似乎是,最不相同的哲学家的潜能(能力)应当怎样现实化?我们注意到了我们谈到的"现实世界",都是指我们对这个世界已经把握到的东西,而哲学家自己(例如黑格尔)的能力表明,哲学家的能力对这个现实世界的许多方面还缺乏理解和把握。马克思一开始就指出,我们应当承担全部哲学的任务,可惜不是跳出圈子来考虑问题,而是一再地在一张确定的基本表格(范畴表)录用新的哲学家(去解释)。

我们看到,柏拉图清楚晓得,理论上讲,潜能这个东西是不会被消灭的,也不会创生,它只会转移。每个人的潜能是无限的,直到死亡都还挖掘不完呢。而潜能是需要重新回忆来唤醒的。但如果从柏拉图传统来思考,就会蓦然感到,普通人不曾想过,即便像死亡这样所有确定性中最确定的确定性,仍然从人世间的回忆中逃脱。在此,无论是潜在的还是实在的哲学家,如何可能通往精神不朽的道路?这正是民众柏拉图主义的一个追问。

---

① [德]马丁·海德格尔:《海德格尔文集:论哲学的规定》,孙周兴等译,商务印书馆 2015 年版,第 23—24 页。

作为哲学家的柏拉图又是如何在其生命和思想的道路上与灵魂不朽发生关系的？"灵魂"到底是什么？我们如何知道它不灭？针对如此费神的问题，柏拉图说得极模糊。我们在听柏拉图讨论哲学的时候，已经分不清楚哲学与神话了。柏拉图压根也不认为哲学与神话是截然不同的智性活动。因为当时的雅典人，以及总的来说古典的形而上学，都是研究灵魂不灭和神的存在问题的，然而，今天这个时代，一个人要是对神话领域的思想感兴趣，就等于宣布远离哲学和整个理性革命了。受过达尔文进化论教育的我们根本不相信灵魂转世的故事。在当前的立场上，两个世纪之前，人们对"灵魂"已失去了兴趣。而我们在某个方面必然变得贫乏了。

换言之，近代哲学家正确认识到，灵魂自顾自地设定自身，正如近代经验论心理学假定有"灵魂"存在，还假定了一系列灵魂能力，而"这些灵魂能力就和物理学家假定的那些'力'一样，完全是他们自己臆想出来的东西"[①]。但另一方面我们不得不承认达尔文进化论的受众还是相对较少的。受过高等教育的人恰恰才是更愿意相信进化论的人。但是，神明和魂灵远远谈不上消失了，它们只不过换了个名字。比如说，我们的文化中依然处处可见"灵魂神圣"的观念设计。比如说，神秘主义者还谈"灵感"，存在主义者说"语言是神圣的"。因此，在相信"身体最可靠"的今天，我们回过头去像尼采那样问：如果说，在"不朽的灵魂""旧的上帝"的观念上，人们曾比在"现代的观念"上让自己更好和更快乐地生活，那么现代人是否是在根本上想返回过去占有人们所更信赖地占有的东西呢？这是我们描写哲学家能力时的一个更为基本的反思。因为它在哲学家活着时，除了是与一种正在形成的学说有关之外，首先是一种新的生活方式的占有、批判。

---

① ［德］谢林：《哲学与宗教》，先刚译，北京大学出版社 2017 年版，第 99 页。

因此，按照柏拉图的观点，"哲学就是练习死亡"。这里的意思是要练习减少身体对我们的控制程度，让身体的惰性无法对我们产生负面作用，就好像已死亡一样。可是问题是，这要从理念上讲清楚为什么像死亡一样。明明我（是那个思考着它的人）没有死，我身体疼是我疼啊，我死是我死啊。似乎可以很清楚地"看出"，一旦身体死亡，我们的个人记忆就不再得以延续，因为它不是由主动理智所操作的。所以，似乎并不存在真正的"个人不灭"。①

但是，柏拉图主义还在相反的形态下以如下方式被表达出来：至死方知人乐（梭伦的名言）。伊壁鸠鲁"在感到死亡临近之时洗了一个热水澡，要求喝醇酒，并且嘱咐他的朋友们忠实于哲学"②。在这种情况下，以我的知识为条件，哲学家的能力问题转变到"自我"的传记问题。在很多哲学家看来，身体疼痛的原因是跟回忆或情感这样的精神活动的倾向有关。自在地看，感官知觉能力是在感官知觉能力缺失的情况下存在的。尼采说，身体的疼痛感觉是精神的原因导致的。所以，身体某一部位疼痛的身体原因还没有影响到某一部位时，身体就已经产生疼痛。尼采由此认为，感官知觉是受意识影响的，那种认为它受外部世界决定的看法是天真的。③ 所谓的"在我之内"和"在我之外"的区分仅仅是一种主观设定。哲学家庄子发现，得道的人和世界原本是一种梦境。他在某种意识上能够感受到，他能够利用它，能够驾驭它。那个得道的人能够跟天地一气相通。人们曾做梦，首先是老哲学家，

---

① 亚里士多德的著作有些寓意模糊。他有一篇以柏拉图《斐多》为模型的文章，叫作《尤台谟》。这篇文字似乎认为灵魂不灭——灵魂指个人的或个体的灵魂，它包括一个人关于自己的前世与今生的记忆。但是，亚里士多德的其他著作，没有一处有如此的主张。也有人认为，需要通过隐微与显白的两个层面去阅读亚里士多德在这方面的论述。

② 《马克思恩格斯全集》第一卷，人民出版社1995年版，第24页。

③ ［俄］陀思妥耶夫斯基：《陀思妥耶夫斯基自述》，黄忠晶、阮媛媛编译，天津人民出版社2013年版，第104—105页。

随后，是我们。根据一种能力，就意味着，我们自己从潜在的哲学家变成真正的哲学家。当然，整个说来，哲学家也不能游刃有余。人们以为，泰勒斯在摔倒的时候，就忘记了天上的星星。

因此，诸多哲学家的能力表征其实不是事物背后的超越真相，而是意识的内在真相。这样就已经很不错了。

2

总的说来，"一个人长得漂亮是环境造成的，会写字念书才是天生的本领"。这是马克思在《资本论》中引用过的一句名言。这句话，前半句容易理解，后半句需要稍加解释。会写字念书照理是勤奋、刻苦的结果，怎么是天生的呢？在此无非就是指，勤奋、刻苦是塑造天生本领的根源。《礼记·学记》云："玉不琢，不成器。"从古希腊开始，哲学家就被称作"想爱智慧者"。但这种定义实在过于空洞，缺乏必要的规定性，也暗示哲学家对哲学理解本身的反常性。因此，哲学家们对这个定义又作进一步规定：哲学家的群像以求知者、圣人、牛虻、禁欲主义者、狂狷之士的形象出现在哲学史上。这种处理的方式，必定是人们在一个可与一般民众的观点相对照的"哲学"印象那里所期待的。民众印象里，哲学家少睡，少吃，因为思考而消瘦。但我可以说，少睡，少吃，不一定是哲学家的生活。是跟普通人相比，"思考"这个项目还算是哲学家的专项活动。其实，哲学史上"想爱智慧者"的标签本就有些特别。"想爱智慧"是种意图，还是一种值得认真对待的行动？对于传统哲学来说，意图亦即行动。或者说精神行为的趋向性本身就是行为本身。作为一般知识的可能性来考察，"想爱智慧"当然就是对一种哲学家的能力的表达。

黑格尔说，"智慧"看起来就是对应"思想"的。哲学是"对于事物思维着的考察"。在西方传统哲学家看来，把人（哲学家几乎把个人和类等同了）和其他存在物区分开来的东西，是人的思维。黑格尔在《小逻辑》一书中就认为，思维是"人与禽兽的区别的关键"。在黑格尔看来，哲学"以研究思维为其特有的形式"。因为，哲学本来就只存在于人类中，而思维能力又是人类最重要的能力。这一点我们中国古代人在造字时，就已经明白：思想和心连在一起。但思维能力不是哲学家才有的，普通人也有思维能力，正像普通人也有"心"一样。此外，黑格尔的哲学定义不一定适合每种文化。换言之，并不是每种文化中的每个人都会对思维这件事情表现出情有独钟的兴趣。我们只能说，在每种文化中，至少有少数一些人对这些事情感兴趣。因此，在古希腊、古代中国把少数特别聪明的人叫作哲学家。这个理念不是各种民主派、平等派争吵的根源。争吵仅仅起源于从哲学推进到政治这一特殊领域的情况。

就此而言，对哲学家能力的认识不是一个连续上升的过程，而只能是直接认识。但这不是普通人所说的那种直接认识，普通人可能有丰富的想象力、广博的记忆力、专心致志的能力，这些东西肯定属于美好的东西，但这些能力单独分散在他们身上只可能构成一点点聪明，而哲学家却把它们结合在一起，摸到每个事物的规律，与人分享，方获得智慧的意义。谁否认这个理念，就是一个愚蠢的人。我们知道，哲学家在古风时期，都是自然哲学家。"自然的力量在哪里都是一样的，它不会变化——不管在这里还是在波斯，火焰都会燃烧。"[①] 它是完美的、不变的，又是运动的象征。这正是人类理性精神的形式特征。如果自然真的在哪里都是一样的话，那么世界不同地方的人在研究自然的运行规律时，研究的就是同一个对象。正因如此，苏格拉底对于天上地下发生的一切现象背后的物理原因过分感兴趣。这位哲学家对殊相过于好奇，并相信我们能够借助研究它们弄清楚自然运作的方式。实际上，哲学家是通过思考自然、思考古老的问题而产生的。然而现代人希望甩掉像苏格拉底那样思考自然的、所谓

---

① ［美］贾斯汀·史密斯：《哲学家的六张面孔》，宋楚君译，新华出版社2017年版，第78页。

"旧"的思考模式的包袱。同理,哲学家的行止相应地不再意指过分好奇。从肯定的意义上看,这意味着如今在哲学家岗位上工作,还得专业一点,普通(去魅)一点。而一切特殊性都在这个理念里面走向消亡。

而在这种情况下,哲学家的能力,作为被认识的东西,单独而言乃是一个不可能被认识的东西。也就是说,康德的问题是,先天综合判断是如何可能的?是为了葆有人类种的特性而提出的,这可不是三句话能答复的。尼采觉得康德啰嗦。而我觉得,尼采的整个康德批判仅仅具有一种机智、俏皮的意义罢了。人们可以从"否定的意义"看待康德的批判主义,它已经考察并且相信自己完全掌握了人类知识的整个领域,但实在说来,这不过是一种"自我标榜"。谢林认为,如果一种哲学企图通过概念来超越感性世界,那么它必然是一种"自我蒙骗"。它完全错失了哲学家的"认识能力"的层面。但与此同时,康德自己也是承认这一点的。按照亚里士多德的说法,有一种能力是很特别的,这就是"在我们不看(也即,在我们的视觉是潜能)的时候,我们也会区分黑暗与光明……所以是可能的,是因为看的本原既作为看的潜能也作为不—看的潜能存在"。这种潜能本身与现代的神经生理学的看法是一致的。"在我们因为没有光源,或因为我们闭上眼睛,而不看到外在事物的时候,这并不意味着视网膜完全不活动。"相反,"黑暗是潜能的颜色,而潜能在本质上是一种丧失的可用性,是不—看的潜能"[1]。不过,神经生理学毕竟是不太接近哲学核心的,在我们看来,毋宁说,不能不提的倒是"普通人根本就没法进行真正的哲学思考,所以康德的学说甚得他们欢心。普通知性根本就不懂得任何处于经验范围之外的东西"[2]。

诚然,如果人们断定,康德的批判主义的整个特性仅仅是否

---

[1] [意]乔吉奥·阿甘本:《潜能》,王立秋、严和译,漓江出版社2014年版,第297—298页。

[2] [德]谢林:《哲学与宗教》,先刚译,北京大学出版社2017年版,第152页。

定意义上的，也就是说，批判主义本身仅仅是康德直面那种独断论（亦即一种非哲学）的反应，目的是把哲学限定在一个特定领域里面，那么，在这个意义上，哲学家的能力究竟是怎样存在的，成为一个很难解答的问题。问题在于，现代学者的出现是民主化和平等化在知识领域的体现。"既然真科学无非在于正确引导其理性，那么无论是在各门科学之间，还是在人们的精神之间，就没有不平等了。一门科学，或者一门科学的一部分，也就不会比任何其他一门更困难。"① 笛卡尔在此似乎认为，没有人可以因为他觉得哲学超出了他的能力，就会放弃接触哲学这门学科。在近代科学刚刚兴起时，笛卡尔一直在解剖当地屠夫送给他的动物头颅，就把解剖时出现的问题归入哲学的范畴。从历史事实来看，康德已经意识到，科学与哲学的裂痕日益加深。在《未来形而上学》的"导论"中，康德指出了现在大家很熟悉的形而上学危机，但是形而上学概念在职业岗位上的荣誉危机在书中常常被忽视。康德说："一个有学问的人，当人们想要称他为伟大的形而上学家时，他用怎样的心情去接受这样一个虽然出于善意、但是不受任何人羡慕的荣誉。"② 既然研究形而上学是人的自然冲动，那么阅读童话、神话也是人的自然冲动。康德希望基础哲学或形而上学推进一步，即形而上学从现在开始作为科学而存在。

自在地看，这个设想是不可能实现的，因为不是每个人都打算从事被康德等哲学家所定义的哲学的工作。古希腊哲学家亚里士多德在《政治学》中说，希腊哲学家们往往自负地把哲学家描绘为有专业能力、有特权的文化精英。今天看来，这可以被理解为科学技术支配下的劳动分工的结果。今天从事哲学研究的也

---

① [法]西蒙娜·薇依：《西蒙娜·薇依早期作品选》，徐卫翔译，同济大学出版社 2007 年版，第 81 页。

② [德]康德：《未来形而上学导论》，庞景仁译，商务印书馆 1978 年版，第 162 页。

只是少数人，与古代有些区别，哲学家向普通人推荐哲学的生活方式，至于普通人能否接受则完全是另一回事。此外，哲学虽然是少数人的专业，但并不是少数人活动的产物。相反，正如马克思所言，"各种外部表现证明，哲学正获得这样的意义，哲学正变成文化的活的灵魂"。① 这种外部表现就像烹饪、民间传说、戏曲、装饰品那样，只要一个人熟悉自己所处的文化，就可以相应地发现本民族的哲学。

3

首先，我们要从朱熹和朋友的问答谈起。宋代哲学家朱熹，学问很高，在长沙做官时，皇帝让他来京城做侍讲。他的朋友问他，你准备给皇帝讲什么？他说要讲"正心诚意"。他的朋友忙着说：这个皇帝不爱听，千万不要讲。朱熹却说我不讲这个讲什么！皇帝心术不正的话，国家就会遭殃啊！朱熹因非常了解儒家的学说，才能从非常有限的话语中下此断言。朱熹的回答可以这样理解：只有"正心诚意"，"格物致知之学"才值得讲。所谓值得讲，即为道德哲学在国家治理中寻找安身之处，同时也为自己的哲学寻找权威根据。如果一个人过了一辈子的幸福生活，但是，每天并没有对人的绝对职责和崇高使命的提醒，那么可以说这个人"知道越来越多的鸡毛蒜皮"的事情。② 而对于个体的人来说，学习的时间限度在于生命的限度。在今天学术越来越专业化之后，现代人不可能专注于决定人的本质的总体事物。现代人的学习已经违背了科学诞生以来的承诺，即它应当"揭示宇宙的真实性质与关于人的真相"③。

因此，一般说来，哲学面临着如下两难：要么它的目的仅仅

---

① 《马克思恩格斯全集》第一卷，人民出版社 1995 年版，第 220 页。
② Leo Strauss, *The Rebirth of Classical Political Rationalism*, Chicago: The University of Chicago Press, 1989, p.31.
③ Ibid., p.32.

在于解释有限性的来源,要么它希望成为以无限者为对象的学问。正因如此,哲学家能不能拥有很多学问?对此问题可作以下三个方面的理解。首先,对于当前这个时代,即便最沉醉不醒的哲学都知道,在生物界大多数生命体的感觉都有些缺失。比方说,蜗牛只有嗅觉,没有听觉、没有视觉。在《形而上学》这本书中,亚里士多德谈到能力时说,感觉是合法的感觉缺失,这是人类潜能的双重性规定。从哲学家的生命活动中的学习看,这种活动不是摔跤运动员的摔跤,不是诗人的吟诗作乐,不是沉睡精神和内在死亡,而是灵魂理智部分的活动。

当前我们听到的是:科学已经无法回答"为什么要科学"的问题。这又意味着,一切价值是平等的。今天我们相信智力胜过相信心灵。我们不再说用心灵超越日常生活的话。从科学角度看,美的东西是否也意味着好,多的东西是否也意味着美,这些问题已经具有不一样的意义。按照苏格拉底的意思,所有这些问题只有哲学能够回答。所以,哲学,"既是一,也是多"。对于懂得哲学的读者来说,苏格拉底是说,所有的问题在"善"的理念上才能看得清楚。他问我们,你能够在哲学中看到"美""好"这样的东西,是否觉得在其他事情中也同样能看到?从现代人的角度看,回答这样的问题不能忽视我们社会的原则(共同性),也不能忽视我们社会的关系(协同性),因而,人们便说不得不接受我们社会的"美""好"的价值;而从古典哲学家的角度看,接受社会的价值就是意味着逃避自我,就是把庸俗当作职责。让一个人自己忘掉真实的个体与伪君子之间的差别。[1] 然而,学者们的出现,使"所有时代的人,都以为自己知道什么是好,什么是坏,什么该赞扬,什么该谴责,这批评很正确。但以为我们现在比任何其他时代都知道更清楚,这就是偏见了"[2]。

---

[1] Leo Strauss, *The Rebirth of Classical Political Rationalism*, Chicago: The University of Chicago Press, 1989, p.35.

[2] [德]尼采:《朝霞》,田立年译,华东师范大学出版社2007年版,第44页。

其次，适当量的学问，而不是更多的学问，是有利的。人们也许会说，哲学是服务于人的自由和幸福的一门学问，大家是有共识的。那么这门学问是什么，以及如何获得呢？如果我们仅仅阅读哲学史，听从哲学家的建议，而哲学不走向生活，我们就无法掌握服务于自由和幸福的本领。所以，"什么是哲学"这个问题也就很难回答。相反，"什么叫财政学"却是容易回答的。某门具体的学科总是能够被给出定义。财政学家知道的是生财之道、财富的管理。推而广之，在政府部门里的人知道权力的运用，当兵的人知道怎样打仗。这样，知识一块块地条分缕析，造成一种基于无政府主义的知识状况。柏拉图看到，一个国家的知识或思想需要管理，由谁来管理呢？管理者就是想爱智慧者。哲学就是努力把各种各样的才能和知识统一在一起，把那些具有破坏性的成分转化成为有好处的成分。这就好比少许酵母就把整块面团都发酵了。

哲学家的事务又好比农夫播种。古希腊哲学认为，哲学是"服侍灵魂"的学问。"靠辩证术的技艺拽住一颗合宜的灵魂来耕耘，用有见识的言辞把种子播撒在［灵魂］里面，这种言辞有能力帮自己和耕耘它的人，而且不会不结果实；毋宁说，这种言辞使得种子在别的土壤中生出别的言辞，从而使得那种子永久不死，也使得分享这种子的人得到人所可能享受到的最大幸福。"[1] 看来，哲学是一门用"辩证术"寻找合适的灵魂，并且用"有见识的言辞"在年轻人灵魂中播种的学问。那么，绝对地看，哲学家比起医生、体育教师、农艺师是否该掌握更多的学问呢？当然不是。借用体育教师的话说，"就像猪都知道，练得适当有好身体"，[2] 同样，认识灵魂的学问不在于多或少，而在于适当或不适当。适当意味着不多不少。如同我们锻炼身体，不是过度，而是适当，

---

[1] ［古希腊］柏拉图：《情敌》，吴明波译/疏，华夏出版社2014年版，第60—61页。

[2] 同上书，第56页。

才能够练出好身体。当然,猪肯定不知道:多运动或少运动,都不适当。之前解释"适当"这个标准时是含糊其辞的。适当的标准可能因人而异。至少哲学家和普通人在最广泛意义的形而上学中就是不同的两类人。诚如我们所看到的,是形而上学把一群人作为一种"一条心"的东西创造出来,亦即使之成为一个民族的先锋。在这样的言辞中,哲学家,真的如德国哲学家那样爱好宁静孤寂、追求体系完满、喜欢高谈阔论、不了解常识、脱离基本生活经验?哲学家之所以在世间事务和世间事物面前令自己名声扫地,是因为如果非哲学家要求获得哲学家的行业的见闻,而哲学家把自己的信条给了他们,他们是很难感到满意的。哲学,从苏格拉底开始、主要贡献似乎在于教人们从关注日常生活开始、从身边的基本事务开始活着。同样,一切高尚事物和杰出事物在"闲谈"中的瓦解和退化,更证明了哲学家和非哲学家的现代性和解。认为人都一样,这是现代逻辑。

最后,重建常识的权威。一个思想体系要在社会上被承认为哲学的系统,就意味着对于应该咨询哪些专家以及如何获取相关合理适当的知识已有把握。所谓合理适当,不仅仅与知识有关,而且与种类有关。因而,我们可以通过对职业哲学家和那些刚入行的初级哲学家(布迪厄语)进行比较,来考察"合理适当"这一日常信念。我们知道,对于那些刚入行的初级哲学家,哪种学习对哲学发展是适当的、合理的,他们并不知晓。初级哲学家公开表达出来的思想,同那些已经在哲学行当摸爬滚打多年并充满自信的职业哲学家所表达出来的思想相比,就显得不够老练,不够精细。布迪厄甚至认为"那些初级哲学家如同艺术领域的'初级画家'一样,并不真的明白他在做什么或在说什么"。当然,从稚嫩到老练,能力的这种过渡不是以一种绝对的方式而是仅仅在与所有别的人或别的领域相关联的时候才发生,而且"业余爱好者发表粗糙的思想","注定会成为货真价实的专业人士聪明过人的致思的原材料,因为专业人士能够将问题建构为问题,而外行处理起来的时候则懵懂不知。甚至可能发生的是,后者对游戏的基本规则是如此之彻底的无知,以至于他变成了专业思想家们娱乐或取笑的对象"。① 布迪厄认为,像海德格尔这样一位在其行当中颇为老练的哲学家,"他知道自己在做什么"——他知道要相信日常的信念。对于海德格尔来说,假若哲学还要去问外部世界是否存在或者他人是否存在之类的问题,是不着调的或不靠谱的。值得注意的是,海德格尔将着调不着调、靠谱不靠谱的问题与哲学行话或哲学语言的问题联系起来,好像是说哲学家是善于通过言辞揭示存在的人。

我们顺便指出,哲学家应该如何交流,是一个重要的问题,好比哲学家忙于关注超出了通常的理解力的东西,而世界的各种状况看起来已经强烈地敲打了哲学家们的语言游戏。今天我们再次利用这个机会让哲学家意识到他的精神状态,而且不想放弃虽然渺茫但令人憧憬的希望,希望他一旦认清自己的观点,就会放弃这种观点。这全靠对不同的人说不同的话。在古希腊,哲学的问题乃是城邦教育的问题。在《王制》中,苏格拉底提到城邦里的人有三类,人的灵魂也分为三个部分,对不同的人就需要施行不同的教育。哲学家应当意识到,医生、体育老师、农夫,都掌握了特定的学问,但是这些学问是对整体的片面的掌握,哲学是一门更全面的学问。但是,更全面的学问并不是离开常识,而是唤醒一种真正的实践智慧的基本条件。

4

现在居然有很多人带着一种特别的强调语气谈论"哲学讲汉语",至于这些人所理解的"哲学讲汉语"究竟意指什么,他们并没有统一的想法。同样,他们也没有明确指出,当前存在着的,究竟是一个先行的还是未来的状态。我们假设自己事先知道哲学是可数的,并且知道我们伸出手指数得出的幸存的哲学都有

---

① [法]皮埃尔·布迪厄:《海德格尔的政治存在论》,朱国华译,学林出版社2009年版,第39页。

一个共同点，也就是我们在哲学中感到满足和幸福。伊壁鸠鲁非常正确地说："要得到真正的自由，你就必须为哲学服务，凡是倾心降志地献身于哲学的人，用不着久等，他立即就会获得解放，因为服务于哲学本身就是自由。"因此，伊壁鸠鲁教导说："青年人不应该耽误了对哲学的研究，老年人也不应该放弃对哲学的研究。因为谁要使心灵健康，都不会为时尚早或者为时已晚。谁如果说研究哲学的时间尚未到来或者已经过去，那么他就像那个说享受幸福的时间尚未到来或者已经过去的人一样。"①

我们同意，将对人类自由和幸福的根本思考称为"哲学"。对于这个理念来说，这首先可能意味着我们可以在阐明哲学家掌握哪些学问的过程中阐明之。

第一，我们注意到，学院的学习如今变得有问题了。我们对科学有丰富的认识，却缺乏对本质性的东西的认识。而哲学呢？"没有任何时代了解如此之多的科学理论、如此之多的认识论。"②或许人们会说，不管更年轻还是更年老，人总是应该尽可能地学习知识。比如说，哲学史惯把"哲学"和"好奇"联系起来。至少在大众的想象中，勤奋的康德用拉丁文写了一篇题为"火"的论文，这是康德为成为一名哲学家的所进行的训练；还有莱布尼茨在他最年富力强的时候一心扑在对一种叫作"巴西土根"的根部药材的药用价值的研究上。马克思曾经密切关注电学方面的各种发现的进展情况。所以，有些人会因为他们的知识财富而对他们羡慕不已，认为哲学家希望自己尽可能地学习和掌握知识，有什么值得非议的呢？就像有些本科生说的那样："这些都是哲学嘛。"但我们知道，无论康德、莱布尼茨，还是马克思，他们关注科学发现的时候，并非只追求"大而全"，而且也未必希望因此被后人称为哲学家。十分有趣的是，人们一直还没有注意到，在经

---

① 《马克思恩格斯全集》第一卷，人民出版社1995年版，第24页。
② [德]马丁·海德格尔：《德国观念论与当前哲学的困境》，庄振华、李华译，赵卫国校，西北大学出版社2016年版，第421页。

过启蒙的民族里，康德哲学竟能招致如此众多的追随者，还发生在康德视大众为无物的时候。在那位发动哥白尼式革命的革命者的精神里，"群盲的捧场是哲学家为之脸红，而走江湖的假药骗子却感到光荣而自以为了不起的事情"①。我们还看到，年轻的康德写了篇关于科学的文章之后，并没有在其职业生涯中，写出大量科学论文，但是当康德写出一部成熟的重要著作时——比如那本《未来的形而上学导论》——康德就敏锐地意识到，哲学本身从来不知道自己是否是科学，科学是否可以由哲学来规定。我们还知道，在古希腊，德谟克利特被西塞罗称为"博学之士"。"他精通物理学、伦理学、数学，各个综合性科目，各种技艺。"在与德谟克利特同时代的人中，德谟克利特算得上博学、见多识广的人。他曾游历埃及、波斯、印度，努力向埃及的祭司学习几何学，向波斯的迦勒底人学习天文学和占星术，向印度的裸体智者寻求知识。马克思敏锐地意识到，德谟克利特是一个有学问的人，并且是古希腊一个主要学派的创始人，既然如此，马克思为什么没有说德谟克利特拥有"真实的即哲学的知识"②呢？显然，在此不是由于同一原则的不同形式，而是由于原则的不同。在对德谟克利特的物理学和伊壁鸠鲁的物理学的关系的判断上，在当代欧洲学者中没有人会如此富有教养地给伊壁鸠鲁原子论以一种严肃的肯定——首先，多亏了那位"花园之神"伊壁鸠鲁，向更出名但毫无独立自我意识的德谟克利特的原子论宣战。马克思赞同伊壁鸠鲁对德谟克利特的评价，认为德谟克利特是"第二流的人物"。不是德谟克利特没有求知欲，而是"他表现了进行实验、到处寻求知识和外出远游进行观察的不安心情"③。实际上，德谟克利特这样一个很博学的人是以一个负面的哲学家形象出现在我们面前

---

① ［德］康德：《未来形而上学导论》，庞景仁译，商务印书馆1978年版，第9页。
② 《马克思恩格斯全集》第一卷，人民出版社1995年版，第23页。
③ 同上书，第29页。

的：他通过放弃和谦虚来寻求自己对知性的满足，但他完全没有能力在创造出任何积极肯定的东西。至于伊壁鸠鲁则是这样一类人——他在解释具体的科学现象时表现出一种非常冷淡的态度，"他的解释方法的目的在于求得自我意识的心灵的宁静，而不在于对自然的认识本身"①。然而这种和谐的人，要么获得高贵，要么获得现实力量。在这里他的态度也同德谟克利特完全对立，认为哲学家与专家大有区别，不过就不用再加以证明了。

第二，哲学家必须学习那些特别的学问。在前面谈到的观点里，我们并没有把专家（比如医生、物理学家）作为哲学家能力本身的纽带。我们说，哲学家听取专家（比如医生）的建议，只是为了对自己身体的好处。他并非要向医生学习知识和技艺。哲学家比大家高明的地方，在于他有服务于自由和幸福的学问。

传统哲学家，大体上都非常骄傲，他们为他们的职业生涯立下誓言：将生命献给真理。由于他们各自所理解的真理和生命存在着很大的矛盾，这种骄傲带给他们的是痛苦甚至是欺骗，而最终便表现为哲学的分裂及理论与实践的二重化。有人批评今天的哲学教育，认为它只关注哲学的外表，哲学看起来擅长所有的技艺，但人们经常发现，在哲学教育实践中，好像我们可以自由地要它们或不要它们似的，如同看菜吃饭，把哲学当作现成的学说。因此当力量的分化在全部方向上都已经达到极致的时候，仍没有呈现出现实的大学渴求得到的东西。举例来说，目前国内效仿英国牛津大学的做法，在知名大学设立 PPE 专业，该专业在专业上拥有非常大的名声，它不仅横跨政治、经济和哲学三大领域，而且如果做不到大而全，也要尽可能多地去囊括其他专业。事情很可能显得如此：初到牛津的一名中国学生第一周就会被一个教授寻问"你们觉得在牛津哪里能够让你们学到最多？"大家的答案五花八门。而学校似乎特别重视那些惹人注意的技艺的培养。据 BBC 报道，牛津大学 PPE 专业就是培养英国国王和首相的摇篮。

---

① 《马克思恩格斯全集》第一卷，人民出版社 2012 年版，第 28—29 页。

很明显，这种对哲学的关注仍然无关自由和幸福，而是跟专业名声相关，特别是跟所谓日后购买学生之人力资源的钱的数目相关。作为后者，今天所谓的紧跟世界局势的课程结构实际上把自身全面推向市场了。它让哲学眷注国家政治、经济生活之特定层面，它是在国家政治、经济的鼓噪范围内讨论哲学。然而，如果哲学家的学问只能按照它碰巧适合每个哲学家生活中的国家政治的部分呈现自己，那么，这就是一种不怎么样的哲学家"必需的"学问。如果一个哲学家的虚荣心强烈，使他只能忍受与他的名声相称的学习生活，那么他就是一个不怎么样的哲学家。所有这些人的格局都表明，他们既无力保护伦理共同体使之不受进一步损害，也无力预防导致整体和普遍者的东西更加沉沦的危险。

就积极肯定的力量而言，哲学家不可能是那些专业教育者口中最美和拥有最大名声的学者。但是，正如在学院学习里面，狂热、感触和感觉已经成为一种在科学中揭示生活趋势的东西，某些愚笨的人甚至视哲学为"顶级技师"的活。同样，社会上一般人想象"顶级技师"的收入很高，而人数是伸出十个手指数也数得过来的，真是让人钦慕。这样一来，一般而言我们就根本不可能看到学院学习在世界之整体中究竟推向何方。与"顶级技师"在技艺上的好坏完全在于他是否做出一手漂亮技术活而非收入多少的清楚认识相比，人们更信任古时候被称为"赚钱术""齐家术""治理术""明智学"的东西。

尼采曾经指出，解释任何一位伟大的哲学家的主张的内容，实际上总是解释者的自我表白。而学者冒充哲学家，实际的兴趣"通常在完全不同的地方，如跟在家庭中或在赢利中，或在政治中"。这不是因为尼采只从生命闪电的显现来看问题，而是因为对于尼采而言，伟大的哲学家就是哲学家真正的样子，"完全没有什么非个性的东西"[①]。哲学家的学问必然属于人类精神整体

---

① ［德］尼采：《论道德的谱系·善恶之彼岸》，谢地坤、宋祖良、刘桂环译，漓江出版社2000年版，第144页。

的高级部分。毫无疑问,在技艺和社会生活公正的一般意义上来说,顶级技师应该赚到最多的钱。如果他们没有通过数量去对社会世界进行经常的统整,那是不可想象的。然而假若由此得出哲学家是在无固守的希望的岗位上遂了自己的功名心的结论,那么数量必然是一种无关痛痒的东西。我们的意思是说,我们因此真的不知道为什么哲学是让自由和幸福来敲门的学问,就好像我们不能理解为什么精神贫乏的人可以被称为"幸福的人"。

如果我们换一个角度来思考哲学家必须学习的学问,不是从哲学的角度,而是从哲学家岗位描述的角度,也就是在过去二千多年间各时、各地哲学家岗位上都站立着什么样的人的角度,那么就能更清楚地回答上面的问题。早在《博士论文》里,马克思就对19世纪30年代初的一批德国哲学家作了肖像描绘:他们是"没有一点个性的人物",他们只是"躲在过去的某个哲学巨人的后面"来说话,就像"站在巨人臀部的一个小旮旯里",而且当然只能是"毛发哲学家,趾甲哲学家,脚趾哲学家,粪便哲学家以及其他一些哲学家,他们应该代表斯维登堡的神秘的世界巨人身上的一个更加肮脏的部位"。[①] 不过,补充这一观点的证据还有很多,其中包括尼采的对"德国式"哲学偏见的怨恨。在某种意义上,与马克思相似,按照尼采的看法,康德哲学只是"一个头脑的记录",叔本华哲学也"'只是一种不可改变性格'的描述和反映,以及对于'反映'本身之欣赏"。尼采将康德、叔本华与柏拉图、斯宾诺莎、帕斯卡、卢梭、歌德比较,他认为康德、叔本华仍然只是次高的人。比如,康德哲学所进行的那种革命既缺乏"内在的震动和骚乱",又没有"燃烧的思想激情",不过是哲学学者们自己做的一桩事情罢了。然而在哲学家当中,身为次等哲人的叔本华"至少在这一点上超过康德","因为当他恨、欲望、虚荣和怀疑时,他表现出强烈丑陋的性情:他的心

[①] 《马克思恩格斯全集》第一卷,人民出版社1995年版,第77页。

性更热烈"。① 至此尼采变了口吻，让大家一起来想想，为什么叔本华的生活实践中，例如他在性方面的敏感，或他明显的忧虑状态，与他的否定生命的哲学之间，存在着如此尖锐的矛盾。② 想必，在尼采眼里，专注于将生命献给真理的哲学家不如专家，例如生理学家——根据生理学家的沉思，"某个有生命的东西首先愿意发泄其力量"③。这是连猪都知道的事情。在此，尼采心目中的哲学家是哪种人就可见一斑了。

其实，尼采提到过几乎所有的哲学家，却一次也没有正襟危坐地提到他们，甚至在某一问题上必须心情愉悦地提到他们时，也忍不住表达出对他们的不信任。很明显，尼采意识到，那样一来，他所面对的剩下的哲学家就是最优秀的哲学家，是充满个性的哲学家。也就是说，我们该去理解为了超越我们种类的本质，让我们去真正发现一种新的能力这件事。

---

① ［德］尼采：《朝霞》，田立年译，华东师范大学出版社2007年版，第377—378页。
② 同上书，第365页。
③ ［德］尼采：《论道德的谱系·善恶之彼岸》，谢地坤、宋祖良、刘桂环译，第151页。

参考文献

一 经典著作

《马克思恩格斯选集》第一卷,人民出版社2012年版。
《马克思恩格斯选集》第二卷,人民出版社2012年版。
《马克思恩格斯选集》第三卷,人民出版社2012年版。
《马克思恩格斯选集》第四卷,人民出版社2012年版。
《马克思恩格斯文集》第一卷,人民出版社2009年版。
《马克思恩格斯文集》第五卷,人民出版社2009年版。
《马克思恩格斯文集》第七卷,人民出版社2009年版。
《马克思恩格斯全集》第一卷,人民出版社1995年版。
《马克思恩格斯全集》第二卷,人民出版社1957年版。
《马克思恩格斯全集》第三卷,人民出版社1960年版。
《马克思恩格斯全集》第三卷,人民出版社2002年版。
《马克思恩格斯全集》第二十卷,人民出版社1972年版。
《马克思恩格斯全集》第三十卷,人民出版社1995年版。
《马克思恩格斯全集》第三十一卷,人民出版社1972年版。
《马克思恩格斯全集》第三十一卷,人民出版社1998年版。
《马克思恩格斯全集》第三十二卷,人民出版社1998年版。
《马克思恩格斯全集》第四十二卷,人民出版社1979年版。
《马克思恩格斯全集》第四十六卷(上册),人民出版社1979年版。
《马克思恩格斯全集》第四十六卷(下册),人民出版社1980年版。

《马克思恩格斯全集》第四十七卷，人民出版社1979年版。

《马克思恩格斯全集》第四十七卷，人民出版社2004年版。

［德］马克思、［德］恩格斯：《德意志意识形态》，人民出版社1961年版。

［德］马克思：《1844年经济学哲学手稿》，人民出版社2000年版。

［德］马克思：《剩余价值学说史》第一卷，郭大力译，人民出版社1975年版。

［德］马克思、［德］恩格斯：《费尔巴哈——唯物主义观点和唯心主义观点的对立》（《德意志意识形态第一卷第一章》），人民出版社1988年版。

《列宁全集》第十八卷，人民出版社1988年版。

二 译著

《费尔巴哈哲学著作选集》上卷，荣震华等译，商务印书馆1984年版。

《费尔巴哈哲学著作选集》下卷，荣震华等译，商务印书馆1984年版。

［法］阿兰·布托：《海德格尔》，吕一民译，商务印书馆1996年版。

［英］安东尼·吉登斯：《现代性与自我认同：现代晚期的自我与社会》，赵旭东、方文译，王铭铭校，生活·读书·新知三联书店1998年版。

［英］安东尼·吉登斯：《第三条道路：社会民主主义的复兴》，郑戈译，北京大学出版社2000年版。

［意］安·拉布里奥拉：《关于历史唯物主义》，杨启璘、孙魁、朱中龙译，人民出版社1984年版。

［德］埃里希·弗罗姆：《寻找自我》，陈学明译，工人出版社1988年版。

［德］爱德华·伯恩施坦：《社会主义的历史和理论》，马元德、

严隽旭、彭金安、蔡升译，东方出版社1989年版。

［古希腊］柏拉图：《情敌》，吴明波译/疏，华夏出版社2014年版。

［瑞士］雅各布·布肯哈特：《意大利文艺复兴时期的文化》，何新译，商务印书馆1988年版。

［法］昂利·柏格森：《创造进化论》，肖聿译，华夏出版社2000年版。

［英］鲍桑葵：《关于国家的哲学理论》，汪淑钧译，商务印书馆1995年版。

［英］彼得·F.斯特劳森：《个体：论描述的形而上学》，江怡译，中国人民大学出版社2004年版。

［法］笛卡尔：《第一哲学沉思集》，庞景仁译，商务印书馆1986年版。

［美］杜维明：《人性与自我修养》，中国和平出版社1988年版。

［美］杜维明：《论儒学的宗教性——对〈中庸〉的现代诠释》，段德智译，林同奇校，武汉大学出版社1999年版。

［德］恩斯特·波佩尔：《意识的限度——关于时间与意识的新见解》，李百涵、韩力译，北京大学出版社2000年版。

［德］费希特：《伦理学体系》，梁志学、李理译，商务印书馆1995年版。

［德］费希特：《论学者的使命》，梁志学、沈真译，商务印书馆1980年版。

［德］曼弗雷德·弗兰克：《个体的不可消逝性：反思主体、人格和个体，以回应"后现代"对它们所作的死亡宣言》，先刚译，华夏出版社2001年版。

［美］弗莱德·R.多尔迈：《主体性的黄昏》，万俊人、朱国钧、吴海针译，上海人民出版社1992年版。

［英］芬德莱：《黑格尔再考察》，伦敦1958年版。

［日］港道隆：《列维纳斯——法外的思想》，张杰、李勇华译，河北教育出版社2002年版。

［美］大卫·雷·格里芬等：《超越解构——建设性后现代哲学的奠基者》，鲍世斌等译，曲跃厚校，中央编译出版社2002年版。

［德］黑格尔：《精神现象学》上卷，贺麟、王玖兴译，商务印书馆1987年版。

［德］黑格尔：《精神现象学》下卷，贺麟、王玖兴译，商务印书馆1979年版。

［德］黑格尔：《历史哲学》，王造时译，上海书店出版社1999年版。

［德］黑格尔：《哲学史讲演录》第一卷，贺麟、王太庆译，商务印书馆1959年版。

［德］黑格尔：《哲学史讲演录》第二卷，贺麟、王太庆译，商务印书馆1960年版。

［德］黑格尔：《哲学史讲演录》第四卷，贺麟、王太庆译，商务印书馆1978年版。

［德］黑格尔：《小逻辑》，贺麟译，商务印书馆1980年版。

［德］黑格尔：《法哲学原理》，范扬、张企泰译，商务印书馆1961年版。

［德］乔·威·弗·黑格尔：《宗教哲学》，魏庆征译，中国社会出版社1999年版。

［德］黑格尔：《耶拿时期著作（1801—1807）》，朱更生译，人民出版社2017年版。

［德］黑格尔：《逻辑学》上卷，杨一之译，商务印书馆1977年版。

［德］埃德蒙德·胡塞尔：《逻辑研究》第一卷，倪梁康译，上海译文出版社1994年版。

［德］埃德蒙德·胡塞尔：《逻辑研究》第二卷，倪梁康译，上海译文出版社1998年版。

［德］埃德蒙德·胡塞尔：《经验与判断》，邓晓芒、张廷国译，生活·读书·新知三联书店1999年版。

［德］E. 胡塞尔：《现象学与哲学的危机》，吕祥译，国际文化出版公司1988年版。

［德］埃德蒙德·胡塞尔：《现象学的方法》，倪梁康译，上海译文出版社1994年版。

［德］胡塞尔：《纯粹现象学通论》，李幼蒸译，商务印书馆1992年版。

［德］胡塞尔：《笛卡尔沉思》，D. 凯恩斯英译本，海牙1971年版。

［德］海德格尔：《存在与时间》，陈嘉映、王庆节译，熊伟校，陈嘉映修订生活·读书·新知三联书店1999年版。

［德］Martin Heidegger：《Being and Time》，中国社会科学出版社1999年版。

［德］海德格尔：《存在与时间》，图宾根1993年版。

［德］海德格尔：《路标》，孙周兴译，商务印书馆2000年版。

［德］海德格尔：《海德格尔选集》（上卷），孙周兴选编，上海三联书店1996年版。

［德］海德格尔：《海德格尔选集》（下卷），孙周兴选编，上海三联书店1996年版。

［德］海德格尔：《诗·语言·思想》，英译本，纽约1975年版。

［德］海德格尔：《形而上学导论》，熊伟、王庆节等译，商务印书馆1996年版。

［德］马丁·海德格尔：《海德格尔文集：论哲学的规定》，孙周兴等译，商务印书馆2015年版。

［德］马丁·海德格尔：《德国观念论与当前哲学的困境》，庄振华、李华译，赵卫国校西北大学出版社2016年版。

［美］赫伯特·施皮格伯格：《现象学运动》，王炳文、张金言译，商务印书馆1995年版。

［德］亨利希·海涅：《论德国宗教和哲学的历史》，海安译，商务印书馆1974年版。

［德］哈贝马斯：《后形而上学思想》，曹卫东、付德根译，译林

出版社 2001 年版。

［德］哈贝马斯：《现代性的哲学话语》，F. 劳伦斯译，Cambridge，Mass：MIT Press。

［德］于尔根·哈贝马斯：《现代性的哲学话语》，曹卫东译，译林出版社 2004 年版。

［德］哈贝马斯：《知识与人类利益》，translated by J. Shapiro，Boston：Beacon Press，1971 年版。

［德］古茨塔夫·勒内·豪克：《绝望与信心：论 20 世纪末的文学和艺术》，李永平译，中国社会科学出版社 1992 年版。

［美］汉娜·阿伦特：《黑暗时代的人们》，王凌云译，江苏教育出版社 2006 年版。

［美］J. 范伯格：《自由、权利和社会正义》，王守昌、戴栩译，吴福临、陈维政校，贵州人民出版社 1998 年版。

［德］汉斯-格奥尔格·加达默尔：《真理与方法》，洪汉鼎译，上海译文出版社 1999 年版。

［德］汉斯-格奥尔格·加达默尔：《哲学解释学》，夏镇平、宋建平译，上海译文出版社 2004 年版。

［美］贾斯汀·史密斯：《哲学家的六张面孔》，宋楚君译，新华出版社 2017 年版。

［德］伊曼努尔·康德：《纯粹理性批判》，李秋零译，中国人民大学出版社 2004 年版。

［德］伊·康德：《纯粹理性批判》，韦卓民译，华中师范大学出版社 2000 年版。

［德］康德：《历史理性批判文集》，何兆武译，商务印书馆 1990 年版。

［德］康德：《法的形而上学原理——权利的科学》，沈叔平译，林荣远校，商务印书馆 1991 年版。

［德］康德：《未来形而上学导论》，庞景仁译，商务印书馆 1978 年版。

［德］卡尔-奥托·阿佩尔：《哲学的改造》，孙周兴、陆兴华

译，上海译文出版社 1997 年版。

［英］莱斯泽克·柯拉柯夫斯基：《形而上学的恐怖》，唐少杰等译，生活·读书·新知三联书店 1999 年版。

［英］康蒲·斯密：《康德〈纯粹理性批判〉解义》，韦卓民译，华中师范大学出版社 2000 年版。

［法］科耶夫：《黑格尔导读》，姜志辉译，译林出版社 2005 年版。

［匈］卢卡奇：《关于社会存在的本体论》下卷，白锡堃、张西平、李秋零译，白锡堃校，重庆出版社 1996 年版。

［匈］卢卡奇：《历史与阶级意识——关于马克思主义辩证法的研究》，杜章智、任立、燕宏远译，重庆出版社 1989 年版。

［法］路易·阿尔都塞：《保卫马克思》，顾良译，杜章智校，商务印书馆 1984 年版。

［法］阿图塞：《列宁和哲学》，杜章智译，台北远流出版事业股份有限公司 1990 年版。

［法］路易·阿尔都塞、艾蒂安·巴里巴尔：《读〈资本论〉》，李其庆、冯文光译，中央编译出版社 2001 年版。

［法］拉康：《拉康选集》，褚孝泉译，上海三联书店 2001 年版。

［法］艾玛纽埃尔·勒维纳斯：《上帝·死亡和时间》，余中先译，生活·读书·新知三联书店 1997 年版。

［德］列奥·施特劳斯：《霍布斯的政治哲学》，申彤译，译林出版社 2001 年版。

［德］吕迪格尔·萨弗兰斯基：《海德格尔传》，靳希平译，商务印书馆 1999 年版。

［美］理查德·沃林：《存在的政治——海德格尔的政治思想》，周宪、王志宏译，商务印书馆 2000 年版。

［英］洛克：《人类理解论》（上册），关文运译，商务印书馆 1959 年版。

［法］卢梭：《论人类不平等的起源和基础》，李常山译，东林校，商务印书馆 1962 年版。

［法］卢梭：《社会契约论》，何兆武译，商务印书馆1987年版。

［德］马克思·舍勒：《资本主义的未来》，曹卫东等译，北京师范大学出版社2014年版。

［法］莫里斯·梅洛－庞蒂：《哲学赞词》，杨大春译，商务印书馆2000年版。

［法］莫里斯·梅洛－庞蒂：《知觉现象学》，姜志辉译，商务印书馆2001年版。

［德］莫里茨·石里克：《自然哲学》，陈维杭译，商务印书馆1984年版。

［奥］马丁·布伯：《人与人》，陈维钢、张见、韦海英译，作家出版社1992年版。

［德］麦克斯·施蒂纳：《唯一者及其所有物》，金海民译，商务印书馆1989年版。

［德］蓝德曼：《哲学人类学》，彭富春译，戴晖校，工人出版社1988年版。

［美］A. H. 马斯洛：《人性能达到的境界》，林方译，云南人民出版社1987年版。

［美］A. H. 马斯洛：《存在心理学探索》，李文湉译，林方校，云南人民出版社1987年版。

［德］尼采：《权力意志——重估一切价值的尝试》，张念东译，商务印书馆1991年版。

［德］尼采：《快乐的科学》，黄明嘉译，漓江出版社2000年版。

［德］尼采：《朝霞》，田立年译，华东师范大学出版社2007年版。

［德］尼采：《论道德的谱系·善恶之彼岸》，谢地坤、宋祖良、刘桂环译，漓江出版社2000年版。

［法］皮埃尔·布迪厄：《海德格尔的政治存在论》，朱国华译，学林出版社2009年版。

［英］齐格蒙·鲍曼：《立法者与阐释者——论现代性、后现代性与知识分子》，洪涛译，上海人民出版社2000年版。

［意］乔吉奥·阿甘本：《潜能》，王立秋、严和译，漓江出版社2014年版。

［意］萨尔沃·马斯泰罗内主编：《一个未完成的政治思索：葛兰西的〈狱中札记〉》，黄华光、徐力源译，社会科学文献出版社2000年版。

［美］司泰思：《黑格尔哲学》，曹敏、易陶天译，台北黎明文化事业公司1984年版。

［英］史蒂文·卢克斯：《个人主义：分析与批判》，朱红文、孔德龙译，中国广播电视出版社1993年版。

［德］施莱尔马赫：《解释学与批评》，法兰克福1977年版。

［荷］泰奥多·德布尔：《胡塞尔思想的发展》，李河译，生活·读书·新知三联书店1995年版。

［美］梯利：《西方哲学史》下册，葛力译，商务印书馆1979年版。

［俄］陀思妥耶夫斯基：《陀思妥耶夫斯基自述》，黄忠晶、阮媛媛编译，天津人民出版社2013年版。

［奥］维特根斯坦：《哲学研究》，李步楼译，陈维杭校，商务印书馆1996年版。

［美］W. 考夫曼：《存在主义》，陈鼓应、孟祥森译，商务印书馆1995年版。

［英］W. C. 丹皮尔：《科学史：及其与哲学和宗教的关系》，李珩译，商务印书馆1995年版。

［英］休谟：《人性论》，关文运译，商务印书馆1980年版。

［德］西美尔：《金钱、性别、现代生活风格》，顾仁明译，学林出版社2000年版。

［德］谢林：《哲学与宗教》，先刚译，北京大学出版社2017年版。

［法］西蒙娜·薇依：《西蒙娜·薇依早期作品选》，徐卫翔译，同济大学出版社2007年版。

［英］约翰·斯特罗克编：《结构主义以来：从列维－斯特劳斯

到德里达》，渠东、李康、李猛，辽宁教育出版社，牛津大学出版社 1998 年版。

［美］约翰·罗尔斯：《政治自由主义》，万俊人译，译林出版社 2000 年版。

［美］约翰·杜威：《人的问题》，傅统先、邱椿译，上海人民出版社 1965 年版。

［法］雅克·德里达：《书写与差异》，张宁译，生活·读书·新知三联书店 2001 年版。

［法］雅克·德里达：《论文字学》，汪堂家译，上海译文出版社 1999 年版。

［美］詹姆斯·A. 古尔德、文森特·V. 瑟斯比编：《现代政治思想》，杨淮生等译，商务印书馆 1985 年版。

三　中文著作

陈立胜：《自我与世界——以问题为中心的现象学运动研究》，广东人民出版社 1999 年版。

陈来：《有无之境——王阳明哲学的精神》，人民出版社 1991 年版。

邓晓芒：《思辨的张力——黑格尔辩证法新探》，湖南教育出版社 1992 年版。

邓正来、［英］J. C. 亚历山大编：《国家与市民社会——一种社会理论的研究路径》，中央编译出版社 1999 年版。

湖北大学哲学研究所《德国哲学》编委会：《德国哲学论文集》第 16 期，北京大学出版社 1997 年版。

湖北大学哲学研究所《德国哲学论丛》编委会：《德国哲学论丛（1996—1997）》，中国人民大学出版社 1998 年版。

湖北大学哲学研究所《德国哲学论丛》编委会：《德国哲学论丛（1998）》，中国人民大学出版社 1999 年版。

费孝通：《乡土中国》，生活·读书·新知三联书店 1985 年版。

方朝晖：《重建价值主体——卡尔·雅斯贝斯对近现代西方自由

观的扬弃》，中央广播电视大学出版社 1993 年版。

高新民：《现代西方心灵哲学》，武汉出版社 1994 年版。

黄克剑：《人韵——一种对马克思的读解》，东方出版社 1996 年版。

侯才：《青年黑格尔派与马克思早期思想的发展》，中国社会科学出版社 1994 年版。

韩水法：《政治哲学中的个人概念》，载单继刚、孙晶、容敏德主编《政治与伦理——应用政治哲学的视角》，人民出版社 2006 年版。

韩水法主编：《社会正义是如何可能的：政治哲学在中国》，广州出版社，2000 年版。

何怀宏：《珍重生命》，广东教育出版社 1996 年版。

华东师范大学教育系编：《马克思恩格斯论教育》（修订本），人民教育出版社 1986 年版。

李秋零：《德国哲人视野中的历史》，中国人民大学出版社 1994 年版。

李幼蒸：《形上逻辑和本体虚无》，商务印书馆 2000 年版。

刘小枫：《现代性社会理论绪论——现代性与现代中国》，上海三联书店 1998 年版。

刘小枫：《个体信仰与文化理论》，四川人民出版社 1997 年版。

刘小枫选编：《海德格尔与有限性思想》，孙周兴等译，华夏出版社 2002 年版。

刘军宁、王焱编：《自由与社群》，生活·读书·新知三联书店 1998 年版。

刘楠来、P. R. 比伊尔、陶正华、F. 范·霍夫编：《人权的普遍性和特殊性》，社会科学文献出版社，1996 年版。

黎靖德编：《朱子语类》卷一一四，王星贤点校，中华书局 1986 年版。

梁志学：《费希特耶拿时期的思想体系》，中国社会科学出版社 1995 年版。

蒙培元：《心灵超越与境界》，人民出版社 1998 年版。

牟宗三：《中国哲学十九讲》，上海古籍出版社 1997 年版。

牟宗三：《心体与性体》（上卷），上海古籍出版社 1999 年版。

倪梁康：《胡塞尔现象学概念通释》，生活·读书·新知三联书店 1999 年版。

倪梁康：《自识与反思》，商务印书馆 2002 年版。

汝信等主编：《西方著名哲学家评传》续编下卷，山东人民出版社 1987 年版。

石元康：《当代西方自由主义理论》，上海三联书店 2000 年版。

孙周兴选编：《海德格尔选集》下卷，上海三联书店 1996 年版。

盛宁：《人文困惑与反思——西方后现代主义思潮批判》，生活·读书·新知三联书店 1997 年版。

万俊人：《现代西方伦理学史》（下卷），北京大学出版社 1990 年版。

吴光、钱明、董平、姚延福编校：《王阳明全集》，上海古籍出版社 1997 年版。

王治河：《福柯》，湖南教育出版社 1999 年版。

汪晖、陈燕谷编：《文化与公共性》，生活·读书·新知三联书店 1998 年版。

王治河：《扑朔迷离的游戏——后现代哲学思潮研究》，社会科学文献出版社 1998 年版。

肖前、李淮春、杨耕主编：《实践唯物主义研究》，中国人民大学出版社 1996 年版。

肖前、黄楠森、陈晏清主编：《马克思主义哲学原理》（上册），中国人民大学出版社 1994 年版。

薛华：《黑格尔对历史终点的理解》，中国社会科学出版社 1983 年版。

谢遐龄：《康德对本体论的扬弃》，湖南教育出版社 1987 年版。

俞宣孟：《现代西方的超越思考——海德格尔的哲学》，上海人民出版社 1989 年版。

袁贵仁:《马克思的人学思想》,北京师范大学出版社 1996 年版。
杨国荣:《王学通论——从王阳明到熊十力》,上海三联书店 1990 年版。
杨国荣:《心学之思——王阳明哲学的阐释》,生活·读书·新知三联书店 1997 年版。
阎啸平:《马克思理论的诠释:阿弘和阿图塞的对话》,台北桂冠图书股份有限公司 1990 年版。
叶秀山:《无尽的学与思——叶秀山哲学论文集》,云南大学出版社 1995 年版。
颜一编:《亚里士多德选集——政治学卷》,中国人民大学出版社 1999 年版。
杨适:《人的解放——重读马克思》,四川人民出版社 1996 年版。
张祥龙:《朝向事情本身——现象学导论七讲》,团结出版社 2003 年版。
张世英:《论黑格尔的精神哲学》,上海人民出版社 1986 年版。
张西平:《历史哲学的重建——卢卡奇与当代西方社会思潮》,生活·读书·新知三联书店 1997 年版。
张志扬:《语言空间——张志扬学术自选集》,福建教育出版社 2000 年版。
张志扬:《现代性理论的检测与防御》,社会科学文献出版社 2000 年版。
张志扬:《缺席的权利——阅读、讲演与交谈》,上海人民出版社 1996 年版。
张庆熊:《熊十力的新唯识论和胡塞尔的现象学》,上海人民出版社 1995 年。
张一兵:《回到马克思——经济学语境中的哲学话语》,江苏人民出版社 1999 年版。
赵敦华编:《欧美哲学与宗教讲演录》,北京大学出版社 2000 年版。
赵汀阳:《走出哲学的危机》,中国社会科学出版社 1993 年版。

赵汀阳主编:《论证》,辽海出版社 1999 年版。

周贵莲、丁冬红编译:《国外康德哲学新论》,求实出版社 1990 年版。

郑也夫:《代价论——一个社会学的新视角》,生活·读书·新知三联书店 1995 年版。

朱学勤:《道德理想国的覆灭——从卢梭到罗伯斯庇尔》,上海三联书店 1994 年版。

朱红文:《人文精神与人文科学——人文科学方法论导论》,中共中央党校出版社 1994 年版。

周伟驰:《记忆与光照——奥古斯丁神哲学研究》,社会科学文献出版社 2001 年版。

中国社会科学院哲学研究所西方哲学史研究室:《国外黑格尔哲学新论》,中国社会科学出版社 1982 年版。

《中国现象学与哲学评论——现象学的基本问题》第 1 辑,上海译文出版社 1995 年版。

四 外文著作

Isaiah Berlin, "Two Concepts of Liberty" in *Four Essays on Liberty*, Oxford: Oxford University Press, 1969.

Richard A. Cohen, *Face to Face With Levinas*, New York: State University of Newyork Press, 1986.

E. Levinas, *Entre Nous: On Thinking – of – the – other*, New York: Columbia University Press, 1988.

Kant, *The Metaphysical Elements of Justice*, translated by J. Ladd, Indianapolis: Bobbs – Merrill, 1965.

Leo Strauss, *The Rebirth of Classical Political Rationalism*, Chicago: The University of Chicago Press, 1989.

Michael Sandel, *Liberalism and the Limits of Justice*, Cambridge: Cambridge of University Press.

P. F. Strawson, *Individuals: An Essay in Descriptive Metaphysics*, London：Methuen，1959.

五　论文

［英］伯林：《与 Ramian Jahanbegloo 的谈话》，《公共论丛》第 2 期，生活·读书·新知三联书店 1996 年版。

［法］贡斯当：《古代人的自由与现代人的自由之比较》，李强译，《公共论丛》第 4 期，生活·读书·新知三联书店 1997 年版。

［德］伽达默尔：《摧毁与解构》，《哲学译丛》1991 年第 5 期。

［德］胡塞尔：《笛卡尔式的沉思》，张宪译，载《胡塞尔选集》，上海三联书店 1997 年版。

［奥］维特根斯坦：《哲学评论（主要索引）》，《哲学译丛》1999 年第 4 期。

邓晓芒：《马克思论"存在与时间"》，《哲学动态》2000 年第 6 期。

冯建军：《论人的体脑结合＝人的全面发展——兼与韩延明同志商榷》，《教育论与实践》1995 年第 1 期。

顾昕：《伯林与自由民族主义思想》，《公共论丛》第 5 期，生活·读书·新知三联书店 1998 年版。

韩庆祥：《关于马克思"人的全面发展"涵义的商榷》，《哲学研究》1990 年第 6 期。

韩水法：《政治哲学中的个人概念》，载单继刚、孙晶、容敏德主编《政治与伦理——应用政治哲学的视角》，人民出版社 2006 年版。

李强：《贡斯当与当代自由主义》，《公共论丛》第 4 期，生活·读书·新知三联书店 1997 年版。

刘小枫：《尼采的微言大义》，《书屋》2000 年第 10 期。

刘小枫：《自由主义、抑或民族主义的文化多元论》，载韩水法主编《社会正义是如何可能的：政治哲学在中国》，广州出版社 2000 年版。

倪梁康：《前笛卡尔的"自识"概念——"主体"自识问题在古希腊、罗马和中世纪的起源与发展》，《南京大学学报》（哲学．人文．社会科学版），1999年第2期。

倪梁康：《康德哲学中"自身意识"的双重性质与功能》，《浙江学刊》2000年第4期。

彭富春：《海德格尔与现代西方哲学》，《华中师范大学学报》1995年第5期。

温纯如：《康德图式说》，《哲学研究》1997年第7期。

王庆节：《论海德格尔哲学中的社会存在论——从"谁之在"分析中的"共在"概念谈起》，《中国现象学与哲学评论》（第四辑），上海译文出版社2001年。

汪宜桦：《自由主义哲学传统之回顾》，《自由主义与当代世界》（"公共论丛"第六辑），生活·读书·新知三联书店2000年版。

王宾：《自由主义的双重含义》，《开放时代》1998年第4期。

叶秀山：《"哲学""活在"法国》，《哲学研究》2001年第3期。

张文喜：《对人的全面发展问题的思考》，《浙江社会科学》1996年第3期。

张文喜：《对胡塞尔的自我与主体间性理论的批评与辩护》，《哲学研究》2001年第6期。

张文喜：《居住：此在与时间、空间的关系——切入海德格尔基础存在论的一种视角》，《社会科学战线》2002年第3期。

Berlin, "Two Concepts of Liberty", *Readings in Social and Political Philosophy*, Oxford University Press.

后　记

　　常常有人问我——我不知道他们是否带有不信任——"您干马哲专业吗?"我回答:我不知道。我真的不知道,也许我不是够格的"行家"。眼下人们谈到够资格的和不够资格的作者时,他们往往会把"够资格"理解为享有被附加某种条件(譬如职称、头衔)的权利。马克思当年就曾经困惑于"究竟谁是够资格的学者?"的问题。他愤愤不平地对负有政治责任的当局出版人说:"也许应当由没有学问的人来决定吧?""也许对著作活动的各种不同领域应当颁发各种营业(许可)证吧?"马克思的处境与我的当然不可同日而语。与马克思不同,我始终关注的问题只是一个哲学问题:"自我是什么?"因此,本书的源起确实不在于我所珍视的行业自由和学术资格的争辩,而在于人与人的相遇和言谈。1982 年,在我还是浙江中部城市金华的一所高中的大龄复读生时,我就喜欢上了哲学。所谓重大的哲学"历事",就发生在那年仲秋的某一天,我在图书馆借阅了一本费尔巴哈谈论人物的书。读后如醍醐灌顶,精神为之振奋。自此以后,费尔巴哈在当时的我的心目中成为"够资格"的作者。当然,一个作者即使在某个人的学术历事中是必不可少的,但是这个人在这个作者身上看到的也只是凭自己的视力和注视的方式所能及的部分。今天看来,在我的学术历事中假如费尔巴哈从来没有"遇见"过马克思,那么他也许很快就"不够格"了。假如我,从来没有"遇见"马克思,那么也一样如此。

　　我深深感谢其他学者在"自我是什么"问题上的相关论述。

的确，这本书的许多部分是在探讨一个自我描述之沉思类型的种种缺陷。我想无论是在费尔巴哈那里，还是在马克思那里，都能够找到摆脱传统形而上学自我观念的努力。在传统那里，人们把洞察心灵世界、抓住几股"线头"（就像以自我掌握整个世界的哲学家那样）的眼力看作有灵魂深处革命的标志。但是，自我膨胀过度是会让自己的脑袋受伤的。在这种情况下，对人和世界关系的了解首先就应去摆脱沉思类型的哲学。这是革命！随着时间的推移以及科学技术领域的新发明的出现，人们会产生现有合法哲学尚适当触碰的、新的、重大的兴趣或需要，每到这个时刻，人们就必须重新"认识自己"。这就是我们今天面临的自我解释的新时机。

最近十多年间，我对自我解释学的研究在"执意顽固到底"和"生来兴趣多端"之间摇来摆去。我首先怀着不满足的心情看到，普遍的和广泛的观点几乎完全不存在，在对自我同一问题进行讨论以消解这一问题时，视野也总是狭窄的。由于我长期研究马克思主义哲学、政治哲学、人学，本研究也具有综合性和"跨界性"，它是综合长期以来我的各种研究的成果的结果。它改变了本人所主要从事的马克思主义哲学人学研究的目下视野狭隘的状况，改变了马克思主义哲学人学的碎片化呈现和离开西方传统自说自话的言说方式。在国内人学研究层面，西方哲学与马克思哲学之间的结合依然松散。此外，在政治哲学领域，人的研究是基础性的研究。占领中国学术界的自我观念是自由主义的自我观念（譬如，罗尔斯、康德、黑格尔诸哲学家的自我观念），而脱离马克思哲学这一基础，抽象的学理讨论往往掩盖了对现实关切的不足。我不断反问自己，难道现代主体理论不再可能像马克思那样以实际需要所产生的浓厚兴趣来为人类解放辩护吗？就这一点，我展开言路，发表了系列论文。促成本书的缘分就在于此。我希望在发表的论文所形成的最终成果中说明各论文之间的有机统一关系，证明我在今天看来依然有创新的境况中有过人的哲学的"历事"。我再一次确信，关于人的研究，是一件必须不断从头开始做的事情。它必将贯穿每个学者的学术生涯,因为,自现代以来,所有人文科学都发轫于自我释义学的框架内。

  本书的责任编辑伊岚女士精心编辑,付出巨大的辛劳,特别感谢。本书出版前,我的硕士生于静怡帮忙精心校对了文稿,特此感谢!

张文喜

2018 年 8 月 30 日于北京燕西华府